AtV

MARION KAPLAN, geboren 1946 in den USA, ist die Tochter jüdischer Emigranten. Sie lehrt als Professorin für Geschichte an der City University of New York. Ihr Buch »Jüdisches Bürgertum« wurde in den USA mit mehreren Preisen ausgezeichnet. Marion Kaplan lebt in New York City.

»Die Berichte der Opfer sind voll von Klagen darüber, wie öffentlich sichtbar, wie unnötig und wie grausam die Vorkommnisse waren, die sie erdulden mußten, und daß diese Grausamkeiten durch keinerlei äußere Drohung erzwungen worden seien. Wie häufig kam es vor, daß sie ›Ariern‹ begegneten, denen es ein Vergnügen zu bereiten schien, sich boshaft und sadistisch zu verhalten: der Frau, die den Bäcker aufforderte, Juden keine Brötchen mehr zu liefern, Deutschen, die in der Straßenbahn ›jüdische Merkmale‹ an einem Fahrgast aufzuspüren suchten, Hausfrauen, die ein ›Mischlings‹-Kind daran hinderten, Milch zu kaufen, Beamten, die jüdischen Kindern verboten, im Freien zu spielen. Nur zu häufig trafen die Juden auf Deutsche, die ihre Not ausnutzten, indem sie Geld und Güter von ihnen erpreßten, bevor sie sie mit Auswanderungspapieren versahen. (...) Nicht wenige kämpften auf Auktionen, auf denen jüdisches Eigentum versteigert wurde, ›wie Schakale um einen Kadaver‹ und profitierten von der Deportation und Ermordung der rechtmäßigen Besitzer. Es ist diese Alltagsperspektive, es ist die Perspektive der Opfer, die bis heute in Darstellungen zum Alltagsleben während der Nazizeit fehlt.« *(Marion Kaplan)*

Marion Kaplan

Der Mut zum Überleben

Jüdische Frauen und ihre Familien in Nazideutschland

Aus dem Amerikanischen
von Christian Wiese

Aufbau Taschenbuch Verlag

Titel der Originalausgabe
Between Dignity and Despair.
Jewish Life in Nazi Germany

ISBN 3-7466-8104-9

1. Auflage 2003
Aufbau Taschenbuch Verlag GmbH, Berlin

Umschlaggestaltung Preuße & Hülpüsch Grafik Design
unter Verwendung eines Fotos von PICTURE PERFECT, Berlin
Druck Ebner & Spiegel, Ulm
Printed in Germany

www.aufbau-taschenbuch.de

Inhalt

Vorwort 7

Einleitung 11
Alltag und Frauengeschichte 15
Übersicht über die jüdische Gemeinschaft 23

1 In der Öffentlichkeit – Juden werden zu Ausgestossenen, 1933–1938 32
Politische Rechtlosigkeit und wirtschaftliche Unterdrückung 33
Alltägliches Leben, alltägliche Entbehrungen – Ernährung, Wohnverhältnisse und Beziehungen zu anderen Deutschen 53
Öffentliche jüdische Reaktionen – Jüdisches soziales Leben und Jüdischsein 73

2 Im Privatbereich – Das alltägliche Leben jüdischer Frauen und Familien, 1933–1938 . . 79
Anpassung und Konformität im Privatleben 79
Die »Pflicht« der jüdischen Frau – Der Haushalt . . . 84
Die »Pflicht« der jüdischen Frau – Neue Herausforderungen und alte Rollen 89
Das Dilemma der Emigration 96

3 Jüdische und »gemischte« Familien 112
Verlobung, Heirat und Familiengründung 112
Mischehen und »gemischte« Familien 124
Scheidung 131

4 Das Alltagsleben jüdischer Kinder und Jugendlicher im »Dritten Reich« 140
Die Schule 140
Das feindselige Umfeld außerhalb der Schule 156
Jüdische Jugendliche 160

»Aus Kindern wurden Briefe« 170

5 Der Novemberpogrom und seine Folgen . . 174
Der Hintergrund des November 1938 174
Der Pogrom 177
Die Rolle und Reaktion von Frauen während des Pogroms 182
Emigration 187

6 Der Krieg – Die Situation der Juden verschlechtert sich 209
Die Verfolgung unmittelbar vor dem Krieg 209
Der Kriegsausbruch 216
Die Bombenangriffe – Unterschiedliche Einstellungen von Juden und Nichtjuden 230
Das jüdische gesellschaftliche Leben im Krieg 232
Anna und Salomon Samuel – Die Odyssee eines jüdischen Ehepaares 242

7 Zwangsarbeit und Deportationen 247
Zwangsarbeit 247
Verzweiflung und Selbstmord 255
Die Deportationen – Vom sozialen Tod zur physischen Vernichtung 262

8 Leben im Untergrund 285
Der Weg in den Untergrund 285
Die Schwierigkeiten des Lebens in der Illegalität . . . 287
Jüdischer Widerstand 300
Drei Berichte über das Leben im Versteck 306

Schlussbetrachtung 324
Jüdische Reaktionen 325
Täter und Zuschauer 329

Danksagung 337

Anmerkungen 341
Bibliographie 392

Vorwort

Häufig ist zu hören, Historiker und Historikerinnen beschäftigten sich mit ihrem Fach, weil sie fasziniert davon sind, die Vergangenheit aufzudecken, und weil es ihnen Spaß macht, eine gute Geschichte zu erzählen. Auf meine bisherige Arbeit trifft das sicherlich zu. Mit Begeisterung habe ich verborgene Begebenheiten ausgegraben, vor allem solche, mit denen ich dazu beitragen konnte, der Geschichte von Frauen mehr Geltung zu verschaffen. Dabei war es unumgänglich, historiographische Paradigmen in Frage zu stellen. Als ich an dem vorliegenden Buch saß, wurden völlig andersartige Gefühle wach, so anders, daß es für mich wichtig ist, darüber zu sprechen. Dieses Buch *mußte* ich schreiben, doch es ist mir von allen meinen Arbeiten am schwersten gefallen. Das hat sehr viel mit seinem Thema, dem Genozid am jüdischen Volk, zu tun.

Auf einer persönlicheren Ebene hängt es auch damit zusammen, daß mein eigenes Leben eng mit dem Schicksal der Juden im nationalsozialistischen Deutschland verwoben ist. Ich wurde im Januar 1946 geboren. Meine Eltern, Flüchtlinge aus Nazideutschland, hatten mit der Gründung einer Familie gewartet, bis die deutsche Niederlage ihnen ein Gefühl der Erleichterung verschaffte. Meine Mutter hatte Deutschland 1936 verlassen. Sie war damals 22 Jahre alt, und nach den Nürnberger Gesetzen konnte sie ihren Beruf als Kindergärtnerin nicht weiter ausüben. Mein Vater hatte ein Geschäft geleitet, das einer jüdischen Familie gehörte. Er floh 1939 nach Holland, nachdem er von der Polizei seiner Heimatstadt eine Vorladung erhalten hatte. Meine Eltern trafen sich in Amerika. Sie zählten sich zu den »Glücklichen«: Meiner Mutter gelang es, auch ihre Eltern aus Deutschland herauszubringen. Die Geschwister meines Vaters konnten aus Deutschland fliehen, und seine Eltern starben eines natürlichen Todes. Allerdings verloren meine Eltern alle ihre Onkel und Tanten, ebenso auch viele Cousins, Cousinen und Freunde. Was von meiner Familie übrigblieb, ist seither über die ganze Welt verstreut – eine kleine deutsch-jüdische Diaspora. Mitglieder meiner Familie leben heute in Australien, Kanada, England, Israel, Lateinamerika, in den Niederlanden, in Südafrika und sogar in Westdeutschland. Doch wo auch immer sie sich niederließen, hat die mörderische Ablehnung durch Nazideutschland selbst dann noch ihre Schatten hinterlassen, wenn sie, wie meine Eltern, sich ein neues Leben aufbauen konnten.

Es war gerade ihr Schweigen, unterbrochen nur durch gelegentliche Äußerungen über Hitler, das meine Neugier weckte. Ich wollte die fehlenden Geschichten ergänzen, wollte verstehen, in welcher Weise Jüdinnen und Juden wie meine Eltern den Nationalsozialismus erlebt und seine Bedeutung erfaßt haben. Wie reagierten sie auf die immer weiter verschärften antijüdischen Gesetze und Maßnahmen? Wie gingen sie mit den ständig wachsenden Spannungen um? Welche Handlungsmöglichkeiten blieben ihnen? Diese und ähnliche Fragen stehen im Zentrum meines Buches, nicht die Politik und Ideologie der Nazis oder die Ursachen von Faschismus und Völkermord. Mich interessiert, wie sich der schleichende Faschismus und der unverhohlene Antisemitismus auf das alltägliche Leben der Juden auswirkten, wie Juden mit dem Verlust ihrer Freunde, ihres Berufs und ihrer Betriebe, mit der Zerschlagung ihrer Hoffnungen, ihrer Träume und ihrer Zukunft zurechtkamen. Welches Maß an Energie, Voraussicht und Glück mußte zusammenkommen, damit jemand Deutschland noch rechtzeitig verlassen konnte? Welche Rolle spielte die Geschlechtszugehörigkeit in der Frage, wie Jüdinnen und Juden den Nationalsozialismus bewerteten oder wie sie auf ihn reagierten? Es sind diese persönlichen Erlebnisse und Erkenntnisprozesse und die konkret erlebte soziale Desintegration, die uns in neuer Weise einem Verständnis der späteren katastrophalen Ereignisse näherbringen können.

Zu diesem Thema bin ich erst auf Umwegen gelangt, die allerdings unmittelbar zur Nazizeit führten. Zunächst studierte ich deutsche Literatur und später deutsche Geschichte. Meine Dissertation schrieb ich über die jüdische Frauenbewegung in Deutschland, danach ein Buch über das Leben des jüdischen Mittelstandes im Deutschen Kaiserreich. Lange Zeit habe ich es vermieden, mich mit dem Völkermord an den Juden direkt zu beschäftigen. Bei der Arbeit an dem vorliegenden Buch mußte ich mich mit der größten Tragödie der modernen jüdischen Geschichte und einem der zentralen historischen Ereignisse des 20. Jahrhunderts auseinandersetzen. Zudem war ich auf sehr persönliche Weise mit dieser Katastrophe konfrontiert. Die Lektüre der Memoiren ging mir sehr nahe, und nicht selten brach ich in Tränen aus. An manchen Tagen konnte ich nicht weiterarbeiten. Gelegentlich wurde das, was ich las, auf erschreckende Weise konkret und persönlich, so als eine meiner Freundinnen ein Kapitel las, in dem ich die Deportation polnischer Juden im Oktober 1938 beschrieb, und beiläufig vermerkte: »Meine Familie kam gerade noch rechtzeitig hinaus, *im September*!«, oder als ich die Briefe der Großmutter einer anderen Freundin las, die in Berlin in der Falle saß. Nicht selten mußte ich mich jedoch dem tiefen Schmerz, der aus den Memoiren oder Briefen sprach, einfach verschließen, weil ich sonst nicht hätte weiterarbeiten können.

Doch diese emotional schwierige Aufgabe hielt auch ganz persönliche Gratifikationen bereit: Die Menschen, denen ich in meiner Studie begegnet bin, haben mich tief bewegt. Meine Achtung vor ihnen ist stetig gewachsen, auch wenn ich – im Rückblick – erkenne, wie falsch sie die Absichten der Nazis gedeutet und wie sehr sie sich selbst etwas vorgemacht haben. Eine meiner Freundinnen gab zu bedenken, ob ich die Frauen nicht möglicherweise allzu »tapfer« beschrieben habe. Auch ich stellte mir diese Frage, als ich das Manuskript noch einmal las. Doch die Interpretation ergibt sich aus den Handlungen dieser Frauen, nicht daraus, wie sie diese später in Memoiren oder Interviews darstellten. Obwohl sie unter inneren Ängsten litten und unter der niederdrückenden Brutalität der Nazis, legten diese Frauen ungeheuer viel Entschlossenheit und Tatkraft an den Tag, um ihre Familien zu ernähren oder ihre Männer zu retten. Auch wenn jüdische Frauen mit ihrer Überlebensarbeit nur sehr begrenzt Erfolg hatten, weil viel zu viele Juden Opfer des Nazivölkermords wurden, gelang es ihnen doch zumeist, trotz ihrer eigenen Verzweiflung jene »heldenhaften und tapferen« Frauen zu bleiben, die die jüdische Mythologie feiert. Diesen Frauen widme ich deshalb dieses Buch.

Einleitung

> »Bei Gefahr machen sich stets zwei Stimmen [...] im menschlichen Herzen vernehmbar. Eine ruft dazu auf, über die Art der Gefahr und die Möglichkeiten des Entkommens nachzudenken; die andere [...] macht geltend, es liege nicht in der Macht des Menschen, alles vorauszusehen ...«
>
> *Leo Tolstoi*, Krieg und Frieden

Wie haben Juden den Alptraum des Nationalsozialismus erlebt? Die schrittweise Einengung ihres Lebensbereichs, die alltägliche Tyrannei, die Juden auszuhalten hatten, und die Würde, aber auch die Verzweiflung, mit denen sie ihrer Unterdrückung begegneten, sind der Gegenstand dieses Buches. Es untersucht, wie Juden die Gefahren einschätzten, denen sie sich ausgesetzt sahen, nachdem die Nationalsozialisten 1933 an die Macht gelangten, und wie sie später reagierten, als die Nazis den Juden die politischen Rechte nahmen, ihre wirtschaftlichen Lebensgrundlagen und sozialen Beziehungen zerstörten. Indem ich mich auf die grundlegenden, alltäglichen Aspekte jüdischen Lebens – Heim, Familie und Gemeinde – konzentriere, erschließen sich die komplexen Fragen, die auch nach fünfzig Jahren nichts von ihrer Aktualität eingebüßt haben: Was war es für ein Gefühl, Jüdin oder Jude in Nazideutschland zu sein? Wie gestaltete sich das jüdische Leben in Deutschland nach 1933? Warum haben die Juden Deutschland nicht eher verlassen? Wie verhielten sich die nichtjüdischen Deutschen, und was wußten sie von dem, was sich in ihrer Mitte abspielte?

Anders als die osteuropäischen Juden, die durch die Invasion der Nazis nach 1939 plötzlich in eine ausweglose und verzweifelte Situation gerieten, erlebten die deutschen Juden eine allmählich wachsende Bedrohung, die sich auf verwirrende Weise mit dem Alltag, den sie kannten, vermischte. Etwa sechs Jahre lang befanden sich die deutschen Juden in einer qualvollen Zwangslage, in der sie ihr alltägliches Leben, so gut es ging, fortsetzten und die ständig wachsenden Gefahren einschätzen mußten, ohne daß sie jedoch ernsthaft etwas dagegen hätten tun können. Ihr Dilemma war besonders schmerzhaft aufgrund ihrer engen Bindungen an Deutschland – an ihre Freunde, an ihre Kultur, mithin durch ihre Identität als Deutsche. Die Politik der Nazis war so wechselhaft, daß ihre Opfer sich gelegentlich in Sicherheit glaubten und ihre Wachsamkeit nachließ. Gegen Ende der dreißiger Jahre flohen immer mehr Juden aus Deutschland. Jene, die zurückblieben, wurden schließlich – wie wir wissen – in Ghettos gepfercht, zur Zwangsarbeit herangezogen, deportiert und im Rahmen der »Endlösung der Judenfrage« ermordet.

Zwar ist die Geschichte der Vernichtung der jüdischen Bevölkerung Deutschlands häufig geschrieben worden, doch der Akzent lag stets auf den Mördern, auf der nationalsozialistischen Judenpolitik und – in geringerem Maße – auf den Reaktionen der jüdischen Organisationen. Selten standen die jüdischen Opfer der Verfolgung und Vernichtung selbst im Zentrum des wissenschaftlichen Interesses. Inzwischen sind eine Unmenge an Lebenserinnerungen und Memoiren erschienen, die sich dem Versuch einzelner verdanken, mit ihren Erfahrungen in Nazideutschland fertig zu werden. Bis heute fehlt jedoch eine allgemeine Geschichte der Alltagserfahrungen der Juden im Dritten Reich.[1] Zweck dieses Buches ist es nun, diese Lücke zu füllen. Ich stelle den Alltag jüdischer Menschen in Nazideutschland dar und hoffe, auf diese Weise das »große Bild« der Verfolgung und Vernichtung der Juden an wichtigen Stellen zu ergänzen und zu korrigieren. Methodisch ist dieses Buch an den Schnittstellen von Frauengeschichte, jüdischer Geschichte und allgemeiner deutscher Geschichte angesiedelt, und ich hoffe, indem ich diese drei Ansätze miteinander verbinde, ein Bild davon zeichnen zu können, wie Juden gegen sich verschlimmernde, später dann gegen barbarische Umstände ankämpften. Indem ich ein besonderes Augenmerk auf jüdische Frauen richte, erschließt sich, auf welche Weise Juden im privaten Leben zurechtkamen. Die Gefühle und persönlichen Anpassungsleistungen der Frauen spielen dabei eine besonders wichtige Rolle. Während es mir die Frauengeschichte gestattet, die private Seite jüdischen Lebens darzustellen, bringt die Geschichte des jüdischen Alltags ans Licht, wie die deutsche »Volksgemeinschaft« die Juden in ihrer Mitte ächtete und Tag für Tag tyrannisierte.

Historiker, die über den Nationalsozialismus arbeiten, schwanken zwischen der Auffassung, die Rassenpolitik der Nazis sei Teil eines methodisch verfolgten Plans gewesen (intentionalistischer Ansatz), oder aber, sie sei planlos, widersprüchlich und das Ergebnis einer bürokratischen Binnendynamik (funktionalistischer Ansatz) gewesen. In neuester Zeit konzentriert sich die Diskussion auf die Frage nach dem besonderen Charakter des deutschen Antisemitismus – seinem Wunsch, die Juden zu »eliminieren«, der zu ihrer Auslöschung durch »willige Vollstrecker« geführt habe.[2] Das erinnert an das alte Klischee, wonach der deutsche Antisemitismus in einer geraden Linie von Luther bis zu Hitler verlief. Ein solcher Interpretationsansatz drängt sich auf, wenn man hauptsächlich auf die Mörder schaut. Untersucht man hingegen die *Opfer* dieser Politik, so verlieren solche Debatten an Bedeutung, insofern sie nicht dem entsprechen, was die Opfer durchlebten. Was an den Berichten der Opfer hervorsticht, ist nicht die Frage, ob die Nazis in ihrer Vernichtung der Juden von einem abgrundtiefen, beispiellosen Haß angetrieben waren oder ob sie einfach hineinschlitterten, sondern wie rasch *und zugleich* auf welch widersprüchliche Weise der Angriff auf das jüdische Leben erfolgte. Es sind die Schnelligkeit *und* die Zwiespältigkeit, mit denen Juden in den Jahren vor 1938 reagierten, die uns heute bemerkenswert erscheinen. 1933 sah ein zehnjähriges jüdisches Mädchen, wie Nazis mit Plakaten marschierten, auf denen geschrieben stand: »Deutsche, kauft nicht bei Juden. Das Weltjudentum möchte Deutschland zerstören. Deutsche, wehrt Euch!« Doch noch im Jahre 1935 wurde ihr Vater für seine Verdienste im Ersten Weltkrieg ausgezeichnet und erhielt eine vom Berliner Polizeichef unterzeichnete Urkunde.[3] Juden nahmen diese widersprüchlichen Botschaften mit Furcht und Hoffnung auf. Sie dachten über Auswanderung nach und trafen dafür sogar Vorbereitungen, hofften aber gleichzeitig, daß sie ihre Heimat vielleicht doch nicht verlassen müßten.

Die Geschichte des jüdischen Alltags zeigt, wie die Nazis durch gezielte Indoktrination, offene Bevorzugung von »Ariern« gegenüber Juden und unverhohlenen Zwang antisemitische Vorurteile in eine Massenbewegung verwandelten. Obgleich verwirrenderweise die Verfolgung der Juden zeitweilig aussetzte oder die Vorgehensweisen modifiziert wurden, unterstreichen die alltäglichen

Erfahrungen von Juden, wie tief die meisten Deutschen in den allmählich eskalierenden und dramatisch sich verschärfenden Prozeß verstrickt waren, der zum »sozialen Tod« der Juden führte – zu ihrer Degradierung und zu ihrem Ausschluß aus der »legitimen sozialen oder moralischen Gemeinschaft«, wie Orlando Patterson den sozialen Tod definiert hat.[4] Als das Regime die Juden zu entrechten begann, indem es sie ihrer wirtschaftlichen Lebensgrundlagen und ihrer gesellschaftlichen Zugehörigkeit beraubte, wurde dies von vielen Deutschen begrüßt. Sie schauten zu, unterstützten die Grausamkeiten des Regimes und nahmen sie bisweilen sogar vorweg. Lange vor dem physischen Tod der deutschen Juden ließ die deutsche »Volksgemeinschaft« – die Männer und Frauen auf der Straße, die »ganz gewöhnlichen Deutschen« – die Juden jeden Tag einen schmerzlichen sozialen Tod erleiden. Es ist dieser soziale Tod, der die Voraussetzung für die Deportation und den Völkermord schuf.

Der jüdische Alltag zeigt auch, daß die meisten Juden versuchten, sich trotz der Entbehrungen und Demütigungen bis zum November 1938 den neuen Bedingungen anzupassen. Seit vielen Generationen in Deutschland lebend, wußten sie um den Antisemitismus, unterschieden aber zwischen seinen verschiedenen Spielarten und glaubten, seine Nuancen zu verstehen. Obgleich sich ihr Traum, vollständig in die deutsche Gesellschaft integriert und von dieser akzeptiert zu werden, zu keiner Zeit ganz erfüllt hatte, waren die deutschen Juden Patrioten, die sich mit der deutschen Kultur vollständig identifizierten. Sie hatten – inmitten und trotz des Antisemitismus im Kaiserreich und in der Weimarer Republik – erstaunliche berufliche und persönliche Erfolge erzielt. Deshalb klammerten sie sich an die widersprüchlichen Signale, die vom Regime selbst und von nichtjüdischen Freunden wie von Fremden ausgingen. Das abrupte Ende des antisemitischen Boykotts oder auch nur ein freundlicher Gruß schürten ihre Erwartungen. Lange Zeit hofften sie auf den Sturz des Regimes oder wenigstens auf eine Abmilderung seiner antisemitischen Politik.

Die Geschichten, die von Frauen erzählt werden, von Frauen, die den Mittelpunkt der jüdischen Familie bildeten, diese zusammenhielten und die Auswirkungen des Nationalsozialismus von ihr fernzuhalten suchten, berichten nicht nur von Opfern, die plötzliche Gesetzlosigkeit: »Es ist erschütternd, wie Tag für Tag nackte Gewalttat, Rechtsbruch, schrecklichste Heuchelei, barbarische Gesinnung ganz unverhüllt als Dekret hervortritt.«[13] Auch das Gesetz wurde zu einer Quelle der Verfolgung. Als bürgerliche Vorkämpfer des Rechtsstaates, der im 19. Jahrhundert die jüdischen Ansprüche auf gleiche Bürgerrechte abgesichert hatte, konnten die deutschen Juden die Perversion des Rechts nur schwer verkraften. Einzelne Deutsche machten sich zudem die rechtliche Schutzlosigkeit der Juden zunutze. Eine in Nürnberg lebende jüdische Frau berichtete: »Das Beängstigendste in diesem Augenblick war die Tatsache, jeden rechtlichen Schutzes beraubt zu sein. Jeder konnte dich wegen irgendetwas anklagen – und du warst verloren.«[14] Das Schwerste war den Männern vorbehalten. Eine Frau beschrieb, wie ihr Mann von einem seiner Mieter schwer mißhandelt wurde. Als er die Polizei um Hilfe bat (was Juden 1933 noch versuchten), verweigerte man sie ihm. Ein anderer Mann wurde verhaftet, weil eine Nachbarin sich über sein Verhalten gegenüber ihrem Hund beklagt hatte. Er nahm sich im Gefängnis das Leben, nachdem er eine Notiz hinterlassen hatte, in der er erklärte: »Ich kann als anständiger Mensch das ungerechte und schutzlose Leben eines Juden in Deutschland nicht mehr ertragen.«[15]

Im allgemeinen bewegten sich Juden in einem zunehmend bedrohlicheren öffentlichen Umfeld. Selbst ein Gang zur Post konnte unangenehme oder sogar ganz gefährliche Konsequenzen nach sich ziehen. Nachdem sich Hilde Sichel über die Unzuverlässigkeit der Post beschwert hatte, drohte ein Postangestellter damit, sie zu denunzieren: »Jeden Abend dachte ich über den gerade vergangenen Tag nach und fragte mich, ob ich etwas getan oder gesagt hatte, das meinen Mann oder mich selbst gefährden konnte.«[16] Juden hatten sogar Angst, wenn sie sich das gelegentliche Murren von Nichtjuden anhörten. Lily Krug beschrieb, wie sie reagierte, als sich eine »arische« Nachbarin bei ihr vor anderen über den Butterpreis beschwerte: »Ich antwortete nicht, sondern eilte hinaus, ohne etwas gekauft zu haben. Ich war verängstigt. Angst, Angst, Angst – morgens, tagsüber und nachts. Die Angst verfolgte uns bis in unsere Träume, zerrte an unseren Nerven. Wie unvorsichtig, wie unüberlegt war es von dieser Frau, in der Öffentlichkeit auf diese Weise zu reden.«[17]

Neben der täglichen Furcht mußten die Juden ihre wirtschaftliche Strangulierung hinnehmen. Lange vor der erzwungenen »Arisierung« – der vollständigen Enteignung jüdischer Vermögen – verloren Familien ihre Betriebe, konnten ihr Eigentum nicht länger schützen und wurden häufig erpreßt. Zwar konnten größere jüdische Betriebe und Produktionsunternehmen – ähnlich wie Juden in bestimmten Wirtschaftssektoren (etwa im Pelzhandel)[18] – ihre ökonomische Position etwas länger aufrechterhalten, doch die kleinen »Tante Emma«-Läden erlebten einen jähen Niedergang. Viele Menschen »arischer« Herkunft profitierten vom Verschwinden jüdischer Betriebe und kauften sie zu erheblich verminderten Preisen auf.

Regierungen, Gerichte und SA-Leute drängten Kunden und Klienten von Juden, ihre Geschäfte andernorts zu tätigen. Ziemlich unvermittelt begann die SA, eine Serie von Boykotten gegen jüdische Betriebe und Selbständige zu organisieren. Boykottaktionen schufen ein Klima der Angst, das Juden wie Nichtjuden in Mitleidenschaft zog, weil es letztere einschüchterte, ersteren dagegen Schrecken einjagte und Schaden zufügte. Am 1. April 1933, »an einem der besten Verkaufstage des Jahres, am Ostersamstag«,[19] verkündete das Regime einen nationalen Boykott jüdischer Geschäfte. Bei der Proklamation dieses ersten nationalen Boykotts bezeichnete Hitler ihn als »Verteidigungsmaßnahme« gegen die ausländische anti-nationalsozialistische Propaganda, für die er die Juden verantwortlich machte. Der Boykott verlief im allgemeinen ohne öffentliche Begeisterung und überall anders. In Berlin gab es wenig Unterstützung, aber von anderen Orten wurden Ausschreitungen berichtet, zum Teil wurden auch Juden verletzt oder sogar ermordet.[20] SA und Kreise der nationalsozialistischen Partei zeigten sich erfreut, aber ansonsten waren Gleichgültigkeit, ja sogar Zuwiderhandeln weit verbreitet. Während SA-Leute vor den Geschäften jüdischer Eigentümer standen und jene, die es wagten, diese zu betreten, bedrohten und verhöhnten, wählten einige Deutsche genau diesen Tag, um einen jüdischen Arzt oder Lebensmittelhändler zu besuchen. Zudem fielen die Aktien, und zwar zum Teil deshalb, weil viele jüdische Unternehmen im Besitz ausländischer Gläubiger oder deutscher Banken waren. Nicht zuletzt warf der Boykott erneut eine verwirrende Frage auf: Wer war überhaupt ein Jude? Diese Probleme erzwangen noch an demselben Tag, an dem der Boykott begonnen hatte, seinen Abbruch. Trotz ihrer Enttäuschung über die »arischen« Reaktionen behaupteten die Nazis, einen Erfolg erzielt zu haben. In gewissem Maße hatten sie damit recht. Der Boykott hatte unter den Juden einen hohen Tribut an Angst und Einschüchterung gefordert.

Da der Boykott das erste wichtige öffentliche Ereignis war, das sich speziell gegen sie richtete, haben viele Juden diesen Tag in ihren Erinnerungen beschrieben. Einige wenige schlossen ihre Geschäfte, um Schwierigkeiten zu vermeiden, doch die meisten ließen sie bewußt offen. Einige äußerten sich zur Loyalität ihrer Kunden während dieser ersten, frühen Prüfung. Ein Mann erinnerte sich, daß sein kleines Warenhaus in Hanau in der Woche vor dem Boykott mehr Umsatz machte als in den vergangenen Jahren. Seine Kunden kauften – für den Fall, daß sich der Boykott hinziehen sollte – auf Vorrat ein und bekundeten seiner Familie ihre Solidarität. In Dortmund hielten Beobachter fest, mit wieviel Abscheu viele Deutsche über den Boykott redeten und wie mutig sie jüdische Geschäfte betraten, obwohl die SA ihnen Beschimpfungen und Beleidigungen ins Gesicht schleuderte.[21]

Juden beschrieben auch ihren eigenen Widerstand. Einige bekundeten ihn stillschweigend – etwa einige Veteranen des Ersten Weltkriegs, die vor ihren Geschäften standen und ihre Uniformen und Orden trugen. Andere widersetzten sich mit Worten. Als ein »Bürschlein«, das fest entschlossen war, Schaden anzurichten, aggressiv in Dr. Herta Nathorffs Praxis hineinplatzte und schrie: »Ist das ein jüdischer Betrieb?« antwortete sie: »Hier ist überhaupt kein Betrieb, sondern eine ärztliche Sprechstunde [...] sind Sie krank?« Daraufhin zog der Junge von dannen. Nathorff legte an diesem Tag besonderen Wert darauf, in Geschäften einzukaufen, die Juden gehörten, und sagte zu den SA-Wachposten: »Für mein Geld kaufe ich, wo ich will!«[22] Erna Albersheim, die als »Halbjüdin« in New York geboren worden war und einen deutsch-jüdischen Mann geheiratet hatte, zeigte großen persönlichen Mut, als sie den Nazis in Frankfurt, wo der Boykott relativ erfolgreich war, entgegentrat. Als die Nazis vor ihrem Geschäft Posten bezogen, stellte sie sich als »Amerikanerin« vor und forderte sie auf, zu verschwinden, was sie auch taten. »Ich ging aufrechten Hauptes in mein Geschäft zurück, doch ich war froh, daß niemand meine Knie sehen konnte – sie waren so weich wie Wackelpudding.«[23] In Stettin versuchte es Olga Eisenstädt mit Aufklärung statt mit Konfrontation. Sie stand draußen vor ihrem kleinen Geschäft und erläuterte den Vorübergehenden ihren persönlichen Fall – in der Hoffnung, sie würden dies verallgemeinern und ihre Rückschlüsse ziehen:

»Ich wies darauf hin, daß ich Kriegerwitwe sei, das Verdienstkreuz vom Kaiser im ersten Weltkrieg erhalten habe und von Hindenburg das Ehrenkreuz für Kriegerwitwen [...] Auch von der Stadt Stettin hatte ich ein Diplom als Dank für meine soziale Hilfsarbeit in dem ersten Weltkrieg bekommen. Ich hatte Hunderte von Kriegerfrauen und -witwen, die kaum verstanden mit einer Nähnadel umzugehen, angelernt, für den Heeresbedarf zu arbeiten.«[24]

Mißt man den offiziellen Boykott an den Erwartungen der Nazis, so war er ein Fehlschlag. Die jüdischen Betriebe bekamen noch eine kurze – offizielle – Lebensfrist, weil die verunsicherte deutsche Wirtschaft weitere destabilisierende Maßnahmen nicht hätte verkraften können. Mehr noch, große jüdische Betriebe blieben relativ unbehelligt, weil sie viele »Arier« beschäftigten und ihr Scheitern die allgemeine wirtschaftliche Lage in Mitleidenschaft gezogen hätte.

Inoffizielle, spontan oder von örtlichen Beamten angestachelte Boykottmaßnahmen hielten jedoch an. Viele Deutsche, die der Boykott vom 1. April verärgert oder peinlich berührt hatte und die an jenem Tag Mut bewiesen hatten, neigten in der Folge dazu, sich zurückzuziehen. Sie unterwarfen sich allmählich dem Druck der »Volksgemeinschaft« und schwiegen, anstatt Juden zu verteidigen. In ländlichen Gebieten etwa verschlechterte sich der jüdische Handel mit Vieh, Pferden und Getreide infolge eines lang anhaltenden Boykotts. Einige Bauern blieben zwar zunächst den Geschäftsbeziehungen, die sich bisweilen über Generationen entwickelt hatten, treu und machten geltend, sie erhielten von jüdischen Händlern gute Preise und Produkte, gaben jedoch allmählich dem Druck nach. Die Nazis zerstörten auf dem Land außerdem langjährige Arbeitsbeziehungen zwischen Juden und Nichtjuden. Jüdische Viehhändler mußten häufig ihre nichtjüdischen Gehilfen entlassen, um sie vor Übergriffen zu schützen.[25] Doch auch in den Städten nahm die Kundschaft, die sich zunächst noch loyal verhielt, in dem Maße ab, in dem die Regierung den Angriff auf jüdische Geschäfte verstärkte.

Boykottaktionen waren nur eine der Strategien, derer sich die Regierung und geldgierige Individuen bedienten, um Juden anzugreifen. Juden wurden vom Regime körperlich mißhandelt: So schlug die SA etwa in Breslau jüdische Juristen zusammen und vertrieb sie aus ihren Kanzleien.[26] Die Nazis setzten Juden auch unter Druck, ihre Betriebe aufzugeben oder an »Arier« zu verkaufen. Restriktionen und offizielle wie inoffizielle Schikanen nahmen an Häufigkeit und Heftigkeit zu. Infolgedessen sahen sich viele – insbesondere kleine – jüdische Betriebe zur Schließung oder zum Verkauf gezwungen. Alice Baerwald, die in den frühen dreißiger Jahren in Danzig lebte, schilderte, wie die Nazis den Lebensunterhalt jüdischer Familien ruinierten. Sie schrieb über ein Ehepaar, das mit einem Friseursalon eine große Kundschaft aufgebaut hatte, um den Unterhalt für sich und seine Kinder zu sichern. Nach der nationalsozialistischen Machtergreifung bot ein Deutscher an, den Laden für einen lächerlich niedrigen Preis zu kaufen. Überrascht lehnten sie ab. Wenig später klagten die örtlichen Behörden das Paar wegen Steuerhinterziehung an, verhafteten den Mann und beschlagnahmten ihre wertvolle Ladeneinrichtung. Die Familie wurde innerhalb weniger Tage ruiniert. Ein anderes Paar besaß eine kleine Apotheke, die es zum Verkauf anbot, als die Frau plötzlich erblindete. Ein interessierter Käufer nutzte die Situation aus, indem er die Eheleute der Steuerhinterziehung bezichtigte. Der Ehemann wurde verhaftet und gezwungen, billig zu verkaufen. Einen anderen Mann ließ die Regierung verhaften, weil er angeblich Geld ins Ausland verschoben hatte, obwohl eindeutig nachzuweisen war, daß er im Ausland einen Lieferwagen erworben hatte. Sein Betrieb und seine Möbel wurden beschlagnahmt.[27] Viele »Arier« mißbrauchten die Bedrängnis der Juden zu ihrem eigenen finanziellen Vorteil. Ein Viehhändler erinnerte sich: »Erpressungen waren an der Tagesordnung. Schuldner verlangten [...] Quittungen für Beträge, die sie nie bezahlt hatten. Gerichtliche Klage zu erheben, hatte keinen Wert.«[28] Mieter konnten ungestraft die Bezahlung ihrer Miete verweigern, in einigen Fällen klagten sie ihre Vermieter sogar als »Feind[e] der Regierung« an, um sich ihrer Verpflichtungen zu entledigen.[29] Um 1936 wurden viele Bereiche des Kleinunternehmertums, insbesondere jene, die mit der Landwirtschaft verbunden waren, für »judenrein« erklärt.[30]

Jüdische Betriebe, an denen Nichtjuden bedeutsame Anteile hatten, waren zunächst noch relativ sicher. Einige jüdische Eigentümer konnten ihre Betriebe weiterbetreiben, wenn sie einen »arischen« Partner fanden. Doch dies stellte bestenfalls eine kurzfristige Lösung dar. Letztlich mußten Juden an ihre »arischen« Partner verkaufen oder – wenn diese gestorben waren oder sich von ihnen getrennt hatten – ihre Betriebe aufgeben. Beispielsweise war eine jüdische Frau, die nicht länger den Schutz des »arischen« Status ihres verstorbenen Mannes genoß, gezwungen, ihren Stand auf dem Wochenmarkt 1939 aufzugeben. Sie arbeitete fortan als Putzfrau.[31] Von den annähernd 50 000 jüdischen Kleinbetrieben, die Ende 1932 bestanden, existierten im Juli 1938 nur noch 9 000. Der überwiegenden Mehrzahl war es nicht gelungen, »Arisierer« zu gewinnen, und sie hatten einfach Pleite gemacht. Im November 1938 waren nicht mehr als 20 bis 25 Prozent aller jüdischen Betriebe übriggeblieben.[32]

Während einige Juden ihre Betriebe aufgaben, verloren andere ihren Arbeitsplatz oder mußten erkennen, daß die Stellensuche infolge der im April 1933 erlassenen Gesetze aussichtslos war. Ein streng rechtliches Vorgehen vortäuschend, verabschiedeten die Nazis das »Gesetz zur Wiederherstellung des Berufsbeamtentums« und ähnliche Gesetze. Sie bedienten sich dieser »Gesetze«, um Gegner des Regimes und »Nichtarier« – ihrer Definition nach Menschen, die einen »nichtarischen« Eltern- oder Großelternteil hatten – auszuschließen. Der sogenannte »Arierparagraph« der Aprilgesetze erzwang die Entlassung oder Frühpensionierung jüdischer Ärzte, Rechtsanwälte, Richter und Staatsbeamter (gemeinsam mit anderen politisch »unerwünschten Personen«) auf das Beharren des greisen Präsidenten Hindenburg hin mit Ausnahme jener, die im Ersten Weltkrieg gekämpft oder ihre Posten bereits vor August 1914 innegehabt hatten. Etwa die Hälfte der jüdischen Richter und Staatsanwälte sowie nahezu ein Drittel der jüdischen Anwälte verloren ihre Stelle. Ein bedeutender Teil der jüdischen Ärzte verlor die Zulassung zu den Krankenkassen (was ihre Praxen massiv einschränkte oder in den Ruin trieb). Da der Staatsdienst viele Posten und Stellungen umfaßte, bedeuteten die Aprilgesetze, daß auch niedrigere Positionen wie die eines Straßenreinigers und eines Bahn-, Post- oder Reichsbankangestellten mit »Ariern« besetzt werden mußten. Eine weitere Folge von Erlassen beschränkte die Anzahl jüdischer Studierender an Schulen und Universitäten durch eine Höchstquote. Diese Erlasse betrafen 867 000 Menschen – Juden wie auch andere »nichtarische«, christliche Deutsche.[33]

Nach dieser Maßnahme hingen die Arbeitsplätze von Millionen von Deutschen – Juden, »Ariern« und allen »dazwischen« – von der nationalsozialistischen Definition ihres rassischen Status ab. Eine Rangelei um den Nachweis der »arischen« Herkunft war die Folge. Die Journalistin Bella Fromm notierte in ihrem Tagebuch: »Genealogen machen ein großes Geschäft. Täglich erscheinen Anzeigen – ›Wir verschaffen Ihnen jede Art von Dokumenten oder Nachweisen‹.«[34] Sie machten Geburtsort, Pfarrbezirk oder Synagogendokumente ausfindig, besorgten sich Erklärungen von volksstatistischen Ämtern oder trieben alte Familienstammbäume auf.

Der Schulunterricht zeigt anschaulich, was sich alles verändert hatte. 1933 wurden in Preußen 1 Prozent der Lehrer und 4,5 Prozent der Lehrerinnen aus ihrem Dienst entfernt (mindestens zwei Drittel der entlassenen Lehrerinnen waren »nichtarisch«, ebenso nahezu alle entlassenen Referendarinnen). Anfang April 1933 betrat Hanna Bergas zum letzten Mal die Schule, in der sie unterrichtete:

»Als ich beim Schulgebäude ankam [...], hielt mich der Direktor, nachdem er mich auf seine übliche freundliche Art mit ›Guten Morgen‹ begrüßt hatte, an und bat mich, in sein Büro zu kommen. [...] Als wir uns hingesetzt hatten, sagte er in einem ruhigen, verlegenen Ton, er habe die Anordnung erhalten, mich aufzufordern, meine Klasse nicht mehr zu betreten. Ich wisse vermutlich, sagte er, daß ich nicht mehr an einer deutschen Schule unterrichten dürfe. Ich wußte es, aber mußte es so plötzlich eintreten? [...] Herr B. bedauerte es außerordentlich. [...] Ich sammelte mich [und] meine Siebensachen. [...] Es gab niemanden [...], von dem ich mich hätte verabschieden können, da alle anderen in ihre Klassen gegangen waren. [...] Am Nachmittag [...] kamen Kollegen, Schüler, ihre Mütter, einige in trauriger Stimmung, andere wütend auf ihr Land, mit wunderschönen großen und kleinen Blumensträußen in ihrem Arm. Am Abend war das kleine Haus von Düften und Farben erfüllt, wie bei einer Beerdigung, dachte ich; und tatsächlich – das war die Beerdigung meiner Zeit als Lehrerin an einer deutschen öffentlichen Schule.«[35]

Bergas' Schmerz darüber, daß sie ihre Stellung verlor, spiegelte nicht allein den Verlust eines Arbeitsplatzes wider, sondern auch den einer Gemeinschaft und eines Berufs. Wie jüdische Männer litten auch berufstätige Frauen unter wirtschaftlicher Not und dem Schmerz, mit ansehen zu müssen, daß sich ihre soziale Stellung verschlechterte und ihr berufliches Ansehen bedeutungslos wurde.

Die Entlassung jüdischer Lehrerinnen und Lehrer machte es der Regierung leicht, 1933 für 60 Prozent der 1 320 »arischen« Bewerber Lehrerstellen zu finden. Hier ergaben sich während der Weltwirtschaftskrise Möglichkeiten für Arbeitslose und die Gelegenheit zum sozialen Aufstieg. Auf ähnliche Weise wurden auch in der preußischen Verwaltung zwischen 12,5 und 15 Prozent aller Stellen frei. In anderen Ländern waren es zwischen 4,5 und 5 Prozent. Es scheint kaum öffentlichen Protest angesichts der Verdrängung der Juden gegeben zu haben, vielmehr wurde sie stillschweigend gebilligt.[36] Als die Nazis die Gerichte säuberten, zeigte sich selbst ein so standhafter Anti-Nazi wie Thomas Mann damit einverstanden. Er, der mit einer jüdischen Frau verheiratet war, vertraute dennoch seinem Tagebuch an, die »Entjudung der Justiz« sei »kein großes Unglück«; allerdings sorgte er sich um seine »geheime[n], bewegte[n], angestrengte[n] Gedanken« über die Juden. Als Alfred Kerr, ein bekannter Berliner Kritiker, der Thomas Manns Werk häufig kritisch besprochen hatte, seine Stellung verlor, bekundete Mann seine Zufriedenheit.[37] Egoistische Motive spielten bei Mann ebenso wie bei anderen eine wichtige Rolle. In Hamburg erzählte eine befreundete nichtjüdische Nachbarin Lotte Poppers, ihre Tochter habe einen von zwei Freiern erwählt – den Gerichtsassessor: »›Der hat nun die besten Aussichten beim Gericht was zu werden, wo man so viele [...] abbaut.‹ Das Wort ›Juden‹ verschluckte Frau Hansen und erklärte mir unbeirrt des langen und breiten die glückliche Zukunft ihrer Tochter.«[38]

Nichtjüdische Ärzte profitierten gleichfalls von der Entfernung jüdischer Ärzte, indem sie »freigewordene« Positionen übernahmen und Patienten, die nicht länger jüdische Praxen aufsuchten. Im Juni 1933 gab es in Deutschland ungefähr 5 500 jüdische Ärzte – das waren 11 Prozent aller Mediziner (die Prozentzahl erhöht sich noch, wenn man alle »nichtarischen«, d. h. Ärzte mit teilweise jüdischer Herkunft hinzurechnet). Sie konzentrierten sich in den großen Städten, in denen die meisten Juden lebten.[39] In den frühen dreißiger Jahren hatte sich – infolge der Wirtschaftskrise und der steigenden Zahl von Ärzten, die den gesetzlichen Krankenkassen angehörten oder ihnen beitreten wollten – unter den Ärzten eine scharfe Konkurrenz entwickelt. Während einige Ärzte den Ausschluß ihrer jüdischen Kollegen aus den gesetzlichen Krankenkassen forderten, arbeiteten andere auf ihren vollständigen Ruin hin. Dr. Henriette Necheles-Magnus berichtete von der plumpen Taktik eines nichtjüdischen Arztes, der so begierig war, sich ihrer Praxis zu bemächtigen, daß er ihren Patienten erzählte, sie habe sich das Leben genommen.[40]

Im Juni 1933 waren etwa 13 Prozent aller Ärztinnen jüdisch, und in den großen Städten war dieser Anteil noch höher.[41] Wenige Wochen nachdem der Verband der Ärzte Deutschlands die Juden hinausgeworfen hatte, schloß auch der Deutsche Ärztinnenbund seine jüdischen Mitglieder aus. Herta Nathorff beschrieb diesen Vorgang in ihrem Tagebuch:

»16. April 1933: Versammlung des Bundes deutscher Ärztinnen – wie regelmäßig ging ich auch heute hin, trafen sich doch hier stets die angesehensten und bekanntesten Colleginnen Berlins – ›Komische Stimmung heute, dachte ich, und so viele fremde Gesichter‹ – Eine mir unbekannte Collegin sagte zu mir: ›Sie gehören doch wohl auch zu uns?‹ und zeigte mir ihr Hakenkreuz an ihrem Mantelkragen – Ehe ich antworten konnte, stand sie auf und holte einen Herrn in unsere Versammlung, der sagte er habe die Gleichschaltung des Bundes namens der Regierung zu verlangen – ›Die Gleichschaltung‹. Eine andere Collegin – ich kannte sie – sie war meine Vorgängerin im Roten Kreuz und damals ziemlich links stehend – wegen Untüchtigkeit und anderer nicht sehr feiner menschlicher Qualitaten war sie s. Zt. entlassen worden – sie stand auf und sagte: ›Nun bitte ich also die Deutschen Colleginnen zu einer Besprechung ins Nebenzimmer.‹ – Collegin S. eine gute Katholikin, steht auf und fragt: ›Was heißt das – die Deutschen Colleginnen?‹ – ›Natürlich alle, die nicht Jüdinnen sind‹, lautete die Antwort – So war es gesagt – Schweigend stehen wir ›jüdischen und halbjüdischen‹ Ärztinnen auf und mit uns einige ›deutsche‹ Ärztinnen – schweigend verlassen wir den Raum – blaß, bis ins Innerste empört – Wir gingen dann zu Collegin Erna B., um zu besprechen, was wir nun tun sollten. ›Geschlossen unseren Austritt aus den Bund erklären‹, sagen Einige – Ich bin dagegen – Die Ehre, uns herauszuwerfen, will ich ihnen gerne gönnen – aber ich will wenigstens meinen Anspruch auf die Mitgliedschaft nicht freiwillig preisgeben – Nun will ich sehen, was weiter kommt – ich bin so erregt, so traurig und verzweifelt, und ich schäme mich für meine ›deutschen‹ Colleginnen!«[42]

Auch die Patienten wandten sich, sei es von sich aus oder auf Druck der Regierung, von den jüdischen Ärzten ab. Die gesetzlichen Krankenkassen ermahnten sie, wenn sie weiterhin jüdische Praxen aufsuchten, später gingen sie auch zu Drohungen über (dies galt nur für die verbliebenen jüdischen Ärzte, deren Kassenverträge im April 1933 noch nicht gekündigt worden waren). Anhänger der Rassenlehren beschuldigten Patienten, die sich weiter von jüdischen Ärzten behandeln ließen, des Volksverrats.[43]

Jüdische Frauen mußten schwerwiegende berufliche Einbußen hinnehmen, da sie erst sehr spät Zugang zu den »freien« – insbesondere medizinischen und juristischen – Berufen erhalten hatten. Während einige jüdische Männer, als Kriegsveteranen oder weil sie ihren Arbeitsplatz bereits vor 1914 innegehabt hatten, einen Sonderstatus beanspruchen durften, konnten jüdische Frauen einen Fronteinsatz nicht geltend machen. Zudem hatten die meisten selbständigen jüdischen Frauen ihre Stellung auf Grund der späten Zulassung von Frauen zu den Universitäten erst nach 1914 eingenommen. Im medizinischen Bereich verlor daher die überwiegende Mehrheit der jüdischen Ärztinnen ihre

Kassenzugehörigkeit, während im Vergleich nur etwa 40 Prozent der Männer betroffen waren.[44] In einem Brief darüber, daß ihre Schwester den größten Teil ihrer Praxis verloren hatte, gelangte Betty Scholem zu der Schlußfolgerung: »Die Tatsache, daß man den Juden ihre wichtigste Erwerbsquelle, die freien Berufe, verschließt, wird hier so aufgefaßt, daß man sie auf unblutige Weise erledigt, ihnen die Kehle zudrückt.«[45]

Im September 1933 übernahm Joseph Goebbels die Reichskulturkammer und schloß die Juden aus dem deutschen Kulturleben, aus Film, Theater, Musik, bildenden Künsten, Literatur und Journalismus aus. Dies waren Bereiche, in denen Juden überproportional aktiv gewesen waren. Gleichzeitig verlangten viele private Betriebe und Konzessionsbehörden, ihre Angestellten müßten »Arier« sein.[46]

Die jüdische Gemeinschaft wurde zunehmend von Arbeitslosigkeit heimgesucht. 1933 arbeiteten über zwei Drittel der jüdischen Angestellten in jüdischen Betrieben und Firmen. Mit dem Verschwinden vieler jüdischer Firmen schnellte die Arbeitslosigkeit in die Höhe. Im Frühjahr 1933 war nahezu ein Drittel der jüdischen Angestellten – die nichtjüdischen dagegen nur zu einem Fünftel – als arbeitssuchend gemeldet. Allein in Berlin, wo die allgemeine Arbeitslosenquote um die 16 Prozent lag, waren mehr als ein Drittel der jüdischen Angestellten und die Hälfte der jüdischen Arbeiter ohne Arbeitsplatz. Selbst als sich die Wirtschaftslage in Deutschland verbesserte und die Arbeitslosenzahl von 6 Millionen im Januar 1933 auf 2,5 Millionen im Januar 1936 gesunken war, profitierten Juden nicht von der allgemeinen Erholung.[47]

Da mehr als die Hälfte (53 Prozent) der berufstätigen jüdischen Frauen in Betrieben und im Handel beschäftigt waren, vielfach als Helferinnen im Betrieb ihres Mannes (22 Prozent) und als Angestellte (40 Prozent), verloren sie, als Familienunternehmen und jüdische Betriebe schlossen, ihre Arbeitsplätze. Jüdische Quellen schätzten, daß drei Viertel der in »Handel und Verkehr« tätigen Frauen von den diskriminierenden Gesetzen und den frühen antijüdischen Boykottmaßnahmen betroffen waren. Die Statistiken des jüdischen Arbeitsamts für 1934 und 1936 zeigen, daß Frauen zwar leichter als Männer Arbeit gefunden zu haben scheinen (außer in den freien Berufen), tatsächlich aber nur eine Minderheit der Arbeitssuchenden beider Geschlechter eine Anstellung fand.[48] Im April 1938 hatten über 60 Prozent aller Unternehmen, die sich vor 1933 in jüdischem Besitz befunden hatten, aufgehört zu existieren, und jüdische Sozialarbeiter versuchten 60 000 arbeitslosen Juden zu helfen. Außerdem waren jene Unternehmen, die weiter bestanden, zumeist entweder auf ganz hoher Ebene (einige wenige Banken und Finanzinstitutionen) oder ganz unten anzusiedeln (eigenständige Handwerker). In beiden Bereichen arbeiteten Frauen nur sehr selten.

Trotz der begrenzten Möglichkeiten, eine Anstellung zu finden, waren viele jüdische Frauen, die niemals außerhalb ihres Haushalts gearbeitet hatten, plötzlich auf eine Arbeitsstelle angewiesen. Manche suchten Arbeit bei Fremden, während andere für ihre Ehemänner arbeiteten, die es sich nicht länger leisten konnten, Angestellte zu bezahlen. Man hegte die Hoffnung, »daß die berufliche Arbeit oder Mitarbeit der Ehefrau stets nur ein Hilfsmittel in Notzeiten ist und sein darf«.[49] Indem sie verkündeten, die neue Stellung der Frauen sei Ausdruck einer Krise, konnten Juden wie Jüdinnen von besseren Zeiten träumen und die noch beunruhigendere Tatsache ignorieren, daß sich inmitten des Chaos die Geschlechterrollen zu wandeln begannen. Entgegen ihren Hoffnungen gab es 1938 »verhältnismäßig wenig Familien [...], in denen die Frau nicht in irgendeiner Form als Verdienerin mitarbeitet[e]«.[50] Die Suche nach einer Arbeitsstelle unter neuen, widrigen Bedingungen konnte insbesondere für Frauen, die niemals außer Haus gearbeitet hatten, zutiefst entmutigend sein. In der Lebensmitte mußten Frauen, die häufig kaum mehr als die typische Mädchenausbildung und für den Arbeitsmarkt irrelevante Fertigkeiten aufwiesen, die eigenen Fähigkeiten beurteilen. Stellenanzeigen, Arbeitsämter, Freunde und Bekannte hielten jedoch wenig Hoffnung bereit.[51]

Doch trotz dieser entmutigenden Faktoren zeigen sowohl die Memoiren als auch die Statistiken, daß Frauen engagiert nach Möglichkeiten suchten, sich erstmals für eine Arbeitsstelle ausbilden oder – in vielen Fällen – für neue Stellen umschulen zu lassen. Einige bereiteten sich auf eine neue Arbeit in Deutschland vor, andere auf Arbeitsstellen, die sie im Ausland auszufüllen hofften. Ruth Abraham absolvierte während eines dreimonatigen Besuchs bei ihrer Schwester in Palästina einen Schnellkurs in der Herstellung von Miederwaren. Als sie nach Deutschland zurückkehrte, konnten Juden schon keine Gewerbegenehmigung mehr erhalten, aber sie verschaffte sich schnell einen privaten Kundenkreis.[52] Einige Frauen bereiteten sich auf mehrere Arbeiten vor und lernten verschiedene Sprachen auf einmal, da sie davon ausgingen, sie müßten im Falle einer Auswanderung so vielseitig wie möglich sein. Eine Frau nahm Englischunterricht und lernte, wie man Pelze näht, Schokolade herstellt und Bügelmaschinen bedient.[53] Eine Mutter und ihre Tochter belegten Kurse in Spanisch, Englisch, Backen und im Zubereiten von Delikatessen. Dann baten sie ihre Wäscherin, sie als Lehrlinge anzunehmen. Diese Rolle war für sie nicht nur neu, sondern stellte zugleich ihre bisherigen Klassenverhältnisse auf den Kopf.[54]

Während die meisten Frauen ihr Verhalten als Reaktion auf eine Notlage verstanden, verfolgten manche Frauen nun auch Ziele, die ihnen in besseren Zeiten verschlossen gewesen wären. Eine Frau belegte nicht nur Kochkurse, weil sie bald ihren Haushalt selbständig bewältigen mußte, sondern begann auch eine Ausbildung als Psychotherapeutin, um ihre Familie nach ihrer Auswanderung ernähren zu können. Sie mußte ihren Ehemann und ihre Kinder für ein ganzes Jahr alleine lassen, um in Zürich am Institut Carl Gustav Jungs zu studieren. In normalen Zeiten wäre sie vermutlich einfach die Frau eines Arztes geblieben.[55]

Auch die jüdischen Gemeinden in verschiedenen Klein- und Großstädten boten Kurse an, die Frauen mit großem Eifer belegten. In Hamburg konnte man in solchen Kursen Kochen und Backen, Nähen und Schneidern, das Herstellen von Hüten und Handschuhen, das Stecken von Kunstblumen und Smokarbeit lernen.[56] Gemeinden boten auch Schreibmaschinen-, Stenographie-, Buchhaltungs-, Fotografie- und Sprachkurse an.[57] Um 1935 brauchten die jüdischen Organisationen mehr Hauswirtschaftslehrerinnen.[58] Obwohl viele ihre Ausbildung (in vielen Fällen auch Umschulung) selbst finanzierten, unterstützte die Zentralstelle für jüdische Wirtschaftshilfe bis Ende 1937 die Ausbildung von 20 000 Männern und Frauen.[59] 1938 gab es außerdem vierundneunzig Umschulungsgruppen für Landwirtschaft, Handwerk, Hauswirtschaft und Krankenpflege. Zionistische

Köchinnen in der Küche der Jüdischen Winterhilfe, Berlin. (Mit freundlicher Genehmigung des Leo Baeck Institute, New York)

Organisationen spielten durch ihre *Hachschara*-Zentren, die die in Palästina notwendigen praktischen Fertigkeiten vermittelten, in diesen Gruppen eine bedeutende Rolle. Etwa 23 000 junge Menschen, darunter etwa ein Drittel Frauen, lernten, wie man Hühner züchtete oder im Schlosser- und Schneiderhandwerk oder in der Kinderkrankenpflege arbeitete. Schließlich, um das Jahr 1941, wanderten 17 000 Jüdinnen und Juden, die in diesen Zentren vorbereitet worden waren, im Rahmen der Quote für »Arbeiter« nach Palästina aus.[60]

Laut Aussage jüdischer Beobachter scheinen Frauen »anpassungsfähiger« gewesen und »geringere Hemmungen« gehabt zu haben als Männer; sie waren in höherem Alter bereit, Umschulungsprogramme zu beginnen und sahen eher die Notwendigkeit, ihr Leben zu verändern, um den Anforderungen der Zeit zu genügen.[61] Die Anzahl der Frauen, die sich in diesen Jahren erfolgreich umschulen ließen, verteilte sich ungefähr gleichmäßig auf die Altersgruppe zwischen 20 und 50 Jahren, während zumeist nur Männer zwischen 20 und 30 Jahren eine Umschulung auf sich nahmen und gewöhnlich ab dem Alter von 40 Jahren nicht mehr nach entsprechenden Möglichkeiten suchten. In der Berliner Jüdischen Gemeinde stellte man fest, daß die Umschulung von Frauen kostengünstiger war und weniger Zeit in Anspruch nahm als die von Männern (drei bis sechs Monate bei Frauen im Vergleich zu etwa einem Jahr bei Männern). Vermutlich wurden Frauen für Tätigkeiten ausgebildet, die weniger Kenntnisse verlangten als jene der Männer. Außerdem besaßen sie, obgleich sie zumeist als Handelsangestellte oder Bürohilfen gearbeitet hatten, bereits viele der für die Arbeit als Näherinnen, Putzmacherinnen oder Haushaltshilfen notwendigen Fertigkeiten.[62]

Jüngere Frauen unter 35 Jahren hatten die besten Aussichten, noch Arbeit zu finden. Sie übernahmen Stellen in jüdischen Betrieben, als andere Juden auszuwandern begannen. Zudem stieg die Nachfrage nach Hilfe im sich ausweitenden Sektor jüdischer Sozialeinrichtungen sowie, nach den Nürnberger Gesetzen, in jüdischen Haushalten. 1936 konnten in Berlin 52 Prozent aller Bewerberinnen für Arbeitsstellen im Bereich des Handels (im Vergleich zu 22 Prozent der männlichen Bewerber) vermittelt werden. Im gleichen Jahr übertraf der Bedarf an weiblichem jüdi-

Sammel- und Abholstelle für getragene Kleidung in den Räumen der Jüdischen Winterhilfe. (Mit freundlicher Genehmigung des Leo Baeck Institute, New York)

schen Haushaltspersonal in Berlin die Zahl der zur Verfügung stehenden Frauen. Es gab – insbesondere in kleinen Städten – einen allgemeinen Mangel an weiblichen Haushaltshilfen und einen noch größeren Mangel an Krankenschwestern in jüdischen Krankenhäusern und Erholungsheimen.[63]

Obgleich in einigen Bereichen Arbeitsplätze zur Verfügung standen, waren die Beschäftigungs- und wirtschaftlichen Aussichten für alle Juden düster. Waren 1933 lediglich 8 Prozent der Juden Handwerker oder Arbeiter, so fielen 1939 bereits 56 Prozent unter diese Kategorie. In dem Maße, in dem die Arbeitslosigkeit anstieg, nahm auch die Armut zu. Der höchste Prozentsatz bedürftiger Juden fand sich in Gebieten, in denen besonders viele jüdische Einwanderer aus Osteuropa lebten. 1937 unterhielt die Berliner Jüdische Gemeinde fünfzehn »Mittelstandsküchen« und stellte Kleidung für Tausende von Berliner Juden bereit.[64]

Vor dem Gesetz waren Juden bis 1939 berechtigt, öffentliche Unterstützung zu beziehen. In der Praxis fanden die Nazis jedoch Möglichkeiten, Juden alle Formen staatlicher und quasistaatlicher Zuwendungen zu verweigern. Die genaue Anzahl der Juden, die während der dreißiger Jahre irgendeine Form der öffentlichen Sozialhilfe empfingen, ist zwar nicht festzustellen, doch bereits während des Winters 1935/36 unterstützte die Jüdische Winterhilfe 20 Prozent der jüdischen Bevölkerung; weitere 20 bis 25 Prozent lebten von dem Geld, das sie aus dem Verkauf ihrer Unternehmen erhalten hatten.[65] 1936 erhielten beinahe 60 000 Berliner Juden Kleidung aus Lagern, in denen gebrauchte Kleidung gesammelt wurde. Vor allem Männeranzüge waren sehr begehrt. Frauenkleidung, die von erfahrenen Hausfrauen einfacher zu flicken war, konnte leichter ersetzt werden.[66] Mitarbeiter der Jüdischen Winterhilfe merkten an, der soziale Abstieg der Juden komme »äußerlich [...] am stärksten durch die Minderung der Kleidung zum Ausdruck«. Sie fügten hinzu: »Hier für Abhilfe zu sorgen, bedeutet nicht nur materielle, sondern auch eine psychologische Erleichterung.«[67]

Bereits im April 1933 (wenige Monate vor der Gründung der Reichsvertretung der deutschen Juden) hatten führende jüdische Organisationen den Zentralausschuß für Hilfe und Aufbau begründet, der für mögliche Notsituationen Vorsorge treffen sollte. Der Zentralausschuß erweiterte den Umfang der Sozialarbeit, als er sich Anfang 1935 der Reichsvertretung der deutschen Juden anschloß. Die Reichsvertretung verwendete ihr Budget für 1936 (etwa 4,3 Millionen Mark) auf Binnenwanderung und Auswanderung, wirtschaftliche Hilfe und Sozialarbeit. Ihre Einkünfte stammten nur zum Teil (1,6 Millionen Mark) von den deutsch-jüdischen Gemeinden. Zuwendungen aus dem Ausland sorgten für etwa 2,1 Millionen Mark. Leider mußte die Reichsvertretung bereits 1937 erkennen, daß sie den Bedürfnissen ihrer Klientel nicht mehr gerecht zu werden vermochte. Sie hatte Bitten um Geld »aus allen Regionen« erhalten, »weil die Armut angestiegen war. All diese Gesuche mußten schweren Herzens abgewiesen werden.«[68]

Alltägliches Leben, alltägliche Entbehrungen – Ernährung, Wohnverhältnisse und Beziehungen zu anderen Deutschen

Zwischen 1933 und 1938 verschlechterte sich die Situation der Juden erheblich. Die Menschen waren sehr unterschiedlich davon betroffen. Viele beurteilten ihre Situation danach, wie viel sie erdulden mußten, während sie ihren alltäglichen Aufgaben nachgingen. Sie fragten sich, wie sie das wirklich Bedrohliche von dem unterscheiden sollten, was lediglich ärgerlich oder enttäuschend war, und wie sie reagieren sollten – sollten sie es nicht beachten, sich davor schützen, oder sich wehren? Trotz der üblichen Routine und häufig inmitten einer scheinbaren Normalität, mit der Juden ihre alltägliche Existenz fortsetzten, begannen viele, sich vor der willkürlichen, häufig überraschenden Gefühllosigkeit und Feindseligkeit ihrer Nachbarn, Kollegen und Mitbürger zu fürchten. Der Mangel an Mitgefühl und die wachsende Erbitterung gegen Juden waren Teil einer verbreiteten Haltung gegenüber angeblichen »Feinden« wie den Kommunisten oder Zeugen Jehovas. Sie war charakteristisch für die Beziehungen vieler nichtjüdischer Deutscher zueinander, seitdem der nationalsozialistische Staat die »Bande der Solidarität« zerstörte und »jene als stark und gesund lobte, ›die für niemanden außer sich selbst Mitgefühl empfanden.‹«[69] Rabbiner Joachim Prinz faßte die

Situation so zusammen: »Des Juden Los ist: nachbarlos zu sein. [...] Wer weiß, wie lange man es ertragen kann: das Leben ohne Nachbarn!«[70]

Mieten und Einkaufen

In der Öffentlichkeit ohnehin zur Wachsamkeit gezwungen, fühlten sich Juden nicht einmal mehr zu Hause sicher. Abgesehen von den jederzeit drohenden Hausdurchsuchungen mußten sich jüdische Familien mit den willkürlichen Entscheidungen ihrer Vermieter abfinden, da ihre Mietverträge nicht mehr sicher waren. Anfang 1936 etwa kündigten in Berlin eine Anzahl städtischer Wohnungsbaugesellschaften Mietverträge unter Hinweis auf den »nichtarischen« Status des jüdischen Bewohners und verfügten Zwangsräumungen.[71] Private Vermieter handelten ähnlich. Elizabeth Bab erinnerte sich, daß ihre Vermieterin, obwohl sie ihrer Familie versprochen hatte, sie könnte für immer in ihrer Wohnung leben, »einen arischen Arzt [fand], der ihr sicherer schien als Mieter als ein jüdischer Schriftsteller«. Babs Familie mußte sich nach einer neuen Wohnung umsehen, obwohl sie davon ausging, daß niemand an Juden vermieten würde. Und selbst wenn die Vermieter bestehende Verträge respektierten, schikanierten sie häufig ihre jüdischen Mieter.[72]

Auch die Möglichkeiten, Lebensmittel einzukaufen, waren eingeschränkt – sei es auf Grund von Gesetzen oder wegen der Feindseligkeit von Geschäftsinhabern. Das frühe Verbot des koscheren Schlachtens (21. April 1933) bedeutete für die orthodoxen Juden eine große Härte, betraf jedoch alle, die koscheres Fleisch bevorzugten. Zunächst importierte die orthodoxe Gemeinschaft teuren Ersatz aus Dänemark und den Niederlanden, doch viele konnten sich das nicht leisten. Selbst diese Praxis fand lange vor dem offiziellen Einfuhrverbot im Jahre 1938 ein Ende, was bei religiösen Juden zu Schwierigkeiten oder sogar zur Unterernährung führte. Trotz staatlicher Vorschriften und schwerer Strafen gab es über die gesamten dreißiger Jahre hinweg in orthodoxen Gemeinden erfolgreichen Widerstand gegen diese Gesetze. Schlomo Wahrmann, der in einer orthodoxen Gemeinde in Leipzig aufwuchs, schrieb: »Ich entdeckte bald, daß wir trotz des Verbots der *schechitah* [des Schächtens oder koscheren Schlachtens] weiterhin regelmäßig Huhn aßen. [...]

Als ich mich damit [...] an meine Eltern wandte, erhielt ich trotz meiner Hartnäckigkeit und Beharrlichkeit keine befriedigende Antwort. [...] Man sagte mir lediglich, ich sei zu jung, um das zu verstehen.« Er erfuhr, daß eine kleine Gruppe von koscheren Schlachtern ihre Arbeit insgeheim weiter ausübten und jede Woche Tausende von Hühnern schlachteten. Hunderte von Juden wußten davon, ebenso mehr als dreißig der Kinder in seiner jüdischen Schule. Der Junge wunderte sich, daß niemand die Polizei informierte. Sein Vater, der einen kleinen Laden besaß, aber als Schächter ausgebildet war, schlachtete unter hohem persönlichem Risiko auch Fleisch für die Gemeinde. Wahrmanns Mutter »lebte in [...] ständiger Furcht. [...] Mein Vater traf natürlich jede erdenkliche Vorsichtsmaßnahme. [...] Meine jüngere Schwester pflegte das [Koschermesser] zum Hühnermarkt zu bringen, weil wir darauf vertrauten, daß die Gestapo ein so junges Mädchen nicht festnehmen würde. Dennoch lebte meine Mutter in ständiger Spannung.«

Obwohl es in Leipzig erstaunlich häufig und gelegentlich auch in kleinen Städten vorkam, blieb illegales koscheres Schlachten eine Ausnahme.[73] Viele religiöse Juden mußten lernen, mit fleischlosen Gerichten zu leben. In einem Versuch, die Zwangslage von Juden zu lösen, die nur unter Schwierigkeiten koscheres Fleisch kaufen konnten, veröffentlichte der Jüdische Frauenbund ein Kochbuch mit vielen vegetarischen Speisen; das Buch erlebte bereits im Jahr seines Erscheinens (1935) vier Auflagen. Das Mitteilungsblatt des Frauenbundes schlug – ebenso wie andere jüdische Blätter – vegetarische Rezepte vor. Im November 1937 sahen die Winterrezepte des Frauenbundes vor allem Gerichte aus Äpfeln, Kartoffeln und Kohl vor. Zu einem typischen Tagesspeiseplan gehörten Haferschleim, mit Reis gefüllter Kohl und gedünstete Äpfel für die Hauptmahlzeit sowie Salat, ein hartgekochtes Ei und gekochte Pflaumen für leichtere Mahlzeiten.[74]

Die Juden begegneten zunehmend auch Schwierigkeiten beim Einkauf von elementaren Gütern. Lange bevor die Nationalsozialisten ihnen den Kauf verschiedener lebensnotwendiger Waren verboten, mußten sich die Juden mit feindseligen Ladenbesitzern abfinden. Immer mehr Schilder erinnerten sie daran, daß sie »unerwünscht« waren. Sogar Schulkinder mußten aufpassen, wo sie ihre Schulsachen kauften. Ann Lewis erhielt von ihrer jüdischen Schule eine Liste »freundlicher« Buchläden, betrat jedoch einen, der näher bei ihrem Haus lag. Der Ladenbesitzer versuchte den Namen ihrer Schule in Erfahrung zu bringen: »Ich glaube, er hegte den starken Verdacht, daß ich jüdisch sei, war sich aber nicht absolut sicher [...] Er fragte immer fort nach dem Namen der Schule, aber ich behielt ihn für mich, und schließlich ging ich ohne das Buch hinaus und bestellte es in unserem freundlichen Laden, der sich im Besitz eines Juden befand.«[75] Freundliche Geschäftsinhaber oder solche, die keine Kunden abweisen wollten, bedienten Juden auch weiterhin. Das allerdings war so ungewöhnlich, daß sich einige Juden in ihren Erinnerungen speziell dazu äußerten.

Fremde

So beschwerlich das Mieten einer Wohnung oder das Einkaufen auch geworden war – das wichtigste Anzeichen dafür, wie sehr die nationalsozialistische Machtergreifung sich auf das jüdische Leben auswirkte, war die alltägliche Begegnung der Juden mit nichtjüdischen Fremden, Nachbarn, Haushaltshilfen und Freunden. Lange bevor Juden gezwungen wurden, einen gelben Stern zu tragen, um sie leichter identifizieren zu können, machten ihnen die allgemeinen Reaktionen, die auf grausame Weise die spätere nationalsozialistische Politik vorwegnahmen, das Leben schwer. Fremde suchten in Straßenbahnen, in Geschäften und sogar auf der Straße gezielt nach jenen, die »jüdisch« aussahen, und demütigten ihre Opfer, indem sie ihren Verdacht laut verkündeten. In einer Kleinstadt beleidigte eine Frau einen jüdischen Mann, der in der Straßenbahn aufstand, um ihr seinen Sitzplatz anzubieten, indem sie sich weigerte, dort zu sitzen, wo ein Jude gesessen hatte. Einige Deutsche behaupteten, einen so ausgeprägten Geruchssinn zu besitzen, daß sie Juden an ihrem »Knoblauchgeruch« erkennen könnten. In diesen Fällen beriefen sich die Deutschen auf ihre seit jeher bestehende Aversion gegen Knoblauch, hinter der in Wirklichkeit eine Antipathie gegen Fremdes stand. Sie wollten die deutschen Juden quälen, die jedoch eine ebenso starke Abneigung gegen Knoblauch hegten wie die anderen Deutschen. Die jüdischen Opfer dieser verbalen Angriffe sahen sich lautstarken Klagen in Straßenbahnwagen ausgesetzt: »Es riecht nach Knoblauch« oder »Es riecht nach Juden«. Empfindliche Augen und Nasen waren auch in Restaurants verbreitet, wo sich einige Deutsche, wenn Juden hereinkamen, über einen »unerträglichen Knoblauchgestank« beklagten.[76] Deutsche Stammgäste sorgten außerdem für Aufruhr in Restaurants, wenn sie Juden identifizierten, die dort aßen. Eine Jüdin aus einer Kleinstadt nahm gemeinsam mit Arbeitskolleginnen ihr Abendessen ein. Am nächsten Tag erzählten ihr ihre Freundinnen, Stammgäste an einem Tisch in ihrer Nähe hätten sie lachen sehen und gewarnt, sähen sie die Jüdin noch einmal lachen, würden sie sie auf die Straße schmeißen.[77]

Die Deutschen glaubten häufig, Juden ähnelten den antisemitischen Karikaturen in den nationalsozialistischen Zeitungen. Das hatte eine doppelte Folge: Zum einen hielten Nichtjuden jüdische Menschen häufig für »Arier«, oder es wurden umgekehrt »Arier« irrtümlich als Juden identifiziert. Eine solche falsche »Begutachtung« konnte zu heftigen Auseinandersetzungen führen, wie in dem Fall, als ein Mann eine Bemerkung über eine »fette Jüdin« machte und damit einen Faustschlag seitens ihres Ehemannes provozierte. Das Paar war »arisch«.[78] Zum anderen konnte es dann zu Verwechslungen von Juden und »Ariern« kommen, wenn Juden helle Haut, blondes Haar und blaue Augen hatten, sie damit den Nazistereotypen nicht entsprachen und als »Arier« »durchgingen«. Sie mußten sich weniger anpassen, weniger Angst vor Einschüchterung haben und verfügten über mehr Bewegungsfreiheit. »Arisch« aussehende jüdische Jugendliche durchstreiften nicht nur die Stadt und besuchten Kinos, die Juden verboten waren, sondern fuhren sogar als Anhalter bei nichtsahnenden »Ariern« mit.[79]

Es gibt eine Fülle von Berichten über Identitätsverwechslungen, die von jüdischen Zeugen mit einem gewissen Behagen erzählt werden. In einem Fall machte eine Frau Bemerkungen über drei Kinder, die ihr in einem Zugabteil gegenübersaßen. Sie bewunderte die beiden »arischen« Typen und verunglimpfte das dunkler aussehende Mädchen. Der Vater der beiden sagte ihr schließlich, die beiden blonden Mädchen hätten eine jüdische Mutter, während das dunklere Mädchen »arisch« sei.[80] Eine beliebte Anekdote beschreibt, wie ein nationalsozialistischer Experte für »Rassenhygiene« eine Schule besuchte und unwissentlich ein jüdisches Kind aufforderte, vor die Klasse zu treten, um am Körper des jüdischen Kindes die Kennzeichen der »Arier« zu demonstrieren – zur allgemeinen Erheiterung der übrigen Klasse.[81] Die Erzähler führen diese Geschichten zum Teil an, um zu »beweisen«, wie dumm viele Deutsche waren, wie viele einfach den Unsinn glaubten, den ihre Regierung von sich gab. Die Erzähler offenbaren aber auch ein Gefühl des Stolzes, eine Form der Identifikation *mit* den Deutschen: »Wir sahen wirklich ›deutsch‹ aus!« (Während der Deportationen konnte ein »deutsches Aussehen« tatsächlich jenen, die sich vor den Nazis versteckten oder mit falschen Ausweisen durchkamen, das Leben retten.)

Jüdischen Frauen dürfte häufiger als Männern eine falsche Identität zugeschrieben worden sein, weil die nationalsozialistische Karikatur »des Juden« ein männliches Wesen zeigte. In der Nazipropaganda konnte man neben einem fremdartig verzerrten jüdischen Mann auch einer korpulenten, mit Juwelen geschmückten Frau mitsamt ihren grotesken Kindern begegnen, doch gewöhnlich war es der Mann, den die Nazis verunglimpften. Im allgemeinen verschmolz das Bild des »Juden« überhaupt mit dem jüdischer Männer. So versicherte etwa der stellvertretende Bürgermeister von Berlin, Oskar Maretzky, der jüdischen Journalistin Bella Fromm Ende 1933 auf einer Abendgesellschaft: »Ich bin nur gegen Juden, nicht gegen jüdische Frauen. Vor allem nicht gegen bezaubernde Jüdinnen.«[82]

Da Juden nicht allgemein so dunkel und »Arier« nicht so hell waren, wie die Nazis es sich in ihren bizarren Phantasien ausmalten, führten Stereotype über Hautfarbe jene, die Juden zu entdecken hofften, in die Irre. Das gleiche gilt für Vorurteile, die das Geschlecht betrafen. So wurde etwa die Identität von Frauen seltener auf Grund ihres »typisch jüdischen« Berufs festgestellt, weil es weniger berufstätige jüdische Frauen gab als Männer. Frauen konnten zudem der Entdeckung entgehen, indem sie unfreundliche Ladenbesitzer mieden, die wußten, daß sie jüdisch waren. Zwei Fälle aus Danzig während der frühen Jahre des Naziregimes führen Situationen vor Augen, in denen Nazis jüdische Frauen fälschlicherweise für »Arierinnen« hielten (und in denen diese Frauen die Sache mutig richtigstellten). Bei einem Vorfall hielt ein SA-Mann eine blonde Jüdin an, welche die Straße entlangging, und rügte sie: »Eine deutsche Frau schminkt sich nicht.« Freundlich erwiderte sie: »Glücklicherweise bin ich Jüdin und kann mit meinem Gesicht machen, was ich will.« Als ein SA-Mitglied zum Haus einer anderen Frau kam und fragte, ob sie ein deutsches Modemagazin kaufen wolle, antwortete sie: »Jüdische Frauen haben andere Sorgen als deutsche Moden.« Als er sich über ihre Aussage überrascht zeigte, erwiderte sie: »Ich [bin] doch ein absolut jüdischer Typ, dunkel, schmal, lebhaft. [...] Allerdings, wie Sie uns im *Stürmer* abbilden, so sehen wir ja wirklich nicht aus.«[83] Es gab sogar einige Nazis, die sich – voller Ignoranz und arrogant aufgeblasen – weigerten zu glauben, daß Juden, die »nicht jüdisch aussahen«, wirklich Juden waren. Auf einem Ball im Mai 1933 sagte Ernst (Putzi) Hanfstaengl, Hitlers enger Freund (und ein Harvard-Absolvent), zu Bella Fromm: »Sie sollten zu einer Untersuchung ins Anthropologische Institut gehen. Ich halte es für unsinnig, daß Sie jüdisch sein sollen. Ihr Schädel hat die vollkommene arische Form.«[84]

Nachbarn, Bekannte und Angestellte

Beschimpfungen durch Fremde, so beleidigend und einschüchternd sie auch sein mochten, hinterließen weniger Eindruck bei Juden als das Verhalten von Menschen, die sie tatsächlich kannten. Es war wahrscheinlich, daß erwachsene Juden durch ihre Arbeit und jüdische Kinder durch die Schule einen weiten Kreis nichtjüdischer Bekannter hatten. Auch umgekehrt scheint dies zuzutreffen: viele Deutsche kannten einige Juden. Eine Umfrage nach dem Krieg ergab, daß etwa 66 Prozent der Befragten bis 1939 einige jüdische Bekannte hatten.[85]

Juden brachten das neue Schweigen von Nachbarn und Kollegen – nicht nur Juden gegenüber, sondern auch untereinander – zur Sprache. Ein jüdischer Zahnarzt in einem Arbeiterviertel in Hamburg beobachtete, daß seine Patienten nicht mehr über Politik diskutierten. Seine Frau, Lotte Popper, schrieb: »Nur schweigsamer waren sie alle geworden.« Sie stellte außerdem fest, daß nichtjüdische Frauen, die sonst beim Einkaufen über Preissteigerungen zu murren oder über Politik zu diskutieren pflegten, »schweigend ihren Kohl und ihre Kartoffeln [kauften]« und die Lebensmittelhändler sie wortlos bedienten.[86]

Als die Deutschen anfingen, einander mit Zurückhaltung zu begegnen, vollzogen sie den entscheidenden Bruch mit den Juden. Nachbarn und Bekannte wandten sich vor allem in Kleinstädten und Dörfern, in denen etwa 17 Prozent der jüdischen Bevölkerung lebte, jäh ab. In einer süddeutschen Stadt hatten eine jüdische Frau und ihre nichtjüdische Nachbarin zwanzig Jahre lang stets bei der Gartenarbeit auf ihren angrenzenden Grundstücken miteinander geplaudert. Infolge der neuen Stimmung in Deutschland stellten sie die Gespräche ein. Zwei andere benachbarte Familien – Freunde über Generationen – hörten auf, einander zu treffen, als die Töchter des nichtjüdischen Nachbarn Nazis wurden; die Mutter brach jeglichen Kontakt zu der jüdischen Familie ab.[87] Auch frühere Angestellte ließen die Juden im Stich. So stellten etwa jüdische Viehhändler fest, daß ihre Gehilfen sich weigerten, am Sabbat ihre Kühe zu melken. Diese Weigerung brachte die orthodoxen jüdischen Besitzer in eine mißliche Lage, da ihnen durch ihre Religion die Arbeit am Sabbat verboten war. 1936 erlaubten die rabbinischen Autoritäten das Melken der Kühe und erklärten, die Situation in Deutschland komme einer »Zeit großer Not« gleich.[88] Schließlich nahmen auch die bereits vor 1933 unter der Landbevölkerung vorherrschenden Vorurteile und Aberglauben überhand, wonach die Juden nach Palästina gehörten, bestimmte körperliche Merkmale hatten oder merkwürdige Riten ausübten.

In Dörfern und Kleinstädten, in denen alle einander kannten, wurden Juden Opfer geplanter ebenso wie zufälliger Angriffe, und häufig kannten oder erkannten sie die Täter. Umzüge der Hitlerjugend, bei denen die Jungen blutrünstige antisemitische Lieder sangen, wenn sie absichtlich an Häusern jüdischer Bewohner vorbeimarschierten, waren besonders einschüchternd. Bereits sehr früh gehörten körperliche Angriffe und Steinwürfe zum Alltag. Zwar wurden vor allem die jüdischen Männer Opfer von Übergriffen, doch auch Frauen und Kinder blieben nicht vollständig verschont. In Ihringen (in Südbaden) hatten mehrere jüdische Frauen Angst, ihre Häuser zu verlassen, weil Dorfbewohner sie mit Steinen beworfen hatten.[89] In Fulda griff ein »arisches« Kind einen jüdischen Jungen an, indem es in sein

Fahrrad hineinfuhr, ihn bespuckte und rief: »Verdammter Jud, seid ihr immer noch nicht in Palästina?« Der Vater des jüdischen Jungen beobachtete, wie zwei Frauen vor dem *Stürmer*-Kasten standen und die Behauptungen der Nazis lasen, die Juden seien in »Ritualmorde« verstrickt. Er hörte: »Ist das nicht schrecklich, wer hätte so etwas gedacht? Und es muß doch wahr sein, sonst würden die Juden sich das nicht gefallen lassen!« Auch dann noch, als Juden immer stärker ihre Ohnmacht empfanden, suchten die Deutschen einen Grund für ihre eigenen Vorurteile, indem sie den Juden eine eigenartige Macht zuschrieben.[90]

In Kleinstädten wurden Juden häufig die Fenster eingeschlagen oder die Häuser mit Teer beschmiert.[91] In der winzigen Stadt Gladenbach (in Hessen) waren 108 der 1 756 Einwohner (ein verhältnismäßig hoher Prozentsatz) jüdisch. Im März 1933 plünderte der Pöbel zweimal das Haus einer Familie, zerstörte das Inventar und schüchterte die Bewohner ein. Wenige Tage später mißhandelten Schläger einen jüdischen Mann und verhöhnten und bedrohten weitere Juden. Am folgenden Tag wurde ein Jude gezwungen, in einer öffentlichen Zurschaustellung seine angebliche Diffamierung Hitlers zu »widerrufen«. Im Juni verhafteten die Behörden mehrere jüdische Männer. Im August 1935 überfielen Raufbolde Juden in ihren Häusern und zertrümmerten und plünderten ihre Wohnungen. Eine jüdische Frau, die aus Angst vor Angriffen nicht mehr zu Hause schlief, fand eines Morgens bei ihrer Rückkehr aus einer benachbarten Stadt ihr Haus vollkommen unter Wasser gesetzt vor. Im September drang eine Bande maskierter Männer in drei Häuser ein und mißhandelte die jüdischen Bewohner.[92]

Bei Beerdigungen wurde die Niedertracht in den kleinen Städten besonders schmerzlich spürbar. Vor allem weil Beerdigungen zuvor eine Gelegenheit allgemeiner Nachbarschaftlichkeit, des Mitgefühls und der Pietät gewesen waren.[93] In einer Stadt sah ein jüdischer Mann, wie ein Leichnam aus einem Haus geholt wurde, und fragte einen Fremden, wer gestorben sei. Die Antwort lautete: »Ach, nicht schlimm, da ist nur ein Jud verreckt! Gott sei Dank, jetzt haben wir wieder einen Juden weniger!« 1937 starb ein sehr bekannter und bei seinen Nachbarn beliebter Jude. Selbst zu diesem späten Zeitpunkt beabsichtigten einige Nichtjuden, zur Beerdigung zu kommen, wurden aber durch die Drohung eingeschüchtert, Fotos von ihnen würden im *Völkischen Beobachter* erscheinen. Lediglich zwei Bauern aus einem benachbarten Dorf gingen zu der Beerdigung und sagten, sie würden sich von Drohungen nicht davon abhalten lassen, dem Toten die letzte Ehre zu erweisen. Als jüdische Gäste bei dem Haus ankamen, wurden sie von ortsansässigen Kindern mit lautem Gelächter und widerlichen Kommentaren verhöhnt.[94] Gegen Ende 1938 waren Belästigungen bei jüdischen Beerdigungen allgemein verbreitet. Kleine Gruppen von Deutschen pflegten den auf dem Friedhof versammelten Trauernden antisemitische Beschimpfungen zuzurufen, sowohl in größeren Städten wie Leipzig als auch in Kleinstädten.[95]

Auch in Großstädten konnten Nachbarn das Leben von Juden durcheinanderbringen. Juden fürchteten die männlichen wie weiblichen »Blockwarte«, die von den Nazis dazu eingesetzt wurden, die Nachbarschaft auszuspionieren, sowie die Verwalter ihrer eigenen Wohnhäuser. Allzu oft ernannten sich Hausfrauen aus der Nachbarschaft, die jeden beobachten konnten, zu Wächterinnen des Quartiers und peinigten die Juden. In Leipzig bestand eine Frau darauf, der Bäcker solle ihren jüdischen Nachbarn keine Brötchen mehr liefern. »Juden brauchen keine Brötchen!« verkündete sie. Der Bäcker entschuldigte sich bei der bedrängten jüdischen Familie, stellte aber seine Lieferungen ein.[96] In einer anderen Stadt brachte eine übereifrige Nachbarin ein Warnschild an ihrer Tür an: »Vorsicht, nebenan nichts abgeben für uns und nichts mündlich hinterlassen – DAS SIND JUDEN!« Die letzten drei Wörter waren rot unterstrichen. Andere Nachbarn fühlten sich berufen, jüdische Mieter auszuspionieren und der Gestapo über sie zu berichten.[97]

Überraschende Akte nachbarschaftlichen Anstands – und sei es nur ein morgendlicher Gruß – bedeuteten eine große Erleichterung für die immer stärker isolierten Juden, konnten aber auch falschen Optimismus begründen. Sie sprachen dafür, daß nicht alle Deutschen »so« waren, daß es auch »gute Deutsche« gab. Lisa Brauer erinnerte sich: »Es gab Tage, an denen uns die Verzweiflung überwältigte, doch ein einziges verständnisvolles Wort eines arischen Nachbarn, eine freundliche Frage aus nichtjüdischem Munde gab uns stets [...] neue Hoffnung und Zuversicht.« Nachbarschaftliche Sorge konnte Juden aber auch vor Gefahren bewahren. Ein Nachbar forderte die Brauers, seine jüdischen Nachbarn, auf, eine Geburtstagsfeier abzubrechen, als er hörte, sie stünden im Verdacht, ein geheimes Treffen zu veranstalten, und sollten verhaftet werden. Obwohl Lisa Brauers Mann, ein Arzt, die zehn Kinder dieses Mannes häufig kostenlos behandelt hatte, glaubte sie, Dankbarkeit allein könne die Besorgnis, die er an den Tag gelegt hatte, nicht erklären. Es war diese Zwiespältigkeit – kleine Freundlichkeiten auf der einen, Niedertracht auf der anderen Seite –, die für viele Juden die Einschätzung der Gefahr so komplizierte. Außerdem erfuhren Juden in den frühen Jahren zumeist isolierte, örtlich begrenzte Ächtungen und Angriffe, die häufig eher auf persönlichen Ressentiments oder wirtschaftlicher Konkurrenz denn auf reinem Antisemitismus beruhten. Deshalb konnten Juden, trotz des Schmerzes oder des Schocks, hoffen, die Feindseligkeit werde wieder abnehmen.[98]

In den Memoiren und Interviews äußern sich Frauen häufiger zum Verlust der Geselligkeit in der Nachbarschaft als Männer, denn die meisten Frauen verbrachten mehr Zeit zu Hause und in der Nachbarschaft als Männer. Das Leben der Frauen überbrückte die Lücke zwischen Familie und Gemeinschaft. Frauen waren stärker in die Nachbarschaft integriert und von ihr abhängig. Auch waren sie stärker an den nachbarschaftlichen Austausch und die allgemein üblichen Höflichkeiten und gegenseitigen Gefallen gewöhnt. Jene, die in Gemeinde-, Freiwilligen- oder Frauenorganisationen tätig gewesen waren, litten unter der Ächtung. Außerdem kamen Frauen vermutlich häufiger mit örtlichen Regierungsbeamten in Berührung als Männer. Da weniger Frauen als Männer einen vollen Arbeitsplatz hatten, erledigten sie die Hausarbeit, zu der auch Kontakte mit Staatsbediensteten gehörten – etwa mit Post- und Bahnangestellten, Sozialarbeitern und – dies gilt insbesondere für Mütter – mit Lehrern. Sie konnten bei der direkten Begegnung deutlich wahrnehmen, wie sich die Stimmung solcher staatlichen Angestellten ihnen gegenüber wandelte. Männer sahen die Nachbarn seltener und hatten weniger Zeit, sich an Gemeinde- oder Freiwilligenaktivitäten zu beteiligen oder sich an örtliche Beamte zu wenden. Zwar litten die Männer jetzt auch unter dem Verlust höflicher Umgangsformen bei der Arbeit, doch sie waren in ihrem alltäglichen Leben ohnehin Konkurrenz und ein gewisses Maß an Konflikten gewöhnt, so daß sie unter Umständen mit unfreundlichem oder sogar feindseligem Verhalten besser umzugehen vermochten.[99]

Viele jüdische Familien machten sich nicht nur wegen ihrer Nachbarn, sondern auch wegen ihrer eigenen Haushaltshilfen Sorgen. Sie begannen zu fürchten, nichtjüdische Angestellte könnten sich illoyal verhalten oder sie ihm schlimmsten Falle sogar denunzieren. In einigen Memoiren wird beschrieben, wie die Freunde von Dienstmädchen SA- oder Parteimitglieder wurden, ihre Freundinnen aber – zum Schrecken der Arbeitgeber – nach wie vor im Hause derselben besuchten. Zu solchen Situationen kam es nicht nur bei Juden, sondern auch bei manchen »arischen« Gegnern der Nazis. So beschreibt etwa Marie Kahle: »Der Bräutigam meines Dienstmädchens, der wegen Diebstahls und Wechselfälschung mehrfach bestraft war, war der erste Parteigenosse, den ich kennen lernte.«[100] Es gibt zwar keine Untersuchungen darüber, wie bezahlte Haushaltshilfen sich gegenüber ihren jüdischen Arbeitgebern verhielten, man kann aber Geschichten sowohl über bewegende Treue als auch über das Gegenteil lesen. Feindselig gesonnene Angestellte verrieten Juden zwar selten, arbeiteten vielmehr weiter für sie, gaben aber antisemitischen Anschauungen Ausdruck, brachen die Regeln des Hauses oder stahlen. Lotte Popper erinnerte sich, daß das Dienstmädchen, das bereits sechs Jahre bei ihr angestellt gewesen war, sich dem Nationalsozialismus zuwandte. Sie schlief plötzlich mit ihrem Freund im Haus und stahl Wäsche und Geschirr. Solche Diebstähle waren nur ein weiteres Beispiel verbreiteter Verhaltensweisen, die »den 10. November 1938, der das Hab und Gut der Juden für herrenlos erklärte, weitschauend vorausnahm[en]«.[101] Popper war nicht nur wegen des Bruchs der Hausordnung und der Diebstähle bestürzt, sie und viele andere erlebten außerdem, wie in ihren Häusern ein merkwürdiges Phänomen einsetzte: die Auflösung der bisherigen Klassengegensätze. So wie in der Gesellschaft insgesamt viele »Emporkömmlinge« und ehemals Deklassierte an die Spitze kamen, so gewannen auch zu Hause die Dienstmädchen die Oberhand. Weil sie Angst hatten, diese Angestellten zu entlassen, fanden einige jüdische Familien neue Stellungen für sie und waren froh, wenn sie kündigten.[102]

Es ist jedoch die Treue weiblicher Haushaltshilfen, die in den meisten Erzählungen hervorsticht. Insbesondere ältere Frauen scheinen ihre Loyalität gegenüber ihren jüdischen Arbeitgebern bewahrt zu haben, nicht wenige selbst dann noch, wenn man sie gezwungen hatte, die Anstellung bei jüdischen Familien aufzugeben. Häufig fühlten sich Frauen, die über Jahre für jüdische Familien gearbeitet hatten, als Teil der Familie und wurden auch so behandelt. In München eilte Charlotte Stein-Picks frühere Hausangestellte herbei, um ihr beizustehen, als sie hörte, daß ihr Ehemann verhaftet worden war. Die ältere Frau trat dem SA-Mann, der vor dem Haus postiert war, um Besucher fernzuhalten, entgegen. Sie machte ihm Vorhaltungen und stürmte hinein.[103] In Berlin beschrieb Elisabeth Freund, die von »einigen unserer sogenannten Freunde« enttäuscht war, die Hingabe der »alten Hedwig«, die über vierzig Jahre lang für die jüdische Familie gearbeitet hatte (zunächst in Freunds Elternhaus). Obwohl sie wußte, daß ihr Mann seine Arbeitsstelle verlieren konnte, falls sie erwischt wurde, brachte sie den Freunds bis zu deren Emigration im Jahre 1941 Nahrungsmittel aus den eigenen Zuteilungen: »Trotz [...] Angst und Nervenanspannung kommt sie doch und schleppt Lebensmittel an.«[104]

Freunde

Das schmerzlichste Zeichen der »neuen Ära« war das Verhalten ehemaliger Freunde. Bereits 1933 stellte eine Frau aus Nürnberg fest, es sei »zum großen Ratespiel geworden, wer den Mut aufbringen würde, zu einem zu stehen, und wer einen plötzlich im Stich lassen würde«.[105] Marta Appel beschreibt anschaulich, wie einige dieser Freundschaften beschaffen waren und welche Schlußfolgerungen viele Juden zogen. Marta Appel hatte regelmäßig mit nichtjüdischen Freundinnen in einem Dortmunder Café Kaffee getrunken, doch nach der nationalsozialistischen Machtergreifung beschloß sie, ihre Freundinnen zu meiden: »Seitdem die Nazis an der Macht waren, hatte ich an den Treffen nicht mehr teilgenommen, ich wollte meinen Freundinnen durch die Anwesenheit einer Jüdin keine Schwierigkeiten machen.« Eines Tages begegnete sie einer ihrer Freundinnen:

»Sie hatte Tränen in den Augen, als sie sagte: ›Komm doch wieder zu uns; wir vermissen dich. Es tut uns leid, daß du denken mußt, wir wollen dich nicht mehr bei uns haben.‹ […] Sie versuchte, mich zu überzeugen, daß alle nach wie vor meine Freundinnen seien […] Daher beschloß ich, zu dem nächsten Treffen zu gehen. Ich habe mir die Entscheidung wirklich nicht leicht gemacht und konnte in der Nacht vor dem Treffen nicht schlafen. Ich fürchtete einerseits für meine christlichen Freunde […] andererseits hatte ich auch um mich Angst. Ich wußte, ich würde sie sehr genau beobachten. Auch der Schatten eines Unbehagens bei meinem Eintreten würde mir nicht entgehen.«

An dem Tag, den sie ausgemacht hatten, betrat sie das Café:

»Aber ich brauchte weder in ihren Augen zu lesen noch auf die Veränderungen in ihren Stimmen zu achten. Der leere Tisch in der kleinen Nische, der immer unser Stammplatz gewesen war, sprach eine deutliche Sprache. […] Ich konnte es ihnen nicht zum Vorwurf machen. Warum sollten sie riskieren, möglicherweise ihre Stellung zu verlieren, nur um mir zu beweisen, daß Juden noch Freunde in Deutschland haben?«

Appel begann zu begreifen, was hier vor sich ging. Anfang April 1933 hatte sie sich noch über die Beständigkeit ihrer nichtjüdischen Freundinnen gefreut. Viele von ihnen waren absichtlich zu ihr nach Hause gekommen, um ihrer Bestürzung Ausdruck zu verleihen:

»Aber nach einigen Monaten des Terrorregimes hatten Treue und Freundschaft ihren Sinn verloren. Furcht und Verrat griffen um sich. […] Mit jedem Tag der Naziherrschaft wurde die Kluft zwischen uns und unseren Mitbürgern weiter. Freunde, mit denen wir lange Jahre hindurch freundschaftlich verbunden waren, kannten uns nicht mehr. Plötzlich stellten sie fest, daß wir eben doch anders waren als sie. Natürlich waren wir anders, denn wir trugen schließlich das Stigma des Nazihasses, wir wurden verfolgt und gejagt wie Wild.«[106]

So versuchten Juden, ihre nichtjüdischen Freunde und sich selbst zu schützen, indem sie den Kontakt vermieden. In Dortmund begannen die Appels wegzuschauen, wenn sie nichtjüdische Freunde auf der Straße sahen, denn »sie sollten nicht ins Gefängnis kommen, weil man sie für Judenfreunde hielt«.[107] In einer rheinischen Kleinstadt wollte Ende 1933 eine Christin ihre jüdische Freundin besuchen. Als sie vor der Tür stand, blickte ihre Freundin sie voller Schrecken an: »Um Gottes willen, Frieda, komm nicht herein, wir werden schon beobachtet.« Mit Tränen in den Augen wandten sie sich voneinander ab.[108] Es mag auch Juden gegeben haben, die nichtjüdische Freunde mieden, um sich vor dem Schmerz zu schützen, möglicherweise von der »arischen« Seite zurückgewiesen zu werden, allerdings bewahren die Memoiren und Interviews über dieses Thema Stillschweigen.

Trotz ihres Schmerzes, vielleicht auch um ihn zu lindern, versuchten einige jüdische Frauen ihr Verständnis von »Freundschaft« neu zu bestimmen, so daß es auch solche Freunde mit einschloß, die nicht mehr mit Juden in der Öffentlichkeit gesehen werden wollten oder – aus ihrer Sicht – dies nicht mehr konnten. Eine jüdische Frau aus einer kleinen Universitätsstadt in Süddeutschland etwa behauptete, sie sei von ihren »nichtjüdischen« Freunden nicht enttäuscht gewesen. Sie führte das Beispiel einer »sehr guten nichtjüdischen Freundin« an, die sich dafür entschuldigt hatte, daß sie sich nicht länger mit ihrer jüdischen Freundin sehen lassen konnte, weil dies die Position ihres Ehemannes gefährdet hätte. Sie besuchte die jüdische Frau weiterhin – allerdings nur nachts.[109]

Die merkwürdigsten Situationen ergaben sich in Freundschaften mit »Halbjuden« oder mit Juden, die in Mischehen lebten. Erna Albersheim, die von den Nazis als »Halbjüdin« klassifiziert wurde, aber den Schutz ihres amerikanischen Passes genoß, versuchte, ein gesellschaftliches Leben mit jüdischen und nichtjüdischen Freunden aufrechtzuerhalten. Mitte der dreißiger Jahre hielt sie fest: »Diese Arier-Angelegenheit ging mir an die Nerven. Juden hatten Angst, mit mir zu verkehren, das gleiche galt aber auch für Arier. Manchmal fühlte ich mich wie eine Aussätzige. [...] Meine engen Freunde kamen nach wie vor. Ich war um ihretwillen sehr vorsichtig und lud niemals Juden und Arier gleichzeitig ein.«[110] Erna Becker-Kohen, jüdische Konvertitin und mit einem Katholiken verheiratet, beschrieb, wie die Frau ihres Apothekers sich mit ihr anzufreunden versuchte. Resigniert und traurig informierte Becker-Kohen die Frau, daß sie jüdisch sei, und fügte hinzu, die Frau werde sie innerhalb von drei Tagen auf der Straße nicht mehr grüßen. Die Frau des Apothekers widersprach ihr, mied sie aber kurze Zeit später und gab damit Drohungen nach, man werde der Gestapo über sie berichten. Becker-Kohen schloß mit den Worten: »Ich kenne die Standhaftigkeit der Menschen.«[111]

Freundschaften zwischen jüdischen und nichtjüdischen Frauen und Männern konnten für beide Seiten gefährlich sein, selbst wenn es sich nicht um eine sexuelle oder Liebesbeziehung handelte. Im September 1935 definierten die Nürnberger Gesetze im einzelnen, wer ein »Jude« war. Sie schränkten das Recht jüdischer und nichtjüdischer Deutscher ein, sexuelle Beziehungen mit den Partnern oder Partnerinnen ihrer Wahl einzugehen oder sie zu heiraten (das »Gesetz zum Schutze des deutschen Blutes und der deutschen Ehre«), und sie machten die jüdischen Rechte auf volle Staatsbürgerschaft rückgängig (»Reichsbürgergesetz«). Da die Nürnberger Gesetze sexuelle Beziehungen zwischen »Ariern« und »Nichtariern« (dazu gehörten »Juden, Zigeuner und Schwarze«) verboten, konnte, was häufig auch geschah, jede Freundschaft zwischen einer Frau und einem Mann unterschiedlicher »rassischer« Zugehörigkeit als sexuelle Beziehung gedeutet werden. Diese Beziehungen waren nicht nur illegal, sondern sie forderten den nationalsozialistischen Staat und seine vielgerühmte »Rassenreinheit« unmittelbar heraus. Die Gefahr falscher Anschuldigungen veranlaßte die meisten Juden und Nichtjuden, Personen des anderen Geschlechts besonders sorgfältig zu meiden.[112]

Die Deutschen mieden Juden allerdings ohnehin. Ich habe zwar keine Memoiren von Deutschen gefunden, die dies eingestanden hätten, doch Christabel Bielenberg, eine Engländerin, die mit einem Deutschen verheiratet war und in Deutschland lebte, kommentierte ihr persönliches Versäumnis, die Beziehungen zu jüdischen Freunden aufrechtzuerhalten:

»Ich kann nicht genau sagen, wann ein normaler und natürlicher Umgang mit jüdischen Freunden zu einem Akt des Trotzes wurde und schließlich langsam aufhörte. [...] Zuerst waren wir nicht weniger zuversichtlich als unsere jüdischen Freunde. Warum sollten sie fortgehen? Das Ganze war Wahnsinn – konnte unmöglich von Dauer sein. Aber zu welchem Zeitpunkt verwandelte sich diese Gewißheit in Zweifel, der Zweifel in Resignation? Wann mußte man sich, unglücklich und schamerfüllt, eingestehen, daß man leider nichts dafür konnte, daß man mit dem Prädikat ›Arier‹ (was das auch sein mochte) versehen worden war, und daß man, um die Wahrheit zu sagen, sehr erleichtert wäre, wenn die guten Freunde in Übersee in Sicherheit und das eigene Gewissen entlastet wären?«[113]

Während die meisten Deutschen Juden lediglich mieden, schlossen viele sie vollständig und explizit von früheren gesellschaftlichen Zusammenkünften aus. Viele Organisationen vollzogen rasch ihre »Gleichschaltung« – noch bevor sie dazu gezwungen wurden. Wie die bereits beschriebenen deutschen Ärzte spielten der Deutsche Schachverband, die Blindenvereinigung, die Deutsche Apothekervereinigung und der Deutsche Automobilclub eine Vorreiterrolle und verbannten Juden bereitwillig aus ihrer Mitte. Und für den Fall, daß eine Organisation in ihrem rassischen Enthusiasmus hinterherhinkte, übernahmen es einzelne Mitglieder bereitwillig, die Juden zu vertreiben. In Bad Dürkheim etwa besuchte eine jüdische Frau einen Lesezirkel, bis eine feindselige Nachbarin ihre Verwunderung darüber zum Ausdruck brachte, daß Juden ihm noch angehören dürften. Die Jüdin verstand den Wink und ließ sich aus Angst vor Denunziation nie wieder sehen.[114] Vorfälle dieser Art wiederholten sich unzählige Male: Ein eiferndes Mitglied des »Volkes« setzte ein jüdisches Vereinsmitglied davon in Kenntnis, er oder sie gehöre nicht länger einer bestimmten Gruppe an, und die jüdische Person zog sich – aus Angst vor weiteren Peinlichkeiten, vor Schmerz oder Denunziation – wortlos von den ehemaligen Kollegen und Freunden zurück. Lange bevor nationale Gesetze Begegnungen zwischen Juden und »Ariern« verboten oder einschränkten, begannen einzelne oder bestimmte Organisationen Juden abzuweisen.

Nicht alle Deutschen ließen ihre jüdischen Freunde im Stich. Es waren häufig gerade Erfahrungen der Loyalität – der Freund, der ostentativ vorbeikam, die ehemalige Klassenkameradin, die in einem vollen Geschäft bewußt auf eine jüdische Frau zutrat und ihr die Hand schüttelte, oder die »Sympathie-Einkäufe« nach dem April-Boykott –, die Juden zwiespältige Botschaften vermittelten und einige dazu veranlaßten, sich selbst etwas vorzumachen und in Deutschland zu bleiben.[115] Ein nichtjüdischer Deutscher mußte schon außergewöhnlich stark sein, um Freundschaften mit Juden aufrechtzuerhalten oder Juden zu helfen. Marie Kahle und ihre erwachsenen Söhne, die in Bonn lebten, halfen einer Reihe von jüdischen Familien. Infolgedessen verlor ihr Ehemann seine Professur, und die Familie wurde während des Novemberpogroms von den Nazis verfolgt. Als ihr Name im *Westdeutschen Beobachter* unter der Rubrik »Verrat am Volke« erschien, stellte sich keiner ihrer früheren Freunde auf ihre Seite. Letztlich emigrierte die Familie Kahle nach England.[116]

Ungeachtet solch bewegender Fälle von Loyalität konnten die Nazis im allgemeinen jedoch damit rechnen, daß die Isolierung der Juden von weiten Teilen der »arischen« Bevölkerung akzeptiert oder sogar enthusiastisch begrüßt wurde: »Es lag nicht an der Brutalität der SA oder am Terror der SS, es lag an der organisierten Macht der Volksgemeinschaft, welche die Juden schrittweise in ohnmächtige Parias verwandelte.«[117] Die Isolierung der Juden war nicht allein eine Folge der nationalsozialistischen Propaganda oder eigennütziger Motive, sondern auch Ausdruck tief verwurzelter Vorurteile, die eine Rassentrennung und die Entfernung der Juden von ihren Arbeitsstellen gutheißen ließen.[118] Nicht nur die Angst vor dem staatlichen Terror, sondern auch die Restriktionen, die sich die Deutschen selbst auferlegten, isolierten die Juden. Lange bevor die Nazis Kontakte mit Juden verboten (sie waren offiziell bis November 1941 für Nicht-Parteimitglieder kein Verbrechen), hemmten Klatsch und Denunziationen solche Beziehungen. Denunziationen waren an der Tagesordnung, und etwa drei Viertel davon kamen von Männern. Falsche Anschuldigungen, die ausnahmslos aus korrupten Motiven erfolgten, nahmen in großem Ausmaß zu. »Das Mißtrauen war überall zu spüren«, schrieb eine Quäkerin 1940, als sie die Situation in den Familien und Nachbarschaften beschrieb. Sie saß bei der Arbeit anderthalb Jahre lang mit dreißig Frauen in einem Raum zusammen, ohne auch nur mit *einer* von ihnen

Bekanntschaft zu schließen.[119] Eine Jüdin schrieb 1940 in Hinblick auf die nichtjüdischen Deutschen: »Das Schlimmste im Vaterland ist heute, daß Schnüffler so beschützt und finanziell unterstützt werden, daß niemand sicher sein kann, daß ihn sein bester Freund oder sein nächster Verwandter nicht verraten wird. Man kann niemandem vertrauen. Die Verräter sind überall.«[120] Für Juden wurden Freundschaften mit Nichtjuden zur seltenen Ausnahme. Beamte, Nachbarn, ja sogar der Briefträger, schauten weg oder durch sie hindurch, wenn Juden ihren Weg kreuzten.

Lange bevor weitverbreitet physische Gewalt einsetzte, verwandelte das Regime die Juden in Objekte einer allgemeinen haßerfüllten Tabuisierung. Hanna Bergas erinnerte sich, daß sie, als sie am Tag des Boykotts im April 1933 mit der Straßenbahn fuhr, ihr Jüdischsein bewußt empfand und fürchtete, daß die Menschen um sie herum von ihr wegrücken könnten, sollten sie ihre wahre Identität erraten.[121] Marta Appel schrieb:

»Ich ging nur noch sehr ungern aus dem Hause, denn an jeder Ecke mußte ich die Plakate sehen, auf denen behauptet wurde, die Juden seien das Unglück des deutschen Volkes. Angstvolle Vorstellungen begleiteten mich, wohin ich ging: wenn ich in einem Geschäft mit den Angestellten sprechen mußte, fürchtete ich, daß sie sich feindlich gegen mich wenden würden, sobald sie entdeckten, daß ich Jüdin sei; wenn ich auf die Straßenbahn wartete, dachte ich immer, daß der Fahrer nicht anhalten würde, wenn er wüßte, daß ich Jüdin sei. [...] Schon lange bevor es uns von den Nazis verboten worden war, hatte ich darauf verzichtet, ein Theater oder ein Kino zu besuchen, weil ich es einfach nicht ertragen konnte, zwischen Menschen zu sitzen, die uns haßten.«[122]

Eine Reihe von Praktiken und politischen Maßnahmen zur Gleichschaltung öffentlicher Bereiche und zur Isolierung von Juden verschlimmerten die Angst und die soziale Ächtung. Während viele Deutsche bereits vor der Begegnung mit Juden zurückscheuten, wurde es 1934 Mitgliedern der nationalsozialistischen Partei offiziell untersagt, in der Öffentlichkeit zusammen mit Juden aufzutreten, und 1935 wurde jeder persönliche Kontakt verboten.[123] Bereits 1933 entzogen viele Gemeindeverwaltungen jüdischen Jugendgruppen besondere öffentliche Fördermittel, und in Preußen fand das Fach »Rassenkunde« Eingang in die Schulen. Zunehmend wurden Schilder mit der Aufschrift »Juden unerwünscht« an den Eingängen zu Schwimmbädern und Stränden angebracht, und einige Beamten hielten 1935 fest: »Die Bevölkerung [fängt an], das Zusammensein und insbesondere das Zusammenbaden mit Juden als ekelhaft zu empfinden.«[124] Jüdische Kinder wurden auf öffentlichen Spielplätzen gehänselt, und von 1935 an konnten jüdische Jugendgruppen nicht länger öffentliche Zeltplätze oder Jugendherbergen aufsuchen. Private Tennisplätze schlossen ihre Tore für Juden, immer mehr Hotels weigerten sich, Juden zu beherbergen, und Restaurants und Kinos hängten in ihren Fenstern und Schaukästen Schilder mit dem Hinweis auf, lediglich nichtjüdische Kundschaft sei erwünscht.

Das Café oder die Konditorei wurden ebenfalls zu einem Ort, an dem man Juden nicht gerne sah. Juden mieden solche Cafés, und ein Mann hielt fest, daß »zweifellos die Wirte froh waren, weil sie Unannehmlichkeiten [...] scheuten und fürchteten. So entgingen wir vielen Kränkungen. [...] Wir kapselten uns [...] ein und wurden so rein persönlich verschont.«[125] Jene Juden, die »mit [ihrem] Leben so weitermachen wollten«, versammelten sich in den wenigen Cafés, die Juden gehörten oder von Juden neu eröffnet worden waren,[126] oder aber sie trafen sich in den Bahnhöfen größerer Städte. Dort gab es die einschlägigen Schilder nicht, um das internationale Ansehen Deutschlands zu wahren. Mitte der dreißiger Jahre konnte selbst eine Achtjährige die Gleichschaltung des öffentlichen Lebens feststellen. Ann Lewis beobachtete die Nazifahnen und die Schaukästen, in denen die antisemitische Zeitung *Stürmer* ausgehängt wurde. Sie konnte ihr Lieblingscafé nicht betreten, weil »die Eigentümer [...] Juden nicht länger bedienen wollten«, und ein »benachbartes Kino brachte ein Schild an, das besagte: ›Juden sind hier unerwünscht.‹«[127]

Die Naziregierung war in ihrem Unterfangen, die Juden bis um die Mitte der dreißiger Jahre vollständig zu isolieren, weitgehend erfolgreich. Zwischen 1933 und 1938 verfestigte sich »die moralische Empfindungslosigkeit dem Schicksal der Juden gegenüber«.[128] Die Regierungsbeamten, die Gestapo und die Gerichte arbeiteten darauf hin, »die Gesellschaft, was die Bedeutung der Rassenproblematik anging, zu disziplinieren (oder zu ›erziehen‹) und die Meinung aller auf eine Linie mit den Lehren des Nationalsozialismus zu bringen«.[129] Man bediente sich des Vorwurfs der »Freundschaft mit Juden« und – wesentlich ernster – der »Rassenschande«, um zu erreichen, daß Juden und Nichtjuden voreinander zurückschreckten. Die Nürnberger Gesetze führten zur endgültigen Zerstörung vieler Beziehungen sowie zur Verhaftung von Juden und Nichtjuden, die enge Freundschaft miteinander pflegten. 1936 hatten die Nazis »eine Vertiefung der Kluft« zwischen den Juden und den übrigen Deutschen erreicht. »Der Glaube, die Juden stellten eine andere Rasse dar, war weit verbreitet.«[130]

Öffentliche jüdische Reaktionen – Jüdisches soziales Leben und Jüdischsein

Nach ihrer Verbannung aus der »deutschen« Kultur, aus Theater, Film, Musik und Kunst, waren Juden selbst als Publikum unerwünscht (wenn es ihnen auch offiziell bis 1938 noch gestattet war, Kinos, Theater und Konzerte zu besuchen). Da sie kulturelle Entbehrungen nur ungern hinnehmen wollten, organisierten sie ihre eigenen Veranstaltungen und führten in ihren eigenen Theatern und Konzertsälen auch weiterhin deutsche Musik und die deutschen Klassiker auf (soweit es die allgegenwärtigen Nazizensoren erlaubten). Sie förderten außerdem die jüdische Bildung und eröffneten 1934 zwei jüdische Einrichtungen für Erwachsenenbildung.[131]

Einzelne jüdische Gemeinden und Organisationen versuchten, einen Ersatz für die Kameradschafts- und Freizeitaktivitäten zu bieten, von denen die Juden ausgeschlossen worden waren. Als etwa in Düsseldorf die Tennisvereine für Juden nicht mehr zugänglich waren, eröffnete der Reichsbund jüdischer Frontsoldaten seinen eigenen Tennisplatz.[132] Nicht-orthodoxe Synagogen öffneten ihre Pforten für säkulare Vorträge und Konzerte. Selbst orthodoxe Synagogen boten Kulturprogramme in einer Umgebung an, die gewöhnlich religiösen Zwecken vorbehalten war. In Kleinstädten wurden dagegen einige Synagogen wegen der

Mißhandlungen, die Juden auf dem Weg zu den Sabbatgottesdiensten erlitten, geschlossen.[133]

Der Jüdische Kulturbund bietet das berühmteste Beispiel für die jüdische Kreativität, die sich als Reaktion auf den Ausschluß vom deutschen Kulturleben entfaltete. Im Frühjahr 1933 auf die Initiative jüdischer Führungspersönlichkeiten hin gegründet, überlebte er unter nationalsozialistischer Aufsicht und Zensur bis zu seiner Auflösung durch die Nazis im Jahr 1941. Der Jüdische Kulturbund bot dem jüdischen Publikum Unterhaltung, stellte jüdische Künstler an, die infolge der Rassegesetze entlassen worden waren, und schuf für seine nahezu 70 000 Mitglieder an neunundvierzig Orten wenigstens einen Anschein von Freizeitvergnügen. Natürlich erlaubte das Naziregime den Kulturbund nur, weil er seinem eigenen Vorteil diente und half, die Unterdrückung der Juden zu verbrämen. Außerdem durfte der Kulturbund keine »deutschen« Werke aufführen – zuerst waren z. B. germanische Sagenstoffe verboten, später dann auch die Werke von Schiller, Goethe, Beethoven oder Wagner. Rückblickend äußerte sich Elizabeth Bab, deren Mann für den Jüdischen Kulturbund gearbeitet hatte, kritisch und meinte, die Organisation habe Juden die Möglichkeit eines Einkommens gesichert, die Illusion eines normalen Lebens vermittelt sowie sie in dem »Wahn« belassen, »sich und ihren Genossen Gutes zu tun.«[134] Die den Aktivitäten des Kulturbunds zugrundeliegende unbewußte Leugnung der Wirklichkeit mag manchen zu weit gegangen sein. Dennoch öffnete der Kulturbund ein wichtiges »Fenster zur Welt«.[135] In seiner »hartnäckigen Weigerung, [seine] Bindung mit Europa aufzugeben [und seine] geistige Tradition zu verleugnen«,[136] ermöglichte der Kulturbund eine vorübergehende psychologische Entlastung vom Alltag unter den Nazis und verlieh diesem ein flüchtiges Gefühl der Würde: »Menschen tauchten aus ihrer Einsamkeit und ihrer Angst auf, um einige Stunden lang miteinander zu lachen.«[137]

Der Jüdische Kulturbund war vor allem für die Juden in den Kleinstädten wichtig, die nicht – wie vielleicht in den größeren Städten – darauf hoffen durften, sich in eine Aufführung hineinschleichen und unerkannt bleiben zu können. Doch nach der kurzen Ablenkung durch ein Konzert oder eine Theateraufführung trafen Juden regelmäßig auf Nazis, die auf der Straße auf sie warteten. In einer kleinen Universitätsstadt wurde eine solche Veranstaltung durch einen »jüdische Verräter« schreienden Pöbel unterbrochen. Voller Schrecken brachen die Juden die Aufführung ab und eilten davon, da sie nur zu genau wußten, daß die Polizei sie nicht schützen würde.[138] Antisemiten schikanierten außerdem jüdische Künstler und Referenten, wenn sie zu kleinen jüdischen Gemeinschaften reisten, um Vorträge zu halten oder kulturelle Veranstaltungen darzubieten. Redner brauchten für jede Veranstaltung eine Genehmigung der Gestapo, und gewöhnlich saß ein Gestapospitzel im Publikum.[139]

Jüdische Frauenorganisationen, insbesondere der Jüdische Frauenbund, versuchten die Lebensbedingungen aller Juden zu erleichtern, richteten ihre Aufmerksamkeit jedoch vor allem auf die Frauen. Seit seinen Anfängen im Jahre 1904 hatte der Frauenbund sich auf die für gläubige – allerdings nicht orthodoxe – Jüdinnen wichtigen Fragen konzentriert. 1933 trat er aus dem Bund deutscher Frauenvereine, der Dachorganisation der deutschen Frauenbewegung, aus. Der Bund deutscher Frauenvereine löste sich selbst auf, bevor er gleichgeschaltet werden konnte, obgleich viele seiner Mitglieder und Zweigorganisationen die nationalsozialistischen Grundsätze schnell billigten und jüdische Mitglieder verdrängten.

Wie die anderen jüdischen Organisationen beteiligte sich auch der Jüdische Frauenbund am Überlebenskampf, indem er versuchte, die Organisationen der Gemeinden intakt zu halten, jüdische Traditionen aufrechtzuerhalten, bedürftigen Juden zu helfen und Menschen auf die Emigration vorzubereiten. Als die jüdische Gemeinschaft angesichts des äußeren Drucks enger zusammenrückte, begann er eng mit der Reichsvertretung der deutschen Juden und ihrem Wohlfahrtsamt zusammenzuarbeiten.[140] Der Frauenbund verstärkte zudem seine Verbindungen zu anderen jüdischen Frauenorganisationen und zur jüdischen Jugendbewegung. Aus 50 000 Mitgliedern mit 34 örtlichen und 430 Zweiggruppen bestehend, gründete er neue Sektionen und nahm neue Mitglieder auf. Noch 1935, als eine Erweiterung der Genehmigung durch die Gestapo bedurfte, schlossen sich dem Frauenbund weitere 2 Ortsgruppen und 20 neue Zweiggruppen an. In Berlin wuchs die dem Bund angehörende Gruppe berufstätiger Frauen so stark an, daß sie sich in 9 Untergruppen aufteilte: Wohlfahrtsarbeiterinnen, technische Assistentinnen, Kindergärtnerinnen, Krippenerzieherinnen, Jugendgruppenleiterinnen, Ärztinnen, Turnlehrerinnen, Ausbilderinnen im künstlerischen und handwerklichen Bereich sowie an pädagogischer Arbeit interessierte Gruppen. 1935 schrieb ein Mitglied: »Als alles um uns herum zusammenbrach [...] unsere Arbeit uns verloren ging, da rief der J. F. B. alle berufstätigen Frauen. Bald wurden verschiedene Gruppen gebildet, um jedem die Möglichkeit zu geben, mit seinen Berufskollegen zusammenzutreffen und fachlich interessierende Vorträge zu hören.«[141] Neue Themen wie »Was muß der Auswandernde über Krankheiten in anderen Ländern wissen?« oder »Frauen und Beruf heute« deuten auf die Bedürfnisse der beteiligten Frauen hin.

Aus Sorge, die wirtschaftliche Unsicherheit und der Ausschluß vom kulturellen Leben könnten das »geistig-seelische Gleichgewicht« stören, kümmerte sich der Frauenbund auch um die emotionale Verfassung seiner Mitglieder.[142] Er gründete Nachbarschaftsabende, um »die Frauen der verschiedenen Berufe eines Wohnbezirkes [...] zu sammeln, um sie im kleinen Kreise einander geistig und seelisch nahezubringen«. Bei einem Treffen, das 1935 stattfand, berichtete eine Frau: »Unvergeßlich ist mir der erste Abend. Jeder stellte sich mit Namen und Beruf vor, streifte kurz Ausbildung, Anstellung und Arbeit und – den Abbau mit oder ohne Versorgung. Zum Schluß sprach man von der Umstellung resp. jetzigen Lebensgestaltung.«[143] Vielen gab auch das Studium jüdischer Überlieferungen neuen Mut. Entsprechend förderte der Frauenbund kulturelle Aktivitäten wie etwa Lesekreise, Vorträge und einen Rundbrief, die sich auf jüdische Bräuche, Geschichte und Religion konzentrierten. Örtliche Gruppen des Frauenbundes arrangierten mobile Bibliotheken, Konzerte und Ausstellungen jüdischer Künstlerinnen. Mehrere Jahre lang organisierte der Bund auch eine einwöchige Sommerschule. 1935 hielt Martin Buber dort – in einer kleinen Synagoge in Bad Nauheim – Vorträge über talmudische Literatur. Doch »inmitten eines Vortrages erschütterte ein Hagel von Steinen die Fenster. [...] Buber fuhr fort, als wäre nichts geschehen. Dank seiner Geistesgegenwart und Selbstdisziplin ignorierte man die gewaltsame Unterbrechung vollkommen.«[144]

Die örtlichen Sektionen des Frauenbundes diskutierten außerdem, wenn auch seltener, allgemeine Themen deutscher Kultur und Belange der Frauenbewegung. Zunächst weigerten sich jüdische Frauen, wie auch die jüdischen Männer, ihre zweifache Identität als Deutsche und Juden aufzugeben. Selbst als sich der Frauenbund zunehmend jüdischen Themen zuwandte, hielt er seine eigene Version der – aufgeklärten und liberalen – deutschen Kultur aufrecht. Die führenden Persönlichkeiten des Jüdischen Frauenbundes bekräftigten ihre Loyalität gegenüber der Frauenbewegung und verstanden sich, »Treuhänder der deutschen Frauenbewegung in ihrer reinsten, geistigen, sozial-ethischen unpolitischen Form zu sein«. Bertha Pappenheim, die Gründerin des Bundes, beharrte darauf, »Deutsche, Frau und Jüdin zu sein, [seien] heute drei Aufgaben, die je höchste Anforderungen an ein Individuum stellen. Da sie aber auch drei geistige Kraftquellen bedeuten, löschen sie sich gegenseitig nicht nur nicht aus, sondern sie stärken und bereichern sich gegenseitig.«[145]

Der Jüdische Frauenbund ermutigte seine Mitglieder, freiwillige Arbeit in den jüdischen Gemeinden zu leisten. Als die Nürnberger Gesetze von 1935 Juden aus der Deutschen Winterhilfe ausschlossen, beteiligte sich der Bund an einem jüdischen Winterhilfeprogramm. Seine Mitglieder sammelten Geld, Kleidung und Brennstoff. In Berlin verschickten die achtzehn Lagerhäuser des Frauenbundes jeden Monat etwa 30 000 Hilfspakete sowie besondere Lebensmittelpakete an bedürftige Familien. Als zunehmend mehr Juden ihre Arbeitsplätze oder Geschäfte verloren, half der Bund Frauen und Familien, sich an einen niedrigeren Lebensstandard anzupassen. Seine örtlichen Sektionen boten Kurse für Kochen, Backen, Stopfen, Bügeln, Stricken, Schneidern, Nähen, Erste Hilfe und Reparaturen im Haushalt an. Der Bund richtete auch Gemeinschaftsküchen ein, außerdem kleine Spielgruppen für Kinder, deren Mütter auf Teilzeitarbeit angewiesen waren, und Diskussionsrunden, in denen Frauen über ihre Probleme reden und praktische wie moralische Unterstützung erhalten konnten. Außerdem erweiterte der Frauenbund seine Einrichtungen zur Kinderbetreuung, seine Erholungsheime für arbeitende Frauen und seine Unterstützung für Rentnerinnen und Witwengruppen. Wiederholt betonte das Mitteilungsblatt des Bundes die wesentliche Rolle von Frauen bei dem Unterfangen, verfolgten Familien eine friedliche häusliche Umgebung zu bieten. Seine Führungspersönlichkeiten erachteten die Vorstellung, wonach Frauen das Gleichgewicht und die Zuversicht der Familie bewahren sollten, als selbstverständlich.

Zunächst unterstützte die Organisation die Emigration nicht, doch nach Inkrafttreten der Nürnberger Gesetze intensivierte sie ihre Anstrengungen, Mädchen für die Landwirtschaft, den Haushalt und für verschiedene handwerkliche Berufe – also im Ausland gefragte Fähigkeiten – auszubilden. Um 1936 konzentrierten sich die Rundschreiben und Beratungszentren des Frauenbundes weitgehend auf die Frage der Emigration. Sie beschrieben praktische Probleme, kulturelle Unterschiede und die rechtliche Stellung von Frauen an so entfernten Orten wie Paraguay, Shanghai oder New York. Doch der Bund zeigte sich unzufrieden angesichts der Anzahl weiblicher Auswanderer, die noch immer unter der der Männer lag.[146] Die Erfolgsaussichten des Bundes, Frauen bei der Emigration zu helfen, wurden – wie ihre Versuche, Armut und Leid abzumildern – von der übermächtigen staatlichen Verfolgung vereitelt. Der Frauenbund und andere jüdische Organisationen konnten allenfalls kleine Schritte tun, um den Schmerz der Juden zu lindern, deren Lebensgrundlagen sich angesichts der Diffamierung und Ächtung, die sie in Deutschland von seiten Fremder, früherer Freunde und des Staates erfuhren, allmählich auflösten.

2

Im Privatbereich – Das alltägliche Leben jüdischer Frauen und Familien, 1933–1938

> »Wie die Sträflinge in Dostojewskis ›Aufzeichnungen aus einem Totenhaus‹ nur von der Freiheit sprechen, die sie vielleicht nach zwanzig Jahren, vielleicht nie wieder genießen werden, so sprechen die Menschen unseres Kreises nur von der Freiheit außerhalb Deutschlands, die sie einmal zu erreichen hoffen.«[1] *Max Reiner*

Juden in Deutschland waren, wie nie zuvor in ihrem Leben, neuem, wachsendem sozialen, wirtschaftlichen und psychischen Elend ausgesetzt. Die Familie wurde zum Zufluchtsort, auch wenn die Nazis ihre grundlegende Sicherheit in Frage stellten. Um ihren inneren Frieden zu retten und sich der furchtbaren Situation anzupassen, übernahmen Frauen sowohl traditionelle als auch neue Rollen. Sie waren weiterhin diejenigen, die die Familie beruhigten und den normalen Lebensrhythmus aufrechtzuerhalten suchten. Die Geschlechterrollen erfuhren jedoch eine radikale Umkehrung, wenn Frauen – viel häufiger als ihre Männer – bei Staatsbeamten für die Belange ihrer Familien eintraten oder ihre Familien drängten, Deutschland zu verlassen.

Anpassung und Konformität im Privatleben

Die jüdischen Organisationen wirkten den Einschränkungen der Freiheit, die die Juden im ganzen erlebten, entgegen, als Einzelne spürten Juden jedoch nicht das volle Gewicht der umfassenden antisemitischen Politik der Nazis, sondern erfuhren die Härte konkreter Erlasse oder Demütigungen. Individuen reagierten daher unterschiedlich auf die zunehmenden Frustrationen in ihrem Alltag – je nach politischem Bewußtsein oder nach dem Ausmaß, in dem sie von der Nazipolitik konkret betroffen waren. 1941 analysierten Psychologen aus Harvard die Bewältigungsstrategien von neunzig Emigranten, deren Erinnerungen in einem Aufsatzwettbewerb gesammelt worden waren. Zu diesen Bewältigungsstrategien gehörten der Rückzug in die Familie und in das eigene Innere, die wachsende Bedeutung jüdischer Freundschaften, »ein endloser Prozeß kleiner Anpassungen an die entsetzlichen Forderungen der Nazi-Verfolger«, das Herabschrauben der Ansprüche, zunehmendes Planen und Handeln sowie ein Wandel der Lebensphilosophie.[2]

»Am dramatischsten sind die vielen Beispiele der Rückkehr in die heilende Intimität der Familie nach bitteren Verfolgungserfahrungen«, beobachtete die Harvard-Studie.[3] Spätere Memoiren und Interviews bestätigten diese Ergebnisse: »Das Leben drehte sich damals stärker um die Familie.«[4] Auch die Lebenserinnerungen von Männern, die unter normalen Umständen dazu neigen, sich auf die Karriere und öffentliche Aktivitäten zu konzentrieren, oft unter Ausschluß der Familienangelegenheiten, widmen der Bedeutung der Familie einige Aufmerksamkeit. Diese Konzentration auf die Familie bot Trost, isolierte jedoch auch. Ein Emigrant formulierte es so: »Wenn ich nach dem Besonderen suche, das mit dem outcast-Dasein zusammenhing, wird mir zuerst ein Gewinn bewußt [...] der Zuwachs an Intensität des Familiären [...] Dem steht ein Verlust gegenüber: in all den zehn Jahren habe ich, intensiven Kontakten zum Trotz, nur zweimal neue Freundschaften geschlossen.«[5]

Juden wandten sich auf der Suche nach Freundschaft und Trost einander zu. Dies war nicht schwierig, da die meisten Juden, selbst jene, die aufrichtige Freundschaften mit nichtjüdischen Deutschen geschlossen hatten, in einem jüdischen Milieu lebten und Kontakt mit einem Kreis jüdischer Freunde und Kollegen pflegten. Angesichts der Atmosphäre draußen beschränkten Juden ihr gesellschaftliches Leben vielfach auf ihr eigenes Heim oder ihre Organisationen, hielten sich von Theatern, Konzerten und Museen fern und besuchten allenfalls gelegentlich ein Kino. Viele wandten sich mit neuer Energie den verbliebenen Freunden zu. Mally Dienemann, die Frau des Offenbacher Rabbiners Max Dienemann, schrieb über die innigen Freundschaften: »Die Zurückgebliebenen, deren Kreis immer kleiner wurde, schlossen sich um so enger einander an. Freundschaft war wieder ein Lebensinhalt geworden.«[6]

Allerdings standen – angesichts der belastenden Umstände, die die gesamte jüdische Gemeinschaft betrafen – die geselligen Abende unter einer ständigen Spannung: »Doch fand man sich in jüdischer Gesellschaft zusammen, so bedeutete das meist nicht die geringste Erholung, denn jeder einzelne wußte entweder ein eigenes unangenehmes Erlebnis zu erzählen oder hatte irgendeine Hiobsbotschaft von auswärts zu berichten.«[7] Die Unterhaltung wandte sich unweigerlich der sich verschlechternden Situation der Juden zu, der Emigration von Freunden und Kindern sowie den Details über Visa, fremde Länder und andere Klimaverhältnisse, einem »Dasein, in dem sie nicht mehr zu Tode erschrecken werden, wenn es morgens klingelt, weil sie dann sicher wissen werden: Es ist nur der Milchmann!«[8] In Kleinstädten, wo die Arbeitslosigkeit rascher zuschlug, versammelten sich jüdische Männer, um beieinander Trost zu suchen. Die Männer hatten ihre Betriebe verloren, ihre Kinder waren in andere Städte oder Länder gezogen, und sie selbst saßen herum und unterhielten sich, spielten Karten und besuchten sich gegenseitig in ihren Wohnungen. Ein Mann kommentierte diese für Männer eigenartige Situation so: »Die Frauen hatten doch ihre tägliche Arbeit, aber die Männer – beschäftigungslose Männer herumlungern zu sehen – grauenvoll!«[9]

Wenn Gruppen von Juden sich in Privatwohnungen versammelten, fürchteten sie, von mißtrauischen Nachbarn oder, schlimmer noch, von der Gestapo beobachtet zu werden. Alle Versammlungen von Juden, selbst in privaten Wohnungen, galten als verdächtig. Diese Situation verschlimmerte sich während des Krieges so sehr, daß, wie ein Teilnehmer beschrieb, Panik auf einer Geburtstagsparty ausbrach, als die Polizei auftauchte, um zu überprüfen, warum das Licht während einer Verdunkelung an war: »Die unruhig flackernden, fragend hin und her wandernden Augen der Frauen bezeugten, wie grausam man wieder einmal aus der Illusion eines normalen, bürgerlichen Daseins herausgerissen worden war. [...] Daß der jüdische Mensch täglich mehr zum Freiwild wurde, das war die niederschmetternde Erkenntnis, die jedes derartige Erlebnis unterstrich [...].[10]

Für Alleinstehende wurde das soziale Leben außerhalb des familiären Netzwerks von 1933 bis 1938 zunehmend schwieriger, es sei denn, sie waren jung und hatten Interesse daran, sich einer jüdischen Jugendvereinigung anzuschließen. Eine junge Frau ohne Familie suchte nach einem harten Arbeitstag zwischenmenschlichen Kontakt. Einsam ging sie abends in Cafés, setzte sich in eine Ecke und las. »Ich hätte gerne mitgetanzt«, schrieb sie, doch sie fürchtete die möglichen Auswirkungen. Sie lebte in einer Pension und mußte ihre Mahlzeiten in einem separaten Raum einnehmen. »Ich ging zögernd in das Zimmer, um niemandem zu begegnen, schlang das Mittagessen in 10 Minuten herunter und verschwand wieder.« Auch wenn sich einige Deutsche ihr gegenüber anständig benahmen, bereiteten ihr andere Schwierigkeiten: Als sie an ihrem Geburtstag einige Kolleginnen in ihr Zimmer einlud, wurde sie am folgenden Tag heftig angegriffen.[11]

Lediglich wohlhabende Juden verfügten über Möglichkeiten, die es ihnen erlaubten, den Schein von Normalität aufrechtzuerhalten. So konnten sie etwa anfangs Nichtjuden beauftragen, sie in rechtlichen Angelegenheiten zu vertreten. Auch waren sie in der Lage, ihre Ferien außerhalb Deutschlands zu verbringen. Als immer weniger Hotels jüdische Gäste akzeptierten, sandten Ruth Glasers Eltern sie in den Ferien in die Schweiz.[12] Andere reisten nach Italien, Frankreich und Osteuropa.[13] Finanzielle Mittel erleichterten auch die alltäglichen Belastungen. Man konnte eine nichtjüdische Haushaltshilfe bitten, auf Märkten einzukaufen, auf denen Juden nicht länger willkommen waren. Wer bereit war, dafür zu bezahlen, konnte sogar per Telefon Nahrungsmittel bestellen und anliefern lassen, um Ärger zu vermeiden.[14]

Vielen Juden bot die Religion Trost. Fromme Juden beachteten weiterhin die jüdischen Gesetze und feierten die jüdischen Feste, ja nahmen sogar das Risiko in Kauf, Aufmerksamkeit zu erregen und mit Gefängnis bestraft zu werden, wenn sie eine *sukkah* in ihrem Hof errichteten und darin ihre Mahlzeiten einnahmen.[15] Eine beträchtliche Anzahl von Juden wurde sogar frommer oder begann, die religiösen Traditionen ernster zu nehmen. Ruth Glaser beschrieb ihre Konfirmation im Jahre 1935 – das erste Mal in Düsseldorf, daß Mädchen überhaupt konfirmiert wurden. Sie dachte darüber nach, wie sich die Identitäten verschoben hatten: »Zuerst war man Deutscher und dann Jude. Jetzt, da wir jeden Tag daran erinnert wurden, daß wir jüdisch waren, wurden wir uns dessen stärker bewußt. Es wurde ein Trost, etwas, woran man sich festhalten konnte.«[16] Die Religion bot zudem ein Refugium, in dem man sich zu Hause fühlen konnte, in Sicherheit vor der Feindseligkeit draußen. Die Teilnahme am Synagogengottesdienst nahm dramatisch zu, als die Juden, von der Regierung und den Medien als böse und minderwertig dargestellt, versuchten, ihre bloßliegenden Nerven zu beruhigen und sich ihrer Identität zu vergewissern. Rabbiner Joachim Prinz bezeichnete seine Predigt in Berlin am Vorabend des Boykotts vom 1. April 1933 als »Versuch einer kollektiven Therapie«.[17]

Andere Juden wandten sich dem Zionismus zu, der bis dahin innerhalb deutsch-jüdischer Kreise eine Minderheitsposition dargestellt hatte. 1933 wurde aus »der Elitebewegung des deutschen Zionismus eine [...] Massenbewegung«.[18] Neue Abonnenten kauften in Erwartung moralischer Unterstützung die zionistische *Jüdische Rundschau*. In den ersten Monaten des Jahres 1933 strömten Tausende in das Palästina-Büro der zionistischen Organisation auf der Suche nach einer neuen Heimat. Zwischen April 1933 und September 1934 stieg die Mitgliederzahl der Chaluz-Gesellschaften, des deutschen Zweigs der weltweiten zionistischen Arbeiter-Pionier-Organisation, von 500 auf über 15 000.[19]

Viele Juden gewöhnten sich allmählich an die Feindseligkeit, hofften, daß die Nazis nicht weiter gehen würden, und waren dankbar für kleine rechtliche Freiräume oder Ausnahmen von den sich ständig verschärfenden Regeln. Die Mutter von vier Kindern, die ausgewandert waren, erinnerte sich, wie die Kinder sie und ihren Ehemann drängten, das Land zu verlassen: »Doch wir, die wir uns innerhalb der Grenzen Deutschlands befanden, hatten uns einmal mehr an die herrschenden Bedingungen angepaßt.«[20] Ein wiederkehrendes Motiv in Victor Klemperers Tagebüchern war der Versuch, die eigenen Gefühle abzutöten. Er machte Bemerkungen über die »unglaubliche menschliche Fähigkeit, auszuhalten« und sich an die zunehmenden Grausamkeiten des alltäglichen Lebens »zu gewöhnen«.[21] Diese Anpassung mag einige erschöpft, ihre Wahrnehmung verzerrt und ihre Fähigkeit beeinträchtigt haben, die gesamte Situation vernünftig zu beurteilen. Andere mögen so getan haben, als lasse sie die Feindseligkeit unberührt, um ihre eigene Ruhe und die ihrer Lieben zu bewahren. Mally Dienemann erinnerte sich daran, wie sie aus den Fenstern des Offenbacher Gymnasiums den Ruf »Judenschweine, Judenschweine!« widerhallen hörte: »Max sagte, ihn berührt das nicht. Mich schockierte es sehr.«[22]

Bisweilen konnte ein Außenstehender, der mehrere Jahre außer Landes gewesen war, die zunehmende Gefahr erkennen, die jene, die im Land lebten, nicht mehr so klar sahen. Bella Fromms Tochter sagte, als sie 1936 anläßlich der Olympischen Sommerspielen aus den Vereinigten Staaten zurückkehrte, zu ihrer Mutter: »Ich könnte hier nicht mehr atmen.«[23] 1937 kam ein Siebzehnjähriger, dessen Eltern darauf bestanden hatten, er solle aus Deutschland fliehen, während sie selbst dort blieben, zu einem Besuch zurück:

»Es war 1937, und meine Eltern wollten, daß ich in den Sommerferien zurückkäme. Diese Entscheidung zeigt das große Vertrauen, das meine Eltern [...] in ihre Regierung hatten, trotz all dessen, was vor ihren Augen um sie herum geschah. Es zeigte, daß sie sich irgendwie an die neuen Bedingungen angepaßt und sie akzeptiert hatten. Offenbar empfanden sie kaum ein Risiko, wenn sie ihr Kind in ein Land zurückkommen ließen [...], das kurz vor der Explosion stand.«[24]

Die »Pflicht« der jüdischen Frau – Der Haushalt

Angesichts der sich stetig verschlechternden Lebensbedingungen erwartete man von den Frauen, dafür zu sorgen, daß Familie und Haushalt »funktionierten«. Jüdische Hausfrauen versuchten, wenn möglich, billigere Mahlzeiten zuzubereiten, ihre Wohnung allein instandzuhalten, ihre Kleidung selbst zu flicken und mit weniger Hilfe im Haushalt auszukommen. Die Nürnberger Gesetze (die es Juden verboten, weibliche »arische« Haushaltshilfen unter fünfundvierzig Jahren anzustellen) führten dazu, daß jüdische Frauen aus der Mittelschicht bei der Haushaltsführung ganz auf sich gestellt waren, und das angesichts weit größerer Probleme. Sie mußten ihre Lebensmittel in Geschäften mit zunehmend feindseligem Personal einkaufen und all ihre Aufgaben mit immer weiter schrumpfenden finanziellen Mitteln bewältigen. Darüber hinaus hatten die Frauen verängstigte Kinder zu trösten und Familienmitgliedern wieder Mut zu machen, die Frustrationen und Schikanen ausgesetzt waren.

Frauenorganisationen drängten die Frauen, die »seelischen Kräfte [...], die uns zum Durchhalten befähigten«, zu bewahren, und verwiesen auf das Vorbild biblischer Heldinnen.[25] Doch es wurde immer offensichtlicher, daß biblische Vorbilder jüdischen Frauen nicht den Mut oder die Hilfe bieten konnten, derer sie bedurften. Jüdische Zeitungen begannen, sich offener (und vielleicht ehrlicher) mit den Problemen auseinanderzusetzen, die die Familien, vor allem aber die Frauen bedrückten. Wenn etwa Familien in kleinere Wohnungen umzogen oder Pensionsgäste aufnahmen, um mit ihrem monatlichen Budget zurechtzukommen, führten die beengten Wohnverhältnisse zu Belastungen. Der Jüdische Frauenbund gestand dies zu, forderte die Frauen jedoch bezeichnenderweise auf, sich damit abzufinden:

»Es ist also Pflicht [...] der jüdischen Frau, hier die Einteilung und den Stundenplan im Hause mit Überlegung zu treffen [...] daß jedem im Hause sein Recht wird. Sie muß dem Manne, dem Hausherrn, die notwendigen Zeiten des Alleinseins zur Entspannung wahren; [...] [Sie muß sich einfügen], ohne daß Unterordnung nötig ist, das ist bei den heutigen Wohnungsverhältnissen dringender notwendig als je. Dann wird die Raumgestaltung und das Zusammenleben vielen Menschen, auch in der Enge, jene Gemeinsamkeit bringen, die zum Frieden und zum Glück des Hauses beitragen.«[26]

Das Kochen war wegen des knappen Budgets, der begrenzten Hilfe im Haushalt und der Schwierigkeiten bei der Beschaffung koscheren Fleisches eine der größten Belastungen. Jüdische Zeitungen rieten Hausfrauen, über vegetarische Mahlzeiten nachzudenken, da sie billiger und gesünder seien und das Problem, koscheres Fleisch beschaffen zu müssen, sich dann nicht stellte. Zwar sei die Zubereitung von Fleisch einfacher und weniger zeitraubend, doch der »gute Wille« der Frauen sei »bei der vegetarischen Küche ein wesentlicher Helfer«; Zeitungen druckten für ihre Leserinnen Rezepte für vegetarische Mahlzeiten.[27] Nach

Erlaß der Nürnberger Gesetze veröffentlichte die *CV-Zeitung* [das Organ des Centralvereins deutscher Staatsbürger jüdischen Glaubens] Artikel mit Titeln wie »Alles lernt kochen« und »Auch Peter kocht«.[28]

Diese Artikel heben hervor, wie Kinder, vor allem Töchter, ihren Müttern helfen konnten. Sie schlugen vor, die Arbeit als Spaß einzuführen und – vor allem kleinen – Kindern zu *erlauben,* mitzuhelfen, und warnten davor, zu viel zu verlangen.[29] Sie mißbilligten autoritäres Verhalten – auch des Familienvorstands –, da es schädlich für die ganze Familie sei.[30] Das Modell des »Töchteraustauschs«, eine weitere Alternative, um überarbeiteten Müttern zu helfen, bot jeweils zwei jungen Frauen eine halbjährige unbezahlte Ausbildung, indem sie einfach nur den Haushalt wechselten. Einige jüdische Familien stellten junge weibliche Verwandte als Aushilfen ein, gewöhnlich gegen ein Taschengeld sowie Kost und Logis.[31]

Männer sollten im Haushalt mit anpacken, allerdings nur in geringem Ausmaß. Trotz der neuen Verantwortungen der Frauen empfanden Frauen wie Männer gleichermaßen eine »Verhäuslichung« der Männer als unangemessen. Als Erna Becker-Kohen das Einkaufen im Lebensmittelladen wegen der Feindseligkeit der Nachbarn und auf Grund der staatlichen Vorschriften gegen jüdische Käufer als zu belastend empfand, übernahm ihr »arischer« Mann diese Aufgabe. Sie war ihm dafür besonders dankbar, weil er das Einkaufen als »unmännlich« verabscheute.[32] Der Jüdische Frauenbund schlug zaghaft vor, die Männer sollten, da die Frauen mehr für ihre Familien leisten müßten, sie häufig sogar alleine ernährten, etwas Hausarbeit leisten, »wie es im nordamerikanischen Haushalt nichts Ungewöhnliches ist.«[33] Es sei notwendig, über die inneren Widerstände zu reden, »die in dieser Beziehung bei den Frauen meist stärker sind als bei den betroffenen Ehemännern selbst«. Doch das Unbehagen bestand weiterhin. Darüber hinaus hatten einige Mitglieder des Frauenbundes wenig Vertrauen in die Kompetenz der Männer, wenn diese helfen wollten: Jüdische Frauen könnten »im allgemeinen nicht auf die praktische Unterstützung der Ehemänner rechnen [...], die die arischen Hausfrauen zu haben pflegen. Denn die Entwöhnung von praktisch-handwerklicher Betätigung macht, daß unsere Männer den alltäglichen Bedürfnissen nach Reparaturen aller Art im Haushalt recht hilflos gegenüber stehen.«[34] Zumeist wurden die Ehemänner nur gebeten, ihre Erwartungen zu begrenzen. So drängten etwa die Verfasserinnen von Artikeln die Ehemänner, sich mit Kritik zurückzuhalten, wenn die Mahlzeiten nicht mehr so ausfielen wie einst, zu versuchen, ihre Frauen gelegentlich zu loben oder über einige Unvollkommenheiten hinwegzusehen: »Wir verlangen vom Ehemann keine Opfer – nur etwas Rücksichtnahme und [...] Anpassung an die veränderten Verhältnisse!« Der Jüdische Frauenbund riet dringend, die Privilegien, die früher einer Hausfrau und Tochter der Mittelschicht zugestanden worden waren, neu zu bewerten, machte jedoch vor einem Angriff auf die Geschlechterhierarchie innerhalb der Familie halt.[35]

Um die Last der Frauen zu erleichtern, predigte der Frauenbund »spartanische Einfachheit«, und jüdische Zeitungen verkündeten das »wissenschaftliche Management« und rieten Frauen, ihren Haushalt rationeller zu gestalten, indem sie ihre Aufgaben organisierten, rationalisierten und reduzierten. Die rationellere Haushaltsführung war in Deutschland während der Weimarer Republik eingeführt worden. Doch bürgerliche jüdische Frauen akzeptierten ihre Ideologie – und Notwendigkeit – erst in der Nazizeit.[36] Die *CV-Zeitung* verbreitete die Vorschläge amerikanischer Experten für effiziente Haushaltsführung, wie man nämlich eine kleinere Küche zu einem praktischen Arbeitsplatz machen, Arbeitsschritte und Handgriffe sparen und zwei Aufgaben auf einmal erledigen könne (etwa Kinderhüten und Kochen).[37] Ein solcher Artikel behauptete, es sei zwar schwer, sich einen Mann in der Küche vorzustellen, doch »Gruppenarbeit« (mit der auch Männer angesprochen waren) könne eine schnellere Erledigung der Aufgaben bewirken und sei häufig eine Quelle der »Fröhlichkeit und Anregung«.[38]

Es wurde den Frauen geraten, wenn möglich eine tage- oder stundenweise tätige Haushaltshilfe anzustellen.[39] Aus offenkundiger Verzweiflung wurden auch dringend junge Männer als Haushaltshilfen empfohlen. Männliche Aushilfen ließen die Geschlechterrollen innerhalb der Familie intakt und lösten zugleich zwei Probleme: Sie entlasteten die Hausfrauen und minderten die Arbeitslosigkeit unter Männern.[40] Einige Hausfrauen stellten tatsächlich Männer ein, jüdische ebenso wie nichtjüdische,[41] doch diese neuen Helfer dürften die Belastung im Haushalt eher erhöht denn verringert haben.[42] Einige junge Männer beklagten sich, man könne von ihnen nicht verlangen, genausoviel zu leisten wie weibliche Hauswirtschafterinnen. Elizabeth Bab stellte einige jüdische Männer aus der Gruppe der »Makkabäer« an (benannt nach den Juden, die sich an einem scheinbar aussichtslosen, schließlich jedoch im Jahre 168 v. u. Z. erfolgreichen Kampf gegen die griechische Herrschaft beteiligt hatten): »Einer verbrachte die meiste Zeit im Bett, ein anderer verschwand mit einigen wertvollen Büchern und Schmuckgegenständen. Ein[er] [...] war früher Kaufmann in Nürnberg gewesen [...] Er beeilte sich nicht mit seiner Arbeit, [...] man [fand] ihn in einem Winkel in der Küche mit einem Buch.«[43] Eine vielbeschäftigte Komponistin erinnerte sich, sie habe nach dem Erlaß der Nürnberger Gesetze als Ersatz für ihre weibliche Haushaltshilfe eine ganze Reihe von Leuten eingestellt, darunter zwei nichtjüdische Männer.[44] Doch noch entschieden schlimmer war die Zwangslage einer Frau, die einen Mann anstellte, der sich als Nazi entpuppte.[45]

Eine effizientere Gestaltung des Haushalts oder die Einstellung unkonventioneller Hilfskräfte boten – auch im besten Falle – allenfalls teilweise eine Antwort auf die Belastung der Familie. Nach Inkrafttreten der Nürnberger Gesetze wandten sich Artikel in jüdischen Zeitungen an überarbeitete, überreizte Mütter. Diese Artikel, geschrieben in der Sprache des psychoanalytischen Diskurses der zwanziger Jahre und von Juden in den trostlosen dreißiger Jahren überarbeitet, konzentrierten sich auf die Mutter-Kind-Beziehung. Mit Überschriften wie »Mutti, hast du Zeit für mich?« baten sie die Mütter inständig, in ihrem überladenen Tagesablauf ihre kleinen Kinder nicht zu vergessen. Nach dem Kochen und Putzen sollten Mütter, wie die Artikel nahelegten, zerrissene Kleidung flicken oder ihren größeren Kindern bei den Schularbeiten helfen. Doch gleichgültig, wie wenig Zeit übrigblieb, sollten sie ihre Jüngsten nicht vernachlässigen.[46] Ein halbes Jahr später dokumentierten Geschichten noch mehr Spannungen und Belastungen. Ein Artikel mit dem Titel »Mutti ist so nervös!« beschrieb eine angespannte Hausfrau, die mit ihren kleinen Kindern schon wegen kleiner Missetaten schimpfte, so daß diese ängstlich und niedergeschlagen waren. Ihr Ehemann, auch er übermüdet und überarbeitet, versuchte die Probleme auszuräumen, wenn er nach Hause kam. Schließlich besprach sie ihre Überreaktionen mit ihm, und er legte ihr nahe, sie solle versuchen, »sich wenn es irgend geht, zusammenzunehmen«. Diese Geschichte schloß mit gezwungener Fröhlichkeit: »Und obwohl sie, wie viele unserer Muttis heute, wirklich ein gerütteltes Maß von ungewohnter Arbeit an jedem Tage zu bewältigen und allen Grund zur Nervosität hat«, zwang sie sich dazu, die notwendige psychologische Anpassung zu vollziehen. Nach einigen Wochen stellte ihr dankbares Kind fest: »Mutti, du warst aber jetzt lange nicht mehr sooo nervös.«[47]

Indem sie »Lösungen« für Krisen anboten – von der Rationalisierung der Arbeit über die Unterdrückung nervöser Zustände – dokumentieren diese Zeitungen in Wirklichkeit die ungeheure Belastung der jüdischen Familien, insbesondere der Frauen. Sie finden ihren Widerhall in vielen rückblickenden Berichten. Erinnerungen und Interviews akzentuieren weniger die Gefühle als vielmehr die Bewältigungsstrategien. Zwar fehlen die Gefühle in den Erinnerungen nicht, doch sie bilden nur den Hintergrund für übermäßige Aktivitäten, die helfen sollten, mit der wachsenden Belastung zurechtzukommen. Auch wenn man sich nur schwer vorstellen kann, daß Anstrengung und Verdrängung das Leben leichter machten, so mag es doch sein, daß diese Appelle den Juden tatsächlich geholfen haben weiterzumachen und zu überleben (und sie in späteren Jahren in die Lage versetzten, ihre Erinnerungen an die sorgenvollen Zeiten niederzuschreiben). Leserbriefe von Frauen an eine jüdische Zeitung im August 1938, erkannten die Belastung und Verzweiflung, konzentrierten sich jedoch auf das Handeln: »›Du mußt es schaffen‹ – ist jetzt für uns alle das elfte Gebot.«[48]

Die »Pflicht« der jüdischen Frau – Neue Herausforderungen und alte Rollen

Etwas gegen die Niedergeschlagenheit tun

Der Nationalsozialismus war für alle Juden nicht zuletzt ein psychologischer Tiefschlag. Im Dezember 1935 gestand Dora Edinger, eine führende Figur der jüdischen Frauenbewegung, in einem Brief: »Ich ertrage es schwer, trotzdem ich es ja längst verstandesmäßig vorausgesehen hatte. Es ist eben doch, immer wieder, etwas so ganz anderes, etwas zu wissen, und etwas zu erleben.«[49] Trotz ihrer Niedergeschlagenheit übernahmen Frauen zusätzlich zu ihrer Doppelbelastung von Berufstätigkeit und Haushalt die Aufgabe, ihren Familien Mut zu machen. Das konnte bedeuten, der herrschenden düsteren Stimmung einige unbeschwerte Augenblicke abzuringen oder die jüdischen Feste und Familienereignisse mit gespielter Fröhlichkeit zu feiern. Es konnte auch heißen, um des Familienfriedens willen ihren Ärger und ihre Enttäuschung zu unterdrücken, wenn sie aus Verzweiflung auswandern wollten, ihre Ehemänner jedoch darauf bestanden zu bleiben. Der Jüdische Frauenbund riet dringend, allen neuen Nöten als »Pflichten« zu begegnen, »mit Ruhe und Besonnenheit«. Er rief die jüdischen Frauen auf, ihr Heim und ihre Familien zu bewahren. Andere ermahnten jüdische Frauen, wie es die Tradition gebot, die Sabbatkerzen zu entzünden, und ermutigten sie, ihre Häuser von neuem zu erleuchten.[50] Solche Mahnungen richteten sich selbst an Frauen, deren Männer »Arier« waren: Erna Becker-Kohen, die in beständiger Furcht lebte, was ihrer Mutter widerfahren könne (bevor sie sich eingestand, daß sie selbst auch in Gefahr war), teilte ihre Sorgen ihrem Ehemann nur sehr zurückhaltend mit. Ihrem Tagebuch vertraute sie an: »Gustav, meinen Mann, kann ich mit meinen Familiensorgen nicht belasten.«[51]

Auch als Frauen nicht länger »Wieder Lachen! Wieder Humor haben!« konnten, waren sie oft streng darauf bedacht, ihre unmittelbare Not zu leugnen. Frauen richteten sich ein in, wie es Psychologen damals nannten, »vorübergehenden Sicherheitsstrukturen«, indem sie sich etwa in praktische Anstrengungen stürzten oder Trost in zusätzlicher Hausarbeit suchten.[52] Vielleicht hielten ihre Bemühungen, sich selbst und ihre Familien abzulenken, gelegentlich einige der Beteiligten davon ab zu erkennen, wie einschneidend die zunehmenden Entbehrungen waren, doch war eine gewisse Verleugnung notwendig, um die eigene Stabilität und die der Familie aufrechtzuerhalten. Zudem funktionieren die meisten Menschen auf mehreren Ebenen zugleich: Frauen konnten sich mit den alltäglichen Einzelheiten beschäftigen und dennoch gleichzeitig eine für die Emigration nützliche Sprache erlernen, einen widerstrebenden Ehepartner drängen, über die Auswanderung nachzudenken, oder die Berge von Formularen ausfüllen, die für einen Auswanderungsantrag erforderlich waren.

Sicherheit in der Routine der Hausarbeit zu finden, war gewöhnlich eine weibliche Form der Realitätsflucht.[53] In der Regel versprach sie mehr Erfolg als die männliche Variante, die Flucht in berufliche Aktivitäten, da viele Männer ihre Arbeitsplätze und Geschäfte verloren hatten. Frauen traten auch freiwilligen Organisationen bei, lernten Fremdsprachen oder eigneten sich neue Fähigkeiten an, um der Gemeinschaft helfen zu können und um ihre »Sorgen zu betäuben«.[54] Erst im Rückblick erkannten viele Frauen, was sie geleistet hatten. Alice Baerwald engagierte sich so stark für den Aufbau eines zionistischen Jugendauswanderungsprogramms in Danzig, daß sie »vergaß, das eigene Leben abzubauen«.[55] Doch diese Aktivitäten dienten nicht allein der Ablenkung oder praktischen Erfordernissen, sondern »befreiten unseren Geist und Verstand«.[56]

Auch Galgenhumor hat den Juden gelegentlich geholfen. Mally Dienemann äußerte sich über die Frustrationen des Sprachenlernens. Studierte man Spanisch oder Portugiesisch, um sich auf eine Auswanderung nach Südamerika vorzubereiten, so ergaben sich plötzlich Einwanderungshindernisse, und man mußte sich auf ein anderes Land einstellen. Wandte man sich dem Hebräischen zu, so entstanden mit Sicherheit Schwierigkeiten bei der Beschaffung der erforderlichen Einwanderungszertifikate, so daß man es wieder mit einer anderen Sprache versuchen mußte. In ihrer kleinen Stadt machte daher ein Witz die Runde: »›Welche Sprache lernen Sie?‹ ›Natürlich die falsche‹.«[57] Auch Kinder suchten ihre Zuflucht im Humor. Ein Zwölfjähriger in einem Heim für »nichtarische« Kinder, in dem das Mittagessen aus Kartoffeln und Gemüse bestand, rief seinen Freunden zu: »Wir werden jetzt alle Vegetarier, – dann sind wir doch von hinten – ›Arier‹!«[58]

Später brachte Humor weit ernsthafteren Trotz zum Ausdruck. In ihren Memoiren erinnerte sich Edith Wolff daran, daß an unerwarteten Orten hingekritzelte Graffiti den Juden moralischen Auftrieb geben oder sogar von Juden selbst stammen konnten. Auf einem Schild an einem Schwimmbad in Berlin, das verkündete: »Juden und Hunde verboten«, stand zu lesen: »Und wenn die Hunde das nicht lesen können?« Einer von Wolffs liebsten »Flüsterwitzen«, den sie in Berlin gehört hatte, war die Beschwerde eines SA-Manns: »Jetzt wollen wir, daß die Juden marschieren und wir die Witze machen!« 1941 bestand eine ihrer Widerstandshandlungen gegen die Regierung darin, daß sie Postkarten an Nazibehörden schrieb: »Deutschland heißt jetzt Braunschweig: die eine Hälfte ist braun, die andere schweigt.«[59]

Rollentausch zwischen jüdischen Frauen und Männern

Zu einer Zeit, als die Naziideologie lautstark die männlichen Vorrechte bekräftigte und »arische« Frauen in ein Rollenschema »Kinder, Küche und Kirche« zurückzudrängen versuchte, übernahmen jüdische Frauen neue Funktionen als Ernährerinnen, Beschützerinnen der Familie und als diejenigen, die Betriebe und Praxen verteidigten. Die Geschlechterrollen in jüdischen Familien veränderten sich, weil die Verhältnisse die Familien zwangen, Strategien zu erfinden, derer sie sich in normalen Zeiten niemals bedient hätten. Die Nazis zerstörten im Grunde die patriarchale Struktur der jüdischen Familie, indem sie eine Lücke schufen, die von Frauen gefüllt werden mußte.

Zunehmend sahen sich Frauen gezwungen, ihre männlichen Verwandten – Ehemänner, Väter oder Brüder – zu vertreten oder zu verteidigen. Als der Arzt Ernst Müller einen beruflichen Rat von einem Kollegen brauchte, legte ihm ein nichtjüdischer Kollege bereits 1933 nahe, seine Frau Liselotte solle sich statt seiner an den prominenten nichtjüdischen Arzt Dr. Kleine vom Robert-Koch-Institut wenden, da Ernst »eine so jüdische Nase« habe. Von den politischen Ereignissen entmutigt, erklärte sich Ernst damit einverstanden, daß seine Frau ihn vertrat. Beim Gespräch mit Liselotte fragte Dr. Kleine sie, warum ihr Mann nicht selbst gekommen sei, und sie brach in Tränen aus und erklärte die Umstände. Daraufhin lud Dr. Kleine beide zum Abendessen ein: »Als ich Ernst von der Einladung zum Abendessen erzählte, empfand er es, als sei ein Wunder geschehen. Wie schnell sich die Zeiten ändern! Noch kurze Zeit davor hätte er es nicht als Wunder betrachtet, von einem nichtjüdischen Arzt eingeladen zu werden.«[60]

Es finden sich viele Berichte über Frauen, die Familienmitglieder vor den willkürlichen Übergriffen des Regimes oder der Gestapo bewahrten. In diesen Fällen war man stets davon ausgegangen, die Nazis würden die Geschlechternormen respektieren: wohl verhafteten und folterten sie jüdische Männer, aber sie würden Frauen kein Leid zufügen. Zunächst gewährten traditionelle Geschlechternormen Frauen also eine größere Freiheit, so daß sie in der Öffentlichkeit Rollen übernahmen, die energisches Auftreten verlangten. Einige luden die Verantwortung für die Sicherheit der ganzen Familie auf sich. Liselotte Müller reiste nach Palästina, um die Situation dort zu erkunden. Ihr Mann, der seine Praxis nicht im Stich lassen konnte, sagte ihr einfach: »Wenn Du beschließt, Du würdest gerne in Palästina leben, so will ich es auch.« Sie entschied sich für Griechenland. Ihr Mann, der älter und gebildeter war als sie und früher alle Entscheidungen getroffen hatte, stimmte zu. Ann Lewis' Mutter, die immer »zurückhaltend gegenüber Fremden« gewesen war, reiste nach England, um dort eine Aufenthalts- und Arbeitserlaubnis zu erbitten. Sie war diejenige, die fließend Englisch sprach und – als Psychoanalytikerin – in England willkommen war, im Gegensatz zu ihrem Mann, einem praktischen Arzt.[61]

Frauen legten eine Beharrlichkeit an den Tag, die sie bis dahin nicht an sich gekannt hatten. Nachdem sie in die Vereinigten Staaten gereist war, um sich sträubende Verwandte davon zu überzeugen, ihrer Familie ein »Affidavit« (eine eidesstattliche Erklärung der ausländischen Verwandten, für die deutsch-jüdischen Flüchtlinge sorgen zu können, die bei den zuständigen Behörden vorgelegt werden mußte) zu geben, mußte sich eine Frau mit dem amerikanischen Konsulat in Stuttgart auseinandersetzen, das darauf beharrte, keine Unterlagen über sie zu haben. Sie zeigte ihre Empfangsbestätigungen, doch die Sekretärin zuckte nur mit den Achseln. Als das Konsulat schließen wollte, weigerte sie sich zu gehen, da das Leben ihres Mannes, ihrer Mutter und ihrer Kinder davon abhänge, in die Vereinigten Staaten zu gelangen. Sie werde so viele Tage und Nächte wie nötig im Warteraum verbringen, bis man ihre Dokumente gefunden habe. Nach langem Hin und Her ordnete der Konsul an, die Akten zu suchen, und die Dokumente wurden gefunden. Heute bezeichnet ihre Tochter den Vorfall als den »ersten Sitzstreik«.[62]

Frauen sahen sich häufig schon gewohnten Gefahren gegenüber, ebenso aber auch dramatischen Situationen, die sowohl Mut als auch Glück erforderten. Die zwanzigjährige Ruth Abraham drängte ihre Eltern, nach Berlin zu ziehen, um der Feindseligkeit in ihrer Kleinstadt zu entkommen. Die Nazis erlaubten diesen Umzug nur unter der Bedingung, daß Ruth Abrahams Vater versprach, sich wöchentlich im Gestapo-Hauptquartier zu melden. Ruth begleitete ihren Vater immer zu diesen gefährlichen Verhören. Als ihr Onkel in Düsseldorf verhaftet wurde, eilte sie von einem Gefängnis zum anderen, bis sie ihn gefunden hatte. Dann stellte sie ein Bittgesuch bei einem Richter, der sie offensichtlich attraktiv fand. Er forderte sie auf, am Abend in sein Haus zu kommen, wo er ihr ein Entlassungsschreiben ausstellen werde. In der Annahme, daß sie einen sexuellen Antrag oder Schlimmeres riskierte, betrat sie das Haus. Der Richter behandelte sie zuvorkommend und unterschrieb das Entlassungsschreiben. In ihren Memoiren bemerkte sie: »Ich muß einfügen, daß ich absolut arisch aussehe, blondes Haar und blaue Augen, eine gerade Nase habe und gut gewachsen bin.« Später sollten ihr diese Merkmale beim Verstecken das Leben retten; zu dieser Zeit gelang es ihr, das Interesse oder die Sympathie von Männern zu gewinnen, die nicht glauben wollten, daß sie Jüdin war.[63]

Ungeachtet dessen, wie der Richter Ruth Abraham behandelte, gab es eine Vielzahl sexueller Gefährdungen, denen sich jüdische Frauen ausgesetzt sahen. Trotz zunehmender Propaganda über »Rassenschande« berichteten Frauen über Vorfälle, bei denen sie von »Ariern«, darunter auch Nazis, belästigt wurden. In einer Kleinstadt machte sich eine alleinstehende junge Frau Sorgen über ihre Sicherheit nachts auf der Straße. »Bei Tageslicht beschimpften sie mich als Jüdin und des Nachts wollten sie mich küssen. Mich ekelte vor der ganzen Gesellschaft.«[64] Eine andere Frau schrieb über die Gefahren sexueller Begegnungen: »Während der Hitlerzeit hatte ich die größte Last, Aufdringlichkeiten von SS und SA-Männern von mir zu weisen. Ich wurde mehrfach von ihnen belästigt und um Rendezvous gebeten. Jedesmal antwortete ich: ›Ich bedaure, mich nicht darauf einlassen zu können, ich bin verheiratet [...]‹ Hätte ich gesagt, ich sei Jüdin, so hätten sie den Spieß umgedreht und behauptet, ich hätte sie angesprochen.«[65]

Auch andere Geschlechterstereotype ärgerten und behinderten Frauen. Eine Sozialarbeiterin aus Breslau versuchte im Juni 1938 zu erreichen, daß ihr Ehemann, mit dem sie frisch verheiratet war, aus dem Gefängnis entlassen würde. Von seiner Unschuld überzeugt, wandte sie sich mit der Bitte um Hilfe an einen seiner Freunde, einen Anwalt. Dieser warnte sie: »Wenn eine Frau erst sechs Wochen lang verheiratet ist, weiß sie nichts über das Vorleben ihres Mannes«. Sie schrieb: »All diese Schocks untergraben das eigene Selbstbewußtsein und das Vertrauen in die Welt und die Anständigkeit der Männer.« Beharrlich hielt sie daran fest, daß der falsche Mann verhaftet worden sei, wies es nach und konnte so ihren Ehemann retten.[66]

Die neuen Rollen für beide Geschlechter mögen die Belastung in einigen Fällen verstärkt haben, doch im allgemeinen erkannten Männer wie Frauen dankbar die Initiative der Frauen an. Edith Bick brachte die Situation zusammenfassend zum Ausdruck: »In der Hitler-Zeit [...] mußte ich die Dinge in die Hand nehmen, was ich nie zuvor getan hatte. Nie.« Ihrem Ehemann »gefiel es nicht, [doch] er nahm es nicht nur hin, sondern war dankbar dafür«.[67] Als sich die Lebensbedingungen verschlimmerten, geschah es häufig, daß Frauen sich stark und unerschrocken zeigten, wenn Männer mit der Situation nicht mehr zurechtkamen. Eine Frau, deren Mann in tiefen Depressionen versank, beschrieb ihre Lage so: »Er aß nicht mehr, weil – wie er sagte – niemand das Recht habe, zu essen, wenn er nicht arbeite. Er wurde allmählich so mutlos, daß es zu einer tiefen Depression kam. Er befürchtete, wir würden alle verhungern [...] Sein ganzes Selbstvertrauen war verschwunden. [...] Das waren schreckliche Tage für mich, zusätzlich zu all dem anderen Kummer, und ich versuchte ständig, der Kinder wegen Haltung zu bewahren.«[68] Ein extremer Fall dieser Art ereignete sich, als Frieda Cohn einen Doppelselbstmord entdeckte. Sie wollte ihren Schmerz mit ihrem Mann teilen, konnte es jedoch »wegen seiner eigenen Depressionen« nicht. Statt dessen vertraute sie sich einer Freundin an.[69]

Viele Frauen rangen um ihre Selbstbeherrschung, um angesichts von Schande und Verfolgung die Würde und das Gleichgewicht ihrer Familien zu bewahren. Männer haben diese Verhaltensweise nur selten beschrieben, vermutlich weil sie sie für selbstverständlich hielten, während Frauen, die zuvor das »emotionalere« Geschlecht sein durften, ja, sogar dazu ermutigt wurden, sich ihrer Bemühung um Selbstbeherrschung und der Zerbrechlichkeit ihrer Ehemänner besonders bewußt waren.

Das Dilemma der Emigration

Ortswechsel und der Wunsch auszuwandern

Juden suchten in der Anonymität der Großstädte Zuflucht vor der Feindseligkeit in den Dörfern und kleineren Städten. Ein Jugendlicher hielt fest, daß Juden 1935 in seiner Kleinstadt Lippehne nicht mehr in Cafés, Schwimmbäder oder Parks gehen konnten, ganz zu schweigen vom »Hitlerplatz«, den wegen seines Namens kein Jude betreten durfte. Nachdem er 1935 nach Berlin gezogen war, genoß er die Freiheit, in der Masse nicht erkannt zu werden.[70] Auch Ann Lewis bemerkte, sie sei froh, Berlinerin zu sein, und war, wie viele, die älter waren als sie, dankbar für ihre relative Freiheit.[71] Die in Kleinstädten sehr schnell voranschreitende wirtschaftliche Strangulierung führte zur Abwanderung. 1935/36 waren in einigen Kleinstädten mehr als 80 Prozent der jüdischen Bevölkerung mittellos. Da die Menschen auf der Suche nach Arbeit fortzogen, nahmen in den jüdischen Gemeinden sowohl die Zahl der Mitglieder als auch die finanziellen Mittel stark ab. 1937 hatten sich 200 der 1600 Gemeinden aufgelöst, und mehr als 600 von denen, die bestehen blieben, waren auf Unterstützung von außen angewiesen. Frauen machten einen großen Anteil der innerdeutschen Migranten aus. Viele suchten Stellen als Haushaltshilfen und sollten später die Alleinernährerinnen der zurückgelassenen Familien werden.[72]

Jene, die zurückblieben, traf die Einsamkeit »in einem solchen Ausmaß und so plötzlich [...] wie das selbst in der Geschichte des jüdischen Schicksals noch kaum erlebt wurde«.[73] Der Kreis der Familie und Freunde schwand. 1936 beschrieb eine Frau ihre Gefühle, als sie eine Freundin verlassen mußte, als »kleinen Tod«.[74] 1938 hatten jüdische Zeitungen gefolgert: »Wir müssen lernen, die Einsamkeit zu ertragen.«[75]

In den Familien, die umzogen, mußten Frauen den Haushalt an eine neue städtische Umgebung anpassen: enge, überfüllte Wohnungen, Stellen als Hilfsarbeiterinnen und Einschränkungen in der Öffentlichkeit, von den sich verschlechternden politischen Umständen ganz zu schweigen. Frauen, die in Großstädten lebten, engagierten sich so intensiv wie nie zuvor in der Sozialarbeit der jüdischen Gemeinden und der Frauenvereinigungen, um den unablässigen Strom der Neuankömmlinge zu integrieren. Jüdische Gemeinden und Organisationen bemühten sich, den neu Hinzugezogenen Unterschlupf, Suppenküchen sowie Kleider- und Möbelstuben zu bieten. Auch erweiterten sie ihre Waisenhäuser, Altersheime und die Mittel für Mahlzeiten und die Benutzung von Verkehrsmitteln. Häufig arbeiteten Frauen freiwillig bei diesen Unterfangen mit, während sie gleichzeitig ihre eigenen Familien zur Emigration drängten.

Als die Entscheidung auszuwandern immer dringlicher anstand, sahen Frauen die Gefahrensignale gewöhnlich früher, vor allem auf dem Land: »Frauen [...] waren die Vorausschauenden [...], jene, die Entscheidungen trafen und ihre Ehemänner zur Auswanderung drängten.«[76] Jüdische Frauen in den Städten zeigten ähnliche Reaktionen. Marta Appel beschrieb eine Diskussion unter Freunden in Dortmund über einen Arzt, der im Frühjahr 1935 gerade geflüchtet war. Die Männer im Raum, einschließlich ihres Mannes, eines Rabbiners, mißbilligten seine Entscheidung.

»Die Frauen protestierten heftig; sie fanden, daß es mehr Mut erfordere, wegzugehen als zu bleiben. ›Wozu sollen wir hier bleiben und auf unseren allmählichen Ruin warten? Ist es nicht besser zu gehen und sich eine neue Existenz woanders aufzubauen, bevor unsere Kräfte durch den dauernden physischen und psychischen Druck hier erschöpft sind? Ist die Zukunft unserer Kinder nicht viel wichtiger als ein völlig sinnloses Durchhalten angesichts der Ideologie und der Verbrechen der Nazis?‹ Alle Frauen, ohne Ausnahme, waren dieser Meinung und nahmen für den Arzt Partei, während die Männer [...] dagegen sprachen. Auch auf dem Heimweg diskutierte ich noch mit meinem Mann. Wie alle anderen Männer, konnte er sich einfach nicht vorstellen, wie man seine geliebte Heimat und die Pflichten, die das Leben eines Mannes ausmachen, verlassen könne. ›Könntest du das alles wirklich aufgeben, um sozusagen ins Nichts zu gehen?‹ [...] ›Ja, ich könnte es‹, wiederholte ich noch einmal, denn es würde ja auch bedeuten, ein neues Leben zu beginnen.«[77]

Die unterschiedlichen Einstellungen der hier beschriebenen Männer und Frauen deuten darauf hin, daß das Geschlecht ein entscheidender Faktor war bei der Wahl zwischen Flucht und Kampf.[78]

Wichtiger noch, Frauen neigten stärker zur Emigration, weil sie nicht so sehr in das öffentliche Leben integriert waren. So betrachteten sie sich nur selten als unentbehrlich für die jüdische Öffentlichkeit. Ein Mann erklärte in seinen Memoiren, er könne Deutschland nicht verlassen, weil er sich für einen »guten Demokraten« halte, dessen Emigration »andere im Stich lassen« und einen »Verrat an der ganzen jüdischen Gemeinschaft« darstellen würde.[79] Rabbiner Leo Baeck, der offiziell höchste Repräsentant der deutschen Juden, hegte ähnliche Gefühle. Als ihm zwei Briten 1939 einen sicheren Aufenthalt anboten, erwiderte er: »Ich werde gehen, wenn ich der letzte lebende Jude in Deutschland bin.«[80]

Frauen waren zudem, anders als Männer, nicht diejenigen, die ihre Familien ernährten und weniger am wirtschaftlichen Leben beteiligt, selbst wenn einige ihr gesamtes Erwachsenendasein über berufstätig gewesen waren. Dies wirkte sich auf unterschiedliche Weise aus. Jüdische Männer hatten weit mehr zu verlieren. Erst wenn sie ihren Lebensunterhalt nicht mehr verdienen konnten, waren einige Männer bereit, Deutschland zu verlassen. Wären sie emigriert, bevor sie ihre Stellung verloren hatten oder ihre Betriebe oder Praxen zusammengebrochen waren, so hätten Männer sich von ihrem Lebenswerk, ihren Kunden und ihren Kollegen losreißen müssen. Hinzu kamen weitere Überlegungen. Die Tochter eines wohlhabenden Geschäftsmanns bemerkte über ihren Vater: »Als die Nazis die Szene betraten, widerstrebte es ihm zu sehr, alles zu regeln und Deutschland zu verlassen. Er hing wohl ein wenig zu sehr an seinem Status und seinem Vermögen.«[81] Doch selbst Geschäftsfrauen scheinen sich weniger gegen die Emigration gesträubt zu haben als ihre Ehemänner. Eine wohlhabende Unternehmerin, deren Mann ihren ererbten Betrieb verwaltete, wollte 1933 flüchten. Er weigerte sich. Sie beharrte darauf, daß dann wenigstens beide ein Gewerbe erlernen sollten (was ihnen später in Shanghai sehr nützlich war).[82] Es sieht so aus, als sei es einfacher gewesen, die Familie zu verlagern, als einen Betrieb oder einen Mannesberuf. Wegen ihrer starken Identifikation mit ihrem Beruf fühlten sich Männer häufig zum Bleiben veranlaßt. Frauen, deren Identität sich stärker an der Familie orientierte, kämpften darum, durch die Flucht das zu bewahren, was ihnen am wichtigsten war.

Ihre untergeordnete Stellung im Wirtschaftsleben erleichterte Frauen vermutlich die Entscheidung zu fliehen, da ihnen die Art der Arbeit, die sie an den Zufluchtsorten würden verrichten müssen – im allgemeinen eine Tätigkeit als Haushaltshilfe – vertraut war. Lore Segal beschrieb, wie ihre Mutter, früher Hausfrau und Pianistin, in England optimistisch und erfolgreich die Rolle eines Dienstmädchens übernahm, während ihr Vater, der vorher als Chefbuchhalter bei einer Bank gearbeitet hatte, seinen Statusverlust als Butler und Gärtner mit großer Bitterkeit erlebte.[83] Selbst dann, wenn beide Geschlechter ihre Rolle als Flüchtling gut bewältigten, scheinen Frauen weniger unter dem Verlust ihres Status gelitten zu haben als Männer. Vielleicht erlebten Frauen den Abstieg, der darin lag, daß sie früher Hausangestellte beschäftigen konnten und nun selbst welche waren, als weniger einschneidend, weil ihr Status ohnehin traditionell von dem ihres Vaters oder Ehemanns bestimmt worden war.

Nicht zuletzt ließ die geringere Beteiligung am wirtschaftlichen Leben Frauen mehr Zeit für intensiveren Kontakt mit einer Vielzahl von Nichtjuden – von Nachbarn bis zu den Lehrern der Kinder.[84] Jüdische Männer arbeiteten meist zusammen mit anderen Juden in traditionellen jüdischen Berufen (in besonderen Zweigen des Einzelhandels, im Viehhandel oder als Ärzte und Rechtsanwälte in selbständigen Praxen und Kanzleien). Sie dürften stärker als Frauen von Nichtjuden isoliert gewesen sein (wenn auch nicht von nichtjüdischen Kunden). Das ersparte ihnen die unmittelbare Begegnung mit feindseligen Zeitgenossen, verhinderte aber auch, daß sich ihr Bewußtsein für die sich verschlechternden Umstände schärfte. Die Isolation vieler jüdischer Männer verstärkte sich weiter, als der Boykott jüdischer Unternehmen zunahm, da die Kundschaft der überlebenden jüdischen Betriebe nun überwiegend jüdisch war. Die diskriminierenden Maßnahmen hatte außerdem zur Folge, daß jüdische Arbeiter und Angestellte nur noch innerhalb des jüdischen Wirtschaftssektors Arbeit finden konnten. 1936 beklagten Juden ein

»jüdisches wirtschaftliches Ghetto«, und 1937 berichtete der *Council for German Jewry* in London, die deutsch-jüdische Gemeinschaft lebe in einem »neuen Typ von Ghetto [...], das zwar nicht von Mauern umzäunt [...], jedoch sowohl vom wirtschaftlichen, als auch vom gesellschaftlichen und intellektuellen Kontakt mit der Umwelt abgeschlossen ist.«[85] Im Gegensatz dazu empfingen jüdische Frauen (selbst jene, die in demselben »jüdischen Ghetto« lebten) von ihrer Nachbarschaft und ihren Kindern deutliche Warnsignale.

Männer und Frauen führten ein unterschiedliches Leben, und häufig deuteten sie alltägliche Ereignisse ganz unterschiedlich. Frauen waren zwar weniger in die Arbeitswelt, dafür aber stärker in ihre unmittelbare Umgebung integriert. Von Kindheit an daran gewöhnt, zwischenmenschliches Verhalten und gesellschaftliche Konstellationen zu erspüren, hatten Frauen nicht nur empfindlichere soziale Antennen als ihre Ehemänner, sondern orientierten sich auch an unkonventionelleren – aus männlicher Sicht vermutlich trivialeren – Informationsquellen. So wurde etwa ein amerikanisch-jüdisches Paar, das während der dreißiger Jahre in Hamburg lebte, von einem Haushaltsgehilfen auf eine Gefahr aufmerksam gemacht. Die Frau schrieb: »Jede Frau weiß [...], daß die Angestellten ihre beste Informationsquelle sind. [...] Ich erhielt von Harold mehr Informationen, als ich vom besten Geheimdienst hätte bekommen können.«[86] Frauen registrierten die zunehmende Feindseligkeit ihrer unmittelbaren Umgebung und ließen sich nicht durch verheißungsvolle Geschäftsaussichten, einen treuen Angestellten oder Patienten oder einen freundlichen Kunden täuschen. Die ständigen Kontakte der Frauen mit ihren eigenen Kindern und den Kindern anderer vermittelten ihnen wichtige Warnsignale – und sie nahmen sie sehr ernst.

Im allgemeinen gebildeter als ihre Frauen, hielten Männer in Ehren, was sie als deutsche Kultur verstanden – die Kultur der deutschen Aufklärung. Diese Liebe zu ihrem deutsch-liberalen intellektuellen Erbe bot Männern etwas, woran sie sich festhalten konnten, auch wenn es »ihr Gespür für die drohende Gefahr schwächte«.[87] Als Else Gerstel mit ihrem Mann darüber diskutierte, ob sie auswandern sollten, beharrte er, ein ehemaliger Richter, darauf, »das deutsche Volk, die deutschen Richter, würden diesen Wahnsinn nicht viel länger dulden«.[88]

In gewisser Weise waren die Männer »deutscher« als die Frauen – nicht nur was ihre Bildung betraf, sondern auch in Hinblick auf ihren Patriotismus. Selbst in der verfahrenen Situation der späten dreißiger Jahre blieben sie Kriegsveteranen, die sich weigerten, die Warnungen ihrer Frauen ernstzunehmen. Diese Männer hatten 1933 auf Grund einer Intervention von Reichspräsident Hindenburg nach den diskriminierenden Aprilgesetzen eine Gnadenfrist erhalten (die sich allerdings nur als vorübergehend erwies). Es war typisch, daß ihre Frauen sie nicht davon überzeugen konnten, auch sie seien in Gefahr. Eine Frau, die ihren Mann drängte, Deutschland zu verlassen, schrieb: »Er berief sich immer darauf, daß er Frontkämpfer war.«[89] Die meisten Männer äußerten sich in dem Sinne, daß sie ihrem Land gedient hätten, so daß ihnen gewisse Rechte zustünden. Das »Front«-Argument enthüllte einen tief verwurzelten emotionalen Kern, denn der Krieg hatte bei den deutsch-jüdischen Männern starke patriotische Gefühle hervorgerufen.

Da Frauen hauptsächlich im häuslichen Bereich tätig waren, lautete ein weit verbreitetes Vorurteil, es mangele ihnen an politischer Klugheit; und so schienen ihre Warnungen der Glaubwürdigkeit zu entbehren. Eine Frau löste mit ihren Unheilsprophezeiungen bei ihrem Mann Belustigung aus. »Er lachte mich aus und meinte, daß eine so wahnsinnige Diktatur sich nicht lange halten [könne].« Selbst als ihr siebenjähriger Sohn in der Schule zusammengeschlagen wurde, bewahrte er seinen Optimismus.[90] Viele Männer kehrten ihren Frauen gegenüber ihre Überlegenheit hervor und beharrten darauf, sie seien besser mit der politischen Wirklichkeit vertraut: »Du bist ein Kind«, sagte ein Ehemann. »Du mußt nicht alles so ernst nehmen. Hitler brauchte die Juden [...] als Propaganda, um an die Macht zu gelangen – von nun an [...] wirst du nichts mehr über die Juden hören.«[91] Häufig hörte die besorgte Partnerin das altbekannte deutsche Sprichwort: »Nichts wird so heiß gegessen, wie es gekocht wird.«

Männer versuchten demnach, den »größeren« Zusammenhang zu sehen, eine »objektive Stellung« einzunehmen, die verwirrenden rechtlichen und wirtschaftlichen Vorschriften sowie die häufig widersprüchlichen öffentlichen Äußerungen der Nazis genau zu untersuchen und zu analysieren. Männer bezogen ihre Erfahrungen aus Zeitungen und Nachrichten. Die Politik blieb für sie abstrakter, während das eingeengte Blickfeld der Frauen – die Kleinigkeiten des alltäglichen Umgangs und ihre Bedeutungen – ihnen die Politik unmittelbarer vor Augen führte. Zusammenfassend erinnerte Peter Wyden die Diskussionen innerhalb seiner eigenen Familie und in denen anderer Berliner Juden:

»Es war gar nicht ungewöhnlich in diesen Familien, die über Gehen und Bleiben entscheiden mußten, daß die Frauen mehr Energie und Unternehmungslust aufbrachten als die Männer. [...] Kaum eine Frau hatte einen Betrieb, eine Anwaltskanzlei oder eine Arztpraxis zu verlieren. Frauen waren weniger standesbewußt, weniger finanziell orientiert als Männer. Sie schienen weniger rigide, weniger vorsichtig zu sein und sicherer, daß sie auch auf neuem Boden gedeihen.«[92]

Die Berliner Künstlerin Charlotte Salomon, die, während sie 1941/42 in Südfrankreich ihr Schicksal abwartete, eine hinreißende Erkundung ihres Lebens malte, stellte dieses Dilemma dar. Sie portraitierte ihre kleine Großmutter, wie sie zu ihrem großgewachsenen Großvater aufschaut, dessen Kopf über den Rahmen des Bildes hinausragt. Die Bildunterschrift lautet: »Großmama 1933: ›Nicht eine Minute länger werde ich hier bleiben. Das sag' ich dir. Nur heraus aus diesem Land. Ja, das sagt mir der Verstand.‹ Ihr Ehemann verliert beinahe den Kopf.«[93]

Ungeachtet der unterschiedlichen geschlechtsspezifischen Wahrnehmung der Warnsignale ist entscheidend, daß Erkenntnis sich stufenweise einstellte. Zunächst verstanden viele Juden die rechtliche Diskriminierung als einen Rückfall in die jüngste Vergangenheit. Die Weimarer Republik hatte 1919 die letzten Einschränkungen der bürgerlichen Rechte für Juden aufgehoben. Nur langsam erkannten sie, daß Deutschland sich in eine völlig neue Richtung bewegte. Auch dann sah Alice Nauen, »daß es schlimmer wurde. Doch bis 1939 glaubte niemand in unseren Kreisen, daß dies zu einem Ende« des deutschen Judentums führen würde.[94] Die Urteile der Frauen, durch persönliche alltägliche Beobachtungen verstärkt, waren vielfach zutreffender als die von Männern, doch die Politik der Nationalsozialisten und die Ereignisse konnten jeden verwirren. Als Hanna Bernheims Schwester, die ausgewandert war, Mitte der dreißiger

Jahre zu einem Besuch zurückkehrte, wollte sie wissen, weshalb die Bernheims in Deutschland blieben. Hanna Bernheim erwiderte:

»Erstens wäre es so [...] hart für unseren alten, kranken Vater, von all seinen vier Kindern verlassen zu werden. Zweitens gibt es so viele unzufriedene Leute. [...] Drittens gab es den Röhmputsch und eine Umbildung der Wehrmacht. Das läßt mich glauben, daß die Leute recht hatten, die zu uns sagten: ›Wartet noch ein Jahr, und die Nazi-Regierung wird weggefegt sein!‹«[95]

Die Signale waren zutiefst zweideutig. Wie wir sahen, gaben zufällige Freundlichkeiten, die offensichtlichsten »zweideutigen Signale«, einigen Juden Hoffnung. Eine Frau schrieb, jeder Jude »habe einen anständigen Deutschen gekannt«, und erinnerte sich daran, daß viele Juden dachten, »die radikalen Nazi-Gesetze würden wegen des gemäßigten Charakters des deutschen Volkes niemals ausgeführt werden«.[96] Im Endeffekt waren es sowohl die verwirrenden Signale, die von Männern oft anders als von Frauen interpretiert wurden, als auch die Konfiszierung jüdischer Vermögen, die Juden davon abhielten, rechtzeitig zu fliehen.

Entscheidungen

Die zwischen Frauen und Männern häufig differierende *Bewertung* der Gefahr spiegelt unterschiedliche Kontakte und Bezugspunkte wider. Die *Entscheidungen* über die Auswanderung scheinen aber die Ehemänner getroffen zu haben. Trotz bedeutender Rollenverschiebungen reagierten Männer und Frauen auf die politische Situation im allgemeinen entsprechend ihrer traditionellen Rollen – bis sie von den Ereignissen überrollt wurden.

Das Vorurteil, Frauen verhielten sich bei Gefahr »hysterisch«, wirkte sich für alle nachteilig aus. Charlotte Stein-Pick bat ihren Vater im März 1933, zu fliehen. Erst wenige Augenblicke bevor die SS kam, um ihn zu verhaften, brachte ihr Mann ihn zum Bahnhof. Ohne etwas über den Besuch der SS zu wissen, sagte ihr Mann, als er nach Hause zurückkehrte: »Eigentlich war es ganz unnötig, daß die Eltern fortfuhren, ich habe dich nur unterstützt, da Du Dir solch große Sorgen machtest.« Stein-Pick hörte am 6. November 1938, zwei Tage vor dem Novemberpogrom, zufällig mit an, wie in einem Privatgespräch darüber diskutiert wurde, was mit jüdischen Männern geschehen werde. »Beim Heimkommen beschwor ich meinen Mann und den bei uns wohnenden Freund, sofort das Haus zu verlassen und sich zu verstecken. Aber meine Vorstellungen waren vergebens. Sie glaubten, meine Nerven hätten nachgegeben, woher sollten diese Leute etwas wissen und man könnte Lager von der notwendigen Größe gar nicht errichtet haben.«[97] Ein anderer Mann glaubte, seine Frau sei völlig überreizt, als sie – 1932 – vorschlug, er solle Geld bei einer Schweizer Bank anlegen. Während Kabarettisten bereits über Leute witzelten, die in die Schweiz reisten, um ihr Geld zu besuchen, lehnte ihr Mann dies ab.[98] In solchen Fällen verminderte die Auffassung, Frauen sollten sich aus Geschäftsangelegenheiten heraushalten, noch zusätzlich die Wahrscheinlicheit, daß ihre Vorschläge beherzigt würden. Galten Einschätzungen von Frauen ohnehin schon als zu emotional, so diskreditierte eine Schwangerschaft sie vollends, da Männer schwangere Frauen für besonders leicht erregbar hielten. Einen Monat vor dem Anschluß Österreichs sagte eine Wiener Katholikin zu ihrem jüdischen Ehemann, Hitler bedeute Ärger für ihn, und packte seine Sachen. Es gelang ihr aber nicht, ihn zur Ausreise zu überreden, da er die Sorgen ihrer Schwangerschaft zuschrieb.[99]

Die Rolle und der Status der Männer als Ernährer ließ sie vor einer Emigration zurückschrecken und gab ihnen die Macht, sie abzulehnen. Else Gerstel rang »verzweifelt« mit ihrem Mann um die Auswanderung. Er war als Richter tätig und weigerte sich beharrlich, das Land zu verlassen: »Dort braucht man das Römische Recht so dringend wie Eskimos Kühlschränke«, antwortete er. Die Frau, die ihre Meinungsverschiedenheit als große Belastung für ihre Ehe darstellte, schrieb: »Ich war ständig wütend.«[100] Eine andere Frau erinnerte sich an den Versuch, ihren Mann zur Flucht zu bewegen: »Eine Frau hat manchmal einen sechsten Sinn. […] Ich sagte zu meinem Mann: ›[…] Wir müssen das Land verlassen.‹ Er erwiderte: ›Nein, Du wirst, wenn wir das tun, keine Sechs-Zimmer-Wohnung und keine zwei Bediensteten mehr haben.‹ […] Ich sagte: ›Gut, dann werde ich eine

Ein-Zimmer-Wohnung haben […] aber ich werde in Sicherheit sein.‹« Trotz seines Widerstrebens lernte sie Englisch und erlernte praktische Gewerbe. Seine Verhaftung beschleunigte ihre Auswanderung nach Australien, wo sie die Familie ernährte.[101]

In den seltenen Fällen, in denen Männer sich der Einschätzung ihrer Frauen anschlossen und bereit waren auszuwandern, holten sich die Frauen entweder Unterstützung bei männlichen Freunden, die ihre Ehemänner überzeugen halfen, oder sie genossen als berufstätige Frauen einen gesellschaftlichen Status, der nicht so leicht jemanden um ihr Urteil herumkommen ließ. Marie Bloch hatte 1929 Hitlers *Mein Kampf* gelesen und bestand 1933 darauf, ihre Kinder außer Landes zu schicken. Ihr Mann weigerte sich, seine Fabrik aufzugeben, und konnte »sich nicht von dem Gedanken verabschieden, die Deutschen würden rechtzeitig erkennen, was für ein Mensch Hitler war«. Nach Inkrafttreten der Nürnberger Gesetze kniete sie vor seinem Bett nieder und flehte ihn an, das Land zu verlassen. Völlig aufgelöst fragte sie ihn, wessen Meinung er respektieren würde, und lud diesen Freund zu sich nach Hause ein. Der Freund riet ihnen, in die Vereinigten Staaten zu flüchten, wohin auch er sich absetzen wolle. Erst danach stimmte der Ehemann einer Ausreise zu.[102] Einer Rechtsanwältin fiel es leichter, ihren Mann zu überzeugen, da sie politisch bewußt und aktiv gewesen war. Sie traf die Entscheidung zur Flucht: »Mein Mann sah, daß mir der Boden unter den Füßen brannte. Trotz seiner guten Stellung beschloß er, Deutschland mit mir zu verlassen.« Sie flohen nur bis nach Frankreich, wo er von den Nazis ergriffen und später in Auschwitz ermordet wurde, während es ihr gelang, sich der Résistance anzuschließen. Rückblickend wünschte sie, sie hätte sich – was sie niemals getan hatte – bei ihm »für seine selbstlose Entscheidung« bedankt, »für diesen stärksten Beweis seiner Liebe, den er mir je gegeben hat«.[103]

Ende der dreißiger Jahre verschlimmerten sich die Zustände derart, daß Familien das Land fluchtartig zu verlassen versuchten. Anfang 1938 berichtete eine Frau, daß ihre Mutter »bei den amerikanischen Behörden ohne das Wissen meines Vaters um eine Einwanderungsquotennummer bat; man teilte ihr die hoffnungslose Nummer 33 243 zu. Es war ein letzter verzweifelter Akt, und Papa schäumte nicht einmal mehr vor Wut.« Ihre

Eltern und ihr jüngerer Bruder wurden deportiert und ermordet.[104] Eine andere Frau überzeugte ihren Mann, nachdem sie der Mißhandlung durch einen Nazimob in ihrer kleinen Heimatstadt knapp entronnen war, davon, »die ganze Nacht hindurch ihre Sachen zu packen und sofort am nächsten Tag diese Hölle zu verlassen«.[105] Nach dem Novemberpogrom brachen einige Frauen mit allen Familiennormen, indem sie die Entscheidung übernahmen, wenn erkennbar wurde, daß das Widerstreben ihrer Männer zu fliehen zu noch größeren Schrecken führen würde. Else Gerstels Mann war verhaftet, aber nicht inhaftiert worden, und er »beabsichtigte noch immer nicht, Deutschland zu verlassen, aber ich sandte ein Telegramm an meinen Bruder Hans nach New York [...] ›Bitte sende Affidavit‹.« Der Ehemann kam später noch heraus.[106]

Manchmal nahmen die »arischen« Ehefrauen jüdischer Männer die Dinge in die Hand. Verena Hellwig etwa fürchtete um ihre zwei »Mischlingskinder«, auch wenn ihr Mann, der ebenfalls »Mischling« war, darauf beharrte, bis zu seiner bevorstehenden Pensionierung in Deutschland zu bleiben. Als ihr Sohn keine Lehrstelle finden konnte, sprach sie mit einem Nazibeamten. Er teilte ihr mit, die »Mischlinge« seien »die größte Gefahr für uns. Entweder sie sollten zum Judentum [...] zurückkehren und das jüdische Schicksal erleiden, oder man sollte ihnen wie den Schwachsinnigen durch eine Operation die Fortpflanzung unmöglich machen.« Nun war für sie die Grenze überschritten: Für sie »war die Heimat verloren, Deutschland war verstummt«. Bald danach wanderte sie mit ihrem Sohn nach England aus, gefolgt von ihrer Tochter. Dies bedeutete eine zeitweilige Trennung von »ihrem Ehemann, [ihrem] besten Freund«, doch sie mußte eine Zukunft für ihre Kinder finden. Der Ehemann kam später nach.[107]

Emigration – Versperrte Türen und Armut

Eines der Hauptziele der nationalsozialistischen Judenpolitik zwischen 1935 und September 1939 war die Förderung der Auswanderung – seinerzeit als die »territoriale Endlösung« bezeichnet. Die Nazis entwarfen eine Reihe von Plänen – das Syrien-Projekt, den Madagaskar-Plan, den Ecuador-Plan und den Haavara-Transfer –, um die unerwünschten deutschen Juden auf der ganzen Welt zu verteilen. Die Regierung drängte auch auf individuelle Emigration. Jüdische Organisationen, vor allem der Hilfsverein der Juden in Deutschland, die Hauptstelle für jüdische Wanderfürsorge und das Palästina-Amt, berieten Juden in Sachen Auswanderung, Visumsbeschaffung und finanzieller Unterstützung, und die jüdische Presse publizierte Artikel, die Einzelheiten über Emigrationsmöglichkeiten enthielten. Juden mußten sich mit einer verwirrenden Vielfalt an Ländern, Erfordernissen und Details auseinandersetzen. Peter Wyden erinnerte sich daran, wie sich die Sprache in seinem Haus zwischen 1935 und 1937 änderte:

»Unsere Zukunft hing nun von drei Wegweisern ab: ›der Quote‹ – der maximalen Zahl deutscher Flüchtlinge, die unter den Bedingungen der armseligen Einwanderungsgesetze in die Vereinigten Staaten einreisen durften, ›dem Affidavit‹ – dem Dokument eines obskuren so- und sovielten Vetters [...], das garantierte, er werde uns, sollten wir mittellos sein, unterstützen, und ›das Visum‹ [...] unsere abgestempelte Zulassungsbescheinigung für das Gelobte Land. [...] Darüber hinaus erfuhr jeder über das ›Zertifikat‹ der britischen Behörden, das die Einreise nach Palästina gestattete, über die Reichsfluchtsteuer, die man den Nazis als Geldstrafe bei der Ausreise bezahlen mußte, [...] und die ›Unbedenklichkeitsbescheinigung‹, die verlangt wurde, bevor man die Grenze überqueren durfte.«[108]

Der Emigration standen jedoch enorme Hindernisse im Wege. Während der Weltwirtschaftskrise der dreißiger Jahre beschränkte das Ausland die Einwanderung. Im Juli 1938 »bedauerten« die 32 auf der »Evian-Konferenz« versammelten Staaten, daß sie nicht mehr Juden aufnehmen konnten. Die wenigen Länder, die ihre Pforten öffneten, brauchten Bauern, keine Angehörigen mittelständischer Berufe oder Geschäftsleute. Die deutschen Juden waren zudem überdurchschnittlich alt, und kein Land wollte Menschen mittleren Alters oder alte Leute.[109] Da sie fürchteten, ihren Kindern oder Verwandten im Ausland zur Last zu fallen, blieben viele Ältere zurück.

Die Nazis schufen ein weiteres bedeutendes Hindernis, indem sie eine Höchstgrenze für Bargeld und Vermögen festsetzten, das Juden mitnehmen durften. Der Raub jüdischen Eigentums war integraler Bestandteil aller Auswanderungsverfahren. Die Nazis »drängten Juden, das Land zu verlassen, aber das Privileg, es verlassen zu dürfen, war kostspielig«.[110] Die »Reichsfluchtsteuer«, eine hohe Eigentumssteuer für Emigranten, drohte potentielle Auswanderer verarmen zu lassen. Zuerst 1931 von der Regierung Brüning eingeführt, um die Kapitalflucht zu verhindern, erhöhten die Nazis sie für emigrierende Juden so drastisch, daß sie einer Strafzahlung gleichkam. Insgesamt dürften die deutschen Finanzbehörden alleine an »Reichsfluchtsteuer« bis zu 900 Millionen Mark eingezogen haben.[111] Viele Menschen mußten ihr gesamtes Eigentum verkaufen, um diese Steuer bezahlen zu können. Gerdy Stoppleman etwa schickte ihren gerade aus dem Konzentrationslager Sachsenhausen entlassenen Ehemann nach England voraus, während sie zurückblieb, um die Steuer zu entrichten: »Um die [...] Steuer bezahlen zu können, verkaufte ich unsere Möbel, die wertvollen Gemälde und Teppiche [...] für einen Spottpreis. Viele Häuser wahrer Arier, SA- und SS-Leute wurden dadurch äußerst gut möbliert.«[112]

Von Beginn an (verschärft seit 1938) erwiesen sich gesperrte Bankkonten als ein ernsthaftes Hindernis für jüdische Auswanderungswillige. Selbst nachdem sie maßlose Steuern bezahlt hatten, durften Emigranten das verbliebene Geld nicht ins Ausland verlagern, sondern mußten es in »gesperrten Reichsmark-Konten für potentielle Auswanderer« anlegen. Von diesen Konten konnten sie Devisen zu überaus ungünstigen Umtauschkursen erwerben – was im Grunde einer weiteren Strafsteuer gleichkam.[113] Bis 1935 war der Umtauschkurs auf die Hälfte des offiziellen Börsenwertes der Mark festgesetzt; später drückte die Regierung ihn ständig weiter hinunter. 1939 konnten Juden nur noch Devisen im Wert von 4 Prozent ihres gesperrten deutschen Geldes erwerben. Als der Krieg ausbrach, verboten die Nazis alle Geldtransfers. Auf diese Weise verloren emigrierende Juden in den Jahren 1933–1937 zwischen 30 und 50 Prozent ihres Kapitals, zwischen 1937 und 1939 schließlich 60 bis 100 Prozent. Für viele wurde es immer schwerer, das Land zu verlassen, weil neue Gesetze sie aller Mittel beraubten, um irgendwo anders ein neues Leben beginnen zu können. Diese Bedingungen ließen Einzelne und Familien davor zurückschrecken auszuwandern, doch je länger sie zögerten, desto mehr verschlechterten sich die Bedingungen.[114]

Was diese Gesetze für die alltägliche Wirklichkeit bedeuteten, zeigen die Memoiren von Ann Lewis, deren Eltern 1937 auszuwandern versuchten. Zu dieser Zeit

»betrug die Summe, die meine Eltern in Pfund Sterling erhielten, weniger als ein Viertel dessen, was ihnen nach offiziellem Kurs zugestanden hätte. Nachdem der Transfer zu ihrer englischen Bank vollendet war, waren aus ihren 27 000 Mark 450 £ statt der 2 160 £ geworden, die sie erhalten hätten, wäre ihr Vermögen nach normalem Kurs umgetauscht worden.«

Auf Grund dieses armseligen Umtauschkurses beschlossen ihre Eltern, in Deutschland zu kaufen, was sie konnten, da sie bei ihrer Ankunft in England kaum die Mittel für ihren Unterhalt zur Verfügung haben würden: »Nichts sollte in England gekauft werden, was man in Deutschland kaufen konnte, und das galt nicht nur für Möbel und andere Haushaltswaren, sondern auch für Dinge wie Seife, [...] Schreibwaren, Medikamentenvorräte und natürlich genügend Kleidung für die kommenden Jahre.«[115] Einige Juden wurden sogar im voraus besteuert. Bella Fromm berichtete, sie habe für ein Jahr im voraus Steuern zahlen müssen, obwohl sie dann nicht einmal mehr in Deutschland sein würde.[116]

Juden wurden auch von Einzelnen ausgeplündert. Gestapomänner, Beamte, Möbelpacker, ja sogar Menschen in ausländischen Konsulaten, verlangten alle möglichen Bestechungsgelder und Zahlungen.[117] Die Geschichte, wie sich einzelne Deutsche durch Diebstahl an jüdischem Vermögen bereichert haben, muß erst noch geschrieben werden – ein lohnendes Projekt für Historiker, die sich mit der Alltagsgeschichte der Nazizeit befassen. Die Memoiren der jüdischen Opfer und die Interviews mit ihnen dokumentieren dies zur Genüge. »Wir sind gekommen, um nachzuprüfen, was Sie bei Ihrer Auswanderung mitnehmen dürfen«, sagten zwei Gestapomänner mit offenkundiger Gier. Lola Blonder erwiderte: »Schauen Sie sich nur um.« In ihren späteren Memoiren fügte sie hinzu: »Sie [...] nahmen sich alle kleinen Gegenstände, die ihnen gefielen – von den Wänden, [...]

von den Tischen [...] Ich hatte mich schon daran gewöhnt. Immer wenn ein Gruppe von Nazis kam, verschafften sie sich wertvolle Gegenstände. Raub! Raub! Jeden Tag beraubten sie mich!« Später nahmen sie sie mit zur Bank und zwangen sie, ihr Geld abzuheben und es ihnen zu geben.[118] Kaum nur die einfachen (und korrekten) Beamten, die lediglich »Befehle befolgten«, entpuppten sich viele Regierungsbeamte als äußerst korrupt und gefielen sich in ihren neuen Rollen.

Während viele die Situation finanziell ausnutzten, kam es gelegentlich auch zu sexuellen Übergriffen. Ein Beamter beäugte eine jüdische Frau, die mehrmals in sein Büro gekommen war, um Auswanderungsvisa für ihren Mann und ihre Kinder zu beantragen, und sagte zu ihr: »Wir kennen uns doch jetzt schon ziemlich gut, nicht wahr. Ich sehe, Sie tragen heute eine andere Bluse. Sie sehen darin wirklich attraktiv aus.« Sie konnte ihm nichts erwidern, aber sie erzählte es ihrer Tochter: »Es stand ihm groß im Gesicht geschrieben. [...] Wie appetitlich [sieht] sie aus. Wie gut wird sie schmecken.«[119] Eine andere Frau ist heute noch dankbar dafür, daß ihre Mutter ihnen das Leben rettete, indem sie mit einem Beamten schlief, der ihr daraufhin die Ausreisepapiere aushändigte.[120]

Ausgeplündert zu werden, war noch nicht das Schlimmste. Für die meisten bestand ein großes Auswanderungshindernis darin, daß sie keine Verwandten oder Freunde im Ausland hatten, die ihnen die Zulassung für ein Zufluchtsland hätten bezahlen können. Ein weiteres Emigrationshindernis entstand 1937, als Pässe nur noch für die Auswanderung ausgestellt wurden. Das Regime verbot Reisen, die dazu dienen sollten, die Möglichkeiten in einem anderen Land zu erkunden, und nur Kranke oder solche, die ihre im Ausland studierenden Kinder besuchen wollten, konnten aus- und wieder einreisen. Für diejenigen, die nicht über Kontakte verfügten, wurde die Bewerbung um eine Stelle als Hausangestellte im Ausland zu einem wichtigen Fluchtweg, insbesondere, wenn auch nicht ausschließlich, für Frauen. Die dafür zuständigen Komitees verlangten strenge »Qualifikationen«.[121] Wenn sie dann als potentielle Hausangestellte akzeptiert worden waren, mußten Juden Berge von Formularen ausfüllen.

Trotz aller Hindernisse war die jüdische Emigration, auch wenn sie ungleichmäßig verlief, alles andere als unbedeutend. Ungefähr

37 000 Juden verließen Deutschland im Jahre 1933. Verstärkte Diskriminierung korrelierte allerdings nicht mit einer höheren Auswanderungsquote. 1934 flohen 23 000. Anfang 1935 waren etwa 10 000 wieder zurückgekehrt, weil die jüdischen Emigranten im Ausland zunehmend verarmten. Zu dieser Zeit jedoch hörten sie auf wiederzukommen, weil die Nazis Rückkehrern mit der Internierung in Konzentrationslagern drohten. Gegen Ende des Jahres (nach Inkrafttreten der Nürnberger Gesetze) waren etwa 21 000 emigriert, gefolgt von weiteren 25 000 im Jahre 1936 und 23 000 im Jahre 1937. Mit zunehmender Verfolgung im Jahre 1938 wanderten weitere 40 000 aus. Die ersten Flüchtlinge flohen in benachbarte Länder, einige davon in der Hoffnung, zurückkehren zu können, sobald sich die Situation verbesserte. Der Anteil der Emigranten, die nach Übersee flohen, wuchs dramatisch an, als sich die Bedingungen in Europa verschlechterten.[122]

Die Statistik könnte den falschen Eindruck vermitteln, Juden hätten Deutschland ohne Schwierigkeiten verlassen und in das Land ihrer Wahl einreisen können. Sie überdeckt die vielen individuellen Geschichten, die komplizierten Emigrationsversuche, das vielfältige Scheitern und die immer neuen Anläufe. So beschloß etwa eine Leipziger Familie zuerst, nach Palästina zu gehen. Der Vater, der ein Silbergeschäft besessen hatte, ließ sich als Maler ausbilden. Zu der Zeit, als er sein Diplom vom Leipziger Malerverband erhielt, lagen zu viele Anträge zur Ausreise nach Palästina vor. Als nächstes zog die Familie Chile und die Dominikanische Republik in Betracht, doch auch dies ließ sich nicht verwirklichen. Schließlich schrieb der Vater an eine Schwester in Brooklyn, und seine Familie erhielt 1937 ein Affidavit aus den USA.[123] Häufig scheiterten Emigrationsversuche, wenn sich die Tür zum Zufluchtsland schloß. Dennoch flüchtete vor 1938 etwa ein Viertel der deutschen Juden aus ihrer Heimat – Beweis dafür, daß eine beträchtliche Anzahl »das alles wirklich aufgeben [konnte] um […] ins Nichts zu gehen«.

3

Jüdische und »gemischte« Familien

»Es wird viel Hass und Verachtung um uns Beide sein, denn ich bin eine Jüdin und mein Mann ist ein Rassenschänder.«[1]

Erna Becker-Kohen

Der Rassenstaat[2] definierte, was »Juden« waren, schränkte ihre Möglichkeiten, eine Ehe einzugehen, ein und versuchte, ihre alltäglichen wie intimen Beziehungen zu allen Nichtjuden zu zerstören. Das Regime drang nicht nur in das tägliche Leben von Juden ein, sondern auch in das von mit Juden verheirateten Nichtjuden und in das ihrer Kinder und Enkel. »Gemischte« Paare mußten erleben, wie ihre vor- und außerehelichen Beziehungen kriminalisiert, ihre geplanten Ehen verboten und ihre bestehenden Ehen stigmatisiert wurden. In bereits bestehenden Mischehen spielte die Geschlechtszugehörigkeit eine entscheidende Rolle. Der nationalsozialistische Sexismus räumte Paaren, in denen der Mann »arisch« war, mehr Rechte ein als jenen, in denen der Mann jüdisch war. Das Schicksal eines Juden oder einer Jüdin hing also nicht allein von der »Rasse«, sondern auch vom Geschlecht des »arischen« Ehepartners ab.

Verlobung, Heirat und Familiengründung

Der Nationalsozialismus wirkte sich auf jede Entscheidung aus, die Juden über ihre intimsten Beziehungen trafen: ob es ratsam war, unter den herrschenden Umständen zu heiraten, ob es vertretbar war, Kinder zu haben, die von ihren nichtjüdischen Kameraden geächtet werden würden, ob sie nichtjüdische Kinder adoptieren sollten, ja sogar ob sie sich scheiden lassen sollten. Besondere Verwirrung stiftete der Nationalsozialismus jedoch in »gemischten« Familien, in denen ein Partner »rassisch« gesehen jüdisch und der andere »arisch« war. Das »Gesetz zum Schutze des deutschen Blutes und der deutschen Ehre«, eines der Nürnberger Gesetze von September 1935, verbot Mischehen und sexuelle Beziehungen zwischen Juden und »Ariern«. Dieses Gesetz stand am Anfang einer Reihe von Erlassen und Gerichtsentscheidungen, die das Familienleben betrafen und genauer definierten, wer ein »Jude« war. Kinder aus Verbindungen zwischen Juden und »Ariern« wurden als *»Mischlinge«* etikettiert (»von gemischtem Blut« oder »hybrid« – doch mit einer abfälligen Konnotation wie beim Begriff »Bastard«). In den dreißiger Jahren waren lediglich etwa 11 Prozent solcher Kinder ihrem jüdischen Glauben verhaftet geblieben. Diese Kinder wurden – ebenso wie »Mischlinge«, die Juden geheiratet hatten – als *»Geltungsjuden«* bezeichnet (wörtlich: Menschen, die »als Juden galten«) und wie »vollgültige« Juden behandelt.[3] Einigen Schätzungen zufolge dürfte es an die 300 000 »Mischlinge« und weitere 100 000 Personen gegeben haben, die »in dem einen oder anderen Grade Juden zu ihren unmittelbaren Vorfahren zählten« und deshalb von den Rassegesetzen betroffen waren.[4]

»Gemischte« Paare, die der »Rassenschande« und der »Verunreinigung deutschen Blutes« bezichtigt wurden, mußten ebenfalls entscheiden, ob sie (bevor die Nürnberger Gesetze dies unmöglich machten) heiraten, Kinder bekommen oder sich scheiden lassen sollten. Anders als jüdische Paare mußten »gemischte« Paare, um vor sich selbst und der Gesellschaft ihre Identität zu definieren, ihre Beziehungen mit Verwandten auf beiden Seiten der vermeintlichen »rassischen« Kluft genau prüfen und sich mit schwerwiegendem familiärem, staatlichem und gesellschaftlichem Druck auseinandersetzen, der auf ihre Trennung zielte.

Die Weltwirtschaftskrise hatte einen jähen Rückgang der allgemeinen Heiratsrate in Deutschland zur Folge gehabt. Der Beginn der wirtschaftlichen Erholung und die von den Nazis gewährten Heiratsdarlehen für die politisch und eugenisch Zuverlässigen – das heißt nicht für Juden, »Mischlinge« oder andere »fremde Rassen« – trugen dazu bei, diese Tendenz wieder umzukehren. Die Anzahl der Eheschließungen wuchs 1932 auf 516 800, 1933 auf 638 600 und 1934 auf 740 200 an. Diese Entwicklung entsprach zwar nicht den Erwartungen der Nationalsozialisten und ging bis zum Heiratsboom des Kriegsjahres 1939 weiter zurück; sie blieb jedoch um einiges über dem Durchschnitt der zwanziger Jahre.[5] Bedenkt man die Risiken, die mit dem Aufbau eines neuen Lebens im Dritten Reich verbunden waren, könnte man erwarten, die jüdische Heiratsrate sei zurückgegangen. Überraschenderweise war dies jedoch nicht der Fall. Die Geschehnisse des Jahres 1933 veranlaßten zwar einige jüdische Paare, ihre Pläne zu verschieben, doch die Eheschließungen zwischen Juden nahmen nach 1933 beträchtlich zu und gingen erst 1939 im Zuge der Massenemigration zurück.[6] Trotz ihrer Not hofften jüdische Paare noch immer darauf, gemeinsam eine Zukunft aufbauen zu können, sei es in Deutschland oder im Ausland. Als Lisa Grubel im Juli 1935 heiratete, trug sie ein Brautkleid und hielt einen Strauß Maiglöckchen in ihren Händen. Drei Musiker spielten, während die Gäste »das üppige Mahl« einnahmen. »Alle waren in guter Stimmung. [...] Wir sahen nicht voraus, daß wir alle nach kurzer Zeit zerstreut sein [...] oder sterben würden. [...] Unsere Hochzeitsfeier war [...] ohne daß wir es wußten [...] der Abschied von einem über Generationen währenden guten Leben und von glücklicher Gemeinschaft.«[7]

Die von dem Regime geschaffenen Bedingungen beeinflußten die Entscheidungen jüdischer Paare darüber, wann und ob sie überhaupt heiraten sollten. Eine Sozialarbeiterin in Breslau mußte ihre Hochzeit verschieben, bis ihr Verlobter einen früheren Angestellten ausbezahlt hatte, der ihn erpreßte.[8] Andere jüdische Paare planten ungewöhnliche Verlobungsfeiern und Hochzeiten. Als die 20jährige Ruth Sass, die in der Schweiz studierte, den Antrag ihres Verlobten annahm, wurde die Verlobung in Düsseldorf gefeiert – ohne sie. Sie befürchtete, ihr Paß könnte bei ihrer Rückkehr nach Deutschland beschlagnahmt werden, und verbrachte einen einsamen Tag in Genf, während ihre Freunde und ihre Familie auf ihr zukünftiges Glück anstießen. Nicht nur, daß die Familie ohne die zukünftige Braut feierte, ihre Mutter und ihr Verlobter kauften zudem die für die Einrichtung eines Haushalts notwendigen Gegenstände, verpackten sie und veranlaßten, daß sie in Belgien gelagert wurden, bis das Paar wußte, wohin es auswandern würde.[9]

Bisweilen fand die eigentliche Eheschließung überhaupt nicht in Deutschland statt, sondern die Paare warteten bis zu ihrer Auswanderung. Ruth Sass, die nicht nach Deutschland zurückkehren konnte, um zu heiraten, beschloß, mit ihrem Verlobten nach Palästina zu gehen: »Die Reaktion meiner Mutter war so, daß sie nicht verstehen konnte, wie ich mit Eric weggehen konnte, ohne mit ihm verheiratet zu sein, [aber es gab] keine andere Wahl.« Viel später dachte sie noch einmal darüber nach: »Zu jener Zeit war es nicht gerade üblich, mit seinem Verlobten in ein neues Land zu ziehen, es bedurfte schon einer gewissen Entschlossenheit.«[10] Andere Paare verzichteten auf alle Verlobungsformalitäten und kündigten einfach, bevor sie auswanderten, ihre »Verlobung« an, »um die Familie zufriedenzustellen«.[11] Wieder andere dürften bloß geheiratet haben, um ins Ausland ziehen zu können. Sozialarbeiter sahen mit Sorge die sogenannten »Zertifikatsehen«, die nur deshalb geschlossen wurden, weil dies die Möglichkeit eröffnete, mit einem gemeinsamen Zertifikat in Palästina einzureisen.

War die Eheschließung schon bei zwei jüdischen Partnern kompliziert genug, so vervielfachten sich die Schwierigkeiten, sobald nur ein Partner jüdisch oder teilweise jüdisch war. Vom 19. Jahrhundert an bis 1933 hatten Mischehen zwischen jüdischen und nichtjüdischen Partnern stetig zugenommen. Von 1930 bis 1933 hatte die Anzahl der Mischehen unter allen Juden in Preußen 24 Prozent, in Berlin 27 Prozent und in Hamburg 39 Prozent erreicht. 1933 gab es in Deutschland ungefähr 35 000 konfessionell »gemischte« Ehen. Als diese Paare flohen, ging die Anzahl im Mai 1939 auf 20 000, im Dezember 1942 auf 16 760 und im September 1944 auf 12 487 zurück.[12] Die Mehrzahl der Mischehen bestand zwischen jüdischen Männern und nichtjüdischen Frauen, da jüdische Männer – aus Karrieregründen, wegen der besseren Möglichkeiten, Nichtjuden zu begegnen, und wegen ihrer stärker ausgeprägten säkularen Einstellungen – häufiger als jüdische Frauen »außerhalb« heirateten.[13] Je mehr Juden auswanderten, desto stärker wuchs der Prozentsatz der in Mischehen lebenden Juden in Deutschland. Einige behaupten, 1939 seien etwa 25 Prozent aller bestehenden Ehen mit jüdischer Beteiligung Mischehen gewesen.[14] Ende des Krieges lebte die überwiegende Mehrheit der in Deutschland zurückgebliebenen »Volljuden« in Mischehen.

Bis zum Erlaß der Nürnberger Gesetze konnten sich die Nazis nicht darauf einigen, wie genau ein Jude zu definieren sei. Gleichwohl war ihnen »Rassenmischung« ein Dorn im Auge. Die Nürnberger Gesetze und nachfolgende Zusätze stellten ein Klassifikationssystem zur Definition von Juden zur Verfügung und formulierten Vorschriften zur Regulierung solcher »Vermischung«. Als bis dahin dramatischste antijüdische Gesetzgebung erhoben die Gesetze die »Arier« zu *Reichsbürgern,* während sie Juden als *Staatsangehörige* kennzeichneten. Die Gesetze hoben auch die Ausnahmen auf, die man für Veteranen des Ersten Weltkriegs oder für Beamte festgelegt hatte, die ihre Stellung bereits vor 1914 innegehabt hatten. Die Gesetze etablierten ein kompliziertes pseudowissenschaftliches Klassifikationssystem, das Menschen gemäß dem Anteil ihres »jüdischen Blutes« etikettierte, um ihre Bürgerrechte aufzuheben und bestimmte Kategorien von »Rassenmischung« zu verbieten. Um außereheliche Beziehungen zu verhindern, schufen die Gesetze die Kategorie der *»Rassenschande«.* Wörtlich war von »Rassenschande« die Rede, umgangssprachlich ließ dies jedoch an »Rassenverunreinigung« oder »Rassenverpestung« bis hin zu »Rassenverrat« denken. Die Gesetze verboten außerdem Eheschließungen zwischen bestimmten Partnerkonstellationen.

Nach den Nürnberger Gesetzen galt als »Volljude« jeder Mensch, der zumindest drei jüdische Großeltern hatte, oder, wenn es weniger als drei waren, jede Person, die einer jüdischen Gemeinde angehörte oder einen »Volljuden« geheiratet hatte. (So griffen letztlich sogar die Nationalsozialisten auf religiöse Zugehörigkeiten zurück.) Als »Mischlinge ersten Grades« wurden Menschen definiert, die nicht der jüdischen Religion angehörten und nicht mit einem jüdischen Partner verheiratet waren, aber zwei jüdische Großeltern hatten; als »Mischlinge zweiten Grades« galten Menschen mit einem jüdischen Großelternteil,[15] und als »Arier« Menschen ohne jüdische Großeltern. Die Nürnberger Gesetze gestatteten, daß »Volljuden« andere »Volljuden« und »Mischlinge ersten Grades« heirateten, verboten jedoch »Ariern«, eine Ehe mit »Volljuden« oder »Mischlingen ersten Grades« einzugehen. Sie erlaubten es »Mischlingen zweiten Grades«, »Arier« zu heiraten, verboten ihnen die Ehe mit »Volljuden« oder sogar anderen ihresgleichen, ließen aber Sonderregelungen zu, so daß sie die Ehe mit »Mischlingen zweiten Grades« eingehen konnten. Praktisch spalteten die Nürnberger Gesetze die »Nichtarier« grob in zwei Gruppen – »Mischlinge« und Juden. Beide Gruppen mußten sich an strenge Ehebeschränkungen halten, doch im allgemeinen wurden die »Mischlinge« von der Enteignung, Ghettoisierung und Vernichtung, die vor allem für Juden vorgesehen war, verschont.

Es war nunmehr gefährlich, eine Ehe mit einem »niedrigeren« Partner einzugehen. Christliche »Halbjuden« etwa, die einen »volljüdischen« Partner heirateten, wurden »jüdisch« und waren denselben Einschränkungen ausgesetzt wie »Volljuden«. Um »passende« Ehepartner zu finden, veröffentlichten die »Mischlinge« Heiratsanzeigen in ihrem eigenen Nachrichtenblatt.[16] Weitere komplizierte Feinheiten dieser Gesetze verwirrten die Heiratswilligen und schüchterten sie ein. Kurz, die Nazis schufen vier Kategorien von Menschen, legten gesetzlich fest, welche Gruppe mit welcher anderen Ehen eingehen durfte und beharrten darauf, daß die Regierung (das Innenministerium und der Stellvertreter des Führers) in etwa einem Viertel der möglichen Fälle die letzte Entscheidung zu treffen hatte.[17]

Während die Gesetze und Boykottmaßnahmen vom April 1933 dem Versuch gedient hatten, die wirtschaftliche Integration rückgängig zu machen, zielten die Nürnberger Gesetze auf eine Umkehrung der Assimilation – der Verschmelzung der jüdischen mit der nichtjüdischen Gesellschaft durch Ehe und Konversion. Die Kompliziertheit der Verordnungen ist bemerkenswert. Die Nationalsozialisten waren nicht imstande, die» Juden« eindeutig zu definieren und zu isolieren. Statt dessen schufen sie ein ausgefeiltes System voller Zweideutigkeiten. Die Bezugnahme auf Eltern und Großeltern hatte eine historische Dimension, indem sie zunächst eine Chronologie der Assimilation rekonstruierte und diese dann schichtweise wieder rückgängig gemacht wurde. Diese historisch-chronologische Dimension zeigt, wie ernst die Nazis das »Problem« der Assimilation nahmen und wie tief jüdische Deutsche tatsächlich über mehrere Generationen hinweg mit der nichtjüdischen deutschen Gesellschaft verwoben waren.

Tatsächlich entdeckten einige Personen und Familien, die als Christen registriert waren, zu ihrer Bestürzung, daß sie der nationalsozialistischen Definition entsprechend nach wie vor »Juden« waren, obwohl sie sich schon längst als Christen betrachteten. Sie sahen sich Diskriminierungen ausgesetzt, hatten jedoch keine jüdischen Organisationen, Freunde oder Verwandte, von denen sie Trost beziehen konnten. Der Reichsbund nichtarischer Christen, der 1933 gebildet worden war, um »teilweise jüdischen« Menschen Unterstützung zukommen zu lassen, behauptete, 1935 habe ein Drittel seiner Mitglieder ihre Arbeitsstellen verloren. Briefe irritierter »Juden« an Ministerien zeugen von der Überraschung und Besorgnis, zeigen jedoch auch, daß die Betroffenen hofften, ihre Situation bald klären und in Ordnung bringen zu können. Einige versuchten zu beweisen, daß sie keine Juden waren,[18] andere versuchten ihre Namen zu ändern (allerdings verboten die Nationalsozialisten 1938 schließlich den Namenswechsel).[19] Wieder andere baten um Sonderregelungen, das heißt um ihre Aufnahme in das »Volk«, da sie nicht einmal gewußt hätten, daß sie Juden seien.[20] Die Rassenbesessenheit der Nazis hat die Assimilationsbestrebungen vieler Generationen jüdischer Deutscher zunichte gemacht.

Wenn die Anzahl der »Halbjuden«, »Vierteljuden«, in Mischehen lebenden Juden und christlichen »Juden« sich einer Million näherte, dann war auch die Zahl der »arischen« Verwandten, die nah oder entfernt in Kontakt mit ihnen standen, bedeutsam, und die Nürnberger Gesetze betrafen breite Verwandtschaftsnetze in der gesamten deutschen Gesellschaft. »Arische« Verwandte machten sich häufig Sorgen um ihre jüdischen Verwandten, was sie möglicherweise gegen das System einnahm, obwohl es auch viele gab, die der Auffassung waren, ihre eigenen Verwandten bildeten eine »Ausnahme« und die meisten Juden verdienten die harte Behandlung, die man ihnen zuteil werden ließ. »Arische« Verwandte sorgten sich jedoch auch zutiefst um sich selbst. Hatten sie ebenfalls jüdisches »Blut«? Würde man sie verdächtigen, Juden zu helfen? Würde man sie wegen ihrer jüdischen Verwandten bestrafen? Somit teilten die Nürnberger Gesetze und der Antisemitismus der Regierung die Bevölkerung unter anderem in solche, die keine jüdischen Verwandten hatten, und solche, die mit Juden verwandt waren, flößten »arischen« Familienmitglieder also die Angst ein, sie könnten wie Juden behandelt werden. Um mögliche nachteilige Folgen für sich selbst zu vermeiden, distanzierten sich einige von ihren jüdischen Verwandten, indem sie ihre »arische« Herkunft oder ihre Naziaktivitäten besonders hervorhoben. Viele hatten gute Gründe, möglichst nicht aufzufallen. Demnach trugen die Nürnberger Gesetze auch dazu bei, die soziale Kontrolle über eine große Bevölkerungsgruppe zu erlangen, die verwandtschaftlich mit Juden verbunden war.

Die Nürnberger Gesetze kriminalisierten zudem sexuelle Beziehungen sowie bestimmte Ehen zwischen Juden und »Ariern«. Bereits vor dem Erlaß der Gesetze waren solche Beziehungen offen verurteilt, bisweilen sogar bestraft worden. Wenige Monate nach der nationalsozialistischen Machtergreifung wurden in Nürnberg »arische« Frauen durch die Straßen getrieben, mit geschorenen Köpfen und mit Plakaten, auf denen sie sich selbst ihrer tatsächlichen oder angeblichen sexuellen Beziehungen zu Juden bezichtigten.[21] In den beiden Monaten vor der Verabschiedung der Nürnberger Gesetze stellte eine Gruppe von Emigranten in Paris aus der ausländischen Presse sowie aus Berliner und Frankfurter Zeitungen eine Liste von 293 Fällen von »Rassenschande« zusammen.[22]

Lange vor Inkrafttreten der Nürnberger Gesetze versuchten Familien und Gemeinden häufig erfolgreich, Mischehen zu unterbinden.[23] Oft weigerten sich Standesbeamte, Mischehen zuzulassen, und diese Entscheidungen, die nicht auf dem Gesetz, sondern auf den »offiziellen und inoffiziellen Schriften des Staates und der Nationalsozialistischen Partei« beruhten, wurden von den Gerichten vielfach aufrechterhalten.[24] In einem Fall wurde ein Berliner katholischer Priester zu drei Monaten Gefängnis verurteilt, weil er die Trauung eines Paares vorgenommen hatte, dessen Antrag auf Eheschließung von dem Standesbeamten bereits aus rassischen Gründen abgelehnt werden mußte. Die Hochzeit fand zwar im März 1935 statt, doch der Priester wurde wegen Beihilfe zur »Rassenschande« verurteilt.[25] Manche Städte führten bisweilen ihre eigenen Verordnungen ein. Von Juni 1934 an entließen etwa Berliner Schulen »arische« Lehrer, die nach Juli 1933 jüdische Partner geheiratet hatten oder weiterhin zu heiraten beabsichtigten.[26] Auch wenn Paare noch Mischehen eingehen konnten, wurden sie häufig von der örtlichen SA belästigt, die vor ihren Wohnungen demonstrierte.[27] Im Oktober 1935 führte *Der Stürmer* die Namen, Geburtsdaten, Berufe und Adressen von Menschen auf, die »vor kurzem Mischehen« eingegangen waren, und forderte, die für Wohnungsangelegenheiten zuständigen örtlichen Parteikader sollten die Lebensumstände dieser »Rassenschänder« näher überprüfen.[28]

Nach Inkrafttreten der Nürnberger Gesetze wurden die Strafen für »Rassenschänder« wesentlich härter, und viele Beziehungen litten darunter. Ein »arischer« Liebhaber beendete abrupt seine Liebesbeziehung mit der jüdischen Schauspielerin Ida Ehre, als sein Bruder, der »keinen Ärger in der Familie wollte«, drohte, er werde ihn bei der Gestapo denunzieren.[29] Zudem legten viele Gerichte die Sprache der Gesetze weit aus, indem sie etwa *jeden* – nicht nur physischen – Kontakt als »Rassenschande« deuteten. Jegliche freundschaftliche Beziehung zwischen den Geschlechtern wurde gefährlich, da das Regime sie als »versuchte Rassenschande« oder als die »deutsche Ehre« verletzende Handlung politisierte. Sogar Menschen, die vor 1933 mit Juden befreundet gewesen waren, wurden bei der Gestapo angezeigt.[30]

Die Nazis bestraften Männer härter als Frauen, weil sie glaubten, daß sie »beim außerehelichen Geschlechtsverkehr [...] regelmäßig der bestimmende Teil« seien.[31] Tatsächlich hatte Hitler ursprünglich darauf bestanden, Frauen (seien sie »arisch« oder jüdisch) sollten wegen der Verletzung der Nürnberger Gesetze nicht strafrechtlich verfolgt werden, doch nach 1937 nahm die Gestapo auch Frauen in Gewahrsam. Im Gegensatz zu den Männern wurden »arische« Frauen jedoch eher öffentlich gedemütigt als in Haft genommen.[32] Im Falle »arischer« Frauen stand der Stolz des »arischen« Mannes auf dem Spiel. 1938 gestattete ein Oberlandesgericht einem Mann die Scheidung von seiner Frau, weil sie 1932 eine Beziehung mit einem Juden gehabt hatte. Die Scheidung von einer Frau, die – auch vor der nationalsozialistischen Machtergreifung – »nicht so viel Rassengefühl und Rassenstolz besessen [...], daß sie den näheren, auf erotischer Grundlage beruhenden Umgang mit einem Juden gemieden habe«, sei nur gerecht: »Sie habe sich dadurch selbst entwertet.«[33] Dieser und weitere Fälle deuten darauf hin, daß gegen Ende der dreißiger Jahre viele Deutsche über die verzweifelte Lage der Juden gut unterrichtet waren und diese Not zu ihrem persönlichen Vorteil zu nutzen verstanden, selbst gegen andere »Arier«.

Die Richterschaft betrachtete »Rassenschande« als ein ebenso ernstes Vergehen wie Hochverrat oder Landesverrat, die anderen beiden Hauptverbrechen am »Volkskörper«, und verhängten gegen männliche Täter schwere Zuchthausstrafen.[34] Gegen Ende des Jahres 1938 betrug die durchschnittliche Strafe vier bis fünf Jahre Gefängnis, wobei jüdische Männer längere und schwerere Strafen erhielten als »Arier«.[35] Jüdische Frauen wurden unmittelbar nach dem Urteil gegen ihre »arischen« Liebhaber in »Schutzhaft« genommen.[36] Während des Krieges schließlich wurden angebliche jüdische Gesetzesübertreter – Männer wie Frauen – deportiert und umgebracht, meist ohne jegliches Gerichtsverfahren. Manche, so etwa ein jüdischer Mann aus Nürnberg, wurden während der Deportation einem Scheinprozeß unterworfen und dann hingerichtet. Solche Hinrichtungen sollten, da die Juden ohnehin ermordet wurden, vermutlich als Lektionen für die »arische« Bevölkerung dienen.[37]

Für das nationalsozialistische Bild vom Juden war es bezeichnend, daß die Gerichte – nicht immer in Übereinstimmung mit der Auffassung von der sexuellen Passivität von Frauen – jüdische Männer und Frauen gleichermaßen der Verführung »unschuldiger deutschblütiger« Sexualpartner anklagten. In einem Fall wurde die jüdische Frau beschuldigt, eine »geschlechtsgierige, moralisch verwahrloste Jüdin« zu sein, »die mit ihrem hemmungslosen Geschlechtstrieb und ihrer Rücksichtslosigkeit (den) Angeklagte(n) unter starkem Einfluß hatte.«[38] Auf Grund massenpsychologischer Projektionen, vermutlich ausgelöst durch die lüsternen *Stürmer*-Karikaturen von sexuell unersättlichen jüdischen Männern, verhafteten die Behörden Juden auf den leisesten Verdacht hin als »Rassenschänder«. Schlimmer noch, Einzelne benutzten das Verbot der »Rassenschande«, um Juden einzuschüchtern und Beamte zu veranlassen, sie auch dann zu verhaften, wenn überhaupt keine Beziehung zu einem »Arier« oder einer »Arierin« bestand. 1938 wurde ein junger Jude verhaftet, weil er zusammen mit einer »arischen« Frau im gleichen Kaufhausfahrstuhl fuhr, und das, obwohl die Frau zugestiegen war, als er bereits drin war.[39] Ein anderer älterer Jude, der auf der Straße anhielt, als ihn eine befreundete Nichtjüdin grüßte, wurde später verhaftet und verhört. Vielfach kam es auch zu erfundenen Anschuldigungen.[40] Selbst wenn die Prozesse und Verhöre nichts ans Tageslicht brachten, festigten sie das Stereotyp der bösen, lüsternen Juden, stürzten jüdische Familien in Angst und Schrecken und verstärkten die Distanz zwischen Juden und anderen Deutschen.

In einem solchen Klima der Einschüchterung bargen Mischehen zwischen »Deutschblütigen« und den verschiedenen Kategorien von Mischlingen ein hohes Risiko. Einzelne und Familien mußten, sobald ein Heiratskandidat auch nur eine Spur »jüdischen Blutes« eingestand, Bittgesuche an die Regierung stellen. Häufig kamen diese Petitionen von der »arischen« Seite und baten um eine Sondererlaubnis, jemanden heiraten zu dürfen, der gemäß der offiziellen Klassifikation nur minimal »jüdisch« war. So schrieb etwa eine Frau an das Innenministerium, weil ihr Neffe eine Frau heiraten wollte, die ein »Mischling zweiten Grades« war, deren Großmutter jedoch jüngst zum Judentum konvertiert war. Damit hatte sich die »rassische« Identität der jungen Frau, gemessen an den Standards der Nazis, zu der eines »Mischlings ersten Grades« verschlechtert. Dieser Fall war ungewöhnlich, weil ein Beamter zu Gunsten des jungen Paares entschied. Ein anderer Fall betraf eine Frau, die erst kurz zuvor entdeckt hatte, daß sie Jüdin war, und deren Sohn nichts von seinem Status als Halbjude wußte. Ihre Briefe, in denen sie darum bat, daß ihr Sohn eine »Arierin« heiraten durfte, blieben unbeantwortet.[41] Bella Fromm berichtete, daß ein wohlhabender, prominenter »arischer« Mannes sich das Leben nahm und seine Verlobte einen Selbstmordversuch beging, nachdem sie sich vergeblich um eine Sondergenehmigung für ihre Hochzeit bemüht hatten – sogar in Gesuchen an Hitler, die Freunde in guter Position vermittelt hatten.[42]

Einige Paare versuchten diese Gesetze zu umgehen, indem sie außerhalb Deutschlands heirateten, sahen sich jedoch häufig nach ihrer Rückkehr der Strafverfolgung ausgesetzt. So wurde etwa ein »Arier«, der im Februar 1936 nach Leningrad gereist war, um eine Jüdin aus der Sowjetunion zu heiraten, zu zwei Jahren Zuchthaus verurteilt, weil er den »Geist« des Gesetzes untergraben habe.[43] Andere Paare, deren Gesuche von Beamten abgelehnt worden waren oder die eine Zurückweisung erwarteten, lebten in eheähnlichen Gemeinschaften. Wurden sie erwischt, so konnte der »arische« Partner in Haft genommen und der jüdische oder teilweise jüdische Partner zum Tode verurteilt werden. 1937 bemerkte Reinhard Heydrich, der Leiter des Sicherheitsdienstes, daß Paare, denen die Heiratsgenehmigung verwehrt worden war, sich möglicherweise den Behörden widersetzen könnten und daher unauffällig, aber eingehend beobachtet werden sollten, insbesondere in Hinblick auf mögliche unerlaubte Verbindungen. Die Polizei bekam die Namen solcher Paare mitgeteilt und überwachte sie entsprechend.[44]

Stießen schon Paare, die eine Heirat planten, auf Hindernisse, so war ihre Entscheidung, miteinander Kinder zu haben, noch gefährlicher. Die Nazis förderten die Kinderrate unter den »Ariern«, indem sie die Empfängnisverhütung erschwerten, Schwangerschaftsabbrüche härter denn je bestraften und Gebärprämien für große Familien schufen.[45] Diese geburtenfreundliche Politik ging Hand in Hand mit entsprechenden geburtenfeindlichen Maßnahmen. Die Nazis erschwerten die Fortpflanzung unter denen, die sie als biologisch »minderwertig« und »asozial« erachteten, unter Juden, »Mischlingen« und bei Mischehen auch dadurch, daß sie sie vom Ehestandsdarlehen ausschlossen. Auf noch weit grausamere Weise setzten die Nazis ein rücksichtsloses Sterilisationsprogramm durch, dem in den Vorkriegsjahren über 320 000 Deutsche zum Opfer fielen, darunter eine unbekannte Anzahl von Juden. Den Opfern der Sterilisation wurden Diagnosen wie »Schwachsinn«, »Depression«, »Schizophrenie« oder »Minderwertigkeit« zum Verhängnis.[46] In jüdischen Kreisen verbreiteten sich Gerüchte, wonach »Mischlinge« zwangssterilisiert würden.[47] Schon vor 1933 hatte Arthur Gütt (später im Reichsministerium des Inneren tätig) auf die Sterilisation aller, insbesondere aber der osteuropäischen Juden gedrängt, und 1935 stimmte ihm Reichsärzteführer Gerhard Wagner zu. Es wurden jedoch keine Massensterilisationen durchgeführt, weil die Nazis nun weit radikalere »Lösungen« entwarfen.[48]

Solche politischen Machenschaften führten, in Verbindung mit der Emigration junger Juden, zu einem leichten Anstieg der Geburtenrate unter den »Ariern« – sie hatte 1939 wieder das Niveau von 1924 erreicht[49] – und zu einem dramatischen Niedergang der Geburtenrate unter deutschen Juden. Jüdische Paare, die sich für ein Kind entschieden, standen vor einer ungewissen Zukunft, in der sie – als Geächtete – ihren Kindern weit weniger zu bieten hatten als sie selbst empfangen oder erreicht hatten. Im besten Falle konnten sie auf ein Ende des Regimes oder auf ihre Emigration hoffen. Bisweilen konnte die Geburt eines Babys die Auswanderung sogar verzögern.[50] Weniger glückliche Eltern mußten unter den Bedingungen immer stärkerer Repression durch die Diktatur mit ihrer neuen Verantwortung ringen. Erna Becker-Kohen, eine mit einem »Arier« verheirate Katholikin jüdischer Herkunft, wurde von schrecklichen Vorahnungen hinsichtlich der Feindseligkeit geplagt, die ihr Baby erwartete. »Es wird viel [...] Haß und Verachtung um uns Beide sein, denn ich bin eine Jüdin und mein Mann ist ein Rassenschänder, und obgleich er treu zu mir hält, denn er liebt mich sehr, wird er es nicht ändern können, daß man nicht nur mich, sondern auch einmal sein Kind ablehnt.«[51]

Angst vor der Zukunft veranlaßte einige jüdische Frauen zum Schwangerschaftsabbruch. Auch wenn die Statistik unzuverlässig ist, weil Abtreibungen (selbst für jüdische Frauen) illegal waren, deuten Erinnerungen, Interviews und besondere Anfragen an Beamte des öffentlichen Gesundheitswesens, bei denen Jüdinnen um die Erlaubnis zum Schwangerschaftsabbruch nachgesucht hatten, darauf hin, daß einige schwangere Frauen keine Alternative zur Abtreibung sahen.[52] Einigen gelang es, einen Arzt zu finden, der die Schwangerschaft beendete. Ruth Klüger erinnerte sich daran, wie ihr Vater, ein Gynäkologe und Kinderarzt, verhaftet wurde, weil er Schwangerschaftsabbrüche vorgenommen hatte. Ihre Mutter erzählte ihr, eine arme junge Frau hätte ihn um eine Abtreibung gebeten und er hätte sich ihrer angenommen. Daraufhin denunzierte ihn jemand. Klüger fuhr fort: »Er hat damals mehreren Frauen die Schwangerschaft unterbrochen. Wer wollte schon Kinder zu solcher Zeit? Auch meiner Mutter, also sein eigenes Kind. Das wäre ein Bub geworden ›und er war tagelang traurig‹, sagte sie.«[53] Ungeachtet extremer Ungewißheit und Not gab es auch jene, deren Kinderwunsch sich sogar noch verstärkte. Eva Wysbar, die jüdische Frau eines »arischen« Filmregisseurs, war sehr glücklich über ihre zweite Schwangerschaft. Auf Grund des Drucks, dem ihr Ehemann ausgesetzt war, hatten sie getrennt gelebt, beide unter Überwachung: »Je mehr Gefahr ich ringsherum sah, desto stärker empfand ich die Notwendigkeit, die Familie zu unterbauen und die Existenz des schon vorhandenen kleinen Wesens durch ein zweites zu stützen.«[54]

Mischehen und »gemischte« Familien

Mischehen und ihre Familien sahen sich von außen und von innen bedroht. Von außen lastete die Mißbilligung der Nachbarn, Arbeitgeber und des Staates auf ihnen. Innerhalb ihrer eigenen Familien erfuhren sie die Ablehnung »arischer« Verwandter, die den jüdischen Partner früher willkommen geheißen, zumindest jedoch toleriert hatten, oder aber jene von Verwandten, die dem jüdischen Partner schon immer feindselig begegnet waren und nun meinten, das Paar habe sich die schlechten Zeiten, die es erlebte, »selbst zuzuschreiben«.[55] Darüber hinaus war die Situation von Kindern aus Mischehen rechtlich wie sozial kompliziert. Die meisten »gemischten« Paare hatten ihre Kinder als Christen eintragen lassen. Einige, deren Kinder als jüdisch eingetragen worden waren, versuchten, sie taufen zu lassen, um ihnen die Einstufung als »Juden« zu ersparen.[56] Einige Mütter versuchten – offensichtlich aus Angst – nachzuweisen, daß Kinder, deren offizielle Väter Juden oder teilweise jüdisch waren, in Wirklichkeit aus einem Ehebruch mit einem »Arier« hervorgegangen waren. Solche verzweifelten Versuche waren kaum erfolgreicher als die Taufe.[57]

Im Bewußtsein, daß Mischehen und »Mischlinge« über weitläufige Familien- und Freundschaftsnetze verfügten, die selbst in hohe Naziränge hineinreichten, ging die Regierung in Etappen gegen sie vor. In der ersten Phase, zwischen 1933 und 1935, konnten in Mischehen lebende Juden sowie ihre Kinder und Enkel der rechtlichen Diskriminierung aller Juden in Berufen oder in Schulen nicht entgehen. In der zweiten Phase, von 1935 bis 1938, hofften die Nazis, die Juden vollständig von den Nichtjuden zu trennen. Sie schufen die gesonderte rechtliche Kategorie der »Mischlinge«, die einige Rechte mehr erhielten als (»Voll-«)Juden, die »Arier« geheiratet hatten. Eine kurze Zeit lang verbesserte sich das Los dieser »Mischlinge« leicht. Die dritte Phase begann Ende 1938 (offiziell allerdings erst im April 1939) mit der Erfindung der Kategorie der »privilegierten« Mischehe. Zu dieser Zeit sollten Juden – mit Ausnahme jener, die in »privilegierten« Mischehen lebten –, physisch isoliert werden. Solche Juden waren zwar heftiger Diskriminierung und der Zerstörung ihrer wirtschaftlichen Existenz ausgesetzt, doch sie sollten um ihrer »arischen« Verwandten willen nicht *als Gruppe* physisch vernichtet werden (zumindest nicht bis 1945).[58] Dennoch fürchteten sie zu Recht um ihr Leben, da die Nazis jederzeit die Regeln ändern konnten – was sie immer wieder auch taten – etwa indem sie, wenn die Anzahl der deportierten Juden als zu gering erschien, Juden auch aus dieser privilegierten Gruppe verhafteten und deportierten. Darüber hinaus hatten die Nazis verfügt, »Mischlinge« und in Mischehen lebende Juden könnten deportiert werden, wenn sie eine »feindselige Haltung« gegenüber der deutschen Regierung an den Tag legten. Häufig erpreßte die Gestapo auch von verängstigten jüdischen Männern und Frauen »Bekenntnisse« angeblichen Fehlverhaltens und deportierten sie dann. Mit »Ariern« verheiratete jüdische Frauen wurden von Gestapomännern als »jüdische Huren« verspottet und bisweilen tätlich angegriffen. Oder sie wurden während der Deportationen mit Sätzen bedacht wie: »Macht mit den Weibern, was ihr wollt; ob sie hier verrecken oder in Auschwitz.«[59]

Staatliche Vorschriften machten das alltägliche Leben dieser »gemischten« Familien zur Hölle, indem sie ihren Lebensunterhalt und ihre Zukunft gefährdeten. Helmut Krügers Familie war »gemischt«. Sein Vater war Beamter, und seine Mutter war zum Christentum übergetreten in der Hoffnung, ihr Mann könne dadurch seinen Arbeitsplatz behalten. Nach 1933 wurde das Leben der Familie zum Alptraum. Helmut Krügers Vater verlor seine Stelle, und sein fünfzehnjähriger Bruder wurde aus seiner Pfadfindergruppe, der er acht Jahre lang angehört hatte, ausgestoßen. Auch die Schulbildung der Kinder litt. Sein Bruder mußte 1937, ein Jahr vor seiner Abschlußprüfung, die Schule verlassen. Rein rechtlich wäre dies nicht zwingend gewesen, doch seine Lehrer machten ihm das Leben schwer, und die finanziellen Probleme seiner Familie ließen an eine Fortsetzung der Ausbildung ohnehin nicht mehr denken. Krüger hielt fest: »Wir lebten ständig zwischen Angst und Hoffnung. Unsere Situation konnte absurder nicht sein.« Selbst relativ triviale Probleme sorgten für Verwirrung, etwa die Frage, ob sie die Hakenkreuzfahne heraushängen sollten oder nicht: »Sollten wir [...] die verhaßte Fahne mit dem Hakenkreuz flaggen [...]? Sollten wir öffentlich Mißachten demonstrieren, indem wir die Fahne nicht zeigten?« Alle Bürger waren verpflichtet, die Fahne herauszuhängen, doch die Nürnberger Gesetze verboten Juden, dies zu tun. Juden waren, anders als »Mischlinge«, keine Staatsbürger mehr. Am Ende glaubte Krüger, es sei seine Mutter gewesen, »die aus dem Gefühl heraus, an allem schuld zu sein, den Entschluß faßte, die Fahne an der Balkonbrüstung zu befestigen und heraushängen zu lassen. Die Situation war furchtbar. Uns war unbeschreiblich zumute, allein bei dem Gedanken, jetzt die Fahne in der Wohnung zu haben, die wir in den Jahren zuvor nur als widerlich empfanden.«[60] Nostalgisch erinnerte sich Krüger daran, daß er sich vor 1933 in einem Schulaufsatz fröhlich als »einen Mischling aus vielen Völkern und Rassen« bezeichnet hatte.[61]

»Arische« Verwandte konnten sowohl Entlastung schaffen als auch zusätzlichen Schmerz verursachen. Jüdische Partner mögen eine gewisse Erleichterung verspürt haben, wenn sie sahen, daß nicht alle Deutschen der Rassenmythologie der Nazis Glauben schenkten, und sie erhofften sich für ihre wehrlosen Familien einen gewissen Schutz (da »arische« Verwandte letztlich versuchen konnten, ihren Einfluß oder ihre finanziellen Mittel zu nutzen, um Juden zu schützen oder ihnen Unterschlupf zu gewähren). Doch selbst in solchen Familien konnte man nicht selbstverständlich davon ausgehen, daß die »arischen« Verwandten automatisch gegen Hitler eingestellt waren. Selbst jene, die ihren jüdischen Anverwandten Wohlwollen entgegenbrachten, mögen diese als »Ausnahmen« von ihrem eigenen Antisemitismus wahrgenommen haben, oder sie mögen aus anderen Gründen begeisterte Anhänger Hitlers gewesen sein. Eine jüdische Frau erinnerte sich daran, wie ihre Schwiegermutter, eine »reine Arierin«, für Hitler gestimmt hatte, obwohl sie im Haus der Jüdin lebte.[62]

Einige begeisterte Nazis vollzogen einen Sinneswandel, als sie erkannten, daß ihre eigenen jüdischen Verwandten in Gefahr waren. Als eine Frau, ein Mitglied der NS Frauenschaft, aufgefordert wurde, sich von ihren Enkeln, die »Mischlinge« waren, zu distanzieren, »warf [sie] ihr Mitgliedsbuch hin und sagte: ›Also, wenn ihr das wollt – ohne mich! Meine Enkelkinder sind mir das Liebste, was ich habe, und von meiner jüdischen Schwiegertochter könnt ihr euch alle eine Scheibe abschneiden!‹ Da war sie von der NS-Frauenschaft geheilt.«[63] Andere »arische« Verwandte entschieden jedoch, die Beziehungen zu einem jüdischen Verwandten oder sogar zum eigenen Kind, das eine Mischehe eingegangen war, abzubrechen. Wieder andere ignorierten einfach die Not ihrer jüdischen Verwandten. Erna Becker-Kohen schrieb: »Im Hause der Schwiegermutter hat man wenig Verständnis für meine Nöte, das ist man sich als gute Deutsche schuldig.«[64] Das politische Mißtrauen, das in vielen, vielleicht den meisten deutschen Familien lauerte, war hier besonders spürbar.

Die Vorschriften der Nazis führten auch zu Unstimmigkeiten unter Juden. Victor Klemperer, der in einer »nichtprivilegierten« Mischehe lebte, äußerte sich in seinen Schriften zum Neid und Haß, den die Nazis unter Juden verursachten, indem sie sie in »Privilegierte« und »Nichtprivilegierte« unterteilten.[65] Bruno Blau hielt fest, die »privilegierten« Juden seien von all den demütigenden Vorschriften befreit gewesen, die das Leben der anderen Juden erschwerten: »Sie erhielten auch die gleichen Lebensmittel wie die Nichtjuden, erhielten Kleider- und Raucherkarten, durften die öffentlichen Verkehrsmittel uneingeschränkt benutzen [...] Sie spürten all die Drangsalierungen nicht, die für die Juden mit einem wahren Sadismus ausgedacht waren.« Er glaubte, daß sich die »privilegierten« Juden »über andere Juden erhaben« fühlten und oftmals den Kontakt mit ihnen zu vermeiden suchten – besonders in der Öffentlichkeit.[66]

Kinder aus Mischehen wurden in der Schule und von Gleichaltrigen bedrängt. Einige Eltern hatten ihren Kinder nie von ihrer Herkunft erzählt, und die Kinder waren wie vor den Kopf gestoßen, vermutlich auch wütend, als sie davon erfuhren (vgl. Kapitel 4). In einigen wenigen Fällen gelang es Nazilehrern und Altersgenossen, Kinder gegen ihre jüdischen Eltern aufzubringen. Ein Junge gab seiner jüdischen Mutter die Schuld daran, »daß [er] in der Schule diskriminiert wurde«, und in der Ablehnung seines eigenen jüdischen Anteils ging er so weit, die Nazis zu unterstützen. Indem er zusammen mit der Hitlerjugend blutrünstige Lieder über das Töten von Juden sang, »identifizierte [er sich] mit dieser aggressiven Tendenz gegen das jüdische Volk«. Dennoch, so fühlte er, »gehöre ich irgendwie zu diesen jüdischen Leuten, die umgebracht werden sollen«.[67]

Vielfach rettete die Existenz von »Mischlingen«, wenn sie noch klein und wenn sie getauft waren, das Leben eines geschiedenen oder verwitweten jüdischen Elternteils.[68] Vor allem »Mischlings«-Söhne konnten einem jüdischen Elternteil helfen, solange sie – wie die beiden (getauften) Krüger-Brüder – in der Wehrmacht dienten. Sechs Monate nachdem »Mischlinge« aus der Wehrmacht ausgestoßen worden waren, erhielt Helmut Krüger, der noch nicht entlarvt worden war, das Eiserne Kreuz: »Wie kann ich daher verständlich machen, was für mich zu jener Zeit diese Auszeichnung bedeutete? Ich glaubte mich und meine Mutter jetzt für alle Zeit gerettet.« Während ihre Söhne bei der Wehrmacht waren, wurde ihre jüdische Mutter, die von ihrem »arischen« Mann geschieden worden war, nicht deportiert. Nach deren Entlassung wurde sie nach Theresienstadt verbracht und sie überlebte möglicherweise nur, weil sich ihre Deportation durch den Militärdienst der Söhne verzögert hatte.[69]

Die Nazis richteten ihre Angriffe nicht nur gegen die Nachkommen aus Mischehen, sondern auch gegen die Bindung zwischen Eltern und ihren Pflege- oder Adoptivkindern. »Arische« Pflegekinder konnten Familien auch dann weggenommen werden, wenn nur ein Elternteil jüdisch war. Die Gerichte erklärten, es sei für ein »arisches« Pflegekind »aus nationalsozialistischer Perspektive unannehmbar«, bei »nicht-arischen« Pflegeeltern aufzuwachsen, »in einer Umgebung, der es rassisch nicht zugehört.«[70] Weiterhin wurden nach den Nürnberger Gesetzen Adoptionen »rassisch« anderer Kinder verboten. Schlimmer noch – ein Familiengesetz vom April 1938 gestattete es, Adoptiveltern ihre Kinder wegzunehmen, wenn »die Parteien unterschiedlichen Rassen angehör[t]en«.[71] In einigen Fällen verließen Kinder ihre Eltern auf Grund dieses Drucks.[72]

Immer häufiger entschieden die Gerichte in Streitigkeiten um die Erziehungsberechtigung zu Gunsten des »arischen« Partners. Seit Mitte des Jahres 1936 war es Kindern, wenn Gerichte dem »arischen« Vater die Erziehungsberechtigung zugesprochen hatten, verboten, ihre jüdischen Mütter in deren Haus zu besuchen. Die Mütter mußten um Erlaubnis bitten, die Kinder an einem anderen Ort zu treffen.[73] Gelegentlich zwangen die Behörden ein »gemischtes« Paar, sich von seinen Kindern zu trennen, indem sie ihrer »arischen« Mutter, die einen jüdischen Mann geheiratet hatte, die Erziehungsberechtigung für ein »arisches« Kind wegnahmen.[74] In einem Fall informierte die Behörde eine Achtzehnjährige, ihr jüdischer Vater sei nicht ihr biologischer Vater, sondern habe sie adoptiert. Als »Arierin« könne sie nicht mit ihren »gemischten« Eltern zusammenleben, nachdem diese in ein »Judenhaus« (vgl. Kapitel 6) gezogen seien, sondern müsse bei ihren »arischen« Großeltern mütterlicherseits bleiben.[75] In einem anderen Fall ermahnte die Behörde einen Adoptivsohn, sich von seinen jüdischen, obgleich konvertierten Eltern zu trennen. Er weigerte sich, doch als er seine Eltern in Wehrmachtsuniform besuchte und mit seiner Mutter einen Spaziergang machte, wurde sie, die den Davidstern tragen mußte, aufgefordert, ihn abzunehmen: »Soldatenrock und Davidstern nebeneinander – das ging nicht!«[76]

Andere bizarre innerfamiliäre Vorgänge ergaben sich auch ohne unmittelbare staatliche Intervention. Als seine Mutter, die zum Christentum übergetreten war, starb, mußte ein junger getaufter »Mischling« erleben, wie sein »arischer« Vater eine »Arierin« heiratete, und seine eigene Stellung innerhalb der Familie sich verschlechterte. Sein Vater teilte ihm mit, seine vorherige Ehe und die Anwesenheit des Jungen würde seine Beamtenlaufbahn ruinieren. Entsprechend wanderte der Sohn 1934 zu den in den Vereinigten Staaten lebenden Verwandten seiner Mutter aus.[77] Dem zu drei Vierteln jüdischen Kind Cordelia Edvardson war kein so glücklicher Ausgang beschieden. Ihr Vater war Jude gewesen, ihre Mutter ein »Mischling ersten Grades«. Später heiratete ihre Mutter einen »Arier« und hatte mit ihm christliche Kinder, was ihr den Schutz einer »privilegierten« Mischehe verschaffte. Nach September 1941 konnte die »Jüdin« Cordelia nicht länger in der neuen »arischen« Familie leben, obwohl sie katholisch erzogen worden war und ihr Stiefvater sie adoptiert hatte. Zuletzt wurde sie deportiert (vgl. Kapitel 7).[78] In einem noch befremdlicheren Fall lehnte eine »arische« Familie ihr eigenes Kind ab. Laut Aussage ihrer Tochter mußten ihre Eltern ihren »arischen« Status nachweisen, als sie ein Teenager war: »Und in diesem Zusammenhang lieferte mich meine Mutter großen Gefahren aus: Als ›gute Deutsche‹ bekannte sie, daß ich ein uneheliches Kind von einem Juden war!«[79] Die Nazis ordneten sie als »Mischling ersten Grades« ein; danach verließ sie ihre Eltern und arbeitete für jüdische Familien als Kindermädchen oder Wirtschafterin. Andere »arische« Eltern lehnten es ab, ihre jüdischen Kinder zu beschützen, und verursachten so deren Deportation aus dem Jüdischen Krankenhaus in Berlin.[80] Starker behördlicher Druck, Angst und Niedertracht zerrissen das Gefüge des Familienlebens.

Scheidung

Jüdische Ehen

In den zwanziger Jahren endeten jüdische Ehen proportional häufiger mit der Scheidung als Ehen zwischen Nichtjuden. Die Scheidungsrate unter Juden lag jedoch noch unter der von Paaren, die in Großstädten wie Hamburg oder Berlin lebten. Mischehen erging es im allgemeinen schlechter als jüdischen Ehen. Zwar ist noch weitere statistische Forschung erforderlich, um die Scheidungsrate bei Juden in den dreißiger Jahren zu eruieren, doch wir wissen, daß die Ehen unter den schweren neuen Belastungen litten.[81] Ruth Klügers Eltern etwa wollten keine Scheidung, doch ihre Beziehung war voller Spannungen:

»Wenn ich den Leuten erzähle [...] daß sich die beiden in ihrem letzten gemeinsamen Jahr gestritten hätten [...] so tun die Leute erstaunt und sagen, unter solchen Umständen wie denen, welche ihr in der Hitlerzeit auszustehen hattet, hätten die Verfolgten sich doch näher kommen sollen. [...] Das ist rührseliger Unsinn und beruht auf fatalen Vorstellungen von Läuterung durch Leid. [...] Während eines Erdbebens zerbricht erfahrungsgemäß mehr Porzellan als sonst.«[82]

Obwohl sich Juden nach 1933 manchmal scheiden ließen, scheint es, als habe eine Mischung aus Treue, Gewohnheit und beunruhigenden Umständen dazu geführt, daß die Menschen weniger als gewöhnlich bereit waren, radikal mit ihren Ehepartnern zu brechen. Mehr noch, als sich die Bedingungen verschärften, dürften Einzelne, die in unglücklichen Beziehungen lebten, den Frieden in ihrem Privatleben wiederhergestellt haben, um der Familie entkommen oder überleben zu helfen. Vielleicht – so im Fall eines Hamburger Paares – standen die Partner einander in den schlechten Zeiten bei und verschoben ihre Scheidung auf die Zeit, in der sie in ein anderes Land gelangt wären.[83] Peter Wydens Eltern trafen diese Entscheidung ganz offen:

»Die Ehe meiner Eltern war faktisch zerbrochen. Beide wollten die Scheidung, doch halt! Gemäß einem Gerücht [...] mißbilligten die frommen Pilger in Amerika die Scheidung. Geschiedene wurden der ›moralischen Verworfenheit‹ beschuldigt, und moralische Verworfenheit war eine Hauptursache für eine Visumsverweigerung. Also verschoben meine Eltern ihre förmliche Trennung. Sie verfolgten sie nicht einmal in den Vereinigten Staaten, bis sie sich ihre ›first papers‹ gesichert hatten, die ihnen eine permanente Staatsbürgerschaft garantierten. Die moralische Verworfenheit lebte.«[84]

Mischehen

Wie erging es hierbei den Mischehen? Abgesehen von den allgemeinen Spannungen, die die Nazis erzeugten, drängte das Regime »Arier« mit Hilfe von Bestechungen und Drohungen, sich von ihren jüdischen Ehepartnern zu trennen. 1933 mußten Beamtenanwärter die deutsche Herkunft ihrer Partner nachweisen. Die Deutsche Bahn weigerte sich, »Arier« anzustellen, die mit jüdischen Partnern verheiratet waren, und entließ solche »Arier«, die bereits für sie arbeiteten, wenn sie mit Juden verheiratet blieben. Nach 1936 erhöhte sich der Druck auf die Mischehen in dem Maße, wie der öffentliche Dienst Kandidaten, die mit Juden verheiratet waren, die Beförderung verweigerte. Kurz darauf forderte er ihre Kündigung.[85] Im Winter 1936/37 schloß die Regierung »gemischte« Familien von der Deutschen Winterhilfe aus. Sie mußten die Jüdische Winterhilfe um Unterstützung bitten: Allein in Hamburg kamen 457 von 535 neuen Bewerbern (85 Prozent) aus »gemischten« Familien, in denen die Frau »arisch« war.[86]

Die Gerichte halfen auch bei der Auflösung von Ehen. Ab Ende 1933 befürworteten einige Richter Scheidungen auf der Grundlage rassischer Differenzen.[87] Eine Frau faßte die Situation so zusammen: »Meine Mutter hätte sich mit einem Federstrich scheiden lassen können, natürlich.« Ihre Mutter hielt es jedoch in einer unglücklichen Ehe aus – vor allem seit sie wußte, daß eine Scheidung den Untergang ihres jüdischen Mannes bedeutet hätte.[88] Das Zivilrecht hatte schon lange die Auflösung einer Ehe innerhalb der ersten sechs Monate gestattet, wenn einer der Ehepartner von »persönlicher Eigenschaften« des anderen, die ihn von einer Eheschließung abgehalten hätten, nichts gewußt hatte. Die Gerichte legten den relevanten Paragraphen so aus, daß sie »persönliche Eigenschaften« auch auf das Judesein bezogen und »sechs Monate« auf die gesamte Zeit seit Hitlers Machtergreifung – oder sogar früher. Nach 1938, als ein neues Ehe- und Scheidungsrecht die Annullierung von Mischehen legalisierte, und nachdem Reichsmarschall Göring verkündet hatte, deutsche Frauen, die sich von ihren jüdischen Ehemännern hatten scheiden lassen, dürften in die »Volksgemeinschaft« zurückkehren, behandelten die Gestapo und Arbeitgeber »arische« Ehepartner, die sich immer noch einer Scheidung widersetzten, mit großer Härte. In der Endphase des Krieges erlegten die Behörden den Männern Zwangsarbeit auf.[89]

Unabhängig davon, ob ein »gemischtes« Paar sich von politischen Motiven leiten ließ oder nicht, war schon die bloße Fortsetzung ihrer Ehe ein Akt der Mißachtung und wurde von der Regierung als solche wahrgenommen. Da die Regierung auf rassischer Reinheit und vollkommener Treue bestand, machten ihrer Meinung nach »Arier« in Mischehen gemeinsame Sache mit dem Feind und stellten sich so gegen die »Volksgemeinschaft«. Darüber hinaus sahen sich diese Paare in einer Gesellschaft, die sich schnell an die Visionen der Regierung anpaßte, enormem sozialem Druck ausgesetzt. Eine Schauspielerin etwa, die sich auch nach der Emigration ihres jüdischen Ehemanns weigerte, sich von ihm scheiden zu lassen, verlor ihre Stelle bei einer Rundfunkanstalt, wurde von ihrer Familie herabgesetzt und von Beamten beschimpft.[90]

Ungeachtet der Aggressivität und der Schikanen der Regierung hielten die meisten Mischehen, auch wenn eine Schätzung von 93 Prozent als zu hoch erscheint. Dies war keine geringe Leistung, da die Einschüchterung durch die Nazis in diesen Ehen zu schweren Spannungen und Sorgen führte und die Scheidungsrate innerhalb der allgemeinen Gesellschaft anstieg. Beinahe unmittelbar nach 1933 verarmten Mischehen und wurden von früheren Freunden und Kollegen geächtet. Entweder verlor der »arische« Ehemann seine Position, und die Familie mußte sich notdürftig über Wasser halten, oder die »arische« Frau erduldete die Entbehrungen, die sich aus dem radikal verringerten Status ihres jüdischen Ehemannes ergaben, und verlor ihre Arbeit häufig ebenfalls.[91] Darüber hinaus erlebten Mischehen, ähnlich wie jüdische Ehen, die neue Verteilung der Geschlechterrollen. »Arische«

Frauen, von denen viele durch ihre Heirat wirtschaftlich aufgestiegen waren, sahen sich vielfach vor die Notwendigkeit gestellt, ihre Familien zu ernähren. Zudem mußten sie ihre jüdischen Ehemänner vertreten und beschützen, eine Rolle, die früher der Mann des Hauses übernommen hatte. Und schließlich erforderte das Bemühen, eine Ehe aufrechtzuerhalten, bisweilen lange Phasen der Trennung, wenn ein Ehepartner ins Ausland ging, um Emigrationsmöglichkeiten oder Arbeit zu suchen.

Einige Paare gaben vor, sich dem »System« anzuschließen, um ihre Ehe aufrechterhalten zu können. So stellte etwa ein Mann, der mit einer jüdischen Frau verheiratet war, seine SA-Uniform öffentlichkeitswirksam zur Schau – zur Bestürzung seiner gegen die Nazis eingestellten Verwandten. »Ich tue das doch nur meiner Frau zuliebe, damit ihr nichts passiert«, versicherte er ihnen. Die Nazis schauten einer solchen Farce nicht lange zu: Als die Identität seiner Frau bekannt wurde, wurde er aus der SA ausgeschlossen.[92] Andere versuchten das Regime zu übertölpeln, wurden jedoch rigoros überprüft. Die Wysbars etwa versuchten, die Karriere des »arischen« Ehemanns als Filmregisseur zu retten, indem sie vor Gericht beantragten, was sie für eine scheinbare Scheidung auf der Grundlage »unüberwindlicher gegenseitiger Abneigung« hielten. Eva Wysbar, die jüdische Frau, verlangte die übliche einjährige Versöhnungsfrist. Als das Jahr um war, verzögerten beide Partner doch die Unterzeichnung der Scheidungspapiere. Zu dieser Zeit setzten sie ihre Hoffnung auf die Emigration, da die Nazis, vermutlich weil sie die List durchschauten, dem Mann die Arbeit untersagt hatten. Eva Wysbar lebte mit ihren Kindern zu Hause. Ihr Ehemann, dessen Paß beschlagnahmt worden war, wohnte in einem Hotel, wo ihn die Gestapo sorgfältig beobachtete und auf die Scheidung drang. Sie reiste nach Zürich, Prag, Paris, London, Rom und in die Vereinigten Staaten – in einem erfolglosen Versuch, der Familie zur Emigration zu verhelfen, wobei sie selbst außerhalb Deutschlands auf Vorurteile gegenüber Mischehen stieß. Weil sie sich nicht entmutigen ließ und nicht zuletzt durch Glück, erhielten sie und ihre Kinder schließlich eine Einladung in die Vereinigten Staaten. Sie reisten im Juni 1938 aus. Die Scheidung erfolgte im September. Im Oktober gab die Gestapo ihrem

Ehemann den Paß zurück, und einen Monat später folgte er seiner Familie.[93]

Während einige versuchten, Restriktionen zu umgehen, traten andere ihren Freunden und Kollegen mutig entgegen. Als man einem Mann nahelegte, er möge sich auf Grund »unüberwindlicher Abneigung« von seiner Frau scheiden lassen, erwiderte er, dies sei wegen »unüberwindlicher Zuneigung« unmöglich.[94] Wieder andere schlossen ihren eigenen, privaten Frieden mit den Rassegesetzen. Ida Ehres Ehemann widerstand dem unablässigen Druck der Ärztevereinigung, sich von seiner Frau scheiden zu lassen, und verlor daher seine große Praxis. Doch 1934 (*vor* den Nürnberger Gesetzen) teilte er ihr mit – so erinnerte sich Ida Ehre – als standhafter deutscher Nationalist (*nicht* als Nazi) könne er nicht länger mit ihr »wie Mann und Frau« zusammenleben. Er werde bei ihr und ihrem gemeinsamen Kind bleiben, aber nicht länger mit ihr schlafen. Seine persönliche Loyalität zu ihr blieb während der gesamten Zeit des Naziregimes unerschütterlich und rettete ihr das Leben.[95]

Sexuelle Enthaltsamkeit aus rassischen Gründen spiegelte die fanatischen Anschauungen der deutschen juristischen Publizistik und der Gerichte wider. Eine deutsche Juristenzeitschrift vertrat die Auffassung, daß, »wenn der deutschblütige Ehegatte einen Widerwillen gegen einen Verkehr empfindet, der nach dem Blutschutzgesetz ein schweres Verbrechen darstellen würde, wenn er nicht durch die Eheschließung formell legitimiert wäre, kann es nicht als schwere Verletzung der durch die Ehe begründeten Pflichten angesehen werden, wenn der deutschblütige Ehegatte dem jüdischen den ehelichen Verkehr verweigert.«[96] Gerichte argumentierten häufig, sexuelle Beziehungen mit einem Angehörigen einer fremden »Rasse« könnten zu einer Abneigung führen, an der der »arische« Ehepartner schuldlos sei: »Es würde dem gesunden Volksempfinden widersprechen, den Ehegatten wegen dieser Weigerung für schuldig an der Scheidung zu erklären.«[97]

Von der Bösartigkeit des Regimes und der Hoffnungslosigkeit ihrer Situation in die Verzweiflung getrieben, suchten immer mehr Juden Zuflucht im Selbstmord. Zwar liegt keine gesonderte Selbstmordstatistik für Juden vor, die in Mischehen lebten, doch die Memoiren erwähnen mehrfach Selbstmordversuche von jüdischen Partnern, deren Ehepartner sich von ihnen trennen wollten. Als ein Ehemann Ende 1938 die Scheidung forderte, versuchte seine verängstigte und niedergeschlagene Frau, sich das Leben zu nehmen. Sie überlebte und mußte mit ansehen, wie ihr Mann die Vormundschaft über ihre Kinder übernahm und eine andere Frau heiratete. Ihre drei »Mischlings«-Kinder mußten lernen, mit einer Stiefmutter zu leben, die, so die Erinnerung einer Tochter, »eine absolute Nazifrau« war. »Ein Beispiel: Ich ging nach getaner Arbeit ins Bad und wusch mir mit warmem Wasser die Hände. Nun sollten wir aber Strom und Gas für den Endsieg sparen! Sie kam ins Badezimmer und fauchte mich an: ›Du Stalindiener‹!«[98] Bei einigen Selbstmorden dürfte der »arische« Partner Druck auf den jüdischen Ehepartner ausgeübt haben. Eine Frau nahm sich 1938 das Leben, weil ihr Mann, ein begeisterter Nazi, »so sehr litt«, wenn er nicht die Nazifahne heraushängen durfte. Er pflegte Gäste zu empfangen, während sie in einen Nebenraum verbannt wurde. Ihre Tochter, die Schriftstellerin Anja Lundholm, verdächtigt ihren Vater, einen Arzt, ihrer Mutter das Gift gegeben zu haben, mit dem sie sich töten sollte; auch habe er ihrer Tante Gift gegeben, das sie nahm, nachdem er ihr 300 Mark als Hilfe für die Flucht aus Deutschland verweigert hatte.[99]

Die (unbegründeten) Schuldgefühle, die Juden gegenüber ihren treuen »arischen« Ehepartnern hegten, und der Glaube, ihre Familien würden besser ohne sie überleben, brachte einige jüdische Partner dazu, ihrem Leben ein Ende zu setzen. Eine jüdische Frau beging Selbstmord, damit ihr »arischer« Ehemann ihre Familie weiter mit seiner Arbeit als Anwalt ernähren könne.[100] Ein jüdischer Mann, mit einer »Arierin« verheiratet und Vater ihrer beiden Kinder, konnte seine Familie nicht länger ernähren und zog mit ihnen in das Haus seiner Schwiegereltern. Er wollte auswandern, doch die Großeltern wollten, daß die Kinder bei ihnen blieben, bis die Eltern sich etabliert hätten. Die Frau war zwischen ihrem Mann und ihren Eltern hin- und hergerissen. Da die Großeltern wohlhabend waren und in der Lage sein würden, für seine Frau und ihre Kinder zu sorgen, beschloß der Mann, es sei das Beste für die Familie, wenn er sich das Leben nähme.[101]

Zeitgenössische Beobachter und persönliche Zeugnisse legen

nahe, daß es wahrscheinlicher war, daß ein »arischer« Mann sich von seiner jüdischen Frau scheiden ließ, als daß sich eine »arische« Frau von ihrem jüdischen Mann trennte.[102] Eine Emigrantin schrieb: »Mein jüngerer Schwager hat eine nichtjüdische Frau, die ihn in dieser schwierigen Lage sehr unterstützt, wie die meisten von ihnen – sie verlassen ihre jüdischen Ehemänner nicht, wenn man sie auch drängt und bedroht.«[103] »Arische« Frauen arbeiteten viel seltener für den Lebensunterhalt, insbesondere in solchen Organisationen wie dem öffentlichen Dienst, der ungeheuren Druck ausüben konnte, und einige blieben auf den Unterhalt durch ihre jüdischen Ehemänner angewiesen. Im Gegensatz dazu resultierte die mangelnde Treue der »arischen« Männer vermutlich aus dem Druck, den die Sorge um die Arbeitsstelle oder Karriere auf sie ausübte. Solche Spannungen überzeugten »Die jüdische Frau« in Bertolt Brechts Theaterstück, ihren Ehemann zu verlassen, bevor er sie verließ. Sie übte ein, was sie ihm sagen würde:

»Ich packe, weil sie dir sonst die Oberarztstelle wegnehmen. Und weil sie dich schon nicht mehr grüßen in deiner Klinik, und weil du nachts schon nicht mehr schlafen kannst. Ich will nicht, daß du mir sagst, ich soll nicht gehen. Ich beeile mich, weil ich dich nicht noch sagen hören will, ich soll gehen. Das ist eine Frage der Zeit. Charakter, das ist eine Zeitfrage.«

Als er die Szene betritt, versucht der Ehemann, sie halbherzig von ihrem Entschluß abzuhalten. Einander gegenseitig belügend, einigen sie sich darauf, daß es ja nur »für ein paar Wochen« sei. Dann reicht er ihr einen Wintermantel, obwohl es erst Frühling war.[104]

Einige »arische« Männer dürften die Scheidung als einzige Möglichkeit betrachtet haben, ihre Familien zu beschützen. So schrieb etwa eine Frau aus Dresden: »Über Jahre mußten sich Männer von ihren jüdischen Frauen scheiden lassen, oder sie verloren ihren Arbeitsplatz. Ich kenne viele solche Fälle. Einige Männer taten es, um im Stande zu sein, den Frauen, die sie liebten, Unterhalt zu zahlen, da ansonsten, wenn sie ihre Stelle verloren, die ganze Familie hungern mußte.«[105] Andere Scheidungen waren nicht nur wegen der Grausamkeit der Nazis kompliziert, sondern weil die Liebe oft rätselhafte Wege einschlägt. Laut Aussage Helmut Krügers beschlossen seine Eltern Ende 1937, sich scheiden zu lassen, damit sein Vater wieder einen Arbeitsplatz bekäme und seine jüdische Mutter sich schützen könne, indem sie ihre niederländische Staatsangehörigkeit zurückerlange. Nach der Scheidung war der Vater in der Lage, sie und die Kinder zu unterstützen. Als die Wohnung seiner Mutter ausgebombt worden war, eilte sein Vater zu ihr und bot ihr Unterschlupf an. Als sie nach Theresienstadt deportiert wurde, versuchte er – vergeblich – ihre Freilassung zu erwirken. Nach dem Krieg fanden sie nicht wieder zusammen.[106] Nach Inkrafttreten der Nürnberger Gesetze schlug im Falle eines Hamburger Paares die jüdische Frau die Scheidung vor, in der Hoffnung, ihr Geschäft zu beschützen. Der »arische« Ehemann heiratete bald erneut. Dennoch beschützte er stets seine ehemalige Frau und ihren Sohn. Selbst als er inhaftiert wurde, weil er Hitler kritisiert hatte, arrangierte er es, seiner früheren Frau über einen Freund Geld zukommen zu lassen. Nach dem Krieg lebten sie bis zu seinem Tod zusammen.[107]

Natürlich gab es auch »arische« Männer, die sich leichthin oder bereitwillig mit der Situation abfanden. Der Schriftsteller Erich Kästner zitierte eines dieser Individuen, dem er nach der Befreiung begegnet war: »Ich habe mich zwar von meiner Frau scheiden lassen, aber die Trennung wäre auch in normalen Zeiten unvermeidlich gewesen. Unglückliche Ehen gibt es schließlich nicht nur unter der Diktatur. Außerdem habe ich ihr, solange es möglich war, Geld geschickt.« Die letzte Zeile läßt ihr weiteres Schicksal erkennen, und Kästner kommentierte: »Der Mann steht zwischen hohen Bäumen, als seien sie der Hohe Gerichtshof. Er verteidigt sich ungefragt. Er übt. Er trainiert sein Alibi. Er sucht Zuhörer, um die Schlagkraft seiner Argumente zu kontrollieren.«[108] Gershom Scholem erzählte die Geschichte seiner Tante, einer Ärztin, die 1911 einen »arischen« Kollegen geheiratet hatte: »Im Jahre 1933 kam die große Probe. Nach einiger Zeit entdeckte der Onkel, nach mehr als zwanzigjähriger Ehe, daß er ein ›Arier‹ sei, und bat meine Tante Käthe, ihn freizugeben, damit er eine Deutsche heiraten könne. So kam meine Tante ins Ghetto von Theresienstadt, wo sie starb.«[109] Nur wenige dieser feigen oder herzlosen »arischen« Männer wurden nach dem Krieg strafrechtlich verfolgt, weil sie sich von ihren jüdischen Frauen hatten scheiden lassen und so deren Deportation und Tod verursacht hatten.[110]

Bevor wir endgültige Schlußfolgerungen ziehen können, muß das Scheidungsverhalten in Mischehen weiter erforscht werden. Möglicherweise erfolgten Scheidungen in plötzlicher Häufung, etwa unmittelbar nach Erlaß der Nürnberger Gesetze, nach dem Novemberpogrom oder wenn Paare, die in einer »nichtprivilegierten« Mischehe lebten, in »Judenhäuser« ziehen mußten. Auch die Analyse der Gründe für die Scheidungen ist wichtig. Wollte etwa der Ehepartner, der die Scheidung verlangte, den jüdischen Partner retten, oder erlag er dem Druck der Lügen und Drohungen der Gestapo? Zudem nahm die Scheidungsrate in den dreißiger Jahren allgemein zu. Schließlich gilt es zu bedenken, daß Mischehen schon immer häufiger geschieden wurden als die Ehen von Paaren, die der gleichen Religion angehörten, und daß die Paare in »Mischehen« nun einem unüberwindlichen Druck ausgesetzt waren, sich scheiden zu lassen. Es wäre wirklich überraschend, wenn nicht manche unter der Belastung zusammengebrochen wären. Unter diesen Umständen scheint es bemerkenswert, daß Mischehen überhaupt hielten.[111] Trotz des Verhaltens jener »Arier«, die sich von ihren jüdischen Ehepartnern trennten, mitsamt den entsetzlichen Folgen, hielten die meisten »gemischten« Paare dem ungeheuren Druck, sich scheiden zu lassen, stand, und das in einem Staat, der Juden und ihre Ehepartner allmählich gesellschaftlich, moralisch und physisch ausgeschlossen hatte.

4

Das Alltagsleben jüdischer Kinder und Jugendlicher im »Dritten Reich«

»Der Tod, nicht Sex war das Geheimnis, worüber die Erwachsenen tuschelten, wovon man gerne mehr gehört hätte«[1]

Ruth Klüger

1933 lebten in Deutschland ungefähr 117 000 jüdische Kinder und Jugendliche im Alter zwischen 6 und 25 Jahren. Im Vergleich zu den Älteren, bei denen der Verlust der Arbeitsplätze oder Geschäfte unregelmäßig voranschritt, verschlechterten sich die Bedingungen für die jüngere Generation an den öffentlichen Schulen und im Verhältnis zu nichtjüdischen Freunden weit drastischer; häufig fanden die Kinder ihren ersten sicheren Zufluchtsort in einer jüdischen Schule. Sie erlebten, wie ihre Träume zerbrachen und die Situation ihrer Familien sich ständig stärker anspannte. Auch im Leben der Kinder und der jungen Leute spielte die Geschlechtszugehörigkeit eine wichtige Rolle. Eltern und Gemeindeorganisationen hegten unterschiedliche Erwartungen für Mädchen und Jungen, und die Geschlechtszugehörigkeit bestimmte die Art und Weise, in der Kinder ihre Zukunft wahrnahmen. Von 1933 an jedoch waren Mädchen wie Jungen in ihrer Lebensweise zu beispiellosen Anpassungen gezwungen und erlebten zugleich unaufhörliche Angriffe auf ihre Selbstachtung.

Die Schule

Jüdische Kinder in »arisierten« Schulen

Die Nazigesetzgebung von April 1933, euphemistisch als »Gesetz gegen die Überfüllung der deutschen Schulen und Hochschulen« bezeichnet, führte eine Quote von 1,5 Prozent für jüdische Schülerinnen und Schüler ein. Dort, wo Juden mehr als 5 Prozent der Bevölkerung ausmachten, durften an den Schulen bis zu 5 Prozent der Schüler Juden sein. Ausgenommen davon waren jüdische Schüler, deren Väter während des Ersten Weltkriegs gedient hatten, Kinder aus Mischehen (mit nicht mehr als zwei jüdischen Großeltern) und jüdische Schüler mit ausländischer Staatsangehörigkeit. Der Besuch der Volksschule war zunächst noch allgemein Pflicht. Wie bei den übrigen Aprilgesetzen waren die Nazis von der tatsächlichen Anzahl der Ausnahmen überrascht. Für die Juden waren sie allerdings bestenfalls ein Pyrrhussieg. Die massive Feindseligkeit, der sie begegneten, und praktische Überlegungen zur Berufswahl zwangen viele, die Schule zu verlassen.

Da sie viel Zeit in der Schule verbrachten, ohne den Schutz der Familie, stießen jüdische Kinder dort ständig auf die unverhohlenen Auswirkungen des Nationalsozialismus. Lange bevor jüdische Kinder von den deutschen öffentlichen Schulen verbannt wurden, behandelte man sie als Schüler zweiter Klasse.[2] Der Lehrplan isolierte sie noch mehr. Im Deutschunterricht mußte ein jüdisches Mädchen Literatur über das Expansionsbedürfnis der Deutschen lesen, u. a. Hans Grimms Bestseller *Volk ohne Raum*. Im Englischunterricht mußte dasselbe Mädchen Artikel aus einem britischen pro-nationalsozialistischen Skandalblatt lesen.[3] Die Lehrer verlangten von den »arischen« Kindern häufig Aufsätze über Nazithemen. Juden war es jedoch verboten, sich zu diesem Gebiet zu äußern, und sie bekamen statt dessen willkürliche Themen zugeteilt, die im Unterricht nie behandelt worden waren. Nur selten erhielt ein jüdisches Kind eine gute Note, gleichgültig wie gut der Aufsatz war.[4]

Schulverwaltung und Lehrer schlossen jüdische Kinder von schulischen Veranstaltungen innerhalb wie außerhalb der Schule aus. Wenn Nazifilme gezeigt wurden, durften jüdische Kinder nicht zuschauen, mußten aber später mit anhören, wie die anderen Kinder über den Film diskutierten. Schulgeldermäßigungen wurden ihnen verweigert, und man verbot ihnen, Schwimmbäder zu besuchen oder im Landschulheim im gleichen Schlafsaal mit den »arischen« Kindern zu schlafen. Marta Appel beschrieb, wie unglücklich ihre Tochter darüber war, daß sie an vielen Veranstaltungen nicht teilnehmen konnte: »Meine kleine Tochter weinte nicht, weil sie das Theaterstück nicht sehen konnte [...] sie weinte, weil sie aus der Gruppe ausgeschlossen worden war, als ob sie nicht mehr gut genug sei für ihre Klassenkameraden.«

Am Muttertag mußten die beiden Töchter von Marta Appel zwar an den Schulfeierlichkeiten teilnehmen, durften jedoch nicht mitsingen. Als sie protestierten, antwortete ihre Lehrerin »kurz und von oben herab«: »Ich weiß, daß ihr auch eine Mutter habt, aber sie ist ja nur eine jüdische Mutter.«[5] Bei den wenigen Gelegenheiten, an denen jüdische Kinder teilnehmen durften, traten die »arischen« Kinder in ihrer Hitlerjugend-Uniform auf, so daß offensichtlich war, wer nicht dazugehörte.[6]

Das Ausmaß der Verfolgung hing von verschiedenen Faktoren ab – davon, ob jüdische Kinder städtische oder ländliche Schulen besuchten, ob sie in Gebieten lebten, wo die Nazis besondere Popularität genossen, sowie von der politischen Einstellung ihrer Lehrer. In Kleinstadt- und Dorfschulen wurden Kinder wesentlich häufiger schikaniert. Selbst wenn sie es gewollt hätten, wagten es nichtjüdische Kinder dort nicht, mit Juden zusammen gesehen zu werden. Zwischen 1933 und 1935 wollte in der Mark Brandenburg niemand neben einem jüdischen Jungen sitzen oder in der Pause mit ihm spielen. In einer Kleinstadt in der Nähe von Aachen erlitt ein jüdisches Mädchen den abrupten Abbruch ihrer engsten Freundschaft – das andere Mädchen grüßte sie nicht einmal mehr – und mußte im Unterricht mit anhören, wie ihre Lehrerin abfällig über Juden sprach. Was »draußen« politisch geschah, war für viele Kinder weitaus weniger bestürzend als die Situation an der Schule, die immer schlimmer wurde.[7]

Selbst in den Städten erlebten jüdische Kinder ein gewisses Maß an Feindseligkeit. Im besten Fall behielten sie noch für eine Weile ihre nichtjüdischen Freunde, während übereifrige »arische« Lehrer oder Klassenkameraden sich unfreundlich verhielten. In einigen Schulen gab es separate jüdische Klassen, in anderen »gemischte« Klassen mit getrennten jüdischen Bänken. In einer Berliner Volksschule, die bis dahin nicht für ihren Antisemitismus bekannt gewesen war und in der etwa die Hälfte der Kinder jüdisch waren, brachten nichtjüdische Kinder »Schüsseln mit Wasser und Seife und grobe Bürsten [...], um die Plätze, auf denen jüdische Kinder gesessen hatten, sauber zu waschen«.[8] In einer eher außergewöhnlichen Situation verteidigten »Arier« in einem Berliner Gymnasium ihre jüdischen Freunde, indem sie sich weigerten, die blutrünstige Nazihymne zu singen, und es noch 1936 ablehnten, die Wiederbesetzung des Rheinlands zu bejubeln. Doch auch hier beleidigten Lehrer jüdische Schüler oder murmelten etwas von Nazieugenik.[9]

Helmut Kallmanns Beschreibung seiner Berliner Oberschule zwischen 1932 und 1938 dokumentiert sowohl sein klares Bewußtsein von den politischen Neigungen der Lehrer als auch die Widersprüche, mit denen Juden konfrontiert waren. Der Chemielehrer beispielsweise war kein offener Antisemit, obwohl er seine Klassen aufforderte, ihre Schulsachen nicht im Geschäft einer Jüdin zu kaufen. Einige Lehrer trugen einfach nur ihre SA- oder SS-Uniform in der Klasse, während andere Ideologen waren und die jüdischen Jugendlichen schikanierten. Der Biologielehrer lehrte »Rassenkunde« und beharrte darauf, »der Jude sei der Meister der Lüge, der König des Verbrechens«. Diese Rhetorik schlug zunächst fehl und berührte die nichtjüdischen Schüler peinlich, die sich nicht vorstellen konnten, daß diese Beschimpfungen auf die Väter ihrer jüdischen Freunde zutrafen. Schließlich schüchterten solche Tiraden jedoch Juden und Nichtjuden gleichermaßen ein. 1937 schwankte ein anderer nationalsozialistischer Lehrer regelmäßig zwischen alten antisemitischen Stereotypen wie »Was ist denn das [...] für ein Getuschele und Gemauschele, wir sind doch hier nicht in der Judenschule« und neueren Verunglimpfungen wie »Halt Deine nichtarische Schnauze.« Merkwürdigerweise gab es auch Lehrer, die keine Gelegenheit ausließen, sarkastische Bemerkungen über Juden zu machen, die Schüler aber unparteiisch zu benoten schienen.[10] Das Verhalten dieser Lehrer wiederholte sich überall in Deutschland: offizielle Feindseligkeit gegenüber »dem Juden« bei persönlicher Toleranz oder Achtung vor konkreten jüdischen Menschen.

Berlin dürfte jüdischen Kindern noch die beste Situation geboten haben. In Magdeburg verließ eine jüdische Schülerin, die ein halbes Jahr vor dem Abitur stand, die Schule, weil sich einige Mädchen weigerten, eine Klassenfahrt mitzumachen, falls sie, die Jüdin, mitkäme. Außerdem mußte sie getrennt von der Klasse ganz alleine in einer Schulbank sitzen.[11] In Düsseldorf wurde die Schule für Ruth Sass zunehmend unangenehm, als ihre Freundinnen sich dem antisemitischen Druck beugten: »Zum ersten Mal in meinem Leben fühlte ich mich außen vor, ungewollt, als ein Mensch zweiter Klasse.« Schlimmer noch – »Neue, jüngere Lehrer [wurden] angestellt und begannen die Ideologie des Dritten Reiches zu verkünden.« 1934, Sass war 15 Jahre alt, lehrte ihr Geschichtslehrer, die Juden seien Bürger zweiter Klasse. Sie bat darum, als Jüdin an diesem Unterricht nicht teilnehmen zu müssen. Vermutlich noch im Glauben an ihre »Rechte« und in dem Versuch, höflichen Widerstand zu leisten, legte sie »großen Wert darauf, stets vor der Klassentür zu stehen, wenn er nach seinem Unterricht herauskam, um ihn an [ihren] Protest zu erinnern«. Als er ihr mitteilte, sie müsse in die Klasse zurückkehren, wenn er sie benoten solle, forderte sie ihn auf, sie vorzuwarnen, bevor er Bemerkungen über Juden mache, damit sie die Klasse verlassen könne. Beide hielten sich an diesen Kompromiß. Im Biologieunterricht dagegen setzte sich die Qual fort, weil ihre Lehrerin die Überlegenheit der »arischen« Rasse lehrte. Unfreiwillig komisch wurde es in einer dieser Stunden, als die Lehrerin den Kindern beibrachte, woran man einen »arischen« Namen erkennen könne. Sie forderte die Schüler auf, ihre Nachnamen zu nennen. Als das jüdische Mädchen an die Reihe kam, erklärte die Lehrerin, »Sass«, ihr Nachname, sei guter »arischer« Herkunft: »Ich lächelte sie an und teilte ihr mit, ich sei nichtarisch.«[12]

Einige Kinder widersetzten sich den Demütigungen und Beleidigungen, denen sie in den ersten Jahren ausgesetzt waren. 1934 stellte Annemarie Scherman, ein Berliner »Mischling«, einen Lehrer zur Rede, der ihr ständig die Note »ungenügend« gab. Trotz seiner Feindseligkeit schaffte sie ein Jahr später ihr Abitur.[13] 1934 mußte ein 13jähriges Mädchen in einer Kleinstadt in Ostwestfalen-Lippe bei der Teilnahme an einer Schulversammlung ein Nazilied mit anhören:

»[Ich] war blind vor Wut und Angst [...] Und ich bin aufgestanden und habe beschlossen, ich bleibe nicht sitzen, ich höre mir so was nicht an. Ich war ziemlich sicher, daß man mich erschlagen wird, mich fassen, mir die Knochen zerbrechen. [...] Aber da hat mich keiner angerührt. Irgendwie mußten sowohl Lehrer wie Schüler vor mir Respekt gehabt haben. Respekt vor meinem Mut, in der deutschen Schule, in der Disziplin ganz groß geschrieben wurde, in einer Aula während der Feier aufzustehen und einfach rauszugehen ohne Erlaubnis. Das war unerhört.«[14]

Diese Art der Opposition erforderte gehörigen Mut, da deutsche Lehrer Widerstand seitens der Schüler, insbesondere jüdischer Schüler, nicht duldeten. Tatsächlich war ein solcher Protest kurzlebig und angesichts der Macht des Staates letztlich nutzlos.

Lange bevor sie durch die Gesetzgebung dazu gezwungen wurden, verließen jüdische Jugendliche über 14 Jahren (nach dem Ende der Schulpflicht) scharenweise die Schule. Während einige über nichtakademische Berufsmöglichkeiten nachdenken mußten und andere auswanderten, verließen die meisten die Schule, weil sie die unerträgliche Atmosphäre nicht mehr aushielten. In Württemberg waren nur zehn Prozent der Juden, die die Oberschule besuchten, von den Gesetzen vom April 1933 betroffen, dennoch gaben kurze Zeit später 58 Prozent der jüdischen Schüler die Schule wegen massiver Feindseligkeiten auf.[15]

Im Mai 1933 besuchten in Berlin 5 931 jüdische Jugendliche höhere Schulen; zwei Jahre später waren es nur noch 1 172. Die Statistik für Preußen im Mai 1932 zeigt, daß 8 609 jüdische Jungen und 6 317 jüdische Mädchen öffentliche höhere Schulen besuchten, im Mai 1936 aber nur noch 28 Prozent der Jungen und 26 Prozent der Mädchen geblieben waren. Der Prozentsatz der Mädchen, die von der Schule abgingen, war demnach ein wenig höher. Auch jüdische Studierende litten unter Diskriminierungen, sei es, daß sie auf separaten »jüdischen« Bänken oder im hinteren Teil des Hörsaals sitzen mußten, sei es daß sie wie in der Friedrich Wilhelm Universität Berlin einen gelben Streifen in ihr Immatrikulationsbuch gestempelt bekamen. Als Ergebnis waren, während sich im Sommer 1932 noch 3 950 jüdische Studierende (2 698 Männer und 1 252 Frauen) an deutschen Universitäten eingeschrieben hatten, im Sommer 1934 nur noch 656 (486 Männer und 170 Frauen) immatrikuliert.[16]

Die Schule war nicht nur eine tägliche Prüfung, sondern auch der Ort, an dem einige Kinder überhaupt erst von ihrer »jüdischen« Identität erfuhren. Die fünfjährige Rita Kuhn, deren Vater jüdisch und deren Mutter Christin war, war sich über ihre eigene Religionszugehörigkeit nicht im Klaren. In der Schule »mußte der Lehrer [...] fragen, wer Jude ist. Ich guckte mich im Klassenraum um, und niemand hob die Hand. Und ich weiß noch, daß ich mir gar nicht sicher war, ob ich jüdisch wäre [...] Doch ich hob die Hand, weil ich wußte, daß ich *irgendetwas* damit zu tun hatte, mit dem Jüdischen.« Danach hatte sie natürlich keine Chance mehr, dem Bund deutscher Mädel beizutreten. Als ihre Lehrerin fragte, wer sich dem BDM anschließen wolle, hob sie die Hand: »Ich meine, wer möchte nicht zur Gruppe gehören?« Ihre Lehrerin erklärte ihr freundlich, sie könne nicht dazugehören. »Ich konnte nicht verstehen, was mit mir los war«, erinnerte sie sich.[17] Ende 1933 erhielt ein zehnjähriges Mädchen in seinem ersten Jahr auf der höheren Mädchenschule die Hausaufgabe, den »rassischen« Hintergrund ihrer Großeltern ausfindig zu machen. Sie war zwar getauft worden, doch ihre Familie hatte sich nie an eine Religion gehalten. Nun gestanden die Eltern die jüdische Herkunft ihrer Mutter ein und versuchten, den Schlag abzumildern, indem sie dem Mädchen versicherten, es sei eine Nachfahrin von König Salomo und der Königin von Saba.[18]

Die Entdeckung einer jüdischen »rassischen« Identität war für Kinder – ebenso wie für Erwachsene – ein Schock. Doch Kinder fühlten sich auch von ihren Eltern verraten. Eine 1923 geborene Protestantin etwa erinnerte sich an die Qualen, die sie erlitt, als sie ihre jüdische Identität mit dreizehn entdeckte: »Meine Eltern haben mich regelrecht belogen. [...] Sie haben es mir nicht erzählt bis zu dem Tage, wo dieses Formular herauskam in der Schule, daß man den ›Ariernachweis‹ erbringen mußte.«[19] Ein anderes Kind, 1929 geboren, fand durch den Spott einer Klassenkameradin heraus, daß es »jüdisch« war. Als es seinem Vater ankündigte, er müsse am nächsten Tag in die Schule kommen, um es zu verteidigen, »verständigten sich die Eltern mit einem Blick, und meine [zum Protestantismus übergetretene] Mutter sagte: ›Und wenn es so wäre?‹ Da fing ich an zu schreien und war vier Wochen krank. [...] Ich verkraftete das nicht!«[20]

Obwohl jüdische Kinder den Hauptanteil der Beschimpfungen abbekamen, blieben auch halbjüdische Kinder nicht verschont. In Hamburg mußte ein »halbarischer« Junge, der als Protestant aufgezogen worden war, wegen der ständigen körperlichen und emotionalen Bedrängnis, der er in der Schule ausgesetzt war, für zwei Monate ins Krankenhaus eingewiesen werden. Danach blieb den Eltern keine andere Wahl, als ihn an einer orthodoxen jüdischen Schule anzumelden.[21] Bei einigen Kindern führten ihr Jüdischsein und die feindselige Atmosphäre in der Schule zur Tragödie. Eine Hamburgerin beschrieb die gequälte Reaktion ihres Neffen auf die neuen Bedingungen in der Schule:

»[Er] pflegte uns bei der Heimkehr von der Schule mit ›Heil Hitler‹ zu begrüßen. Er [erklärte], er wolle kein Jude sein und glaube nicht, daß er einer sei. Er wolle mit den anderen Jungen marschieren [...] und der Hitler-Jugend beitreten. [...] Eines Tages kam er von der Schule nach Hause und beklagte sich, sein Kumpel habe ihn auf den Kopf geschlagen und ihn als ›dreckigen Juden‹ bezeichnet! Er hatte schwere Kopfschmerzen, und sein Vater gab ihm Aspirin, das ihm allerdings keine Erleichterung verschaffte. Als er sich selbst mehr Aspirin verschaffen wollte, griff er aus Versehen nach der Veronal-Flasche und nahm eine Überdosis dieses Beruhigungsmittels. [...] Er fiel ins Delirium und rief ständig ›Heil Hitler‹ – die letzten Worte, die wir von ihm hörten.«[22]

Die Auswirkungen der Schule auf die Familie

Der Schmerz der Kinder, die dem Antisemitismus ihrer Klassenkameraden und Lehrer ausgesetzt waren, beunruhigte Mütter und Väter zutiefst, doch die Frauen mußten unmittelbarer als die Männer mit dem Kummer ihrer Kinder fertigwerden. Die Kinder erzählten ihren Müttern spontan, was sie erlebt hatten. Rektoren forderten Mütter oft auf, ihre Kinder abzuholen, wenn sie – häufig mehr als einmal – von der Schule verwiesen worden waren, und die Mütter suchten dann eine neue Schule. Gewöhnlich waren es die Mütter, die von den Lehrern angerufen wurden, wenn Kinder von Klassenereignissen ausgeschlossen wurden oder schlechte Noten erhielten. In einer kleinen Stadt in Baden schickte eine Lehrerin Verena Hellwig einen Brief über die Noten ihrer Tochter:

»In einer Lehrerkonferenz wurde uns heute mitgeteilt, daß Juden oder Mischlinge keine Preise für gute Leistungen mehr erhalten dürfen. Da Ihr Töchterchen die Beste in der Klasse ist, wird sie von dieser Maßnahme betroffen. Ich schreibe es Ihnen, damit Sie es Irene sagen können, so daß sie davon bei der morgigen Preisverteilung nicht überrascht und zu sehr verletzt wird. Sie wissen, daß Ihr Töchterchen mir nahesteht, aber leider habe ich keine Möglichkeit der verletzenden und ungerechten Handlungsweise entgegenzutreten.«

Ihre Tochter war empört, beharrte aber darauf, trotzdem zur Preisverleihung zu gehen, da es nicht ihre Schuld sei, »wenn sie so häßliche Gesetze machen.«[23] Selbst vom Nationalsozialismus überzeugte Lehrer riefen manchmal die Mutter eines Kindes an, wenn es von der Schule verwiesen werden sollte. Eine Mutter schrieb: »Ich glaube, daß auch die Nazi-Lehrerin sich manchmal schämte, wenn sie in die traurigen Augen meiner Tochter sehen mußte, denn einige Male rief sie mich an und bat, das Kind gar nicht in die Schule zu schicken, wenn für die Klasse irgend etwas Vergnügliches geplant war.«[24]

Mitfühlende Lehrer waren in den frühen Jahren nichts Ungewöhnliches. Als sie aber ihren Arbeitsplatz bedroht sahen, wurden jene, die früher Mitleid gezeigt hatten, vorsichtiger – ein Verhalten, das sich in der deutschen Bevölkerung tausendfach wiederholte. Als ein jüdisches Mädchen die öffentliche Schule in Wiesbaden verlassen mußte, bat es ihre Lehrerin, ihr ein paar Zeilen in ihr Poesiealbum zu schreiben. Diese erfüllte den Wunsch ihrer Lieblingsschülerin, doch wenige Tage später bat der Direktor die Mutter des Mädchens um ein Gespräch. Er befürchtete, die Zuneigung der Lehrerin für ein jüdisches Kind könne ihre Karriere gefährden, sollten die Behörden dies herausfinden. Deutlich beschämt bat er das Mädchen, die Seite aus ihrem Album zu entfernen und ihm auszuhändigen.[25]

Die Mütter beaufsichtigten auch die Hausaufgaben ihrer Kinder. Man kann sich die widersprüchlichen Gefühle einer jüdischen Mutter vorstellen, die beruhigt war zu hören, ihr Sohn habe patriotische Lieder gesungen, den Lehrer mit »Heil Hitler« begrüßt und sei für einen zustimmenden Aufsatz über Hitler gelobt worden: »[Seine] schlimme politische Verbildung in der Schule würde [ihm] Schwierigkeiten ersparen.« Etwa ein Jahr später schrieb dasselbe Kind, das mittlerweile an einer jüdischen Schule angemeldet worden war, für seine Mutter als Muttertagsgeschenk eine Geschichte über jüdischen Widerstand. Als sie diese las, erschrak sie: »[Sein] politisches Erwachen [...] konnte Schwierigkeiten für die ganze Familie nach sich ziehen.«[26] Eine andere Mutter, die in einer süddeutschen Kleinstadt lebte, kommentierte die Lügen, die ihre Kinder in ihren Hausaufgaben wiedergeben sollten:

»Es gab [...] Aufsätze zu heiklen Themen, und [die Kinder] durften keine widersprechende Meinung niederschreiben. Bisweilen bot ein besonnener Lehrer eine Auswahl an Themen an [...] doch [...] alle Kinder wußten, was man von ihnen erwartete. Es war schlimm genug, daß diese Art der staatlichen Erziehung sie lehrte, zu hassen, zu verachten, mißtrauisch zu sein, zu denunzieren, aber das Schlimmste war vielleicht dieses [...] Lügen.«[27]

Jüngere Kinder sprachen häufig offen mit ihren Eltern über ihre Verwirrung. Die Kleinen empfanden es schmerzlich, nicht zur Gruppe zu gehören. Als ein Siebenjähriger Ende 1933 gefragt wurde, was er sich wünsche, erwiderte er, er wolle ein Nazi sein. Als sein Vater fragte, was dann mit der übrigen Familie passieren solle, antwortete er, er wünsche, sie könnten auch Nazis sein. Über dasselbe Kind bemerkte die Lehrerin, es zucke jedes Mal zusammen, wenn die Nazifahne gehißt werde. Ein anderer kleiner Junge gestand seinem Vater – auf seine Beschneidung anspielend –, daß er wünsche, ein Mädchen zu sein. Dann wüßten die anderen Kinder nicht sofort, daß er ein Jude sei.[28]

Ältere Kinder behielten ihren Schmerz stärker für sich und verschwiegen ihren ohnehin überlasteten Eltern, die »keine Zeit und viel zu viel Angst« hatten, ihre Gefühle und einige der beunruhigenderen Ereignisse ihres Schulalltags.[29] In einer Kleinstadt in Ostwestfalen hatte das einzige jüdische Mädchen der Schule während des ganzen Winters begeistert an den Schwimmübungen in der Turnhalle teilgenommen. Als der Frühling kam, sollte die Klasse in das öffentliche Schwimmbad gehen, um tatsächlich zu schwimmen. Traurig teilte ihr die Lehrerin mit, daß sie nicht mitgehen dürfe. »›Du weißt, warum Du nicht mit uns ins Parkbad gehen kannst?‹ Und ich sagte, ›ja, ich weiß es.‹ Ich hab nicht geweint. Einen Moment lang, glaube ich, wollte ich sterben [...] Komischerweise tat es mir mehr weh für meine Eltern als für mich.«[30] Obwohl viele Kindern ihre Eltern zu schonen versuchten, mutmaßten Mütter, vermutlich auch Väter (sofern ihre Frauen sie nicht von allem abschirmten), was geschah. Die protestantische Mutter zweier »Mischlings«-Kinder stellte fest, daß viele der Freundinnen ihrer Tochter nicht mehr zu ihr nach Hause kamen: »So wuchs die Einsamkeit um uns täglich.«[31]

Häufig mußten Kinder einen Balanceakt zwischen den Forderungen ihrer Eltern und denen der Schule vollführen. In einer Kleinstadt bestand der Volksschullehrer darauf, auch jüdische Kinder müßten den Nazigruß entbieten. Die Eltern legten ihren Kindern nahe, es nicht zu tun. Der Lehrer drohte den jüdischen Kindern mit dem Zorn der »arischen« Schulkameraden: »›Ich bin nicht verantwortlich, wenn die Kinder gegen Euch sind‹ [...] Er hat sie aufgefordert, wirklich aufgefordert. Und dann nach kurzer Zeit haben wir mitgemacht und es zu Hause nicht erzählt.«[32] Ein anderes jüdisches Kind, dessen Eltern ihm verboten hatten, den Nazigruß zu leisten, war schlicht erfreut, als es in der Schule dazu gezwungen wurde.[33]

Anders als jüdische Jugendliche konnten jüdische Kinder unter 14 Jahren nicht einfach der Schule fernbleiben – immerhin bestand in Deutschland Schulpflicht. Warum blieben sie so lange in öffentlichen Schulen, wenn die Reichsvertretung der Juden in Deutschland berichtete, viele jüdische Kinder wiesen Zeichen psychischer Verstörung auf?[34] Gewiß, es gab praktische Gründe, denn die jüdische Gemeinschaft konnte nicht so schnell jüdische Schulen einrichten, wie es notwendig gewesen wäre, und die öffentlichen Schulen hatten aufgrund ihrer pädagogischen Kompetenz einiges Ansehen erlangt. Zudem lebten einige Juden in Städten, in denen der jüdische Bevölkerungsanteil zu klein war, als daß man eine jüdische Schule hätte unterhalten können.

Es scheint auch eine geschlechtsspezifische Dimension im Spiel gewesen zu sein: Während Mütter zunehmend Bedenken hatten, ermahnten Väter ihre Kinder, in der Schule zu bleiben. Toni Lessler, Begründerin und Rektorin einer Montessori-Schule in Berlin, die in eine jüdische Schule ungewandelt wurde, als die Regierung »arischen« Kindern den Besuch verbot, beschrieb die Haltung jüdischer Familien so:

»Die Verhältnisse in den städtischen Schulen wurden für die jüdischen Kinder immer schwieriger und immer unerträglicher. Aber es gab noch viele Eltern, die den Kindern den Vorteil der städtischen Schule durchaus zuteil werden lassen wollten. Wenn die Eltern nur geahnt hätten, was die Kinder dort durchzumachen hatten [...] Und es muß wohl ein falscher Stolz gewesen sein, der besonders die Väter veranlaßte, die Kinder noch auf den staatlichen Schulen zu lassen, umsomehr, da sie doch garnichts zu ›leiden‹ hätten.«[35]

Lessler verwies nicht nur auf die Bestrebungen der Väter, ihren Kindern eine gute Ausbildung zu verschaffen, sondern auch auf ihre Vorstellung vom »Durchhaltevermögen«.

Die Memoiren zeugen auch von den unrealistischen Hoffnungen der Väter, ihre Kinder würden nicht leiden, und von der beharrlichen Forderung, sie sollten »durchhalten« und eine »dikkere Haut« entwickeln. Als eine 16jährige, das einzige jüdische Mädchen in ihrer Klasse, sich gegen die Teilnahme an einem Klassenausflug sträubte – wissend, daß die Klasse in einem Hotel essen würde, das ein Schild mit der Aufschrift »Juden unerwünscht« angebracht hatte – unterstützte ihre Mutter sie. Sie fürchtete die Angst und den Schmerz, die ihre Tochter würde durchmachen müssen – »sie wird auf dem ganzen Wege denken, was wird werden« –, doch ihr Vater bestand darauf, daß sie mitfuhr.[36] Ein anderer Vater kannte die schrecklichen Einzelheiten, die sein Sohn in der Schule erlebt hatte, schien aber den Gefühlszustand des Kindes nicht zu verstehen. Als sich dieser Vater schließlich damit einverstanden erklärte, das Kind von der Schule zu nehmen, verkündete der Zehnjährige: »Vater, noch eine ganz kurze Zeit, und ich hätte mich, wenn Du mich weiter gezwungen hättest, in die Schule zu gehen, unter den Zug geworfen.« Der Vater gestand: »Mir standen die Haare vor Schrecken zu Berge, kalt lief es mir über den Rücken. Was muß in der Seele eines kleinen unschuldigen Kindes vorgegangen sein?«[37]

Diese geschlechtsspezifischen Reaktionen, mit denen Männer der Situation standzuhalten versuchten, verschärften sich häufig durch eine Rollenaufteilung, bei der Männer die letzten Entscheidungen für die Familie trafen, obwohl ihren Frauen der emotionale Zustand ihrer Kinder stärker bewußt war. Tatsächlich dürften die Väter wichtige Entscheidungen in Unkenntnis der ganzen Wahrheit getroffen haben, da ihre Frauen häufig das Schlimmste von ihnen fernhielten, wohl wissend, daß das Leben ihres Mannes außerhalb des Hauses ohnehin bitter genug war. Auch dürften Jungen, denen man beigebracht hatte, »männlich« zu sein, mehr verschwiegen haben als Mädchen. Ein Junge erinnerte sich, daß er, wenn er heimkam, häufig von seiner Mutter ermahnt wurde, er solle nichts seinem Vater sagen, da dieser sehr erregt sei.[38]

Jüdische Schulen

Schikanen und Entlassungen aus öffentlichen Schulen veranlaßten viele Familien, ihre Kinder an jüdischen Schulen anzumelden. 1933 gab es in Deutschland etwa 60 000 schulpflichtige jüdische Kinder (im Alter zwischen 6 und 14 Jahren). Infolge der nationalsozialistischen Machtergreifung stieg der Anteil jüdischer Kinder, die jüdische Schulen besuchten, von 14 Prozent im Jahre 1932 auf 23 Prozent 1934 sowie auf 52 Prozent im Jahre 1936. Um mit der Nachfrage Schritt zu halten, stellten 1935 die Gemeinden 130, 1936 dann 160 Schulen (mit über 1200 Lehrern) zur Verfügung. 1937 stieg die Zahl jüdischer Schulen auf 167, die von etwa 60 Prozent der jüdischen Kinder (23 670) besucht wurden. Dennoch blieb ein erheblicher Anteil der jüdischen Kinder zwischen 6 und 14 Jahren in öffentlichen Volksschulen und wurde von Lehrern und anderen Kindern gepeinigt, bis die Nazis ihren Schulbesuch im November 1938 ganz verboten.[39]

Die Reichsvertretung der Juden in Deutschland, Eltern und jüdische Gemeinden unterhielten jüdische Schulen mit immer knapperen Mitteln und versuchten, obwohl immer mehr Lehrer emigrierten, eine hinreichende Anzahl an Pädagogen zu bewahren. In kleinen Städten wurden die Schulräume knapp. In Pforzheim bestand die im Gebäude der öffentlichen Schule untergebrachte jüdische »Schule« aus zwei Klassenräumen für Kinder unterschiedlichen Alters; die jüdischen Kinder mußten einen separaten Eingang benutzen.[40] Großstädte, vor allem Berlin, boten eine größere Vielfalt an Ausbildungsmöglichkeiten. Berlin hatte eine jüdische Oberschule, eine Mittelschule (für die fünfte bis zehnte Klasse), acht Volksschulen, eine Schule für hör- und sprachbehinderte und eine Schule für anderweitig behinderte Kinder. Auch verfügten die Reform- und die orthodoxe Gemeinde jeweils über ihre eigenen Schulen.[41]

Die Zahl jüdischer Privatschulen, die nicht von jüdischen Gemeinden und Organisationen finanziert wurden, nahm erheblich zu. Toni Lesslers »Private Jüdische Waldschule Grunewald« etwa wuchs von 140 auf 425 Schüler an, als Juden aus den öffentlichen Schulen flüchteten. Sie mietete ein größeres Gebäude und fügte 1938 eine Hauswirtschaftsschule hinzu. Sie erhielt zudem die Genehmigung, auch Oberschulklassen zu unterrichten, so daß Schülerinnen und Schüler dort das Abitur und das Oxford English Exam erwerben konnten.[42] Alle jüdischen Schulen unterstanden unmittelbar der nationalsozialistischen Schulverwaltung. So empfing ein Absolvent des Jüdischen Gymnasiums in Breslau ein Reifezeugnis, das »unter dem Kennzeichen der Schule – dem Davidstern – den Stempel des Oberpräsidiums mit dem Hakenkreuz« aufwies.[43] Und selbst in jüdischen Schulen mußten die Kinder gelegentlich Hitlers Reden anhören, die, wie ein Teilnehmer es ausdrückte, »eine Tortur« sein konnten.[44] Zudem zwangen die Behörden, die stets auf das Wohlbefinden der »arischen« Nachbarn achteten, jüdische Schulen dazu, strenge Auflagen über Aktivitäten im Freien zu befolgen, und verlangten manchmal ohne jede Vorankündigung von jüdischen Verantwortlichen, die Anzahl der Schulkinder zu vermindern.[45]

Neben einem traditionellen deutschen Lehrplan unterrichteten jüdische Schulen auch Judentum sowie jüdische Geschichte und Kultur. Bisweilen erfuhren jüdische Kinder in diesen Schulen zum ersten Mal etwas über das Judentum oder feierten erstmals die jüdischen Feste. Mit den Worten Lotte Kaliskis, der Begründerin der (privaten) Kaliski-Schule in Berlin: »Die meisten von uns kamen aus stark assimilierten Familien, ebenso wie die Kinder, doch wir begriffen, daß die Kinder, sollten sie eine positivere Einstellung gewinnen, etwas über ihren Hintergrund wissen mußten.« Einige Privatschulen boten unkonventionelle Lehrpläne an: Sie bereiteten die Kinder sowohl auf die britischen Immatrikulations- als auch auf die amerikanischen Zulassungsprüfungen für das College vor. Da auch Palästina ein mögliches Ziel war, boten sie außerdem Kurse in Gartenarbeit und Hebräisch an.[46]

Einige jüdische Beobachter bedauerten zwar, daß die jüdischen Schulen die Juden weiter ausgrenzten – »auf diese Weise erfolgte mehr und mehr die Entfremdung und Separation von der christlichen Umwelt, das Ziel der Antisemiten«[47] –, doch die jüdischen Schulen bedeuteten für die meisten Kinder unmittelbar eine Erleichterung. Toni Lessler schrieb über ein neunjähriges Mädchen, das sie fragte, »ob wir besondere Federn für unsere schriftlichen Arbeiten benutzten, denn bei uns könne sie jedes Wort leicht schreiben; es käme ihr vor, als ob die Worte aus der Feder flössen, und in der anderen Schule wären sie immer vor Angst in der Feder stecken geblieben«.[48] Ein Mann erinnerte sich rückblickend an die Erleichterung, die er verspürte, als er als 15jähriger eine jüdische Schule betrat: »Der böse Spuk des Judenhasses war weggefegt. Da gab es keine Führerbilder und kein Sieg Heil mehr, keine unfairen Schlägereien und keine NS-Kampflieder. Befreit durfte ich aufatmen.«[49] Dieses Gefühl der Sicherheit konnte dazu verleiten, Nazis zu verulken. Arnold Paucker erinnerte sich, wie zwei Freunde regelmäßig unter dem brüllenden Gelächter ihrer Schulkameraden Hitler und Goebbels nachahmten. Die Lehrer traten solchen gefährlichen Mätzchen zwar entgegen, feierten insgeheim aber selbst den Sieg des jüdisch-amerikanischen Boxers Max Baer gegen den »Arier« Max Schmeling im Kampf um die Weltmeisterschaft, indem sie für einen Tag die Schule ausfallen ließen.[50]

Ungeachtet der Erleichterung, unter anderen Juden zu sein, mußten die jüdischen Kinder lernen, jederzeit auf radikale Veränderungen gefaßt zu sein – auf neue Lehrer, neue Klassenkameraden oder neue Lehrpläne, gelegentlich auf die Verhaftung eines Vaters und auf das Verschwinden von Klassenkameraden, wenn Familien ohne jede Ankündigung auswanderten.[51] Zwischen 1933 und September 1939 verließen etwa zwei Drittel der jüdischen Kinder und Jugendlichen Deutschland.[52] Am Beispiel einer jüdischen Schule in Berlin läßt sich der ungeheure Wandel, mit dem sich jüdische Kinder auseinandersetzen mußten, verdeutlichen. Zum Jahreswechsel 1932/33 besuchten 470 Kinder die jüdische Mittelschule an der Großen Hamburger Straße. Zwei Wochen später, zu Beginn des neuen Schuljahrs, wuchs die Zahl der Anmeldungen sprunghaft auf 840, ein Jahr später auf 1 025. Danach erfolgte ein rapider Rückgang.

Als viele Familien flüchteten, sank die Schülerzahl im Frühjahr 1939 auf 380.[53]

Die Auswanderung wurde in jüdischen Schulen zu einem immer wiederkehrenden Thema. 1934 fragte eine Lehrerin der Theodor-Herzl-Schule in Berlin ihre Klasse, wieviele Familien planten, Deutschland zu verlassen. Ann Lewis, die damals sieben Jahre alt war, berichtete später:

»Fast jede Hand ging hoch. Was mich heute erstaunt [...], ist nicht die Tatsache, daß offensichtlich bereits 1934 so viele Familien vorhatten, Deutschland zu verlassen, sondern daß eine ganze Klasse von Siebenjährigen sich der Situation bewußt war und unsere Lehrerin dies auch erwartete. Wir alle wußten, was ›auswandern‹ heißt, und ich kann nicht umhin, mich zu fragen, wieviele Kinder in einer Klasse dieser Altersstufe in einer gewöhnlichen deutschen Volksschule zu dieser Zeit wohl die Bedeutung des Wortes ›Auswanderung‹ gekannt haben.«[54]

Shlomo Wahrman berichtete, in seiner jüdischen Schule habe 1936 »nur einer der mehr als dreißig befragten Schüler geantwortet, seine Familie plane, vorläufig in Leipzig zu bleiben.«[55]

Auch jüdische Kinder in öffentlichen Schulen, deren Lehrer nicht über die Auswanderung diskutierten, wußten über die Flucht der Juden Bescheid. Täglich bekamen sie mit, wie ihre jüdischen Klassenkameraden und Nachbarn abreisten. In Berlin sahen Kinder »große Lastwagen durch die Straße fahren«, vor allem in jüdischen Wohngegenden: Auf den Wagen »las man die Bestimmungsorte, Bombay, Shanghai, Sydney und viele Städte in Nord- und Südamerika.«[56] Ruth Klügers Erfahrung in Wien war für viele Kinder typisch. 1931 geboren, besuchte sie im Alter zwischen sechs und zehn Jahren acht verschiedene Schulen. Die im Zuge der Emigration von Kindern wie Lehrern zurückgehenden Anmeldezahlen zwangen jüdische Schulen, sich zusammenzuschließen. Sie erinnerte sich, daß sie an jedem Morgen bei der Ankunft in der Schule am meisten interessierte, wieviele Schüler verschwunden waren. Dann wurden die verbliebenen Schüler in eine andere Schule verlegt und mußten sich an neue Lehrer gewöhnen, da auch diese auswanderten.[57]

Jüdische Kinder, die jüdische Schulen besuchten, führten eine doppelte Existenz – sie erlebten Sicherheit in der Schule und Gefahr draußen. Doch gelegentlich scheuten die Nazis nicht davor zurück, jüdische Kinder auch innerhalb jüdischer Schulen zu bedrohen. Die Haushaltsschule des Jüdischen Frauenbundes zu Wolfratshausen etwa, ein Internat, das unmittelbar nach der nationalsozialistischen Machtergreifung von 50 auf 80 Mädchen angewachsen war, lag in einem relativ abgeschirmten Gebiet. Obwohl die Schule völlig unauffällig war, hielt eines Nachts ein Auto vor der Tür, und Männer warfen schwere Steine durch das Fenster des Schlafraums. Zwar wurde keine der Bewohnerinnen verletzt, doch alle waren furchtbar erschrocken.[58] Ähnlich bemerkten 1934 Kinder in einem jüdischen Sommerlager, daß örtliche Nazis unmittelbar gegenüber vom Lagereingang die Parolen »Die Juden sind unser Unglück« und »Tod den jüdischen Rassenschändern« an die Mauern geschmiert hatten. 1935 versammelte sich eine Gruppe von 40 bis 50 Nazis vor dem Hauptgebäude des Lagers und schrie rassistische Parolen:

»Innerhalb des Gebäudes hatten wir das Gefühl, belagert zu werden. Wir waren überzeugt, die Nazis würden jeden Augenblick in das Lagergelände eindringen. [...] Die halbe Stunde, die wir voller Schrecken verbracht hatten, wirkte sich gefühlsmäßig auf viele der jungen Camper aus. Einige hatten zu große Angst, um das Lagergelände zu verlassen. [...] Es waren für sie keine Ferien mehr.«[59]

Das feindselige Umfeld außerhalb der Schule

Auch wenn jüdische Schulen einen Anschein von Normalität bewahren halfen, erlebten die Kinder an anderen Orten Unannehmlichkeiten. Toni Lessler beschrieb mehrere Vorfälle, die den psychischen Druck veranschaulichen, dem Kindern regelmäßig auf dem Schulweg ausgesetzt waren. In einem Fall bot ein kleiner Junge in der Straßenbahn einer älteren Frau seinen Platz an. Sie dankte ihm und sagte: »So mein lieber Junge, so handelt ein echter Hitlerjunge. Das war brav von Dir.« Ängstlich erwiderte der Kleine: »Ich bin aber kein Hitlerjunge, ich bin ein jüdischer Junge«, und stieg schnell aus der Straßenbahn aus. Bei einem bedrohlicheren Vorfall forderte ein Mann in Naziuniform einen jüdischen Jungen ärgerlich auf, den Bus zu verlassen. Der Fahrer jedoch entgegnete, kein Gesetz verbiete Juden, mit dem Bus zu fahren, und andere stimmten zu. Wütend stieg der Nazi aus. Der Junge hatte von nun an Angst vor weiteren Begegnungen dieser Art.[60] Mädchen wurden durch ihr Geschlecht ebenso wenig beschützt wie kleine Kinder durch ihr Alter. Eine Frau erinnerte sich, wie Heranwachsende sie als »jüdische Kuh« verhöhnten und ihr »Spielfahrkarten nach Jerusalem« in die Hand drückten.[61] In Berlin griff eine Jungenbande sogar ein sechsjähriges jüdisches Mädchen an.[62] Jüdische Lehrer erinnerten die Kinder immer wieder daran, sich auf den Straßen ruhig und unauffällig zu verhalten, zu zweit und nicht in Gruppen zu gehen und es zu vermeiden, sich vor der Schule aufzuhalten.[63]

Elterliche Diskussionen über die Auswanderung müssen die bedrängten Kinder zusätzlich belastet haben, sowohl jener, die sie erhofften, als auch jener, die lieber bleiben wollten. Blieben sie, so waren sie der Feindseligkeit in Deutschland ausgesetzt, flüchteten sie aber, so mußten sie sich auf eine fremde Umgebung, fremde Sprachen und neue Gesichter einstellen. Einigen Kindern, vor allem Jugendlichen, war die Gefahr auf Grund dessen, was sie innerhalb und außerhalb der Schule erlebten, bewußt, und sie flehten ihre Eltern an, auszuwandern. Ruth Sass erzählte ihren Eltern von ihren Erfahrungen in der Schule und drängte sie, Deutschland zu verlassen. Von der Reaktion ihrer Eltern war sie enttäuscht:

»Sie blickten verwirrt drein. Wie konnten sie packen und alles, das ihnen [...] wertvoll war, aufgeben, und wohin sollten sie gehen? Wie konnten sie in einem fremden Land einen neuen Betrieb auf die Beine stellen, ohne die Sprache zu beherrschen, und welches Land wäre überhaupt bereit, sie einwandern zu lassen? Vor allem aber dachte meine Mutter daran, daß sie ihre Mutter nicht alleine zurücklassen würde.«

Traurig gab sie sich geschlagen. »Mir wurde immer klarer, daß ich Deutschland würde verlassen müssen, mein Heim, meine Eltern, das schöne sichere Leben, das ich kannte.« Sie verließ Deutschland auf eigene Faust, um ihre Ausbildung in Genf zu beenden.[64]

Kinder verinnerlichten auch die Spannungen, die sie daheim erlebten. In Leipzig war den Kindern orthodoxer Juden durchaus bewußt, daß ihr Vater noch rituelle Schlachtungen vornahm, als es schon längst von den Nazis verboten worden war, und sie nahmen die Sorge im Gesicht ihrer Mutter wahr und ängstigten sich um die Sicherheit ihrer Familie, falls der Vater erwischt werden würde. Zu diesem Zeitpunkt hatten die Nazis das koschere Schlachten von Tieren schon längst verboten. Die Kinder machten sich Sorgen, daß ihr Vater erwischt würde.[65] Ann Lewis erinnerte sich an den Hebräischunterricht, den ihre Eltern zu Hause mit anderen potentiellen Auswanderern nahmen. Als ihre Eltern sich dagegen entschieden, nach Palästina zu gehen, gab es plötzlich Englischunterricht. Die Sorge, ob dies nun die richtige Sprache sei, verließ sie jedoch nie.[66]

Kinder hörten aufmerksam zu und lasen die Sorge in den Mienen ihrer Eltern. Wenn sie aus politisch bewußten Familien kamen, verstanden sie sofort die Bedeutung der Machtergreifung Hitlers. Inge Deutschkron, 1922 geboren, erinnerte sich, daß sie durch ihre sozialistische Erziehung schon wußte, wie gefährlich Hitler war, als er an die Macht kam.[67] Andere bemerkten, daß sich die finanzielle Situation der Familie plötzlich änderte, wenn sie zur Mitarbeit im Familienbetrieb herangezogen wurden. Andere Kinder schnappten noch ungewöhnlichere Hinweise auf.[68] Als ein gläubiger Junge beobachtete, wie seine Mutter den Sabbat brach, um anderen zu helfen, die in Not geraten waren, begriff er: »Meine Mutter hatte den Schabbes stets peinlich genau eingehalten. Zu beobachten [...], wie sie am Schabbes kochte und buk, übte eine tiefe Wirkung auf mich aus. [...] Die Gefahren und Ungewißheiten unserer eigenen Existenz wurden mir überdeutlich.«[69]

Kinder waren sich nicht nur der politischen und sozialen Lage ihrer Familien bewußt. Sie stießen auch unmittelbar auf die Ablehnung anderer Kinder. Sie fühlten sich vielleicht noch tiefer verletzt als ihre Eltern. Eine 13jährige, die viele Freundinnen gehabt hatte, war nun »gezwungen, alleine zu sein. Wenn ich nach Hause gekommen bin, habe ich sofort meine Hausaufgaben gemacht.«[70] Einige dieser Verletzungen blieben ein Leben lang. Marion Gardner, 1931 geboren, schrieb: »Es bedeutete für mich, daß ich einsam war und bis heute [...] fällt es mir schwer, Freundschaften zu schließen. [...] Es hat nicht lange gedauert, bis man daran gewöhnt war, daß man nicht mit anderen Deutschen zusammen sein durfte.« Einmal kam Gardners jüdische Cousine aus England zu Besuch. Sie fand, sie habe keinerlei Anlaß, andere Kinder zu meiden, da sie ja aus dem Ausland kam. Folglich spielten die beiden jüdischen Mädchen mit deutschen Mädchen. Jungen aus der Umgebung bemerkten diese »Grenzverletzung« und warfen mit Steinen nach ihnen. Als die englische Cousine zusammen mit den deutschen Mädchen eine Eisdiele betrat, hatte Gardner zu viel Angst, um ihnen zu folgen. Als ihre Cousine sie aufzog, ging sie schließlich doch mit hinein; zu ihrer Überraschung geschah nichts. Die Erinnerung an ihre Angst hat sie jedoch nie vergessen.[71]

Wie solche und ähnliche Vorfälle zeigten, erstreckten sich die Stigmatisierung, die Unfreundlichkeit und Gewalt, die sich gegen die Erwachsenen richteten, auch auf die Kinder. Als ein Mädchen von seiner früheren Freundin geschlagen wurde, wehrte es sich. Das »arische« Mädchen sagte zu ihr: »›Du bist ein Jude, du kannst mich nicht wiederhauen.‹ Da bin ich zu meinem Vater, und hab ihn gefragt, und er sagte ›ich glaube nicht‹, und da verstand ich es.«[72] Jungen, die noch eher in Streit gerieten als Mädchen, empfanden solche Warnungen als besonders schmerzvoll. Ein Junge, »der Stärkste in der Klasse«, geriet beim ersten Mal, als er mit dem Schimpfwort »Saujude« konfrontiert wurde, in eine Rauferei. Es verletzte und empörte ihn, daß seine Familie und sogar sein Onkel, der Boxer war, ihm daraufhin Vorwürfe machte: »Sein Vater könnte ein großer Nazi sein. Das kann uns alle ins Verderben stürzen. Tu das niemals wieder!«[73] Manchmal führten solche Frustrationen dazu, daß Kinder ihren Ärger gegen die Eltern richteten. Ein Mann schrieb, er habe das Hakenkreuz und die Naziflagge »und alles, was damit verbunden war«, gehaßt. »Ich konnte es nicht ansehen, ohne zornig zu werden. Ich war voller Wut und ließ sie durch Ungezogenheiten selbst an meiner armen Mutter aus.«[74]

Vielleicht schenkte nur der Schlaf den Gehetzten eine Atempause, wie der Traum einer Achtjährigen anschaulich macht. In dem Traum zeigten ihr die Klassenkameraden ihre Hakenkreuzabzeichen und verspotteten sie, weil sie keine solchen Abzeichen haben könne. Sie erwiderte, sie könne durchaus welche haben, und zeigte ein Armband voller Hakenkreuze. Die Kinder protestierten, und der Lehrer riß es ihr weg und sagte, sie dürfe es nicht tragen. Triumphierend verkündete sie, sie sei Hitler begegnet, und er habe gesagt, sie sei ein braves Kind, und habe ihr die ganzen Hakenkreuze geschenkt. Daraufhin verhielten sich der Lehrer und die Kinder freundlich zu ihr.[75]

Größere Kinder achteten auf die Medien stärker als sie es für gewöhnlich getan hätten: Ein Junge schrieb, er habe als 13jähriger sorgfältig die Zeitung gelesen und sich über die verzweifelte Lage der Juden in Deutschland Gedanken gemacht.[76] Auch wer keine unmittelbare Furcht empfand, war zumindest von einer diffusen Sorge erfüllt. Eine Frau erinnerte sich: »Die Erwachsenen verhielten sich seit einiger Zeit anders. Alle waren voll Sorge, schienen Angst vor etwas zu haben, das ihre Existenz bedrohte. Und wo immer sich zwei Personen trafen, verloren sie sich in endlose Diskussionen.«[77] Jüdische Kinder wurden daher rasch erwachsen. Eine Frau erinnerte sich daran, daß sie seit 1932 Angst vor den Nazis hatte, und schrieb: »Ich stand mit meinen zehn Jahren am Zaun und dachte, jetzt ist deine Kindheit vorbei.«[78] 1936 hatte die 14jährige Miriam Carlebach regelmäßig antisemitische Schilder und Zeitungen, Aufmärsche der Hitlerjugend und Boykotte jüdischer Geschäfte gesehen. Ihre liebsten nichtjüdischen Nachbarn hatten sich zurückgezogen, und ein antisemitischer Vermieter hatte ihre Familie gezwungen, sich eine neue Wohnung zu suchen. Zu Beginn des Jahres 1938, mit 16 Jahren, beschloß sie ganz für sich alleine, die Zeit sei gekommen, Deutschland zu verlassen und nach Palästina zu ziehen.[79]

Jüdische Jugendliche

1933 lebten in Deutschland etwa 58 000 jüdische Jugendliche zwischen 16 und 24 Jahren.[80] Heranwachsende und junge Erwachsene brauchten und hatten mehr Freiheiten als Kinder. Auch waren die Herausforderungen für sie anders. Ruth Sass aus Düsseldorf erinnerte sich: »Alle paar Monate ergab sich eine neue Situation und mußte wie eine weitere Hürde übersprungen werden.« Dennoch war sie 1933 und 1934 noch »in der Lage, ein normales Leben zu führen. Im Winter konnte ich Eis laufen und [...]

Jüdische Kinder bei einem Sportfest, Berlin 1937. (Mit freundlicher Genehmigung des Leo Baeck Institute, New York)

in den Bädern der Stadt schwimmen gehen. Eine Gruppe von Mädchen und Jungen traf zusammen und nahm Tanzunterricht. Ich hatte auch meinen ersten Freund.«[81] In Großstädten konnten die Furchtloseren – zumindest bis 1938 – noch ins Café oder ins Kino gehen. Allerdings konnte ein harmloser Ausflug mit jüdischen Freunden in einer Konfrontation enden. Als in Danzig eine Gruppe junger Juden, alle Anfang zwanzig, in einen Biergarten ging, wurden sie von deutschen Gästen angepöbelt. Eine aus der Gruppe, ebenso blond wie jüdisch, wurde als Hure beschimpft, da sie sich mit Juden abgebe. Eine Mutter berichtete: »Ich zitterte, wenn mein Junge das Haus verließ, man war nie sicher, daß sich nicht irgend etwas [Schreckliches] ereignete.«[82]

Zunehmend wurden jüdische Jugendgruppen zu Quellen der Kameradschaft, Ablenkung und Hoffnung für die jungen Leute. Vor 1933 hatten viele jüdische Kinder und Jugendliche nichtkonfessionellen Gruppen angehört, während jüdische Organisationen lediglich eine Minderheit ansprachen. 1932 gehörten etwa 26 000 Jugendliche – oder 25–30 Prozent der jüdischen Jugend – jüdischen Organisationen an. Diese Gruppen unterteilten sich in jene, in denen die deutsche Kultur im Mittelpunkt stand (etwa die 1916 gegründeten nicht-zionistischen »Kameraden«), jene mit einer religiösen Orientierung (der orthodoxe Verein »Esra«, ebenfalls 1916 gegründet) und solche mit zionistischer Ausrichtung (wie etwa »Blau-Weiss«, gegründet 1912). Es gab zudem jüdische Sportvereine und Studentenverbindungen, allerdings keine Vereinigungen für jüdische Studentinnen. 1933 existierten in Deutschland 97 eingetragene jüdische Jugendgruppen.[83]

In der Folgezeit wuchs die Mitgliedschaft in jüdischen Gruppen dramatisch an. 1936 waren 50 000 Jugendliche zwischen 12 und 25 Jahren – etwa 60 Prozent aller Jugendlichen – beigetreten. Schon früh war ihr Handlungsspielraum begrenzt: Die Mitglieder durften nicht mehr an öffentlichen Orten zelten, Uniformen tragen oder in Gruppenformation auftreten. Die Zusammensetzung der Gruppen veränderte sich ständig, wenn Mitglieder auswanderten oder wegzogen, um eine Lehre zu absolvieren oder landwirtschaftliche Ausbildungszentren zu besuchen. Dennoch spielten diese jüdischen Jugendorganisationen eine wichtige Rolle, da sie den Jugendlichen eine Zufluchtstätte boten, wo sie sich von den belastenden Situationen bei der Arbeit, in der Schule und in den angespannten Familien kurzfristig erholen konnten. Auch halfen sie einigen Jugendlichen, das politische Urteil der Eltern, die hofften, in Deutschland bleiben zu können, zu hinterfragen, und erhöhten die Bereitschaft der Jüngeren, das Land zu verlassen. Anderen halfen sie, die bürgerlichen Illusionen von Eltern in Frage zu stellen, die immer noch die erfolgreiche bürgerliche Karriere der Kinder im Blick hatten, und lenkten die Jugendlichen statt dessen auf Berufe, die für die Emigration nützlich sein könnten.

Ein Beispiel einer solchen Organisation, die eine jüdische, aber nicht-zionistische Ausrichtung bevorzugte, war der Bund deutsch-jüdischer Jugend (1936 umbenannt in Bund jüdischer Jugend). Der Verein zählte etwa 5 000 Mitglieder und war in 16 regionale Organisationen untergliedert. Zu seinen Mitgliedern, die meist unter zwanzig waren, gehörten Studierende, Lehrlinge, Angestellte und Arbeitslose. Die meisten Mitglieder stammten aus der Mittelschicht, einige aus der Arbeiterschaft. Viele waren aus deutschen Organisationen gekommen und hatten, abgesehen von der Erfahrung der Ablehnung durch frühere Freunde, wenig miteinander gemeinsam. Sie »beschlossen, zu [ihren] Wurzeln, zur jüdischen Geschichte zurückzukehren«, und trafen sich privat, in Büros und Zeltlagern, um bei Lehrern zu lernen.[84] Sie standen einer jüdischen Identität offen gegenüber, lehnten aber nicht Deutschland an sich ab: »Wir liebten die idyllischen Seen, romantischen Flüsse und malerischen Städte«, das »andere Deutschland [...] Goethes, Schillers und Lessings«.[85] Ungeachtet ihrer Verbundenheit mit dem aufgeklärten Deutschland wollten sie mit Hilfe der Organisation neue Fähigkeiten erwerben, die ihnen in Auswanderungsländern nutzen könnten. 1936 wurde ein Bauernhof im schlesischen Groß Breesen für einige dieser nicht-zionistischen Jugendlichen zu dem Ort, an dem sie sich auf ein Leben körperlicher Arbeit vorbereiteten, bis der Hof im November 1938 von der SS beschlagnahmt wurde.[86]

Eine der größten Gruppen vor 1933 sind die Jüdischen Pfadfinder mit 65 Ortsgruppen im Jahre 1931/32 gewesen. Nach ihrem Zusammenschluß mit dem zionistischen *Maccabi Hazair* 1934 wurden die JPF-MH zur größten jüdischen Jugendgruppe in Deutschland. Ein Jahr darauf stellten die Zionisten fest, über 60 Prozent der jüdischen Jugendlichen seien in zehn ihrer großen Organisationen vereinigt.[87] Zionistische Organisationen stellten *Hachscharah*-Zentren bereit, in denen junge Menschen landwirtschaftlich ausgebildet und so auf Palästina vorbereitet wurden. Die Zionisten brachten den jüdischen Jugendlichen auch etwas über das Judentum bei – Themen, von denen diese nie etwas gehört hatten, in denen sie schlecht unterrichtet worden waren oder die sie vergessen hatten.[88] Einige Jugendliche wechselten unter dem Druck der extrem unbeständigen Zeiten schnell ihre Loyalitäten, manchmal innerhalb eines Jahres vom säkularen jüdischen Nationalismus zu deutschem Antifaschismus oder gar zu jüdischer Religiosität überlaufend.[89]

Dieses Miteinander der jüdischen Jugend spiegelte einen Generationenkonflikt mit den Eltern wider, den es zugleich verstärkte. Junge Menschen sahen in Deutschland für sich keine Zukunft mehr, während viele Eltern an allem festhielten, was sie noch hatten und was ihnen vertraut war. Der Generationsunterschied, diese Diskrepanz in den Haltungen, trat nach dem Tod Hindenburgs 1934 in aller Schärfe zutage. Arnold Paucker, der in diesen Jahren Mitglied der jüdischen Jugendbewegung war, berichtete, die meisten Jugendlichen hätten sich darüber lustig gemacht, wie traurig ihre Eltern, gleichgültig welcher politischen Überzeugung sie anhingen, auf den Tod des Reichspräsidenten reagierten. Junge Juden empfanden diesen nicht als Verlust. Paucker erzählte, daß die meisten darauf bestanden, wenigstens etwas Spaß zu haben. Sie hielten an den Hoffnungen und Träumen der Jugend fest: Auch in finsterster Zeit gab es unter jüdischen Jungen und Mädchen den Willen zu leben, Lebenslust, Spaß am Unsinn und Humor.[90]

Der Generationskonflikt wurde vor allem in der Beziehung zwischen in Deutschland verwurzelten Eltern und neuerdings zionistisch eingestellten Kindern sichtbar. Indem sie an einer neuen Kultur teilnahmen und sich – wenigstens mental – darauf einstellten, Deutschland zu verlassen, gaben junge Menschen ihrer Hoffnung eine konkrete Form und fanden Trost. Viele Eltern hatten sich schon lange vor den dreißiger Jahren politisch wie philosophisch gegen den Zionismus entschieden. In Bielefeld definierten sich die zionistischen »Pfadfinder« (bereits vor 1933) als »innerjüdische Opposition und verstanden ihr oppositionelles Verhalten als bewußte Antwort auf den gesellschaftlichen Ausgrenzungsprozeß.« Ungeachtet ihres offiziellen Zionismus agierte die Bielefelder Gruppe 1934 jedoch »verdeckt zionistisch«, denn ein »offenes Bekenntnis als zionistische Jugendbewegung hätte eine kaum kalkulierbare negative Reaktion der Eltern provoziert.«[91] Andere, weniger politisch engagierte Eltern fürchteten einfach, ihre Kinder würden in das ferne Palästina auswandern. Ruth Sass, 1919 geboren, fühlte sich von zionistischen Jugendgruppen angezogen, doch ihre Mutter »wollte nicht, daß [sie] auf die Idee käme, auszuwandern und weit weg zu gehen«.[92]

Typisch für jüdische Jugendliche ist der Wandel, den Luise Stern vollzog. Sie empfand eine enge Bindung an ihr deutsches Erbe, das sie als Liebe zur Natur und als ein romantisches Gefühl für die Ideale Schillers und Goethes beschrieb. Als Jugendliche gehörte sie einem Wander- und Gesangsverein an. Als sie einmal Bedenken äußerte, ob sie weiter Mitglied dieser Gruppe bleiben solle, drängte ihre »arische« Freundin sie zu bleiben und fügte hinzu: die anderen »wissen doch nichts, weil du nicht jüdisch aussiehst«. Diese Bemerkung verletzte sie so tief, daß sie sofort austrat. Statt dessen suchte sie sich jüdische Jugendliche, die sich zum ersten Mal organisierten. Die Jugendlichen hatten 19 Jahre lang in derselben Stadt, in Konstanz, gelebt, ohne je das Bedürfnis zu verspüren, einander als Juden kennenzulernen. Plötzlich wollte Luise Stern alles über das Judentum, die Bibel und jüdische Geschichte wissen, »um Tröstung und einen einsehbaren Grund für all das zu finden, was geschah«. Schritt für Schritt näherte sie sich dem Zionismus an. Ihre Sympathie für diese neue Überzeugung erzürnte ihren Vater, einen Veteranen des Ersten Weltkriegs, derart, daß er sich wochenlang weigerte, mit ihr zu reden.[93]

Trotz der Mißbilligung ihrer Eltern waren die jüdischen Jugendlichen begeistert von den Aktivitäten und Institutionen, die von privater Seite oder von Gruppen der jüdischen Gemeinde angeboten wurden. Als etwa erkennbar wurde, daß Juden in deutschen Jugendherbergen nicht länger willkommen waren und es ihnen schließlich ganz verboten wurde, sie aufzusuchen, wurde im Juli 1934 in Zusammenarbeit mit dem Reichsbund Jüdischer Frontsoldaten für jüdische Jugendgruppen das »Haus Bertha« gegründet. Mitten im Wald und in der Heide gelegen, etwa zwanzig Kilometer von Gelsenkirchen entfernt, bestand es bis zu seiner Schließung durch die Nazis im Jahr 1937. Die Jugendlichen, die es besuchten, trieben Sport, wanderten und nahmen an Kursen über jüdische Themen teil. Laut Aussage der Besucher war die Herberge »ein Hoffnungsstrahl, wenn auch nur für kurze Zeit«. Ein 16jähriger Junge glaubte, sein Aufenthalt dort habe ihm das »Rückgrat« gegeben, um die enormen Anpassungen zu bewältigen, die ihm seine Auswanderung abverlangte. Ein Besucher charakterisierte das dreijährige Bestehen der Herberge zusammenfassend mit der Bemerkung, sie habe vielen Hunderten von jüdischen Jungen und Mädchen Ferien ermöglicht, die sie nirgendwo anders in Deutschland hätten haben können.[94]

Halbjüdischen Jugendlichen – oder »Mischlingen« – fiel es weit schwerer als jüdischen Gleichaltrigen, einen Freundeskreis zu finden. Von den meisten »arischen« Vereinen und Aktivitäten ausgeschlossen, blieben sie auch von jüdischen Aktivitäten isoliert. Zunächst versuchten viele dieser Kinder und Jugendlichen, ihre teilweise jüdische Abstammung zu verleugnen. Im Alter von zehn Jahren, wenn die meisten »Arier« in die Nazijugendgruppen eintraten, konnten sie allerdings ihren Status als »Mischlinge« nicht länger verbergen. Christliche Gruppen stellten die gleichen Anforderungen wie die Nazigruppen. Eine junge Protestantin, die als Jüdin betrachtet wurde, weil sie drei jüdische Großeltern hatte, konnte weder bei Christen noch bei Juden für sich einen Ort finden. Sie machte eine Ausbildung als Krankenschwester, durfte aber als Christin nicht im Jüdischen Krankenhaus in Hannover leben und wurde andererseits von »Ariern« aus dem Zimmer geworfen, das sie gemietet hatte, weil diese nicht mit einer »Nichtarierin« zusammenleben wollten. Schließlich fand sie eine Unterkunft in einem christlichen Heim für »gefallene Mädchen«.[95] Cordelia Edvardson, eine Katholikin mit drei jüdischen Großeltern, wurde aufgefordert, ihre katholische Mädchengruppe zu verlassen. Die Leiterin teilte ihr mit, der Verein würde darunter leiden, wenn sie bliebe, und fügte hinzu: »Du kennst doch unsere Losung: Einer für alle und alle für einen.« Traurig fügte sich Cordelia, fragte sich allerdings, wieso dies nicht der Augenblick war, in dem es das »alle für einen« zu betonen galt.[96]

Einige halbjüdische Jugendliche hatten das Glück, in den wenigen und weit verstreuten Jugendgruppen der Quäker unterzukommen. Dort traf eine Frau »Mischlinge wie mich, ›ersten oder sogar zweiten Grades‹, oder Kinder von Eltern, die in Konzen-

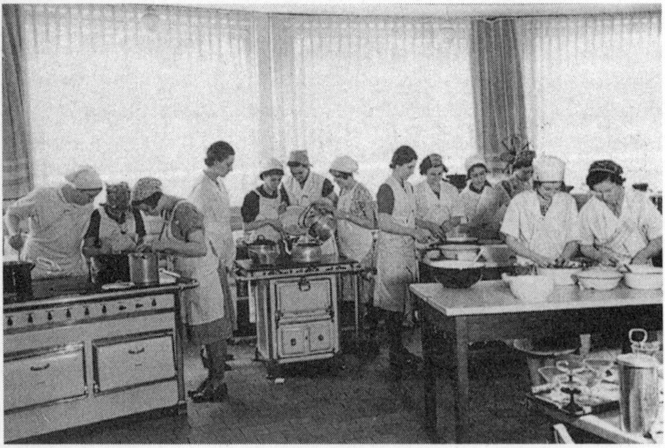

Hauswirtschaftsschule in Essen. (Mit freundlicher Genehmigung des Leo Baeck Institute, New York)

trationslagern waren oder sonst politisch verfolgt wurden.« Diese Jugendlichen unter der Obhut der Quäker sangen deutsche Volkslieder, veranstalteten Spiele, wanderten und »verhielten sich so, wie deutsche Jugendliche sich auch sonst verhielten. Selbstverständlich mußten oder durften wir nicht – das hängt von der jeweiligen Sichtweise ab – der Hitlerjugend oder dem BDM beitreten.«[97] Die meisten Jugendlichen aus Mischehen fielen jedoch zwischen die Fronten. Ein Jugendlicher stellte fest, die Gefühle selbst derjenigen »Arier«, die ihr Mitgefühl äußerten, ließen sich in der Aussage zusammenfassen: »Sie können doch schließlich nichts dafür, daß ihre Eltern …« – worin sich zwar Mitleid, keineswegs aber eine Anerkennung von Gleichheit ausdrückte.[98]

Jüdische Jugendliche litten unter sozialer Isolation. Zusätzlich verdüsterten sich auch ihre wirtschaftlichen Zukunftsaussichten. Die Zulassungsbeschränkungen von Juden in Handels- und Berufsschulen sowie ihr Ausschluß von Universitäten und höheren Bildungseinrichtungen schränkten ihre Berufsaussichten ein. Die Nazis behinderten auch die wenigen, die – wie Lotte Dixon – erfolgreich promovierten. Die Gestapo beschlagnahmte Lotte Dixons Dissertation und ihre Notizen, so daß sie ihren Titel erst nach dem Krieg erhielt.[99] Die jüdischen Ausbildungsprogramme waren auch deshalb begrenzt, weil jüdische Unternehmen, in denen ein Jugendlicher eine Lehre hätte absolvieren können, schließen mußten. Zwar gab es Ausbildungszentren der jüdischen Gemeinden, doch die Zahl der Bewerber übertraf ständig die verfügbaren Plätze. Außerdem beseitigten immer wieder neue Vorschriften die Möglichkeiten der Berufswahl. So hatten etwa 1935 einige Länder verfügt, Lehrerinnen für landwirtschaftliche Haushaltsführung müßten »arisch« sein, und nur »Arierinnen« dürften sich als Hebammen, Sozialarbeiterinnen oder Physiotherapeutinnen qualifizieren.[100] Stellten sich jüdische Mädchen vor 1933 gewöhnlich auf einen kaufmännischen Beruf ein, so berichtete die Jüdische Stellenvermittlung und Berufsberatung Mitte 1935, die Hälfte aller schulentlassenen Mädchen wollten Schneiderinnen werden.[101] 1937, als junge Frauen ihr Hauptaugenmerk auf Berufe verlagert hatten, die in Auswanderungsländern von Nutzen sein konnten, planten 24 Prozent aller Absolventinnen jüdischer Schulen eine handwerkliche Ausbildung. Am häufigsten (ca. zwanzig Prozent) wählten sie immer noch die

Schneiderei, da – wie eine Frau sagte – »das Nähen keine Sprache kennt«.[102] 16 Prozent ließen sich als Haushaltshilfen ausbilden, 13 Prozent für den Handel und 12 Prozent als Sozialarbeiterinnen. Ende 1937 boten ungefähr 30 Einrichtungen eine hauswirtschaftliche Ausbildung an. Damit sie keine unrealistischen Erwartungen hegten, sie könnten im Ausland eine Universitätsausbildung fortsetzen, warnte man sie, jüdische Mädchen hätten auch im Ausland kaum eine Chance zu studieren, da die wenigen Stipendien jungen Männern vorbehalten seien.[103]

Was die Einschränkung der Berufsaussichten praktisch bedeutete, läßt sich an der Erfahrung von Annemarie Scherman ablesen, die 1933 16 Jahre alt war. Ursprünglich wollte sie Goldschmiedin werden, doch als »Mischling« konnte sie in Deutschland keine Lehre mehr machen. Sie absolvierte daher eine Ausbildung als Kinderkrankenschwester und bestand ihre Prüfungen mit Auszeichnung, wurde aber nicht zum staatlichen Examen zugelassen. Als sie versuchte, sich an der Universität für Medizin einzuschreiben, mußte sie auf einer Bank für jüdische Studierende sitzen und einen Studentenausweis mit einem gelben Querstreifen mit sich führen. Bekümmert versuchte sie, medizinische Assistentin zu werden, mußte aber feststellen, daß Juden und »Mischlinge« von diesem Beruf ausgeschlossen waren. Schließlich absolvierte sie eine kaufmännische Ausbildung, lernte Stenographie, Schreibmaschine und andere Fähigkeiten, die sie als Sekretärin qualifizierten. 1938 bestand sie ihre Prüfung, konnte aber keine Stelle finden, weil jedes Bewerbungsformular »unter anderen Fragen diejenige stellte, ob man ›artverwandten Blutes‹ sei«. Sie fand schließlich für kurze Zeit einen Arbeitsplatz bei einer Zeitung und arbeitete dann als Assistentin für einen Arzt, der dem Regime kritisch gegenüberstand.[104] Im Vergleich zu anderen, die noch jünger waren als sie, konnte sie noch von Glück sprechen. 1942 durften »Mischlinge ersten Grades« keine deutsche Schule mehr besuchen.

Häufig stritten Eltern und Kinder über die unterschiedlichen Vorstellungen, die sie von der Zukunft des Kindes hatten. Besonders oft kam es zwischen Mädchen und ihren Eltern zu solchen Auseinandersetzungen. Eine Schulumfrage aus dem Jahr 1935 deutete darauf hin, daß Mädchen Büroberufe oder die Arbeit mit Kindern (etwa als Kindergärtnerin) bevorzugten, während ihre

Eltern meinten, sie sollten Näherinnen werden oder in einem Haushalt arbeiten. Bei den Jungen neigten Eltern eher dazu, ihrer Entscheidung für ein Handwerk oder eine landwirtschaftliche Ausbildung zuzustimmen. Zudem waren, abgesehen von der Hausarbeit, die Chancen für Mädchen weit begrenzter als für Jungen. Wohlfahrtsorganisationen rieten zum Stricken oder Schneidern, während die Möglichkeiten, die man Jungen empfahl, breiter gefächert waren – wie etwa Anstreicher, Plakatdesigner, Möbelpolsterer, Schuhmacher, Färber, Schneider oder gelernte Fabrikarbeiter zu werden.[105]

Die ungleichen Chancen wurden noch dadurch verschlechtert, daß Eltern offensichtlich Mädchen lieber zu Hause behielten, sei es um sie vor unangenehmer Arbeit zu schützen, sei es weil sie sich zu Hause nützlich machen konnten. Ein 1937 verfaßter Bericht über die Berufsausbildung Jugendlicher deutet darauf hin, daß 70 Prozent der Mädchen, die von der Schule abgingen, jede Art von Ausbildung ablehnten.[106] In seinen Memoiren beschrieb etwa Ezra BenGershom, wie sein Vater entschied, er und seine beiden Brüder sollten eine Berufsausbildung machen, während seine Schwester im Haus helfen sollte.[107]

Abgesehen von solchen familiären Strategien waren auch die Wohlfahrtseinrichtungen der jüdischen Gemeinden für die relativ geringe Teilnahme von Mädchen an Ausbildungsprogrammen verantwortlich. Oft bildeten sie Jungen bevorzugt aus und boten ihnen eine größere Vielfalt von Ausbildungsmöglichkeiten sowie finanzielle Unterstützung an.[108] 1937 hielt ein selbstkritischer Bericht der Zentralstelle für jüdische Wirtschaftshilfe fest, nur 25 Prozent seiner Auszubildenden seien Mädchen.[109] 1938 verkündete der Jüdische Frauenbund, ein regionales Wohlfahrtsamt habe 72 Jungen, aber nur 10 Mädchen finanziell unterstützt.[110]

Jüdische Zeitungen legten Familien dringend nahe, ihren Töchtern eine hauswirtschaftliche Ausbildung zukommen zu lassen, und rieten Eltern, den Verlust des bürgerlichen Status zu akzeptieren. Ein Artikel mit dem Titel »Das hat meine Tochter nicht nötig!« übte scharfe Kritik an Müttern, die es ablehnten, ihre Töchter als Hausangestellte ausbilden zu lassen.[111] Und dennoch, die altmodische Vorstellung, Mädchen bräuchten keinen Beruf, da sie ohnehin irgendwann heiraten würden, hielt sich in manchen Familien selbst dann noch, als sie immer stärker in Widerspruch zur Wirklichkeit trat. Einige Mädchen fühlten sich durch die Entscheidungen ihrer Eltern möglicherweise beschützt. Andere waren zweifelsohne enttäuscht, und ihre Angst wurde dadurch verstärkt, daß ihnen jede für die Emigration nützliche Ausbildung fehlte. Nur Mädchen, die sich einer Jugendgruppe angeschlossen hatten, dürften die politische Weitsicht und psychische Kraft besessen haben, gegen den Willen ihrer Eltern auf einer solchen Ausbildung zu bestehen. Im Juli 1936 konnte das Jüdische Auswandererlehrgut Groß Breesen seine Mädchenabteilung nicht vollständig besetzen, mußte jedoch vierhundert Jungen ablehnen.[112]

»Aus Kindern wurden Briefe«

Zwischen 1934 und 1939 trafen Tausende von Eltern die schmerzliche Entscheidung, ihre Kinder aus Deutschland wegzuschikken, entweder mit den »Kindertransporten« oder ganz auf sich allein gestellt. Mindestens 18 000 Kinder »ohne Begleitung« verließen Deutschland. Viele Jugendliche reisten in die Schweiz oder nach England, sofern die Eltern über die finanziellen Mittel verfügten, dort eine Ausbildung für ihre Kinder zu bezahlen. Andere Jugendliche begaben sich auf eigene Faust ins Ausland, nachdem sie sich in landwirtschaftlichen Ausbildungszentren darauf vorbereitet hatten.[113] Einige dieser »Auswandererlehrstätten« wurden außerhalb Deutschlands errichtet, etwa das 1934 in Holland gegründete landwirtschaftliche Ausbildungszentrum *Werkdorp Nieuwesluis* für jüdische Lehrlinge. 1936 gab es Lehrstätten in zehn weiteren europäischen Ländern, in denen 843 junge Männer und 288 junge Frauen eine landwirtschaftliche Ausbildung erhielten, die Frauen zumeist im hauswirtschaftlichen Bereich.[114]

Anderen gelang es, als Bedienstete auszureisen, Mädchen und junge Frauen gewöhnlich als Haushaltshilfen und -lehrlinge. Sie gingen in der Regel nicht davon aus, daß sie zurückkehren würden. Viele, wie Ruth Eisner, hatten ihre Familie zur Auswanderung gedrängt. Als ihr Vater dies ablehnte, bat die 16jährige: »Laßt mich wenigstens fort!«[115] Einige Kinder hofften, nach Deutschland zurückkehren zu können, um ihre Eltern zu besuchen. Zu ihrer Bestürzung verbot die Regierung bald ihre

Wiedereinreise. Als eine 15jährige Mitte der dreißiger Jahre ihre Eltern besuchte, drohte man ihr mit Verhaftung, sollte sie das Land nicht sofort wieder verlassen.[116] 1938 betrachtete die 16jährige Miriam Carlebach ihr Palästinazertifikat als »Lebensgarantie«. Während sie auf ihre Ausreise wartete, versahen Beamte ihren Reisepaß mit drei Stempeln – mit dem roten *J* für »Jude«, mit der Erlaubnis, 30 Mark außer Landes mitzunehmen, und mit einer Erklärung, sie dürfe Deutschland nie wieder betreten.[117]

Eltern suchten nach Familien oder Freunden im Ausland, die ihre Kinder aufnehmen konnten. Eine Mutter erklärte, als sie sich Ende 1938 mit einer entsprechenden Bitte an ihre Schwester in New York wandte:

»Ich hatte jetzt mein Leben sehr oft satt, aber – man darf sich nicht unterkriegen lassen, man hat ja Pflichten an seinen Kindern. Am 15. Juni ist Rolly dreizehn Jahre alt geworden! [...] Über seine Zukunft mache ich mir sehr viel Sorgen. Nach Palästina will er nicht, aber nach Amerika. Wäre es Dir nicht möglich, dort eine Familie zu finden, die den Jungen aufnehmen und erziehen würde? Ich darf natürlich gar nicht an eine Trennung denken, aber was hilft's, es geht doch heute allen Eltern so, alle müssen die Kinder ins Ausland geben!«[118]

Noch vor dem Novemberpogrom brachten britische Rettungsgruppen, darunter auch Quäker, deutsch-jüdische Flüchtlingskinder nach England, allerdings nur in kleiner Zahl. Durch den Pogrom zu verstärktem Handeln gedrängt, organisierten diese Gruppen die ersten größeren »Kindertransporte«, die im Dezember 1938 Berlin, Hamburg und Wien verließen. Auch die Zionisten verstärkten nach dem Pogrom ihre Anstrengungen und brachten mehr Landwirtschaftslehrlinge als je zuvor nach Palästina.[119] Nach dem November 1938 gelangten zwischen 8 000 und 10 000 Kinder durch die »Kindertransporte« nach England, 3 400 nach Palästina und einige in andere europäische Staaten und in die Vereinigten Staaten.[120] Dort wurden sie in Pflege gegeben oder lebten – in Palästina – in Kibbuzim oder in Kinderheimen, bis ihre Eltern zu ihnen stoßen konnten. Viele Eltern schafften es nie.

Die Kinder, die nach Palästina gingen, taten dies unter der Obhut der Jugendalijah. Von Recha Freier in Berlin ins Leben gerufen und finanziell von der *Hadassah*, der zionistischen Frauenorganisation in den Vereinigten Staaten, unterstützt, rettete sie über 3 200 Kinder aus Deutschland. Vorgesehen war, daß von diesen Kindern 60 Prozent Jungen und 40 Prozent Mädchen waren. Dieses prozentuale Verhältnis erklärt sich aus der geplanten Arbeitsaufteilung in den Kibbuzim, in denen die Kinder arbeiten sollten.[121]

Für Kinder konnten die »Kindertransporte« eine schrecklich schmerzhafte Erfahrung, ein großes Abenteuer oder beides bedeuten. In den Erinnerungen von Männern an ihre Jugendjahre tauchen Momente der Abenteuerlust auf: »Für mich war es ein Abenteuer; für [meine Eltern] muß es eine Qual gewesen sein.«[122] Einige Kinder gingen in ein Land, während ihre Eltern in ein anderes flohen. In einem Brief an Verwandte im Ausland machte sich eine Frau Sorgen darüber, daß ihre Freunde nach Shanghai unterwegs waren, während ihre Kinder mit einem »Kindertransport« nach England reisten, gestand aber ein: »All das erschüttert uns nicht mehr, wir sind an ganz andere Sachen gewöhnt.«[123]

Für Eltern konnte die Entscheidung, ein Kind wegzuschikken, den unerträglichsten Moment in ihrem Leben bedeuten. Die Wendung »aus Kindern wurden Briefe« offenbart ihre Verzweiflung.[124] Eine Frau erinnerte sich, daß ihre Mutter in Ohnmacht fiel, nachdem sie im Alter von 18 Jahren die schriftliche Genehmigung erhalten hatte, als Kinderfräulein nach England auszureisen.[125] Viele Mütter, deren Ehemänner sich im Ausland aufhielten oder im Konzentrationslager waren, trafen die qualvolle Entscheidung, ihre Kinder aus Deutschland wegzuschicken, ganz allein und litten schrecklich unter dem Verlust der täglichen Nähe. Herta Beuthner, deren Mann in Argentinien war, schickte ihren Sohn nach Palästina, um zu verhindern, daß er mit 15 Jahren zur Zwangsarbeit herangezogen wurde: »Die Trennung von meinem einzigen Kind zerriß mir das Herz. Viele Tage und Nächte lag ich in meinem Bett, weinte und wollte nicht mehr weiterleben.«[126]

Einige Mütter konnten den Gedanken, sich von ihren Kindern zu trennen, nicht ertragen. Beinahe 50 Jahre später erinnerte sich Miriam Gillis-Carlebach, daß ihre Mutter, Lotte Carlebach, auf die Mitteilung hin, sie wolle nach Palästina ausreisen, die Hände vors Gesicht schlug und weinte: »Meine einzige Miriam.« Miriam versuchte sie zu trösten: »Aber Mutti! Acht Kinder bleiben Dir doch noch zu Hause!« Ihre Mutter wollte sich jedoch nicht trösten lassen: »Jedes Kind ist mein einziges, ich habe schon jetzt Sehnsucht.«[127] Während Lotte Carlebach die Wünsche ihrer Tochter verstand und der Auswanderung zustimmte, war Ruth Klügers Mutter nicht so verständnisvoll, was dazu führte, daß beide, Mutter und Tochter, nach Auschwitz deportiert wurden. Beide überlebten, doch noch viel später in ihrem Leben erinnerte sich Klüger, wie enttäuscht sie war über die Weigerung ihrer Mutter, sie mit einem Kindertransport reisen zu lassen. Ein junger Mann aus der jüdischen Gemeinde hatte ihre Mutter wissen lassen, es gebe eine letzte Chance, ihr Kind nach Palästina zu schicken:

»Mir klopfte das Herz, denn ich wäre liebend gern weggefahren, auch wenn es ein Verrat an ihr gewesen wäre. Aber sie hat mich nicht gefragt und nicht einmal angeschaut, sondern sagte, ›Nein. Man trennt kein Kind von der Mutter.‹ Auf dem Heimweg kämpfte ich mit meiner Enttäuschung, die ich ihr ja nicht ausdrücken konnte, ohne sie zu verletzen. Ich glaube, das hab ich ihr nie verziehen.«[128]

Kinder waren bereit, alle Verbindungen zu ihrer Heimat abzubrechen. Eltern fürchteten eine ungewisse Zukunft im Ausland. Kinder dagegen reagierten beinahe instinktiv auf die gegenwärtigen Gefahren daheim.

Bis zum Jahr 1939 war es 82 Prozent der Kinder von 15 Jahren und darunter und 83 Prozent der Jugendlichen zwischen 16 und 24 Jahren gelungen, Deutschland zu verlassen. Die zurückgebliebenen jüdischen Kinder hatten immer weniger Freunde, besonders außerhalb der Großstädte. 1937 zählten etwa in Hessen-Nassau 87 Gemeinden weniger als 10 jüdische Kinder und Jugendliche, und nur 13 Gemeinden gehörten zwischen 20 und 35 Kinder und Jugendliche an.[129] Die Chancen für die zunehmend unruhigen und verängstigten Kinder, die zurückgeblieben waren, schwanden weiter – die »Kindertransporte« reichten ebenso wenig aus wie andere Ausreisemöglichkeiten. Im Juli 1941 lebten in Deutschland noch immer etwa 25 000 Kinder und Jugendliche unter 25 Jahren.

5

Der Novemberpogrom und seine Folgen

»Das Geschäft wurde mit Brettern vernagelt. [...]
Unsere Wohnung bot [...] keine Sicherheit mehr.
Unsere Familie war auseinandergerissen.«[1]
Shlomo Wahrman

Der Novemberpogrom schlug ein wie ein Blitz, erschütterte und schockierte jeden, den er traf. Obwohl er die politische Entrechtung, wirtschaftliche Strangulierung und gesellschaftliche Ausgrenzung, die 1933 bereits eingesetzt hatten, auf die Spitze trieb, hatte kaum jemand eine solche Welle der Gewalt erwartet – Pogrome assoziierte man nur mit Rußland. Wohnungen, Betriebe und Synagogen wurden geplündert, der Lebensunterhalt zahlloser Juden zerstört. Private Räume, Wohnungen, die früher als sicher empfunden worden waren, verwandelten sich in einen Alptraum zerbrochener Möbel und zerrissener Federbetten. Jüdische Männer, häufig gedemütigt und mißhandelt, wurden in Konzentrationslager gezwungen. Jüdische Frauen blieben zurück und versuchten verzweifelt, ihre Männer zu befreien, ihre Wohnungen instandzusetzen und ihren Familien zur Flucht zu verhelfen.

Der Hintergrund des November 1938

1938 verschärften die Nazis die Verfolgung der Juden. Im März wurde der »Anschluß« Österreichs zum Auslöser dafür, daß die Juden auch dort öffentlich mißhandelt und ihre Geschäfte und Wohnungen geplündert wurden. Die Zahl der Juden im Reich wuchs um die 200 000 österreichischen Juden, so daß ihre emigrationsbedingte Verringerung wieder ausgeglichen wurde. In Deutschland erließen die Nazis noch im selbem Monat das »Gesetz über die Rechtsverhältnisse der jüdischen Kultusvereinigungen«, die erste bedeutende antijüdische Gesetzgebung seit Erlaß der Nürnberger Gesetze. Dieses Gesetz beraubte die jüdischen Gemeinden ihres rechtlichen Schutzes und unterstellte sie der Verwaltung des Staates. Außerdem konnten die Gemeinden jetzt keine Steuern mehr von ihren Mitgliedern erheben, eine Beschränkung, die sie in Armut stürzen sollte. Das Gesetz kündete von einem erneuten Angriff auf die Juden.

Die Schlinge zog sich im Frühjahr zu, als Juden und »arische« Ehepartner von Juden den Wert ihres Vermögens im In- und Ausland schätzen lassen und den Behörden mitteilen mußten, sofern es 5 000 Mark überstieg: »Von hier war es nur noch ein kleiner Schritt bis zur offenen Beschlagnahme jüdischen Eigentums.«[2] Juden mußten die Behörden über alles informieren, was sie mit ins Ausland zu nehmen planten, und man verbot ihnen, Wertgegenstände aus dem Land auszuführen. Im Juni forderte die Regierung die Registrierung und Identifizierung aller jüdischer kommerzieller Einrichtungen, so als bereitete sie eine Bestandsliste der Standorte vor, die ausgeplündert werden sollten. Ein jüdischer Jugendlicher erinnerte sich an seine Wut, als er erstmals ein Schild erblickte, das ein »jüdisches« Geschäft kennzeichnete. Er versuchte, es zu entfernen. Der jüdische Besitzer jagte ihn fort, da er auf Grund der neuen Vorschrift verpflichtet war, sich auf diese Weise zu identifizieren.[3] Im Juni nahmen die Boykotts an Intensität zu.

Am beunruhigendsten war, daß die Regierung jüdische Männer abholen und in Konzentrationslager schicken ließ. Zunächst beschränkte sie sich auf »ausländische« Juden. Viele dieser sogenannten ausländischen Juden hatten in Wirklichkeit über Generationen in Deutschland gelebt; etwa 40 Prozent waren dort geboren,[4] hatten jedoch infolge der absichtlich komplizierten und ausgrenzenden Staatsbürgerschaftsgesetze nicht die Staatsbürgerschaft erlangt. Im Februar ordnete die Regierung die Ausweisung von »Sowjetjuden« an – häufig Menschen, deren Großeltern zu Beginn des Jahrhunderts nach Deutschland gekommen waren. Jene, die im Mai noch nicht emigriert waren, wurden in Konzentrationslager geschickt, aus denen man sie erst entließ, wenn sie Auswanderungspapiere in Händen hatten.

In ihrer »Juni-Aktion« verhaftete die Gestapo etwa 1 500 sogenannte »asoziale« jüdische Männer und internierte sie in Konzentrationslagern. Die meisten dieser Männer waren zuvor wegen kleinerer Gesetzesübertretungen verurteilt worden, ungefähr 500 von ihnen z. B. auf Grund von Verkehrssünden. Ungeachtet der Belanglosigkeit dieser »Verbrechen« starben alleine in Buchenwald 146 von ihnen, während Ehefrauen, Familien und Freunde große Anstrengungen unternahmen, um sie freizubekommen.[5] Auch sie wurden nur freigelassen, wenn sie ihre Auswanderungsbereitschaft nachweisen konnten. Im selben Sommer zerstörten die Nazis drei Synagogen – in München, Nürnberg und Dortmund.[6] Außerdem mußten alle Juden vom Herbst an den Buchstaben *J* in ihren Paß stempeln lassen. Im Januar 1939 erhielten sie einen neuen Personalausweis, der ebenfalls mit einem *J* gekennzeichnet war. Das *J* grenzte sie deutlich sichtbar aus und machte ihnen die Suche nach Unterkunft oder Stellen unmöglich, da kaum jemand an einen Juden vermietete oder ihn einstellte.

Es war die Deportation der polnischen Juden – viele von ihnen hatten ebenfalls seit Generationen in Deutschland gelebt –, die das Ereignis auslöste, das zum Novemberpogrom führte. Deutschland wies am 27. und 28. Oktober 17 000 polnische Juden aus und schickte sie an die polnische Grenze. Polen verweigerte ihnen die Einreise. Sie verharrten in einem Niemandsland zwischen zwei Grenzen, in der Kälte und ohne Nahrungsmittel oder ein Dach über dem Kopf, während ihre Familien und Gemeinden immer stärker verzweifelten. Die Deportation der polnischen Juden, die gewöhnlich nur als Auftakt zum Novemberpogrom erwähnt und von diesem dann überschattet wird, erschütterte die gesamte jüdische Gemeinschaft in Deutschland.

Das Vorgehen bei der Deportation der polnischen Juden ließ die Brutalität erahnen, die noch kommen sollte: Beamte griffen sie ohne Vorwarnung auf, gaben ihnen einige Augenblicke, um das Notwendigste einzupacken, erlaubten nur die Mitnahme von zehn Mark und deportierten sie dann. Zum ersten Mal trieben die Nazis Juden ohne Rücksicht auf Alter oder Geschlecht zusammen, wobei Städte wie Hamburg, Frankfurt und München ganze Familien in Haft nahmen. In Württemberg und Sachsen bildeten Frauen und Kinder die Mehrheit der Deportierten. Ein Deportierter schrieb:

»Jeder [...] wurde dann in die Waggons verladen. Das war ein Bild der Grausamkeit. Weinende Frauen und Kinder, herzzerreißende Szenen. [...] Samstagmittag, um 5 Uhr an der Grenze angelangt, wurden wir über die Grenze geschoben. Ein neues grausames Schreckensbild war hier zu sehen. Drei Tage lang waren wir auf dem Bahnsteig und Bahnhofshallen, 8 000 Menschen. Frauen und Kinder ohnmächtig, wahnsinnig, Sterbefälle, die Gesichter gelb wie Wachs. [...] Frauen wie Kinder halbtot. Am vierten Tag ist endlich Hilfe gekommen [...] vom jüdischen Comitee aus Warschau.«[7]

Alles, was die Deportierten an Nahrungsmitteln, Kleidung oder Unterstützung erhielten, kam von anderen Juden. Auch jüdische Gemeinden in Deutschland halfen den Deportierten. In München veranlaßte eine Leiterin des Jüdischen Frauenbunds rasch einige Mitglieder, in die Wohnungen der Verhafteten zu eilen, um etwas Kleidung und einige Nahrungsmittel für sie einzupacken. Eine Freiwillige entdeckte fünf verschreckte Kinder, deren Eltern sie vor der Verhaftung versteckt hatten. Das älteste war zehn Jahre alt. Sie schmuggelte sie aus der Wohnung, brachte sie in ein Waisenhaus und verhinderte so ihre sofortige Deportation. Die Teilnehmer der Hilfsaktion spürten alle ihre eigene, unmittelbar bevorstehende Bedrohung.[8] In Hamburg fragten die Frauen, die Nahrungsmittel zu den mit polnischen Deportierten vollgestopften Zügen gebracht hatten, bei ihrer Rückkehr: »Und wer bringt *uns* die Butterbrote an den Zug?«[9]

Der Pogrom

Daß die Deportierten im kalten, nassen Niemandsland zwischen Polen und Deutschland dahinvegetierten, trieb den jungen Herschel Grynspan, dessen Eltern und Schwester sich unter ihnen befanden, zur Verzweiflung. Er erschoß Ernst vom Rath, einen Diplomaten in der deutschen Botschaft in Paris. Die Nazis mißbrauchten den Tod vom Raths als willkommene Ausrede, um ihren bis dahin größten Pogrom zu starten. Organisiert von der Regierung und von Naziorganisationen und unterstützt von Teilen der Bevölkerung, begannen die Angriffe in der Nacht vom 9. auf den 10. November.[10]

Beile und Äxte schwingende Angreifer verwüsteten jüdische Wohnungen, Praxen, Büros und Betriebe, während andere Brandbomben und Dynamit benutzten, um Synagogen zu zerstören. Religiöse Gegenstände und Bücher wurden vernichtet, Wohnungen geplündert und Juden gezwungen, dabei zuzuschauen. Aggressive Jugendliche trieben Juden zusammen, Frauen und Männer, halbbekleidet oder im Schlafanzug, und hetzten sie zum Marktplatz oder anderen zentralen Plätzen, um sie zu verhöhnen. Feuerwehrleute und Polizisten schauten zu oder verhinderten Hilfe, als Synagogen und anderes jüdisches Eigentum brannten, allein darauf bedacht, benachbarte »arische« Gebäude vor der Zerstörung zu bewahren.

Im Wahnsinn dieses »öffentlichen Erniedrigungsrituals«[11] begnügten sich die Nazis nicht damit, zu plündern und jüdische Frauen und Männer zu terrorisieren. Sie drangen auch in jüdische Krankenhäuser, Altersheime und Waisenhäuser ein. In Königsberg zwang eine Bande die Kinder des Waisenhauses, in ihren Schlafanzügen auf die Straße zu gehen. Die frierenden Kinder drängten sich in der Nähe der brennenden Synagoge zusammen, um sich zu wärmen.[12] Als Nazis ein Waisenhaus im rheinischen Dinslaken stürmten, schickte der Direktor die Kinder von 6 bis 16 Jahren nach draußen, in der Annahme, die Männer würden es dort, vor aller Augen, nicht wagen, den Kindern etwas anzutun. Trotz der Kälte rannten die Kinder ohne Mäntel auf die Straße und liefen dem Direktor hinterher zum Rathaus, um Polizeischutz zu erbitten. Sie trafen etwa zehn Polizisten und zahlreiche Schaulustige an. »Die Juden bekommen von uns keinen Schutz«, verkündete der Polizeichef: »Machen Sie, daß Sie mit Ihren Kindern weiterkommen!«[13]

Am nächsten Morgen wurden die Juden von der SS gezwungen, das zerbrochene Mobiliar, die zerstörten Haushaltsgegenstände, Federn und Glas, die auf den Straßen herumlagen, wegzuräumen. SS-Leute standen lachend und höhnend dabei. Die Arbeit wurde zudem einer Gemeinschaft überlassen, die der meisten ihrer körperlich belastbaren Männer beraubt war. Die Nazis hatten systematisch jüdische Männer zusammengetrieben und in Konzentrationslagern eingesperrt: 11 000 in Dachau,

9 845 in Buchenwald, 9 000 in Sachsenhausen. Dort herrschten Brutalität und Demütigung. Aufseher hinderten die jüdischen Männer daran, sich zu waschen oder Wasser zu trinken, und zwangen sie zu langen Tagen voller quälender Übungen, etwa dazu, strammzustehen oder in der Sonne zu sitzen, ohne sich bewegen zu dürfen. Viele jüdische Männer wurden krank, verfielen dem Wahnsinn oder starben. Freigelassen wurden jene, die nachweisen konnten, daß sie in Kürze auswandern wollten, und sich damit einverstanden erklärten, ihre Betriebe für geringe Summen zu verkaufen. Eine erste Gruppe durfte das Lager nach sechs Tagen verlassen, andere blieben monatelang. Männer, die aus der Internierung zurückkehrten, mit geschorenem Kopf und erfrorenen Gliedern, waren häufig körperlich und seelisch schwer geschädigt.[14] Gerdy Stopplemans Ehemann verließ Sachsenhausen im März 1939: »Mehr noch als der Körper meines Mannes war sein Geist zutiefst mitgenommen. Beinahe jede Nacht erlebte er das Konzentrationslager Sachsenhausen von neuem in Alpträumen, die so alarmierend waren, daß ich um seine geistige Gesundheit fürchtete.«[15] Andere machten noch Schlimmeres durch: »Täglich hörte man, daß diese oder jene Familie die Asche eines Toten zugestellt bekommen hatte. Diese Urnen wurden als Nachnahmesendung (der Betrag von 3.75 Mk. wurde von der Post dafür genommen) versandt.«[16]

Da man ihnen mit schlimmsten Strafen gedroht hatte, sollten sie irgendjemandem von ihrem Leiden in den Lagern erzählen, hatten viele jüdische Männer große Angst, sich ihren Familien anzuvertrauen. Andere wollten ihre Erfahrungen verdrängen. Ingeborg Hechts Vater jedoch beschrieb seine Qualen in Sachsenhausen: »Mit leiser Stimme, unterbrochen von dem dumpfen Husten, den er lange nicht mehr losgeworden ist, erzählte er Ungeheuerliches. Wenn es nicht unser eigener Vater, Doktor der Rechte und bei klarem Verstand, gewesen wäre, hätten wir das alle nicht geglaubt.«[17]

Die Nacht des Pogroms forderte das Leben von mindestens hundert Juden, die Toten der Lager oder die Selbstmorde, die kurze Zeit später begangen wurden, nicht mitgezählt. Der Pogrom zerstörte außerdem Hunderte von Synagogen und zahllose Wohnungen und Geschäfte. Der Schaden wurde auf mehrere 100 Millionen Mark geschätzt: Alleine das zerbrochene Glas wurde auf 24 Millionen Mark veranschlagt. Die jüdische Gemeinschaft wurde gezwungen, eine Geldstrafe von einer Milliarde Mark für die Ermordung vom Raths zu zahlen. Die Behörden, nicht die Juden, kassierten die Versicherungsleistungen für die eingetretenen Schäden. Die Nazis benutzten den Pogrom nicht nur als Gelegenheit, die Ausplünderung der jüdischen Gemeinschaft zu beschleunigen, sondern auch dazu, die Reichsvertretung der Juden in Deutschland zu demontieren. 1939 zwang die Regierung der jüdischen Gemeinschaft die Reichsvereinigung der Juden in Deutschland auf. Sie sollte die Auswanderung, die Bildung und die sozialen Wohlfahrtsprogramme überwachen und alle einzelnen Juden in Deutschland vertreten. Die Gestapo, nicht die jüdische Gemeinschaft, ernannte ihre Führung.

Reaktionen der deutschen Bevölkerung

Der Novemberpogrom bietet Beispiele für das widersprüchliche Verhalten der Deutschen gegenüber den Juden – eine Mischung aus zügelloser Brutalität, gezielter Unwissenheit und gelegentlicher Freundlichkeit. Viele Leute schlossen sich den Nazis an, um jüdische Wohnungen, Betriebe und Synagogen anzugreifen und zu verbrennen. Andere zogen es vor, ihre jüdischen Nachbarn auszunutzen. In Bayern etwa bot ein »arischer« Nachbar einer jüdischen Frau und ihrer Mutter nach der Verhaftung ihrer Ehemänner ein »Geschäft« an. Die jüdische Frau sollte ihm die Besitzurkunde ihres Hauses überschreiben und Deutschland verlassen. Sollten sie beschließen wiederzukehren, werde er sie ihnen zurückgeben! Sie lehnte ab.[18] Ingeborg Hechts Nachbarin versuchte es mit Entschuldigungen: »Der Führer weiß das nicht«, sagte sie und gab Ingeborg ein großes Lebensmittelpaket für deren Vater, als dieser aus Sachsenhausen zurückkehrte.[19]

Eine jüdische Frau erinnerte sich daran, daß es während der Ereignisse beides gab, brutale und hilfsbereite Deutsche:

»Während ich etwas von den Trümmern zusammenkehrte, bemerkte ich einen weiteren Pöbel von Randalierenden, darunter auch Frauen. Sie waren mit Äxten bewaffnet, näherten sich und gingen daran, das ganze Haus zu plündern. [...] Ich dachte an Anna K., die frühere Haushaltsgehilfin. [...] Rasch machten wir uns auf den Weg, in der Hoffnung, in ihrer Scheune könnten sich einige Strohbetten befinden. [...] Sie hatte zwei solcher Betten, doch wir sollten früh am nächsten Morgen verschwinden [...], da ihr Bruder der SA beigetreten sei.«[20]

Mally Dienemann aus Offenbach am Main war tief berührt, als ihre nichtjüdische Vermieterin ihr dabei half, die Wohnung zu reinigen: »Ihre Ergebenheit und ihr Schuldgefühl [...] kannten keine Grenzen. Diese einfachen Leute [...] brachten mir, als ich allein war, Blumen.« Solche Helfer gab es wohl für manche jüdischen Familien, »[d]enn offiziell hätten wir in diesen Novembertagen alle verhungern müssen.«[21]

Wie sah die Reaktion von Deutschen aus, die nicht unmittelbar an den Zerstörungen beteiligt waren oder aber Juden halfen? Zwar stimmten die meisten einem »gemäßigten« Antisemitismus zu, doch viele mißbilligten die offene Barbarei des Novemberpogroms: »Schamgefühl über die Tat, Schock über das Ausmaß und Bedauern über das zerstörte Eigentum flossen zusammen und prägten die negative Reaktion.«[22] Auch wenn Mitglieder der NSDAP ihre Zustimmung zum Ausdruck brachten, verurteilte die Mehrheit der Bevölkerung die Gewalt – selbst jene, die vorher »gemäßigte« antisemitische Maßnahmen gebilligt hatten. Dennoch gab es kaum öffentlichen Widerstand. Im Gefolge der Triumphe Hitlers (Anschluß Österreichs und des Sudetenlandes) und im Schatten eines zunehmend von Terror bestimmten Staates (in dem auch nicht gegen die Verhaftung oder Ermordung politischer Gegner protestiert wurde) begegnete man dem Pogrom mit Schweigen. Deutsche, die beobachteten, was den Juden widerfuhr, wurden noch stummer, weil sie um ihr eigenes Leben und Eigentum fürchteten. Einige glaubten, Verfolgung und Zerstörung würden bei den Juden nur beginnen und sich bald auch auf andere Gegner des Systems ausweiten. Als Nachbarn in der Kleinstadt Sonderburg beobachteten, wie die Möbel und das Eigentum einer jüdischen Familie aus einem Fenster im zweiten Stock geworfen wurden, und voller Schrecken die Federn aus den Daunenbettdecken in der Luft umherwirbeln sahen, schlossen sie ihre Fensterläden, sicherten die Türen, zogen die Vorhänge vor und zitterten um ihr eigenes Wohlergehen.[23]

Die Nazis bezeichneten den Pogrom zum Zeitpunkt seiner Durchführung als »Judenaktion« – ein typisch bürokratischer Euphemismus. Später wurde er unter dem Namen »Kristallnacht« oder »Reichskristallnacht« bekannt, ein Begriff, der bis heute gebräuchlich ist. Zwar ist der Ursprung des Begriffs unklar, doch viele Deutsche gebrauchten diesen Euphemismus, um die Tonnen von zersplittertem Glas von den zerstörten Wohnungen und Geschäften zu beschreiben.[24]

Ein eindringliches Bild, das häufig in den Memoiren von Frauen vorkommt, ist das Bild fliegender Federn – Federn, die das Innere der Wohnungen, Flure, Vorgärten und Innenhöfe bedeckten. Wie bei den russischen Pogromen um die Jahrhundertwende zerriß der Pöbel Federdecken und -kissen und schüttelte sie aus – in den Räumen, aus dem Fenster und die Treppen hinunter. Man nahm den Juden ihre Betten und damit das körperliche und psychologische Wohlbefinden, für das diese standen.[25] Zerbrochenes Glas im Freien und verstreute Federn im Privaten zeigten überdeutlich, daß Juden in Deutschland nicht mehr sicher waren.

Die Rolle und Reaktion von Frauen während des Pogroms

Das Bild herumwirbelnder Federn illustriert den schwerwiegenden, verstörenden Eingriff in den häuslichen Bereich. Dies war wohl das erste, prägende Erlebnis, das der Novemberpogrom für Frauen mit sich brachte. Männer wurden verprügelt, mißhandelt und verhaftet. Zwar wurden auch einige Frauen öffentlich gedemütigt, blutig geschlagen, verprügelt und ermordet,[26] doch die meisten wurden gezwungen dabeizustehen und zuzusehen, wie ihre Wohnungen verwüstet und ihre Männer mißhandelt wurden. Später verschlechterte sich die Situation der Ehefrauen noch einmal, als ihre Männer in Konzentrationslager deportiert wurden, und viele versuchten heldenhaft, sie freizubekommen.

Persönliche Zeugnisse lassen das Ausmaß des Terrors erkennen. In der Kleinstadt »Sonderburg« etwa, mit ihren 4 000 Einwohnern, darunter nur 150 Juden, erinnerte sich eine jüdische Frau:

»Es war gegen 6 Uhr morgens, als fünf junge Männer hineinkamen, [...] einer aus Sonderburg, der mindestens zehn Jahre lang mit mir [...] im Kaufhaus gearbeitet hatte. Er tat nichts, schickte nur die anderen hinein, und sie zerstörten alles. [...] Sie [...] befahlen mir, ans Fenster zu gehen, dann kamen sie mit einer Axt, trafen dann aber statt meiner die Fenster. Einige Stunden später [...] kamen Kinder vorbei und warfen Steine hinein. [...] Der Mann, der mit mir zusammenarbeitete, sagte nichts: Ich schaute ihn an [...], doch er senkte seinen Blick. Bei den vieren war der Tierarzt, und er kam ins Schlafzimmer meines Vaters und sagte: ›Mein Herr, Befehlen folgend, müssen wir Ihr Haus zerstören. Sie und Ihre Frau, gehen Sie hinaus.‹«

Der Tierarzt kannte ihren Vater von Sportveranstaltungen der Stadt. Eine andere Frau erinnerte sich an ihre Erlebnisse als Elfjährige in »Sonderburg«: »Männer [...] rannten herum, zertrümmerten all unser Mobiliar mit der Axt und warfen Gegenstände aus dem Fenster. Sie schlugen die Schranktür ein und zerbrachen mein ganzes Spielzeug. Danach versteckten wir uns in einer Nachbarwohnung im Schrank.«[27] Toni Lesler beschrieb, wie in Berlin, wo sich der Pogrom zunächst ungleichmäßig ausbreitete, die Kinder aus verschiedenen Wohngegenden zur jüdischen Schule kamen und verkündeten, daß die Synagogen brannten. Da sie befürchtete, die Kinder könnten auch in der Schule angegriffen werden, schickte sie sie mit ihren Lehrern nach Hause. Viele fanden dort nur ihre verstörten Mütter vor; 92 Väter waren in Konzentrationslager verschleppt worden.[28] Nach dem 10. November 1938 wurde der Schulbetrieb nur noch notdürftig aufrechterhalten; Leitung und Unterricht lagen zumeist in den Händen von Frauen und einigen wenigen älteren männlichen Lehrern.[29]

Obgleich die Verwüstungen mit »deutscher Gründlichkeit« vorgenommen wurden, entgingen in den Großstädten einige dem Schlimmsten, entweder weil die Nazis sie übersahen, weil einige Gebäude von ihren »arischen Besitzern« geschützt wurden, weil die Vandalen nicht genügend Zeit hatten, um zu ihnen vorzudringen, oder weil einige Familien, nachdem man sie gewarnt hatte, sich trennten und versteckten. In Leipzig etwa teilte sich die Familie Wahrman, als die Verhaftung der Männer auch nach dem Pogrom andauerte, dreifach auf: der Vater hielt sich bei Freunden auf, die Mutter, die Tante und die Tochter gingen zu (nichtjüdischen) Nachbarn, während sich die beiden kleinen Söhne bei anderen Nachbarn versteckten. Einer der Söhne, damals elf Jahre alt, erinnerte sich später, wie traurig es war, daß die Wohnung keine Sicherheit mehr bot und die Familie nicht zusammen war.[30]

Die wenigen Glücklichen, denen es gelang, zu entkommen, erlebten dennoch Tage voller Schrecken und versuchten, sich mit derselben Vermeidungsstrategie, derer sie sich in früheren Situationen bedient hatten, von der Bedrohung abzulenken oder ihre Familien zu beruhigen. Eine Frau schrieb: »Wir saßen am Klavier und spielten Mozart. Häufig wanderten unsere Augen zum Fenster, doch wir hörten nicht auf. [...] Wir wollten uns die beunruhigende Situation nicht eingestehen. Wir wollten unsere Nerven schonen.«[31]

Unmittelbar nach Verhaftung der Männer blieben viele Frauen im Versteck, um weiterer Verfolgung zu entgehen; andere konnten nicht in ihren geplünderten Wohnungen bleiben. Ihrer Männer beraubt, trafen sich Frauen, um einander Trost, Mut und Rat zu geben. Eine junge Frau begab sich zur Mutter ihres Verlobten in Mannheim, »die zusammen mit ca. 20 anderen Frauen und jungen Mädchen in einer Wohnung bei Verwandten Unterkunft gefunden hatte. Sämtliche Männer waren bereits in Dachau.«[32] In einer anderen Kleinstadt, in der alle Juden zusammengetrieben und dann nach Geschlechtern getrennt worden waren, hielt eine Beobachterin fest: »Wir trafen nur junge Frauen und trauernde Mütter an«, die dort blieben, wo die Männer eingesperrt worden waren. In einem Krankenhaus sah sie viele Frauen im Aufnahmezimmer liegen, »sie alle waren gerade noch rechtzeitig aus Kleinstädten [wo man sie erkannt hätte] entkommen, wußten aber nicht mehr, wo sie hingehen sollten.«[33] Schließlich kehrten die meisten Frauen nach Hause zurück, um die Trümmer aufzuräumen und einige wenige Gegenstände oder Kleidungsstücke zu retten. Da Geschirr, Keramik oder Porzellan meist zerschmettert, Möbel mit Äxten zertrümmert und Kleidungsstücke zerfetzt worden waren, bedeutete Aufräumen, das meiste wegzuwerfen oder Reste des beschädigten Familienbesitzes zu retten.

Die wichtigste Aufgabe, mit der sich jüdische Frauen konfrontiert sahen, bestand darin, ihre Männer freizubekommen. Seit 1933 hatten Frauen ihre Männer häufig gegenüber den Behörden vertreten, nun mußten sie sie retten. Man teilte den Frauen von Gefangenen mit, ihre Ehemänner würden nur dann freigelassen, wenn sie Auswanderungspapiere vorlegen könnten. Zwar gibt es keine Statistiken über die Erfolge der Frauen, doch zeigen alle Erinnerungen, daß sie mit außerordentlicher Energie und Beharrlichkeit zahlreiche Männer retteten und so einer Massenauswanderung verheirateter Paare im Jahre 1939 den Boden bereiteten. Viele Frauen nahmen allen Mut zusammen, um das geschlechtsspezifische Stereotyp weiblicher Passivität Lügen zu strafen und mit jedem erdenklichen Mittel zu versuchen, Ehemänner und Väter aus den Lagern zu befreien. Charlotte Stein-Pick schrieb: »Von dieser Stunde an versuchte ich unermüdlich, tagein und tagaus, eine Beziehung anzuknüpfen, die zur Freilassung meines Mannes führen könnte. Ich rannte zu christlichen Bekannten, Freunden oder Kollegen, aber überall [...] gab es ein Achselzucken, ein Kopfschütteln und ein Nein. Und jeder war froh, wenn ich wieder ging. Wie eine Aussätzige wurde ich behandelt, sogar von Menschen, die uns gut gesinnt waren.« Unverzagt betrat Stein-Pick das Hauptquartier der Nazis in München, das berüchtigte »Braune Haus«, um unter Berufung auf seinen Status als Kriegsveteran die Freilassung ihres Mannes zu fordern. Dort gestattete man ihr, ihren Ehemann, der zehn Kilo abgenommen hatte, zu sehen, und sie bat wiederholt um seine Freilassung. Die Nazis verlangten, sie solle die Finanzen der Studentenverbindung ihres Mannes, deren Schatzmeister er nach wie vor war, klären. Sie tat es. Nach seiner Freilassung mußte sie bis zu ihrer Emigration monatlich ins »Braune Haus« zurückkehren, um die Buchführung der Verbindung zu erledigen.[34]

Ruth Abraham beeindruckte mit ihrer Entschlossenheit und ihrem Mut nicht nur ihre Familie, sondern auch die SS. Während des Novemberpogroms holte sie ihren Verlobten aus seinem Versteck und führte ihn durch das Gewimmel von Menschen. »Sein Geschäft war in Trümmern, und ich fand ihn hinter einer Säule versteckt.« Danach fuhr sie nach Dachau und bat um die Freilassung ihres künftigen Schwiegervaters. Sie kam in einem

Bus voller SS-Männer beim Konzentrationslager an. Sie nahm an, daß sie wegen ihres »arischen« Aussehens für ein Mitglied des Bundes Deutscher Mädel gehalten worden sei. Sie verlangte ein Gespräch mit dem Kommandanten und bat um die Freiheit des alten Mannes. Nach drei Tagen und der Intervention eines Naziparteimitglieds hatte sie Erfolg. Wieder schrieb sie ihren Erfolg ihrem Aussehen zu, da die Männer, denen sie begegnete, sich weigerten zu glauben, daß sie eine »Volljüdin« sei, und Mitgefühl mit ihr zu haben schienen. Abrahams unkonventionelles Verhalten hatte eine konventionelle Belohnung zur Folge: Das Paar heiratete auf der Stelle. Der Rabbiner, der die Zeremonie vollzog, hatte verbundene Hände – deutliche Zeichen der Qualen, die er in einem Konzentrationslager erlitten hatte.[35]

Einige Frauen bemühten sich nicht nur um die Freilassung ihrer Ehemänner und die notwendigen Papiere, sondern auch um den Verkauf ihres gemeinsamen Eigentums. Als sie ihren Mann nach seinem Gefängnisaufenthalt nach Hause begleitete, erklärte eine Frau, sie habe soeben ihr Haus verkauft und für die Familie Fahrkarten nach Shanghai gekauft. Ihr Mann erinnerte sich: »Mir war alles recht, nur nicht länger in einem Lande bleiben, in dem wir nur noch Freiwild waren für jedermann.«[36] In den Memoiren vieler Männer lassen sich Äußerungen der Dankbarkeit finden, in denen oft auch Erstaunen über den Mut der Frauen mitklingt. Sie standen auch nach ihrer Tortur in der Schuld der Frauen, da viele Männer an Leib und Seele zu sehr mißhandelt worden waren, als daß sie bei den bürokratischen Problemen der Auswanderung von allzu großem Nutzen gewesen wären.

Die Zeugnisse von Männern wie Frauen heben die ruhige, ungerührte Selbstbeherrschung von Frauen inmitten des Chaos hervor. Der Vorsitzende einer jüdischen Gemeinde etwa schrieb: »Das größte Lob während dieser Tage [gebührt] unseren jüdischen Frauen [...], die, ohne eine Träne zu vergießen, den Horden Respekt einflößten, die teilweise ihre Männer blutig geschlagen hatten. Ungebrochen erledigten die Frauen alles und taten alles, um ihre Männer sobald wie möglich wieder frei zu bekommen.«[37] Charlotte Stein-Pick erinnerte sich an den Rat ihres Mannes am Tag des Pogroms: »›Nur keine Tränen und keine Szene‹ [...] aber auch ohne diese Mahnung hätte ich mich beherrscht.«[38] Hanna Bernheim, die sich einige Monate nach dem Pogrom daran erinnerte, wie schmerzvoll es war, den Nazis die kostbaren Familienerbstücke zu überlassen, reflektierte über die Würde und Selbstbeherrschung der Juden in ihrer Umgebung und über ihre eigene Form des Trotzes: »Ich war froh, daß sich die Juden, die ich sah, gut verhielten, sie zeigten keine für Fremde erkennbare Erregung. Und ich erzählte einer Bekannten, der ich begegnete, laut genug, so daß die Angestellten es hören konnten, mir hätten diese Gegenstände nie etwas bedeutet.«[39] Als die Nazis alle wertvollen Ritualgegenstände und allen Schmuck beschlagnahmten, schrieb eine Hamburgerin in einem Gedicht, das ihren Kummer und ihren stillen Trotz ausdrückte: »Hinweg! Ich trenn' mich tränenlos.«[40] Diese stoische Ruhe angesichts von Gefahr war nicht nur eine Proklamation weiblicher Entschlossenheit, die dem Stereotyp der weiblichen »Zerbrechlichkeit« widersprach. Deutsch-jüdische bürgerliche Erziehung hatte stets dem Anstand einen hohen Wert beigemessen, und so bewahrten Frauen angesichts der allgemeinen Schande ihre Würde als Teil ihres Judeseins. Der Mut der jüdischen Frauen entlarvte die »arische« Brutalität und ließ eine neue Aufgabe für Frauen sichtbar werden. Traditionell hatten Männer öffentlich über die Sicherheit und Ehre der Familie und der Gemeinschaft gewacht; plötzlich entdeckten Frauen, daß sie die Verteidigung jüdischer Ehre, jüdischen Stolzes und des jüdischen Lebens selbst in die Hand nehmen mußten.

Eigenständig stellten sich viele Frauen der schwindelerregenden Prozedur, Beweise für konkrete Auswanderungspläne zu beschaffen, um einen Verwandten aus dem Konzentrationslager zu befreien. Sie mußten entscheiden, ob sie Kinder ins Ausland schicken sollten; während sie die Papiere organisierten, fällten sie die Entscheidung über ein Ausreiseland (falls sie dies nicht bereits zuvor besprochen hatten), verkauften den Besitz und bereiteten die Abreise vor. Trotz ihrer scheinbaren Ruhe war die innere Anspannung der Frauen gewaltig.

Emigration

Der Novemberpogrom gab den entscheidenden Anstoß für die Auswanderung. Für jene, die in den Lagern gefangen gehalten wurden, führte der einzige Weg hinaus über den Beweis der Emigrationsbereitschaft, während die Entscheidungen der Menschen, die nicht in Lagern waren, durch den Terror beeinflußt wurden. Psychologen, die die Erinnerungen von Flüchtlingen ausgewertet haben, stellten fest, daß nahezu 40 Prozent der Verfasser von Memoiren nicht vor 1938 oder 1939 psychisch resignierten. Erst nach dem Pogrom waren Juden vollends davon überzeugt, daß sie sich physisch in Gefahr befanden.[41] Nach dem November 1938 »versuchte tatsächlich jeder, eine Auswanderungsmöglichkeit zu finden.«[42]

Hindernisse bei der Auswanderung

In der Zeit nach dem Pogrom gewann die Emigration innerhalb der jüdischen Gemeinschaft höchste Priorität. Doch die Einwanderungsbeschränkungen des Auslands sowie bürokratische und finanzielle Hindernisse der Nazis schufen für viele Familien immense Schwierigkeiten. Potentielle Zufluchtsländer vereitelten die Einreise von Juden. Elisabeth Freund beschrieb die vielen Versuche, die sie und ihr Mann unternahmen, um Deutschland zu verlassen:

»Es ist wirklich zum Verzweifeln! [...] In der Schweiz, Dänemark und Schweden haben wir Anträge auf Einreise-Erlaubnis gestellt. Es war alles erfolglos, obwohl wir in allen diesen Ländern gute Verbindungen hatten. Im Frühjahr 1939 [...] haben wir uns durch einen Agenten für 3 000 Mark die Einwanderungs-Permission für Mexiko verschafft, wir haben aber das Visum nie erhalten, weil das Mex[ikanische] Konsulat verlangte, daß wir Pässe vorlegen sollten, die zur Rückreise nach Deutschland berechtigten, und solche Pässe gab die deutsche Behörde für Juden nicht aus. Dann erhielten wir im August 1939 wirklich das Permit für England. Aber es kam zu spät, erst zehn Tage vor Kriegsausbruch, und in dieser kurzen Zeit konnten wir nicht die Formalitäten bei den deutschen Behörden erledigen. [...] Im Frühling 1940 bekamen wir die Einreise-Erlaubnis für Portugal. Wir machten sofort alles fertig, beantragten unsere Pässe, – da kam der Einmarsch der deutschen Truppen nach Holland, Belgien und Frankreich, ein Flüchtlingsstrom ergoß sich nach Portugal, und die portugiesische Regierung widerrief telegrafisch sämtliche erteilten Genehmigungen. [...] Es war auch gut, daß wir im Dezember 1940 nicht bereits das Geld für die Panama-Visen bezahlt hatten, als wir merkten, daß die uns angebotenen Visen gar nicht zur Landung in Panama berechtigten.«[43]

Freund war enttäuscht über Freunde, die sie drängten, Deutschland zu verlassen: »Als ob wir es nicht brennend gern möchten.« Sie zermarterte sich den Kopf: »Visen nach USA gibt es nicht mehr. Mein Mann hat einen letzten Versuch gemacht und unsere Verwandten in Amerika telegrafisch um die Einreisevisen nach Kuba gebeten. [...] Kein anderes Land gibt mehr für deutsche Juden eine Einreiseerlaubnis oder ist auf irgendeine Weise noch erreichbar.«[44]

Hatten sie die Erlaubnis erhalten, in ein anderes Land *einzureisen,* so mußten Juden nun noch die Papiere bringen, um aus Deutschland *ausreisen* zu dürfen. »Das Herauskommen [...] ist mindestens so schwer wie das Hereinkommen in ein anderes Land, und Ihr könnt Euch von der Verzweiflung hier gar keinen Begriff machen«, schrieb die 66jährige Gertrud Grossmann an ihren verständnislosen Sohn im Ausland.[45] Um die erforderlichen Papiere zu erhalten, waren Monate des Spießrutenlaufens nötig. Viele Frauen mußten das allein bewältigen und waren dabei Beamten ausgeliefert, die den bürokratischen Aufwand willkürlich und nach eigenem Gutdünken ausdehnen konnten: »Es gab keine Vorschrift, und jeder Beamte fühlte sich wie Gott.«[46]

Bella Fromm faßte die Not aller deutschen Juden zusammen: »Bis jetzt habe ich eine Sammlung von dreiundzwanzig Dokumente beisammen. In der Zeit, die ich auf diese wertvollen Papiere wartete, konnte ich die Beamten und das Mobiliar von fünfundzwanzig Dienststellen gründlich studieren, bis hinunter zum geringsten Schreiber und dem kleinsten Tintenfaß.« Verwirrt berichtete sie, sie habe noch immer nicht alle Papiere, die sie brauche – und das war einige Monate vor dem Novemberpogrom.[47] Zu einem späteren Zeitpunkt rannte Mally Dienemann, deren 63jähriger Ehemann in Buchenwald dahinsiechte, zur Gestapo, um nachzuweisen, daß sie zur Auswanderung bereit seien. Danach eilte sie zum Paßamt, um ihre Reisepässe zurückzuerhalten:

»Nachdem ich den ganzen Vormittag von einem Amt zum andern geschickt worden war, [... kam] die amtliche Auswanderungsstelle in Frankfurt, die Gestapo, die Polizei, das Finanzamt, eine Eingabe nach Buchenwald, eine Eingabe an die geheime Staatspolizei nach Darmstadt, und doch dauerte es noch bis zum Dienstag der dritten Woche, bis mein Mann kam. [...] Nun begann das Herumrennen nach den vielen Papieren, die man zur Auswanderung brauchte. Und während die Gestapo es nicht eilig genug hatte, hatte das Finanzamt soviel Zeit und so viel Nachfragen, und ohne Bescheinigung der Finanz- und Steuerbehörde bekam man nicht die sogenannte Unbedenklichkeitsbescheinigung, und ohne Unbedenklichkeitsbescheinigung erhielt man den Paß nicht, und ohne Paß durfte kein Zollbeamter das Gepäck revidieren.«[48]

Als sie schließlich im März 1939 in Palästina ankamen, starb Rabbiner Dienemann an den Folgen der Folterungen, die er erlitten hatte.

1939 verlangsamten neue willkürliche Gesetze die Auswanderung zusätzlich.[49] Selbst mit einem Affidavit der Vereinigten Staaten in den Händen konnte Else Gerstel nicht einfach »sofort« ausreisen, wozu ihr Bruder im Ausland drängte. »Es war sogar unmöglich, die Schiffsfahrkarten zu kaufen, solange wir noch nicht die offizielle Erlaubnis hatten. Und das bedeutete die Zahlung von Steuern, die höher waren als alles, was wir besaßen. Es waren mehrere Monate eines verzweifelten Kampfes mit der Bürokratie.«[50] Die Älteren waren körperlich kaum dazu in der Lage, die Belastungen dieser Jagd nach Papieren zu ertragen. Gertrud Grossmann bekannte in einem Brief: »Es graut mir, zum Consulat zu gehen und dort eventuell stundenlang herumzustehen, was für mich einfach körperlich unmöglich ist.« Die Situation verschlechterte sich derartig, daß sie 1940 ihrem Sohn schrieb: »Eure Auswanderung war ein Kinderspiel gegen heutige fast unüberwindliche Schwierigkeiten.«[51]

Während die Regierung die verzweifelten Juden schikanierte, trachteten einzelne Deutsche danach, sich auf ihre Kosten zu bereichern, und jüdische Frauen, deren Männer in den Lagern waren, sahen sich regelmäßig der Korruption ausgeliefert. Charlotte Stein-Pick, die ängstlich bemüht war, ihren Mann aus dem Lager freizubekommen, und erwartete, schon bald Visa vom amerikanischen Konsulat zu erhalten, hörte zu ihrem Entsetzen, daß im

Konsulat Deutsche saßen, die die Papiere nur gegen ein Bestechungsgeld aushändigten. Sie ging zu einem Anwalt, der ihr mitteilte, daß es 3 000 Mark koste, die Betrüger zu bestechen. »Ich lief verstört in der schönen fröhlichen Stadt umher. Immer noch sträubten wir deutsche Juden uns, an die furchtbare Korruption zu glauben, die der Nationalsozialismus mit sich brachte.«[52] Im eleganten Büro einer angesehenen Berliner Schiffahrtsgesellschaft, die ihren Hauptsitz Unter den Linden hatte, mußte eine andere verzweifelte Frau 100 Mark Bestechungsgeld für einen Platz auf der Warteliste eines Schiffes bezahlen. Außerdem mußte sie sich auf die kostspielige Farce einlassen, eine Rückfahrkarte zu erwerben, denn die Visa ihrer Familie für Kuba mußten, obwohl die Deutschen ihre Wiedereinreise verhindert hätten, Touristenvisa sein. Weil diese Familie Geld versteckt hatte, bevor es von der Regierung gesperrt wurde, konnte sie die Reise bezahlen.[53] Vor dem Krieg war eine solche Situation frustrierend und nervenaufreibend; später konnte sie Juden das Leben kosten.

Bereits vor dem Pogrom hatte die Regierung nicht vor, Juden mit ihrem Geld oder ihrem Eigentum entkommen zu lassen. Doch danach sperrte sie Bankkonten weitaus strenger und beraubte potentielle Emigranten noch wesentlich gründlicher. In Berlin richtete die Gestapo ein spezielles Auswanderungsbüro ein, in dem »der auswandernde Jude wie an einem laufenden Band völlig ausgeplündert [wurde ...] Wenn er den Saal betrat [...] war er noch ein deutscher Staatsbürger, im Besitze einer Wohnung, vielleicht auch eines Geschäftes, eines Bank-Kontos, einiger Ersparnisse. So wie er von Schalter zu Schalter ging, oder – besser gesagt – geschoben wurde, wurden ihm eines nach dem anderen abgenommen, und als er den Saal am anderen Ende verließ, war er ein staatenloser Bettler mit einem einzigen Besitzobjekt in der Hand: dem Auswanderungspaß.«[54]

Die Erfahrung der Familie Bernheim veranschaulicht die Habsucht der Nazis. Sie reisten im Juli 1939 aus und waren dem Nazierlaß vom Februar 1939 zum Opfer gefallen, wonach alle wertvollen Steine und Metalle im Besitz von Juden »an öffentlichen Ankaufsstellen« abzuliefern (d. h. zu beschlagnahmen) waren.[55] So packte Hanna Bernheim vor ihrer Auswanderung einen Koffer und eilte zu einer nationalsozialistischen »Kaufstelle«:

»Viele Leute hatten drei oder fünf Koffer voller wunderbarer Gegenstände: alter [Braut-]Schmuck, Sabbatkerzen und Kiddusch-becher [...], schöne alte und moderne Teller. [...] Die jungen Beamten waren in gehobener Stimmung. [...] Diese Schätze, oft von Generationen gesammelt, wurden durcheinandergeworfen. [...] Sie waren engstirnig genug, Schmuck wegzunehmen, der seinem Wert nach überhaupt nicht kostbar war, sondern der uns nur als Erinnerung an geliebte Menschen viel bedeutete.«

Kurze Zeit später, am Flughafen, durchsuchten Männer Bernheims Hutschachtel und beschlagnahmten eine Messinguhr, Kosmetik und Unterwäsche. Die Beamtin bestand sogar auf einer Leibesvisitation. Bernheim erinnerte sich: »Die Propeller liefen an [...] und ich konnte die Frau nur bitten, die Untersuchung sofort vorzunehmen. Sie war nett und korrekt, half mir beim Anziehen, und der französische Pilot wartete. Und so flog ich heraus [...] aus der Hölle.«[56] Die Nazis waren so unersättlich, daß ein Zahnarzt eine Frau mahnte, ihn vor der Abreise aufzusuchen, um »eine Goldkrönung und eine Goldfüllung, die ich hatte, mit einer weißen Schicht zu überziehen. Eine seiner Patientinnen hatte ihr Schiff verpaßt, während ein Nazi-Zahnarzt das Gold aus ihrem Mund entfernte.«[57] Deutsche Beamte und Mediziner probten hier, was in den Vernichtungslagern bald millionenfache Praxis werden sollte.

Trotz Chaos und Hindernissen wanderte die größte Zahl von Juden, die je in einem Jahr Deutschland verließen, unmittelbar nach dem Novemberpogrom aus; 1939 wuchs die Zahl der Emigranten auf 78 000. Die Vereinigten Staaten, Palästina und Großbritannien nahmen die meisten deutschen Juden auf, doch Juden ließen keinen Fluchtweg unversucht, wie die 8 000 zeigen, die in das japanisch besetzte Shanghai flohen. Im September 1939 waren noch 185 000 durch die Nürnberger Gesetze definierte Juden in Deutschland; ihre Zahl sank auf 164 000 im Oktober 1941, als die jüdische Auswanderung verboten wurde. Weiteren 8 500 gelang zwischen 1942 und 1945 die Flucht. Die genaue Anzahl derer, die Deutschland infolge rassischer Verfolgung verließen, läßt sich nicht genau bestimmen, doch eine gute Schätzung beläuft sich auf 270 000 bis 300 000 Juden. Etwa drei Fünftel der deutschen Juden konnten also aus Deutschland entkommen. Doch ungefähr 30 000 von denen, die hinauskamen, wurden später von den Nazis in anderen europäischen Ländern gefaßt. Letztlich konnte etwa die Hälfte der Juden, die 1933 in Deutschland gelebt hatten, sich durch Auswanderung in sichere Länder retten. Ihre Freunde und Verwandten, die zurückblieben, wurden ermordet.[58]

Endgültiges Kofferpacken

Wenn es erst einmal ans Packen ging, glaubten Juden, die Abreise werde für immer sein. Frauen übernahmen die Verantwortung für diese Aufgabe. Mit den Worten Berta Kamms: »Nur eine Frau weiß, wieviel bei einer so überstürzten Abreise einer ganzen Familie zu bedenken und zu erledigen ist.«[59] Das Packen wurde so eindeutig als »Aufgabe der Frauen« betrachtet,[60] daß einige Frauen dafür zurückblieben und Männer und Kinder vorausschickten. Es wurde bald zu einer regelrechten Kunst, da Vorschriften und Bürokratie der Nazis ins Unermeßliche wuchsen. Um Eigentum bei der Auswanderung mitnehmen zu dürfen, brauchte man eine Genehmigung von der Finanzbehörde. Diese Genehmigung konnte man nur erhalten, wenn man Listen aller Gegenstände angefertigt hatte, die man mitnehmen wollte. Lisa Brauer verbrachte eine ganze Woche damit, »endlose Listen« zu schreiben, »jede in fünffacher Ausfertigung […], jeder Gegenstand mußte verzeichnet, jede Liste säuberlich getippt werden, und zum Schluß konnte ich nur noch in Schuhen, Handtüchern, Scheren, Seifen und Schals sprechen, atmen und denken«.[61] Eine andere Frau erinnerte sich, daß es »geradezu eine Wissenschaft der Auswanderungsberater geworden [war], diese Listen anzufertigen. Man durfte zum Beispiel nicht sagen ›1 Beutel mit Nähzeug‹, sondern jeder Fingerhut, jedes Knäuel Garn, jeder Druckknopf mußte gesondert aufgezählt werden.«[62] Man konnte auch nicht einfach alles mitnehmen: »Eigentlich waren überhaupt nur Sachen erlaubt, die vor dem Jahre 1933 bereits angeschafft waren.« Andere Gegenstände durfte man nur in begrenzter Zahl und nur dann mitnehmen, wenn »der volle Einkaufswert noch einmal an die Gold-Diskont-Bank gezahlt wurde.«[63]

Nach der Fertigstellung der Listen, häufig mit einer Schiffs-

oder Flugfahrkarte in Händen, mußten Juden auf die Genehmigung der Finanzbehörde warten. Obwohl die offizielle Politik die Auswanderung förderte, verzögerte die Nazibürokratie die Emigration. Wieder schienen Beziehungen und Bestechungsgelder den Prozeß zu beschleunigen, und wieder mußten sich die Frauen in der Welt der Bürokratie und der Kunst der Bestechung bewähren. Um die erforderlichen Papiere vor der Abfahrt ihres Schiffes zu erlangen, bat Lisa Brauer eine ehemalige Schülerin um Hilfe, die, wie sie wußte, mit jemandem in der Finanzbehörde verheiratet war. Sie kam eines Morgens früh, noch in der Dunkelheit, zur Tür der Schülerin, »um zu vermeiden, gesehen und von neugierigen Nachbarn erkannt zu werden«. Kurze Zeit später tauchte ein Angestellter der Finanzbehörde bei ihr zu Hause auf. Brauer bot ihm an, er möge sich in ihrer Bibliothek die Bücher aussuchen, die er wollte. »Drei Tage später hatte ich meinen Termin bei der Finanzbehörde.«[64]

Wenn sie das anstrengende Packen bewältigt und die Papiere in Händen hatten, sandten einige Familien die Frachtcontainer, bekannt als »Lifts«, zu Zwischenstationen, häufig Häfen in Holland. Sie blieben dort, bis die Familie ihr endgültiges Reiseziel kannte. Einige Familien verloren ihr Eigentum, als ihnen durch die deutsche Invasion der Niederlande der Zugang zu ihren Containern abgeschnitten wurde. Doch andere konnten nicht einmal in Erwägung ziehen, einen Großteil ihres Eigentums einzupacken, weil die riesigen Container und der Aufpreis, den die Nazis für jeden einzelnen Gegenstand verlangten, zu teuer waren. Ein Mann erinnerte sich, »daß vor so manchen Häusern in meinem Wohnviertel diese Riesenkisten [...] standen, mit der Aufschrift Hamburg – New York oder Buenos Aires oder auch Haifa. Die meisten Auswanderer aber konnten sich solche kostspieligen Dinge nicht leisten, sondern fuhren nur mit ein paar Koffern in die Fremde.«[65]

Viele Emigranten verkauften, diesen Verlust sehr betrauernd, ihre Häuser und Möbel für ein paar Pfennige. Lisa Brauer, in dem Versuch, einen würdigen Augenblick mitten in ihrem Unglück zu schaffen, deckte ihren Tisch mit Kaffee und Kuchen und lud ihre Nachbarn dazu ein, ihr Sachen abzukaufen: »Nur einige wenige [...] nutzten es aus und versuchten, so viel zu ergattern, wie sie tragen konnten.«[66] Als Alice Baerwald ihre Wohnung nach dem Novemberpogrom auflöste, schrieb sie: »Es war so unendlich schwer, nun selbst zu zerstören, was man mit soviel Liebe aufgebaut hatte.« Sie hatte jede Pflanze rund um das Haus gepflegt: »Blumen, nichts als Blumen, das war meine Freude. [...] Meine Kinder hatten hier gespielt und gelacht und auf dem Rasen mit den Hunden getollt. Und nun plötzlich verkaufen an wildfremde Menschen.« Die Stadt Danzig setzte den Preis ihres Hauses fest und suchte den Käufer aus. Sodann verkaufte sie die Gegenstände in ihrer Wohnung an »arische« Käufer, die sich vielfach über *ihre* Not beklagten. Da die Naziideologie behauptete, die Deutschen litten wegen der Juden, konnten einige Deutsche gleichzeitig das jüdische Leid ignorieren, Juden ausbeuten und über ihr eigenes Los klagen. Die Frau eines Pfarrers verkündete: »Wir leiden ebenso viel wie Sie«, doch Baerwald erwiderte: »Nur mit dem Unterschied, daß Sie kaufen und ich verkaufe.«[67]

Den Auswanderern war klar, daß ihre Nachbarn erheblich von ihrem Elend profitierten, und zweifellos waren sich auch viele Deutsche dessen bewußt. Lotte Popper versuchte, durch eine Zeitungsanzeige ihre Schlafzimmer-, Wohnzimmer- und Küchenmöbel zu verkaufen. Diese Anzeige war nur eine unter einer ganzen Fülle jüdischer Anzeigen. Sie bemerkte: »Ja, die Arier hatten es gut. Sie konnten sich jetzt auf billige Weise mit den gepflegten Möbeln der auswandernden Juden ihre Wohnungen verschönern.«[68] Nur »die Dummen in der Bevölkerung ließen sich davon überzeugen, nichts zu kaufen, was von Juden benutzt worden war«.[69] Andere bevölkerten die Auktionsräume, da jüdisches Eigentum fast umsonst zu bekommen war.

Das Packen verschaffte einigen Frauen die Gelegenheit, Wertgegenstände aus dem Land zu schmuggeln. Was sie dank ihres Erfindungsreichtums retten konnten, war belanglos im Vergleich zu dem, was die Nazis ihnen stahlen. Dennoch verhalf es einigen Familien für eine kurze Zeit zum Überleben, wenn sie ohne einen Pfennig an ihrem Reiseziel ankamen, und es rettete kostbare Erinnerungen. Während die meisten Frauen fieberhaft unter der Kontrolle eines oder zweier Beamter packten,[70] gelang es einigen Frauen, diese zu bestechen. Eine Frau, die Gold, Silber und Schmuck in ihr Gepäck schmuggelte, bemerkte über die Beamten, die gewaltige Bestechungsgelder verlangten, um dies zu ermöglichen: »Diese ins Ungeheuerliche angewachsene Korruption der Deutschen hat vielen Menschen, besonders Juden, Leben und eine bescheidene Existenzmöglichkeit gerettet.«[71] Einige wenige Frauen bestachen Beamte, ohne sich mit ihren Männern zu besprechen. Sie wußten nur zu gut, daß diese Einspruch gegen ihre Pläne erhoben hätten, hofften aber, auf diese Weise einige Wertgegenstände für ihre unmittelbaren Bedürfnisse im Ausland retten zu können. Else Gerstel, die Frau eines Richters, versteckte Silbergegenstände bei »arischen« Freunden, bis zu der Nacht, in der sie packte. Dann bestach sie zwei Packer, damit sie das Silber versteckten, während »sieben Gestapo-Männer zuschauten«. Sie schmuggelte außerdem andere Wertgegenstände in einem geheimen Fach ihres Schreibtisches, das sie speziell für diesen Zweck hergerichtet hatte: »Natürlich hatte ich Konzentrationslager und mein Leben riskiert, vielleicht sogar das Leben von uns allen. Alfred hatte keine Ahnung von dem, was ich tat. In der Nacht vor unserer Ankunft in Kuba flüsterte ich ihm die ganze Geschichte ins Ohr.«[72]

Andere Frauen schmuggelten Schmuck oder Geld für ihre Verwandten ins Ausland. Eine Großmutter brachte, wenn sie ihre Enkelin in der Schweiz besuchte, jedes Mal Schmuck mit.[73] Alice Baerwald, die in Danzig lebte, erklärte sich damit einverstanden, den Schmuck ihrer Schwägerin von Berlin nach Danzig zu schmuggeln, um es ihr zuzusenden, sobald sie ausgewandert war. Von Danzig aus, das gemäß dem Versailler Vertrag eine »freie Stadt« war, war es zu dieser Zeit noch nicht verboten, seinen Schmuck zu verschicken, und sie konnte behaupten, es sei ihrer. Daraufhin baten weitere ältere Verwandte sie, auch ihren Schmuck mit nach Danzig zu nehmen. Keine von ihnen wollte von ihren erwachsenen Kindern abhängig sein, wenn sie im Ausland ankamen. Mit noch größerer Angst stimmte sie zu, bemerkte aber: »Wenn man mich faßte, würde ich bedingungslos zugrunde gerichtet sein.« Einige Jahre später reflektierte sie: »In solcher Gefahr lebte man ständig, und schließlich vergaß man vollkommen, daß es irgendwo in der Welt noch ein normales Leben geben könne. [...] Natürlich hat man viel verbotene Dinge getan, da aber uns Juden eigentlich alles verboten war, hatte man gar keine Wahl.«[74]

Frauen handelten nicht nur »illegal«, um für ihre Familien zu sorgen, sondern auch, um der Gemeinschaft insgesamt zu helfen. Beate Berger etwa schmuggelte Geld von Berlin nach Palästina, um Land für ein Kinderheim zu kaufen. Treue Freunde halfen Juden ebenfalls, Wertgegenstände mit ins Ausland zu nehmen.[75] Die Patientin eines jüdischen Arztes, den die Verfolgung der Nazis in den Selbstmord trieb, half der Witwe des Arztes, Schmuck und Pelzmäntel in die Schweiz zu schmuggeln. Sie begleitete die Familie sogar bis an die Grenze, um ihre Sicherheit zu gewährleisten.[76]

Während bei vielen »das Packen das während eines ganzen Lebens erworbene Eigentum auf den Inhalt dreier Koffer verminderte«,[77] hatte bei anderen die Jüdische Winterhilfe die Kleidung, die Schuhe und die Wäsche gespendet, die sie einpackten. Nachdem sie das Wenige, das sie besaßen, verkauft hatten, um ihre Reise zu bezahlen, blieb ihnen nichts mehr, das sie hätten mitnehmen können. Die jüdische Organisation erklärte: »Sie sollen nicht abgerissen und mit dem Stempel der Not im fremden Lande ankommen.«[78]

Abschied für immer

Aus Furcht um ihr Leben flohen einige Menschen unmittelbar nach dem Pogrom. Alice Oppenheimer, ihre Ausreisepapiere in Händen, während ihr Mann in Buchenwald war, packte Taschen für ihre fünf Kinder und suchte die nächste Zugverbindung in die Schweiz heraus. Ein Zug fuhr an einem Samstag. Da sie die religiösen Vorschriften strikt befolgte, rief sie einen Rabbiner an und bat um Rat wegen einer Reise am Sabbat. Er sagte, sie solle das Reiseverbot nicht beachten, da ihr Leben in Gefahr sei. Sie brach auf und nahm lediglich etwas Schmuck mit, den sie in Italien verkaufen wollte, um die Familie bis zur Ankunft in Palästina über Wasser zu halten: »Ich konnte nur wenige Gegenstände verkaufen, und die gab ich praktisch umsonst weg. Ich mußte etwas Geld in Händen haben. Wie hätte ich sonst mit fünf Kindern weiterreisen können? [In Italien] kaufte ich ihnen einen Laib Brot und sagte: ›Ich kann euch nicht mehr zu essen geben, sonst habe ich nicht genug Geld.‹« Einige Tage später schifften sie sich nach Palästina ein, wo sie das sechste Kind trafen. Auch ihr Ehemann, der nach 16 Tagen im Konzentrationslager dank seines

Palästina-Zertifikats freigelassen worden war, traf bei ihnen ein. Oppenheimer bemerkte, das Lager habe »einen noch immer jugendlichen Mann in einen alten Mann verwandelt, den ich nicht erkannte, als er schließlich mit einem Schiff in Tel Aviv landete.«[79]

Jene, die das Glück hatten, Deutschland zu verlassen, standen meist vor einem schmerzhaften Abschied von Freunden und Verwandten. »Mehr und mehr lernte man das Abschiednehmen«, schrieb eine Frau, als sie Freunde auflistete, die über die ganze Welt zerstreut waren.[80] Zudem fürchteten alle, daß die Zurückbleibenden zunehmenden Qualen ausgesetzt sein würden, und niemand wußte, ob sie einander jemals wiedersehen würden. Als Toni Lessler kurz nach dem Pogrom flüchtete, verabschiedete sie sich an dem einzigen öffentlichen Ort, der Juden geblieben war, dem Bahnhofscafé. Dort nahm niemand Notiz von ein paar jüdischen Menschen, die miteinander plauderten. Lessler schrieb über den Bahnhof Zoo in Berlin:

»Als wir uns beim Herausgehen aus dem Saale umblickten, sahen wir an wenigstens 20 Tischen ähnliche Gruppen, wie wir sie bildeten: Freunde und Verwandte, die von einander Abschied nahmen, und die alle keinen anderen Treffpunkt finden konnten, als diese trübselige Bahnhofswartehalle eines Bahnhofs, der sich im Umbau befand, und die den denkbar ungemütlichsten Aufenthalt darbot. Wieviele Tränen an diesem Abend vergossen wurden, das vermag ich nicht zu sagen.«[81]

Als Elisabeth Freund schließlich aus Deutschland entkam, kurz nach dem deutschen Überfall auf die Sowjetunion, war das Abschiednehmen für sie unerträglich. Inmitten des realen Schrekkens des Krieges, der Zwangsarbeit und der Vertreibung der Juden in engere Quartiere, versuchte sie, nicht zusammenzubrechen: »Nur keine Tränen. Man darf nicht damit anfangen, sonst hört man nicht auf. Wer weiß, was aus diesen Menschen werden wird, da kann man nicht mehr in konventioneller Weise Abschied nehmen.«[82]

Einzelne nahmen auf persönliche Weise Abschied von dem, was ihre »Heimat« gewesen war. 1962 beschrieben Ann Lewis und ihre Eltern ihre Gefühle bei der Ausreise nach England. Ann, damals zehn Jahre alt, erinnerte sich an den Abschied am Bahnhof:

»Verwandte und Freunde – vielleicht zwölf oder fünfzehn Menschen – hatten sich versammelt, um uns zu verabschieden. [...] Jeder hatte Geschenke mitgebracht [...] Blumen, Schokolade, Süßigkeiten, Zeitschriften, Bücher. [...] Niemals habe ich dieses Bild des kleinen Häufleins von Freunden und Verwandten vergessen, die eng beieinander standen, wie um sich gegenseitig zu trösten, und die uns nachwinkten, als der Zug mit uns davonfuhr. Manchmal bin ich erstaunt, wie oft es sich in meine Gedanken schleicht. Obwohl dieser Abschied stattfand, als ich noch so jung war, war er der wichtigste Wendepunkt meines Lebens [...] der grundsätzliche Bruch mit meinen Wurzeln.«

Ihre Mutter schrieb:

»Wir warten am Bahnhof Zoo. [...] Viele Verwandte und Freunde sind da mit Blumen und Geschenken. Der Zug fährt in den Bahnhof ein, wir steigen ein, die Kinder sind aufgeregt und freuen sich darauf, ihre Geschenke zu öffnen – der Zug setzt sich in Bewegung, wir winken. Alles verschwindet, wir setzen uns – versuchen, nicht nachzudenken – dumpfe Apathie – der Kopf vollständig leer, bedrückt, nicht eine Träne. Mut – wir *müssen* es durchstehen.«

Ihr Vater schrieb:

»Es ist bequem im Abteil [...] die Gepäckablagen sind mit Koffern vollgestopft. [...] Die vier [...] sind still [...] die zwei Erwachsenen, deren Gesicht ernst und müde aussieht, schauen mit leerem Blick aus dem Fenster, tief in Gedanken versunken. [...] In kaum einer Viertelstunde [...] wird Deutschland hinter ihnen liegen – Deutschland, das Land, das ihre Heimat gewesen war, in dem sie Glück und Leid erlebt hatten, das Land, dessen Sprache sie gesprochen hatten – Deutschland, das Land, dessen Landschaft ihnen so teuer war [...], das Deutschland der Dichter, Denker und großen Komponisten.«[83]

Auch wenn beide Eltern sich erleichtert fühlten, fällt auf, daß ihre Abschiedsgedanken die allgemeine Orientierung widerspiegelten, mit der Frauen und Männer über die Auswanderung nachgedacht haben: Die meisten Frauen verbargen ihren Schmerz und erhielten ihre mutige Fassade aufrecht, während viele Männer zurückblickten und um das Land und die Kultur trauerten, die sie einst geliebt und nun verloren hatten. Zu diesen Unterschieden traten, wie wir sahen, unmittelbarere Anliegen: Frauen freuten sich auf eine sicherere Umgebung für ihre Familien, während Männer sich den Kopf darüber zermarterten, wie sie diese ernähren sollten.

Es war für Juden furchtbar belastend, ihre Heimat, ihre Familie und ihre Freunde zurückzulassen, vor allem, wenn sie das gegenwärtige Leid wahrnahmen und um die Zukunft der Zurückbleibenden fürchteten. Sie machten sich auch Sorgen darüber, wie es ihnen selbst im Ausland ergehen würde. Ungeachtet ihrer Qualen waren diese Emigranten die Glücklichen, und zwar nicht nur aus der Perspektive des Rückblicks. Als Toni Lessler einem Freund gestand: »Auswandern ist doch furchtbar schwer«, erwiderte er mit Tränen in den Augen: »Hierbleiben ist noch schwerer!«[84]

Wer blieb zurück?

Eine geschlechtsspezifische Analyse des Emigrationswunsches bringt die besonderen Erwartungen, Prioritäten und Wahrnehmungen von Frauen und Männern zutage. Frauen wollten das Land schon lange vor ihren Männern verlassen. Paradoxerweise folgt daraus nicht, daß mehr Frauen als Männer dies auch *wirklich* taten. Im Gegenteil, weniger Frauen als Männer verließen Deutschland. Warum?

Auch wenn das Leben Ende der dreißiger Jahre zunehmend schwieriger wurde, gab es noch immer zwingende Gründe, zu bleiben. Zunächst konnten Frauen nach wie vor Arbeit in jüdischen Betrieben und Haushalten finden. Sie konnten auch als Lehrerinnen in jüdischen Schulen arbeiten, als Sozialarbeiterinnen, Krankenschwestern, als Verwaltungsbeamte in jüdischen Sozialeinrichtungen und als Büroangestellte in der jüdischen Gemeinde. Ältere, gebildete Frauen fanden Arbeit in kulturellen und sozialen Tätigkeitsbereichen innerhalb der jüdischen Gemeinde.[85] Hedwig Burgheim etwa fand eine herausfordernde, wichtige Arbeit. 1933 zwang man sie, von ihrer Position als Leiterin eines Fröbel-Seminars für Kindergärtnerinnen in Gießen

Personal in der Geschäftsstelle der Jüdischen Winterhilfe in Berlin. Das Plakat mit einer Hand, die eine Sammelbüchse hält, trägt die Aufschrift »Erfüllt Eure Pflicht«. (Mit freundlicher Genehmigung des Leo Baeck Institute, New York)

zurückzutreten. Danach leitete sie die Schule für Kindergärtnerinnen und Haushaltspflegerinnen der Jüdischen Gemeinde in Leipzig, die junge Menschen für Berufe ausbildete, die in Auswanderungsländern von Nutzen waren. Nach dem Novemberpogrom, als ihre Auswanderungspläne gescheitert waren, lehrte sie an der Carlebach-Schule der jüdischen Gemeinde und wurde 1942 Leiterin des Leipziger Altersheims. Sie wurde Anfang 1943 deportiert und in Auschwitz umgebracht.[86] Die Fähigkeiten Martha Wertheimers, die vor 1933 als Journalistin gearbeitet hatte, waren auch danach noch gefragt. Sie stürzte sich in die jüdische Wohlfahrtsarbeit, schrieb aber auch Bücher und Theaterstücke, arbeitete für die jüdische Presse und unterrichtete Englisch, um sich zusätzlich Geld zu verdienen. Sie begleitete zahlreiche Kindertransporte nach England, arbeitete pausenlos zwölf Stunden am Tag, um Juden in Auswanderungs- und Wohlfahrtsfragen zu beraten, leitete mit großer Freude die Gottesdienste an den Hohen Feiertagen im Heim des Jüdischen Frauenbunds in Neu-Isenburg und organisierte Bildungskurse für jüdische Jugendliche, die zur Zwangsarbeit einberufen worden waren. Zuletzt schrieb sie an eine Freundin in New York, sie warte – trotz ihrer Anstrengungen, auszuwandern – nicht mehr darauf, zu entkommen: »In mich ist die große dunkle Ruhe gekommen, die unsere Väter das Wort ›Gam su letauwo‹ [›auch das dient dem Guten‹] lehrte.« Sie glaubte: »Aber es ist auch etwas wert, Offizier auf dem versinkenden Schiff Judenheit in Deutschland zu sein, und tapfer auszuhalten und die Boote zu füllen, soweit wir welche haben.«[87]

Während die Arbeitssituation jüdischer Frauen dazu beitrug, sie in Deutschland zu halten, half die der Männer, sie zur Auswanderung zu bewegen. Einige Männer verfügten über geschäftliche Beziehungen ins Ausland, die eine sofortige Flucht erleichterten, andere emigrierten allein, um sich eine Existenz aufzubauen, bevor sie ihre Familie nachholten. Die Mehrheit der osteuropäischen Juden etwa, die zwischen 1934 und 1937 in die Länder des Ostens zurückkehren mußten, waren Männer.[88] Wenige Männer, einige davon gemeinsam mit ihren Frauen, erhielten Visa, mit denen sie Europa verlassen konnten, und zwar von Institutionen, die hofften, herausragende Intellektuelle und Künstler zu retten. Frauenorganisationen erklärten sich damit einverstanden, daß Frauen, sollte es keinen anderen Ausweg geben, ihre Ehemänner nicht daran hindern sollten, allein auszuwandern, gaben aber zu bedenken, daß es oft für Männer nicht billiger sei, ohne ihre Frauen auszuwandern.[89]

Vor dem Krieg waren die Männer zudem unmittelbarer Gefahr für Leib und Leben ausgesetzt. Männer, die von den Nazis verhaftet und dann freigelassen worden waren, aber auch männliche Jugendliche, die von Schlägern aus der Nachbarschaft verprügelt worden waren, flohen frühzeitig aus Deutschland.[90] Nach dem Novemberpogrom wurden Männer, die in Konzentrationslagern interniert waren, in einer merkwürdigen Wendung des Schicksals erst dann freigelassen, wenn sie nachwiesen, daß sie Deutschland sofort verlassen konnten. Alice Nauen erinnerte sich, wie schwer es jüdischen Gemeindevorstehern fiel, diese Auswanderungsfragen zu entscheiden:

»Sollten wir die Männer zuerst fortschicken? Dies war die ganze Zeit über das Dilemma. [...] Hat man zwei Fahrkarten, soll man dann einen Mann aus dem Konzentrationslager holen und ihn mit seiner Frau fortschicken, die augenblicklich noch in Sicherheit ist? Oder holt man zwei Männer aus dem Konzentrationslager? Sie holten zwei Männer heraus [...], weil sie sagten, wir könnten nicht Gott spielen, doch diese befänden sich in unmittelbarer Gefahr.«[91]

Auch wenn Frauen um ihre Männer fürchteten, glaubten sie, ihnen selbst würden die Nazis kein ernsthaftes Leid zufügen. Im Rückblick reflektierte Ruth Klüger diese Art zu denken und ihre Folge, daß überwiegend Frauen in der Falle gefangen waren. »Man [übersah] das Offensichtlichste [...], nämlich wie exponiert gerade die Schwächeren und in der Gesellschaft Benachteiligteren sind. Daß die Nazis vor den Frauen haltmachen würden, widersprach der rassistischen Ideologie. Hatte man sich durch einen absurden, patriarchalen Kurzschluß etwa auf ihre Ritterlichkeit verlassen?«[92]

Trotz großer Beklommenheit sandten Eltern ihre Söhne leichter ins Unbekannte als ihre Töchter. Bürgerliche Eltern machten sich Sorgen um eine alleinreisende Tochter und glaubten, Jungen seien sicherer. Familien gingen auch davon aus, Jungen müßten sich eine neue wirtschaftliche Zukunft aufbauen, während Töchter heiraten würden. 1935 schickte eine Familie ihren Sohn nach Palästina, da es »für einen jungen Mann angemessen sei, zu versuchen, auszureisen und woanders eine Arbeitsstelle zu finden«. Seinen Eltern widerstrebte es jedoch, ihre Tochter ins Ausland zu schicken. Wie andere junge Frauen, die dazu erzogen waren, das Urteil der Eltern zu akzeptieren, erklärte sie sich damit einverstanden, zurückzubleiben, und »ermöglichte es ihm sogar, ins Ausland zu gehen, indem sie ihn finanziell unterstützte«.[93] Als immer mehr Söhne ausreisten, waren die Töchter die einzigen, die sich um alte Eltern kümmerten. Eine Frau stellte fest, daß es viele Frauen gab, »die an eine Auswanderung nur deshalb nicht denken können, weil sie z. B. nicht wissen, wer ihre alte Mutter vorläufig, bis sie ihr Geld schicken können, ernähren und vor allem pflegen sollte. In den gleichen Familien sind die Söhne ohne weiteres ihren Weg gegangen.«[94] Die alternden Eltern zurückzulassen – den Statistiken zufolge war dies gewöhnlich die Mutter –, war äußerst schmerzhaft. Ruth Glaser beschrieb die Qual ihrer eigenen Mutter, als sie diese verließ, um zu ihrem Mann zu reisen, dem man die Wiedereinreise nach Deutschland verboten hatte: sie »konnte nachts nicht schlafen, wenn sie daran dachte, ihre [Mutter] zurückzulassen«.[95] Natürlich empfanden Männer diesen Schmerz ebenfalls, doch mehr von ihnen reisten dennoch aus. Charlotte Stein-Pick schrieb über die Qualen ihres Mannes: »Dieses Verlassen der alten Eltern deprimierte ihn tief. [...] Niemals kam er über diesen Abschied ganz hinweg. [...] Er sah zwar ein, daß wir ihnen keinesfalls hätten helfen können, nur ihr Schicksal teilen. Ich glaube beinahe, er hätte es vorgezogen. Vielleicht hatte er recht.«[96]

Bereits 1936 stellte der Jüdische Frauenbund fest, daß weitaus weniger Frauen als Männer auswanderten, und äußerte die Befürchtung, jüdische Männer im heiratsfähigen Alter würden im Ausland Mischehen eingehen und die jüdischen Frauen ohne jede Heiratschance in Deutschland zurücklassen. Dennoch war der Frauenbund über die Auswanderung in bestimmte Gebiete nicht begeistert, weil er mögliche Zwangsprostitution fürchtete. Der Jüdische Frauenbund wandte sich auch an Eltern und erinnerte sie an ihre Verantwortung, ihre Töchter ziehen zu lassen, auch wenn Töchter sich der Familie »vielleicht noch stärker verbunden fühl[en] als die Söhne, [was] wohl in der weiblichen Psyche begründet [liegt]«.[97] Erst im Januar 1938 verkündete der Hilfsverein der Juden in Deutschland, eine der wichtigsten Organisationen zur Förderung der Emigration, daß »die bisherige jüdische Auswanderung [...] einen starken Überschuß an Männern [aufweist]«. Er führte dies auf das »Wesen« der Frauen zurück, die sich der Familie und dem Zuhause enger verbunden fühlten, während das der Männer von größerer Abenteuerlust geprägt sei. Er schlug außerdem vor, Paare sollten vor der Auswanderung heiraten, ermutigte Frauen, sich auf die Tätigkeit als Haushaltshilfen vorzubereiten, und versprach, die Emigration von Frauen werde nun vorrangig behandelt. Doch nur zwei Monate später kündigte der Hilfsverein an, er werde nur die Auswanderung jener jungen Frauen vorantreiben, die ihre haushaltlichen Fähigkeiten nachweisen könnten und bereit seien, im Ausland als Haushaltshilfe zu arbeiten.[98] Jüdische Organisationen ließen Frauen bei der Emigration auch weniger Unterstützung zukommen als Männern.[99]

Daß einige Frauen und Männer den Rat annahmen zu heiraten, bevor sie ins Ausland gingen, oder von selbst auf diese Idee kamen, läßt sich den Heiratsanzeigen in jüdischen Zeitungen entnehmen. Diese Anzeigen enthielten häufig die Forderung, der zukünftige Ehepartner solle einer Auswanderung gegenüber aufgeschlossen sein. 1936 suchte eine Frau etwa »einen Ehekamerad mit [...] Auswanderungsmöglichkeit«, während eine andere Frau den Wert ihrer Mitgift in Schweizer Franken angab. Ein »Großkaufmann« bot einer »wirklich hübschen, vollk[ommen] gesunden, 20–25jähr[igen] Frau« die Gelegenheit an, gemeinsam nach Palästina auszuwandern.[100] 1938 verkündete beinahe jede Anzeige den Wunsch oder die konkrete Möglichkeit auszuwandern, gelegentlich sogar mit dem Zusatz: »Affidavit vorhanden«.[101] Einige dürften Scheinehen eingegangen sein, bevor sie nach Palästina emigrierten. Da ein Paar, also zwei Personen, mit einem Zertifikat einreisen durfte, rettete eine rasch eingegangene Vernunftehe, ob sie nun nach der Ankunft fortgesetzt oder aufgelöst wurde, ein zusätzliches Leben.[102]

Familien zögerten oft, Palästina und den Kibbuz als Alternativen für Töchter in Erwägung zu ziehen. Eine Umfrage in Abschlußklassen jüdischer Schulen Ende 1935 ergab, daß 47 Prozent der Jungen, aber lediglich 30 Prozent der Mädchen nach Palästina gehen wollten. Statistiken für die erste Hälfte des Jahres 1937 deuten darauf hin, daß von denen, die zionistische Weiterbildungsprogramme in Anspruch nahmen, nur 32 Prozent Frauen waren.[103] Vor allem wanderten weniger Frauen als Männer nach Palästina aus: zwischen 1933 und 1942 reisten 8 209 »Junggesellen« aus deutschsprachigen Ländern ein, gegenüber 5 080 »alleinstehenden« Frauen.[104]

Jene jungen Frauen, die tatsächlich in Palästina landeten, zogen die Städte vor. Die Mehrheit der deutsch-jüdischen Mädchen und jungen Frauen nahm keine der freien Stellen in Kibbuzim oder landwirtschaftlichen Ausbildungszentren an, sondern arbeitete eher als Köchinnen oder Putzmacherinnen.[105] Bessere Stellen, etwa als Sozialarbeiterinnen, Kindergärtnerinnen und Krankenschwestern, waren weitaus schwerer zu finden. Während Auswanderungsberater junge Frauen ermutigten, die Abenteuer des Kibbuzlebens auf sich zu nehmen, müssen Artikel über Palästina, häufig von engagierten Zionisten verfaßt, eher zu denken gegeben haben. In einem solchen Artikel beschrieb der männliche Verfasser eine Situation, in der acht junge Frauen für fünfundfünfzig junge Männer sorgten. Bis in die Nacht kochten sie, wuschen »Berge« von Wäsche, stopften Hunderte von Socken und nähten zerrissene Kleidung. Doch man erwartete noch weit mehr von ihnen. Sie sollten auch die emotionale Hausarbeit leisten:

»Ein freundliches Wort zur rechten Zeit wird einen aufgeregten Burschen, der einst ein Dutzend Hemden besaß [...] und nun feststellen [muß], daß [...] sein letzter behüteter Schatz von irgend einem [...]genommen wurde, schon wieder zur Vernunft bringen. An den Mädchen liegt es, [...] ob ein Kibbuz blüht! Denn ihnen obliegt es, den einen zu bemuttern, dem anderen Kamerad zu sein; sie müssen selbst berechtigten Unmut im Keime ersticken, haben die unendlich schwere Aufgabe: Immer gute Laune bewahren, immer lächeln und freundlich sein.«

Solche Berichte, dazu die zahlreichen Nachrichten über arabisch-jüdische Zwietracht, veranlaßten die meisten jungen Frauen, woanders Zuflucht zu suchen.[106]

Das wachsende Übergewicht der Anzahl jüdischer Frauen in der deutsch-jüdischen Bevölkerung bestand auch, weil es überhaupt mehr jüdische Frauen als Männer in Deutschland gab. 1933 waren 52,3 Prozent der Juden Frauen, und zwar wegen der männlichen Kriegsgefallenen des Ersten Weltkriegs, wegen der stärkeren Neigung jüdischer Männer, Mischehen einzugehen und zu konvertieren, und wegen der längeren Lebenserwartung von Frauen. Um das Gleichgewicht zu bewahren, hätte eine größere absolute Zahl von Frauen auswandern müssen. Daß jedoch weniger Frauen als Männer emigrierten, bedeutete, daß der weibliche Anteil der jüdischen Bevölkerung von 52,3 Prozent im Jahre 1933 auf 57,5 Prozent 1939 anstieg. Nach dem Krieg schrieb eine Frau:

»Zumeist waren wir Frauen, die sich selbst überlassen waren. Zum Teil waren unsere Ehemänner am Schock gestorben, zum Teil waren sie in einem Konzentrationslager umgekommen und zum Teil hatten einige Frauen ihre Männer, da sie wußten, daß sie sich in größerer Gefahr befanden, überredet, sofort und alleine auszureisen. Sie waren bereit, sich um alles zu kümmern und ihren Ehemännern später zu folgen, doch wegen des Krieges war es vielen unmöglich, diese Absicht zu verwirklichen, und so wurden recht viele meiner Freundinnen und Bekannten Märtyrerinnen Hitlers.«[107]

Die Frauen, die zurückblieben, waren zumeist alt. Frau und alt zu sein, kam in dieser Situation einem Todesurteil gleich. Zwischen Juni 1933 und September 1939 ging die Anzahl junger Juden in Deutschland unter 39 Jahren um etwa 80 Prozent zurück. Im Gegensatz dazu nahm die Zahl der Juden über 60 Jahren nur um 27 Prozent ab.[108] 1936 erholte sich eine jüdische Frau, nachdem sie eine Gefängnisstrafe wegen ihrer Arbeit für den kommunistischen Widerstand abgesessen hatte, in einem Sanatorium. Bereits damals beschrieb sie es so: »Ein düsteres Milieu! [...] Die Gäste [waren] fast durchweg alte Leute, die allein zurückgeblieben waren. Die Kinder [waren] teils in den Lagern oder in Palästina, USA und noch weiter weg.«[109] 1939 war der Anteil der Menschen über 60 auf 32 Prozent der jüdischen Bevölkerung angewachsen; 1941 hatten zwei Drittel der jüdischen Bevölkerung das mittlere Lebensalter überschritten. Allein in Berlin stieg die Zahl der Altersheime von 3 im Jahre 1933 auf 13 in 1939 und 21 im Jahre 1942. Bereits 1933 befanden sich unter den alten Menschen zahlreiche Witwen, wobei das Verhältnis jüdischer Frauen und Männer über 65 Jahre 140 zu 100 betrug.[110] 1937/38 waren 59 Prozent der Empfänger der Jüdischen Winterhilfe über 45 Jahren Frauen. 1939 blieben 6 674 Witwer und 28 347 Witwen im erweiterten Deutschen Reich.[111]

Kurz gesagt, in weniger als acht Jahren, insbesondere nach dem Novemberpogrom, wanderten zwei Drittel der deutschen Juden aus (viele in europäische Länder, wo sie sich später im Netz der Nazis verfingen) und ließen eine unverhältnismäßig große Zahl alter Menschen und Frauen zurück. Jüdische Zeitungen veröffentlichten Artikel über alte Frauen, deren Kinder emigriert, deren Quartiere klein, deren Hilfen verschwunden und deren finanzielle Mittel gering waren.[112] Zusammengewürfelt, bisweilen in Altenheimen, manchmal als zahlende Gäste in den Wohnungen anderer Juden, verbrachten diese Frauen ihre Zeit in der Erinnerung an bessere Zeiten. Finanzielle Sorgen plagten sie, doch noch mehr quälte es sie, nichts über den genauen Verbleib oder die Lebensumstände ihrer Kinder zu wissen. Sie bildeten eine »Gemeinschaft alter Menschen, die einander […] unterstützten und trösteten«. Als Elisabeth Freund, eine der letzten Jüdinnen, die Deutschland auf legalem Wege im Oktober 1941 verließen, zur Gestapo ging, um ihre letzten Papiere abzuholen, beobachtete sie: »Alles alte Leute, alte Frauen«, die Schlange standen.[113]

6

Der Krieg – Die Situation der Juden verschlechtert sich

> »[Wir] fürchten nicht die Bomben. […] Das ist eine Gefahr, die wir mit […] Millionen teilen. […] Wir fürchten nur die Gestapo.«[1]
>
> *Elisabeth Freund*

Schon lange vor Ausbruch des Zweiten Weltkriegs erlebten Juden kriegsähnliche Zustände. Doch nachdem Deutschland den Krieg begonnen hatte, beschleunigten die Nazis ihre wirtschaftlichen und gesellschaftlichen Verfolgungsstrategien. Die Regierung beschlagnahmte jüdische Betriebe und persönliches Eigentum und beschränkte die Möglichkeit, Lebensmittel und Kleidung zu kaufen. Sie pferchte Juden zusammen, nötigte sie zur Zwangsarbeit und verbot ihnen auszuwandern. Jüdische Frauen und Männer erlitten immer stärkere Entbehrungen. Sie mußten den Terror der Bombenangriffe aushalten und sich mit den noch entsetzlicheren Nachrichten über Konzentrationslager auseinandersetzen. Im Alltag blieben weiterhin die Frauen dafür verantwortlich einzukaufen, die Mahlzeiten zu strecken, abgetragene Kleidung zu flicken, die Schule und Freizeit ihrer Kinder zu organisieren und ihren Familien – selbst unter ghettohaftenWohnbedingungen – ein gemütliches Heim zu bieten.

Die Verfolgung unmittelbar vor dem Krieg

Einschränkungen und Reaktionen

Hatte bereits die Brutalität des Novemberpogroms den Juden vor Augen geführt, welche akuten physischen Gefahren sie erwarteten, sollten sie in Deutschland bleiben, so beendeten die Gesetze, welche nach dem Pogrom erlassen wurden, auch noch die letzten Hoffnungen, Juden könnten weiterhin ein Leben in Deutschland fristen. Bestimmungen, die nach dem 9./10. November 1938 erlassen wurden, verboten Juden fast jede Beschäftigung und Geschäftstätigkeit, erzwangen die »Arisierung« aller verbliebenen jüdischen Firmen und allen Eigentums, führten eine Strafsteuer auf jüdische Vermögenswerte ein und ordneten an, Bargeld und andere Wertsachen auf gesperrten Konten anzulegen, die von der Regierung kontrolliert wurden. Um auf ihr Geld zugreifen zu können, mußten Juden sich an die Regierung wenden und Nachweise dafür erbringen, wofür sie es brauchten. Sie mußten schriftlich eine Sondererlaubnis beantragen, um ihre eigenen Ersparnisse von diesen Sperrkonten abzuheben. Für jeden Betrag, mit dem sie einen neuen Wintermantel kaufen, Arztrechnungen begleichen oder alte Schulden abbezahlen wollten, mußten sie formale Bittgesuche einreichen. Eine »Kontrollstelle« entschied darüber, ob Juden ihr eigenes Geld abheben und welche Summe sie erhalten durften. Ende 1938, als die Juden aus der öffentlichen Fürsorge ausgeschlossen worden und mehr als zwei Drittel aller deutschen Juden erwerbslos waren, bewahrten diese Konten viele davor, in bitterste Armut zu fallen.[2] Andere kamen nur dank der jüdischen Wohlfahrtspflege mühevoll zurecht. Wieder andere existierten von dem Hungerlohn, den sie für ihre Zwangsarbeit erhielten, seit die Regierung am 20. Dezember 1938 verfügt hatte, arbeitslose Juden, die der öffentlichen Wohlfahrt zur Last fielen, könnten zur Arbeit gezwungen werden.

»Doch immer wieder gab es Dinge, die mehr verletzten als der Verlust von Habe«, schrieb eine Frau mit Blick auf die gesellschaftliche Isolierung, die sie erfahren hatte.[3] Innerhalb weniger Tage nach dem Pogrom waren Juden noch stärker ausgegrenzt als bisher, war ihnen der Zugang zu öffentlichen Orten, darunter auch zu bestimmten Straßen, verwehrt, durften sie Theater, Kinos, Konzerte und Ausstellungen nicht mehr besuchen und wurden sie von öffentlichen Schulen ausgeschlossen. Im Januar 1939 zwang die Regierung Juden, zusätzlich den Namen »Israel« oder »Sarah« anzunehmen, sofern ihre Vornamen nicht auf einer Liste identifizierbarer jüdischer Namen auftauchten. Diese Namen wurden auch in Telefonbücher aufgenommen und verkündeten jedem, der sich die Mühe machte nachzuschauen, den rassischen Status einer Person. Zusätzlich löste die Regierung alle noch bestehenden jüdischen politischen Organisationen auf. Die verbliebenen 213 000 »Volljuden« konnten den Wortlaut der jüngsten antijüdischen Gesetze dem stark zensierten *Jüdischen Nachrichtenblatt* entnehmen, der einzigen jüdischen Zeitung, die nach dem Pogrom noch erlaubt war, oder ihnen wurden die Erlasse in der Synagoge verkündet.[4] Fromme Juden erlebten die Verachtung der Nazis für ihre Religion als äußerst schmerzhaft. So wählte die Regierung 1939 zum Beispiel den heiligsten Tag des jüdischen Kalenders, Jom Kippur, um die Radios in jüdischem Besitz zu beschlagnahmen. Anstatt zu beten und das jüdische Verbot der Arbeit an Feiertagen zu beachten, mußten religiöse Juden ihre sperrigen, schweren Radios zu den Ämtern schleppen und dort Schlange stehen, um sie abzugeben.

Die Erinnerungen beschreiben, wie sich die bedrängten Juden mit den neuen Einschränkungen zurechtfanden. Zur Auswanderung bereits gerüstet, mietete ein Paar ein Zimmer im Bahnhofshotel, durfte aber dessen Restaurant nicht betreten. Sie mußten ihre Mahlzeiten in ihrem Schlafzimmer einnehmen.[5] Einfallsreichere Hotels wie der Reichshof in Hamburg versahen ihre Zimmerkarten mit kleinen Aufklebern, auf denen »Gäste jüdischer Herkunft« gebeten wurden, ihre Mahlzeiten lieber in ihren Zimmern als im Hotelrestaurant einzunehmen.[6] Die einzigen Restaurants, die Juden noch bedienten, befanden sich am Bahnhof. Else und Alfred Gerstel, die im Dezember 1938 ihre Silberhochzeit feiern wollten, aßen schließlich im Warteraum eines Berliner Bahnhofs. Als sie nach Hause zurückkamen, überraschten Freunde und Verwandte sie mit einem kleinen Fest: »Jeder mußte sein eigenes Besteck mitbringen, da wir alle bereits unser Tafelsilber aufgegeben hatten, mit Ausnahme eines Löffels, eines Messers und einer Gabel pro Person.«[7]

Einige Vorschriften ließen sich etwas leichter umgehen als andere. Als Juden keine Kleidung mehr kaufen konnten, flickten viele Frauen alte Kleidungsstücke. Diejenigen, die über Geld verfügten, konnten einige verbotene Produkte auf dem Schwarzmarkt erwerben. Auch Bestechung half. Eine Frau kaufte einer »wohlwollenden, bedürftigen arischen Seele« Kleidermarken ab (befand sich allerdings in der Zwangslage, nicht selbst in ein Geschäft gehen und die notwendigen Gegenstände kaufen zu können).[8] Die jüdischen Gemeinden versorgten – mit Hilfe der freiwilligen Arbeit jüdischer Frauen – bedürftige Juden mit Lebensmitteln und Kleidung.[9] Als Juden Mitte 1940 kein privates

Telefon mehr haben durften, benutzten sie öffentliche Fernsprecher, obwohl sie mit dem Zorn einiger Deutscher rechnen mußten. Elisabeth Freund erinnerte sich daran, daß sie ein öffentliches Telefon zu benutzen versuchte, bevor auch dies Juden im Dezember 1941 verboten wurde. Sie erregte die Wut einer »Arierin«, die die Tür der Telefonzelle aufriß, sie herauszerrte und schrie: »Wir Arier müssen hier warten, immer sind die Juden in den Zellen! Raus mit den Juden! Raus! Raus mit allen Juden in Deutschland!«[10]

Während die Nazis den Bereich, in dem Juden ihr Leben zu bewältigen versuchten, unerbittlich weiter einengten, waren die Juden noch zusätzlich von der Vorkriegsknappheit betroffen, unter der auch die meisten Deutschen der Mittelschicht und der Arbeiterklasse litten. Sozialdemokratische Beobachter berichteten bereits 1934 über einen Mangel an Rohstoffen und bestimmten Lebensmitteln. 1935 wurden Schweinefleisch, Butter, Fett, Reis, Käse und Eier knapp; die NS-Frauenschaft organisierte Vorträge über das Backen ohne Fett und die Verwendung von Ersatzprodukten, und Zeitungen mahnten die Ehemänner, den »Fleisch- und Fettmangel mit freundlichem Gesicht« zu ertragen.[11]

Jüdische Zeugen führten diese allgemeine Knappheit häufig auf die Kriegsproduktion zurück, die Gerüchten zufolge im Gange war. Erna Albersheim schrieb über die allgemeinen Lebensbedingungen etwa 1938 in Frankfurt: »Die Milch war von schlechter Qualität. [...] Das Brot war kaum eßbar. [...] Die Brötchen waren grau. [...] Die Zwiebeln [wurden] stückweise verkauft, sofern der Lebensmittelhändler überhaupt welche vorrätig hatte. Die Butter war rationiert [...] Alles Wollmaterial durfte nur 30 Prozent Wolle enthalten. Wir durften unseren Kunden nicht erzählen, daß sie keine reine Wolle erhielten.« Sie zog daraus den Schluß, daß Rohstoffe für Konsumgüter in die Kriegsvorbereitungen umgeleitet wurden. Sie erzählte den Witz über einen Arbeiter in einer Kinderwagenfabrik, der Ersatzteile für sein eigenes Baby stahl und sie zu Hause zusammenzuschrauben versuchte: »Es ist schrecklich«, sagte er zu seiner Frau, »immer wenn ich meine, ich habe alles fertig, stellt sich heraus, daß es ein Maschinengewehr ist«.[12]

Im Spätherbst des Jahres 1938 kam der Chefkorrespondent

für Europa der *New York Times* nach Berlin, in »eine Stadt mit knappen Rationen und beschränkten Freundschaften«.[13] Die Bedingungen verschlechterten sich im Frühjahr und Sommer 1939 weiter, als die Preise zu steigen begannen und die Regierung einige Lebensmittel rationierte. In einer süddeutschen Stadt wurde es in den Monaten vor Kriegsausbruch zunehmend schwierig, einen Haushalt zu führen: »Ich mußte [...] meine Lebensmittelkarte in den Milchladen mitbringen. [...] Einmal die Woche gab es für zwei Stunden Eier. [...] Obwohl die Behörden es nicht zugaben, gab es bereits Inflation, und die Lebensmittelpreise waren ziemlich gestiegen.«[14]

Juden hatten nicht nur mit der allgemeinen Vorkriegsknappheit zu kämpfen, sondern auch mit einer extrem schwierigen Wohnungssituation. Während des Novemberpogroms mußten viele Juden sofort ihre Wohnungen verlassen. Selbst die Bewohner jüdischer Altersheime, die von Juden selbst gestiftet worden waren, mußten innerhalb von 48 Stunden ausziehen. Sie wußten häufig nicht, wo sie hingehen sollten, da ihre Kinder vielfach das Land bereits verlassen hatten. Im April 1939 gestattete ein »Gesetz« »arischen« Vermietern, jüdischen Mietern die sofortige Zwangskündigung mitzuteilen, nach der Juden dann nur noch mit Genehmigung örtlicher Behörden Zimmer finden konnten. Im Mai begann die Regierung Juden, die inmitten der »arischen« Bevölkerung lebten, zu entfernen, indem sie sie in »Judenhäuser« abschob oder sie zwang, in eigens dafür vorgesehene Wohnungen zu ziehen. Sie mußten überfüllte Wohnungen, ja sogar einzelne Räume miteinander teilen. Einige Familien waren imstande, Verwandte aufzunehmen. In Düsseldorf nahm Ruth Glasers Großmutter, nachdem die jüngeren Familienmitglieder bereits emigriert waren, den Bruder ihres Mannes und seine zwei Schwestern zu sich.[15] Die alten Menschen lebten zusammen und mußten weitere Entbehrungen erdulden.

Mischehen

Der Novemberpogrom und die Einrichtung der »Judenhäuser« veranlaßten die Nazis dazu, ihre Vorstellungen über Mischehen weiter zu verfeinern.[16] Die Exzesse des Novemberpogroms waren in der Bevölkerung nicht ohne Murren hingenommen worden, vor allem unter denen, deren Verwandte mit Juden verheiratet waren. Auch die Einrichtung der »Judenhäuser« warf die Frage auf, ob die »arischen« Partner mit in für Juden vorgesehenen Häusern leben sollten, und wenn ja, welche »Arier«. Die Nazis entschieden, von Ende April 1939 an würde es zwei Arten von Mischehen geben. Eine »privilegierte« Mischehe bestand aus einem »gemischten« Paar, dessen Kind getauft worden war, oder aus einem »arischen« Mann und einer jüdischen Frau, unabhängig davon, ob sie Kinder hatten. Als »nichtprivilegierte« Mischehe galt die kinderlose Ehe zwischen einer »arischen« Frau und einem jüdischen Mann oder die eines gemischten Paares, dessen Kind nach dem September 1935 in der jüdischen Gemeinde eingeschrieben worden war. Es gab weit mehr »privilegierte« als »nichtprivilegierte« Mischehen, da Kinder aus solchen Verbindungen häufig getauft waren. »Nichtprivilegierte« Paare und Familien wurden gezwungen, in »Judenhäusern« zu leben, und der jüdische Partner und die Kinder, die man seit den Nürnberger Gesetzen als »Geltungsjuden« bezeichnete, da sie als Juden galten und behandelt wurden, mußten später den gelben Stern tragen. Im Gegensatz dazu durften »privilegierte« Paare in ihrer Wohnung bleiben, und die jüdischen Partner brauchten den gelben Stern nicht zu tragen. Diese Kategorien waren zwar vom Staat klar definiert, doch ließen sie sich bisweilen flexibel handhaben, anpassen und durch Bestechung aufweichen, wenn Menschen versuchten, doch noch als »privilegiert« eingestuft zu werden.[17] Es kam noch hinzu, daß Nazibeamte in Kleinstädten die komplizierten Details der jeweiligen Kategorien nicht immer verstanden oder sie schlicht nicht anerkannten.

Schon vor diesen juristischen Verfeinerungen beschrieb im August 1938 der Tagebucheintrag einer »arischen« Frau, die mit einem Protestanten jüdischer Herkunft verheiratet war, ihre Qual: »Wir sehen die anderen in Frieden wohnen [...], wissen, die brauchen keine Zeitung, keine Verordnung, keinen Parteitag zu fürchten, und ich zittere vor allem.« Sie fuhr fort: »Hundert Nadelstiche, Demütigungen, Beängstigungen bringt jeder Tag.«[18] Mehr noch, viele nichtjüdische Frauen versuchten, ihre Fassung zu bewahren, um ihre jüdischen Ehemänner vor der Furcht und den Schuldgefühlen zu schützen, die sie empfanden, weil sie ihre Frauen in diese Krise stürzten. Als die Gestapo in ihr Haus kam, um das Radio zu beschlagnahmen, wollte sich eine christliche Frau trotz ihres Kummers ihrem Mann gegenüber nichts anmerken lassen: »Er würde immer sagen: ›Du mußt meinetwegen so viel leiden.‹«[19] Jochen Klepper, ein protestantischer Schriftsteller und bekannter Verfasser von Kirchenliedern, der mit einer jüdischen Frau verheiratet war, also in einer »privilegierten« Mischehe lebte, schrieb im Februar 1939, »arische« Frauen, die einen jüdischen Mann geheiratet hätten, seien »so viel schlechter gestellt als die Jüdinnen mit arischem Mann: die Arierinnen in jüdischer Mischehe. Auf ihnen sammelt sich alles Unglück, das uns anderen nach dem gegenwärtigen Stand der Maßnahmen erspart bleiben darf.«[20] Als der Philologe Victor Klemperer gezwungen wurde, den gelben Stern zu tragen, weigerte er sich, mit seiner »arischen« Frau gesehen zu werden, da er befürchtete, sie könnte von Fremden, die sie zusammen sahen, beschimpft werden.[21]

In der Entscheidung der Nazis, männliche gegenüber weiblichen »Ariern« zu bevorzugen, spiegeln sich die nationalsozialistische Frauenfeindlichkeit und die höhere Stellung von Männern in der deutschen Geschichte und Gesellschaft wider. Der »Haushalt« war lange vor 1933 durch seinen männlichen Vorstand definiert. Nach der »Machtergreifung« dienten einige »arische« Ehemänner jüdischer Frauen in der Wehrmacht, jedenfalls bis Oktober 1942, später dann in den Zwangsarbeiterbataillonen der Operation Todt. Die Nazis befürchteten, daß ihre Moral, später dann ihre Arbeitseinstellung, leiden könne, sollten ihre Familien wie Juden behandelt werden. Die Naziführer mögen zudem angenommen haben, Frauen nähmen alles passiv hin, während Männer gegen ihre Zwangseinweisung – oder die ihrer Frauen und Kinder – in ein »Judenhaus« protestieren würden. Schließlich haben die Nazis wahrscheinlich die sexistische deutsche Rechtspraxis, die Ehen zwischen Deutschen und Ausländern regelt, in ein Rassegesetz umgewandelt: Wenn deutsche Frauen eine Ehe mit einem Ausländer eingingen, verloren sie ihre deutsche Staatsangehörigkeit, wenn jedoch deutsche Männer eine Ausländerin heirateten, wurden die Frauen deutsche Staatsbürgerinnen. Anders gesagt, deutsche Frauen büßten ihre Staatsangehörigkeit und ihre Bindungen zum »Volk« ein, wenn sie »hinausheirateten«, und jüdische Frauen erlangten, wenn sie »hineinheirateten«, einen gewissen Schutz, insofern sie »aufgenommen« wurden.[22]

Der Kriegsausbruch

Ausgangssperren, Lebensmittelkarten und »Judenhäuser«

Schon vor dem Krieg waren Juden in der deutschen Gesellschaft den sozialen Tod gestorben. Die Nazis hatten sie enteignet, zu harter Arbeit gezwungen und beinahe vollständig ausgegrenzt. Der Krieg selbst schuf die Gelegenheit für weitere massive Isolierung, Vertreibung und zuletzt Vernichtung. Die Regierung intensivierte die Verfolgung beständig: Sie erließ eine ungeheure Menge an Verboten, zwang Juden, den Davidstern zu tragen, deportierte sie schließlich und schickte sie in den Tod. Obwohl verschiedene Ministerien in der Zeit zwischen dem Novemberpogrom und dem Ausbruch des Krieges bereits 229 antijüdische Vorschriften erlassen hatten, wurden die Juden zwischen Kriegsausbruch und »Endlösung« mit weiteren 525 Erlassen gepeinigt.[23]

Am 30. Januar 1939 »prophezeite« Hitler in einer Rede die Vernichtung der jüdischen »Rasse« im Falle eines Weltkriegs. Am 1. September 1939 entfesselte Deutschland den Krieg. Die Regierung verhängte eine Ausgangssperre für alle Juden – im Winter ab 20 Uhr und im Sommer ab 21 Uhr. Obwohl sich zu dieser Zeit ohnehin nur noch wenige Juden in der Dunkelheit aus ihren Wohnungen wagten, verschärften diese Beschränkungen ihre gesellschaftliche Isolation. Sie hinderten Juden daran, nach einem langen Arbeitstag Freunde zu besuchen. Einige hielten sich nicht an das Ausgangsverbot, doch sie gingen dabei ein hohes Risiko ein. Rolf Kralovitz mißachtete die Ausgangssperre häufig, um in seine geliebte, aber verbotene Oper zu gehen. Seine ängstliche Mutter verbrachte ganze Abende in der Sorge, wie sie die Abwesenheit ihres Sohnes erklären sollte, falls die Gestapo plötzlich kontrollierte, ob alle Bewohner ihres »Judenhauses« die Ausgangssperre beachtet hatten: »Meine Mutter freute sich zwar, daß ich mich für die Oper interessierte, war aber gleichzeitig jedesmal sehr in Sorge, wenn ich erst nach der Vorstellung spät nach Hause kam.«[24]

Die Schwierigkeit, Lebensmittel zu beschaffen, plagte Juden weit mehr als die Ausgangssperren. Die Regierung verordnete am 28. August 1939, drei Tage bevor Deutschland den Krieg begann, eine Lebensmittelrationierung für alle Deutsche. Zwar war die

Rationierung in den frühen Kriegsjahren weder streng noch umfassend, doch als der Krieg sich in die Länge zog, kürzte die Regierung die Zuteilung von Fett, Zucker, Kartoffeln und (Ersatz-) Kaffee.[25] Von einem Durchschnitt von täglich 3 000 Kalorien pro Person vor dem Krieg sank die Kalorienzufuhr eines »normalen Verbrauchers« allmählich auf etwa 2 000 im Jahre 1944.[26] Somit fielen die offiziellen Lebensmittelrationen für »arische« Verbraucher bis zu einem späten Zeitpunkt des Krieges nicht unter das Existenzminimum. Selbst dann noch »gewährleistete die Plünderung eines Kontinents (und die Sorge der Regierung, der Hunger des Ersten Weltkriegs könnte sich wiederholen), daß die deutschen Rationen bei weitem die höchsten in Europa waren«. Für Juden, allerdings nicht für »Mischlinge ersten Grades«, sank die Kalorienzufuhr sofort dramatisch.[27]

Von 1939 an reglementierte die Regierung, wann und wo Juden einkaufen durften. In einigen Städten verlangten die Geschäfte, wo Juden kaufen durften, von jüdischen Kunden höhere Preise als von anderen.[28] Juden (meist die Frauen) mußten ihre Lebensmittelkarten, die mit dem Wort »Jude« gestempelt waren, auf besonderen Ämtern abholen, während »Arier« sie zu Hause von ihrem Blockwart bekamen. Die Regierung kürzte zudem die Lebensmittelrationen für Juden, was zu Unterernährung und Krankheit führte. Juden erhielten weniger Fleisch und Butter als »Arier« und keinen Kakao oder Reis.[29] Die Regierung schränkte die Liste der Lebensmittel, die Juden kaufen durften, kontinuierlich ein. Im Januar 1940 wurde die Rationierung für Juden noch strenger, als man ihnen Gemüse, das meiste Obst und Fleisch völlig verwehrte. Nur Juden, die schwere Zwangsarbeit leisteten, durften wöchentlich 200 Gramm Fleisch kaufen. Im Vergleich dazu: Ähnlich schwer arbeitende »Arier« erhielten 1000 Gramm pro Woche.[30] Der einzige Ausweg – für jene, die das Geld dafür hatten – war der wachsende Schwarzmarkt für Lebensmittel. Andere trieben Tauschhandel mit Freunden oder erhielten, was seltener vorkam, ein Almosen von einem mitfühlenden »Arier«.[31]

Viele Juden fürchteten den Hunger beinahe genauso stark wie die Gestapo. Die furchtbare Lebensmittelsituation der Klemperers, die in einer »nichtprivilegierten« Mischehe lebten, veranschaulicht die Not vieler Juden, obwohl die Klemperers, die mehr »arische« Bekannte hatten als die meisten »Volljuden«, vermutlich noch in einer besseren Lage waren als viele andere. In seinem Tagebuch notierte Klemperer, wie ausgemergelt seine Freunde aussahen, wie viel Gewicht sie verloren hatten und wie er und seine Frau Eva immer hungrig waren. Wenn sie Freunde besuchten, um Lebensmittel auszutauschen, trug seine Frau, die »Arierin«, das »rein arische Gemüse« – wie Spargel –, für dessen Besitz Victor Klemperer ins Gefängnis hätte kommen können. Im zweiten Jahr des Krieges führte die Suche nach Lebensmitteln bisweilen dazu, daß Eva Klemperer vom frühen Morgen bis zum späten Abend auf der Jagd nach Eßbarem war. Die Klemperers tauschten mit anderen Juden und erledigten – im Austausch gegen Lebensmittel – Gefälligkeits- und Extraarbeiten für jene, die ein bißchen mehr hatten. Im August 1942, als die Deportationen voranschritten, kommentierte Klemperer seinen eigenen »typischen Hungerbauch«, der geschwollen war wie eine »Trommel«. Er stahl regelmäßig Kartoffeln und Brot von einer seiner Nachbarinnen im »Judenhaus«. Er rechtfertigte sein Verhalten damit, daß nichtjüdische Verwandte ihr so viele zusätzlichen Lebensmittel mitbrachten, daß »sie vieles verkommen [läßt]«. Gegen Kriegsende überlebten er und seine Frau mit Hilfe von Lebensmitteln, die sie von nichtjüdischen Freunden erbettelt hatten, und er »halluzinierte ausreichendes Essen«.[32]

Juden durften gewöhnlich nur an einer Stunde am Tag einkaufen. Solche Beschränkungen waren grausamer, als es auf den ersten Blick erscheinen mag, und sie betrafen die jüdischen Frauen, die den Großteil der Einkäufe erledigten, unverhältnismäßig stärker. Erstens arbeiteten die meisten arbeitsfähigen Erwachsenen während des Tages. In Breslau, wo Juden nur zwischen 11 und 13 Uhr einkaufen durften, machten diese Vorschriften das Einkaufen beinahe unmöglich. In Berlin, wo einkaufen zwischen 16 und 17 Uhr erlaubt war, eilten Juden nach der Arbeit zum nächstgelegenen Geschäft. Zweitens gab es keine Supermärkte, wie wir sie heute kennen: »Einkaufen« bedeutete, zum Bäcker, zum Fleischer und zum Gemüsehändler zu laufen. Gewöhnlich waren die Schlangen lang und die Vorräte knapp, und Juden mußten hinter allen »arischen« Verbrauchern warten oder in Geschäften einkaufen, die nur für Juden vorgesehen waren. Geschäfte hatten ihre Lebensmittel ausverkauft, lange bevor jeder seinen Anteil bekommen hatte. Deshalb mußten Juden häufig noch in ein weiteres

Geschäft rennen oder am nächsten Tag wiederkommen. Im glücklichsten Fall legte ein anständiger Lebensmittelhändler für einen Juden, der früher am Tag eine Einkaufsliste hinterlassen hatte, ein paar Lebensmittel beiseite.[33]

Die Liste der verbotenen Waren wurde ständig länger. 1941 kamen zu den bereits verbotenen Lebensmitteln noch Konserven, Fisch, Geflügel, Geräuchertes, Kaffee und Milch, sogar entrahmte Milch hinzu. Juden durften keine Äpfel oder Tomaten mehr kaufen und mußten sich auf bestimmtes Gemüse beschränken. Kam es zu einer Kartoffelknappheit, so hängten Geschäfte Schilder aus mit der Aufschrift: »Mangelware wird an Juden nicht abgegeben.« Jüdische Eltern durften Milch nur so lange kaufen, wie ihre Kinder klein waren. Jüdische Kinder konnten keine Süßigkeiten kaufen, nicht einmal künstlichen Honig. Das Verbot von Lebensmitteln wurde nicht nur von Verkäufern durchgesetzt. Selbst wenn es gelang, einige verbotene Waren auf dem Schwarzmarkt zu erwerben, war es gefährlich, sie aufzubewahren. Die Gestapo führte sporadische Haussuchungen durch, um sicherzustellen, daß Juden keine verbotenen Waren versteckten.[34]

Die Situation verschlimmerte sich zusätzlich dadurch, daß »arische« Frauen sich selbst zu Wächterinnen der Lebensmittelvorräte ernannten. So terrorisierte etwa eine Berlinerin regelmäßig ein jüdisches Nachbarkind. Das kleine Mädchen kam auf seinem Weg zum Lebensmittelhändler »mit einer Einkaufstasche aus unserem Haustor. Davor stand diese Frau, schräg über uns hing die große runde Uhr des Apothekers. Es war kurz vor 4 und sie sagte ›Du darfst jetzt nicht einkaufen gehen, ich laß Dich hier nicht raus.‹«[35] Erna Becker-Kohen, die in einer »privilegierten« Mischehe lebte, versuchte ihren kleinen Sohn in ihrem Berliner Wohnviertel loszuschicken, um Milch zu kaufen: »Nun haben die Frauen unbarmherzig darüber gelästert, daß die Jüdin das Kind einkaufen schickt, zu einer Zeit da es ja für sie verboten ist; man will den Kleinen deshalb nicht mehr bedienen. [...] Selbst Mütter können meine Sorgen nicht mitfühlen.« Wie andere Juden versuchte sie, in einem anderen Stadtteil einzukaufen, wo man sie nicht so schnell erkannte und, abgesehen von gelegentlichen Bemerkungen über ihr dunkles Haar und ihre dunklen Augen, weniger häufig auf ihr Jüdischsein ansprach.[36]

Sobald Juden den Davidstern tragen mußten, konnten sie

außerhalb der vorgeschriebenen Stunden oder der zulässigen Geschäfte nur noch einkaufen, wenn sie den Stern abnahmen, dadurch aber mit ihrem Leben spielten. In Leipzig bemerkte eine Jüdin, die ihren Stern abgenommen hatte, um einkaufen zu können, daß die Gestapo das Geschäft betrat. Da sie eine Durchsuchung befürchtete, griff sie schnell nach dem Stern und versuchte, ihn herunterzuschlucken. Sie erstickte.[37] Ähnliche Vorfälle ereigneten sich in Berlin:

»Ich sah in der Oranienburger Straße eine jüdische Frau, die von einer NSDAP Frau angezeigt worden war, weil sie auf ›nicht-jüdischen‹ Karten Lebensmittel gekauft haben soll. Diese arme Frau steckte in ihrer Angst die Karten in den Mund und schluckte sie in Gegenwart des Polizisten, der sie zum Revier führte, herunter. Unsere Freundin Lotti Fischer in Berlin Pankow wurde angezeigt, weil sie Milch auf ›arische‹ Karten für ihre kranke Mutter kaufte. Sie, ihre Mutter und Bruder wurden nach dem Osten deportiert, ihr Vermögen für den Staat eingezogen.«[38]

1940 verbot die Regierung Juden den Kauf von Schuhen, Damenunterwäsche und Kleidung. Sie durften auch nicht das Material kaufen, das man brauchte, um Kleidung herzustellen oder zu flicken oder um Schuhe zu reparieren. Zudem waren öffentliche Wäschereien für Juden verboten, und nur ausgewiesene jüdische Schuster durften die Schuhe von Juden reparieren. Sogar Kinder und Jugendliche durften keine Kleidung kaufen und mußten abgenutzte und offensichtlich zu kleine Kleidung tragen.[39] In Hamburg gelang es im Juni 1939 einer mittellosen Mutter, von der Jüdischen Gemeinde für ihren heranwachsenden Sohn einen neuen Wintermantel zu bekommen. Im Mai 1940 verschaffte ihm die Gemeinde ein Paar Schuhe, tauschte seinen Mantel gegen einen bereits getragenen aus, und im Januar 1941 gestattete sie ihm zum letzten Mal, seine Schuhe reparieren zu lassen.[40] 1942 erhielten bedürftige Juden bisweilen die abgelegte Kleidung von Nachbarn, die Selbstmord begangen hatten oder aufgefordert worden waren, sich bei den Sammelstellen zur Deportation zu melden. Der Erhalt solcher Kleidung war illegal, da die Regierung jeglichen jüdischen Besitz beschlagnahmte.[41]

Nicht nur, daß sie alles dafür taten, Lebensmittel und Kleidung für Juden zu verknappen, die Nazis machten sie außerdem zu Flüchtlingen innerhalb von Deutschland. Regierungsämter zwangen Juden, kurzfristig ihre Wohnungen zu verlassen, und sorgten dafür, daß sie ständig von einem Ort zum anderen umziehen mußten. Mit jedem Umzug in immer engere Quartiere mußten Juden immer mehr Mobiliar verkaufen. Häufig wurde eine ganze Familie in einen kleinen Raum gezwängt; manchmal wurden einander völlig Fremde zusammengepfercht. Die Dichterin Gertrud Kolmar, die zusammen mit ihrem Vater und mehreren Fremden in einer Wohnung wohnte, schrieb an ihre Schwester: »Seit nämlich mein Bett im Eßzimmer steht, habe ich eigentlich gar keine ›Bleibe‹ mehr, keinen Raum für mich, und das Empfinden der Heimatlosigkeit, das ich hier immer schon hatte, ist nun noch stärker geworden.«[42] Die neuen Unterkünfte für Juden waren zudem schlecht geheizt und verwahrlost. Im Winter bildete sich in den Räumen Eis, da nie genug Brennstoff geliefert wurde. In Altbauten waren die Zimmer häufig von Ungeziefer verseucht. Ruth Klüger schrieb über den dunklen, von Insekten bevölkerten Raum, den sie mit ihrer Mutter teilte: »Man dreht das Licht ab und stellt sich vor, daß die Wanzen jetzt aus den Matratzen herauskriechen. Dann wird man gebissen, dreht das Licht an und jammert laut, weil dieses widerliche Ungeziefer tatsächlich im Bett herumläuft.«[43]

In Berlin wurden Juden nur fünf Tage vor dem Räumungstermin beachrichtigt, daß sie ihre Wohnungen verlassen müßten, und durften dann nur noch Zimmer in Häusern mieten, deren Besitzer Juden waren. Während sie verzweifelt nach neuen Wohnungen suchten, mußten sie gleichwohl zu ihren langen Zwangsarbeitsschichten erscheinen.[44] In Leipzig im April 1940 zwangen die Nazis eine Frau, deren vier Kinder emigriert waren, während ihre eigenen Auswanderungsbestrebungen gescheitert waren, ihre Wohnung zu verlassen und als Untermieterin in eine Ein-Zimmer-Wohnung zu ziehen. Im Februar 1941 nötigten sie sie, in einen ungeheizten Raum überzusiedeln, und im September mußte sie in ein Zimmer in einem »Judenhaus« ziehen, das sie mit einer fremden Frau teilte. Diesen Umzügen folgte ein letzter nach Riga, von wo sie nie mehr zurückkehrte.[45]

1943 lebten die meisten der wenigen noch verbliebenen Juden in »Judenhäusern«, der letzten Station vor der Deportation. In einigen Städten lagen diese Häuser in einem einzigen Viertel, so daß die Juden in einem ghettoähnlichen Bereich konzentriert waren.[46] Tatsächlich sprachen Juden, die dort lebten, häufig von einem »Ghetto«.[47] In den meisten dieser Häuser wohnten nur jüdische Familien. Einige Häuser jedoch beherbergten getrennt »nichtprivilegierte, gemischte« Paare und die jüdischen Partner aus Mischehen (vor allem solche, deren »arischer« Ehepartner gestorben war oder sich hatte scheiden lassen). In manchen Häusern wurden alle zusammengesteckt.

Ein fester Bestandteil des Alltags in vielen »Judenhäusern« waren die gefürchteten »Haussuchungen« der Gestapo, die nach verbotenen Lebensmitteln suchte und überprüfte, ob der Davidstern fest an der Kleidung angenäht war.[48] In Dresden ähnelten diese »Haussuchungen« kleinen Pogromen. Die Gestapo, die die Bewohner bespuckte und mißhandelte, brach regelmäßig in jüdische Wohnungen ein, zerstörte alles, was an Mobiliar und Bettzeug noch übrig war, und stahl Geld und Lebensmittel.[49] Das Tabu, daß man alte Menschen, vor allem Frauen, nicht mißhandelt, galt bei den Gestapomännern nicht. Sie traten und ohrfeigten alte Frauen und traktierten sie mit Faustschlägen. Victor Klemperer beschrieb, wie die Gestapo eine Schüssel Spinat fand: »Der Inhalt wurde den Damen ins Gesicht und über das Kleid geschmiert.«[50] 1942 griffen Gestapomitglieder im Jüdischen Altersheim in Dresden Frauen im Alter zwischen 70 und 85 an. Juden lebten auf den Straßen und zu Hause in Terror. »Angst und Hunger füllen den Tag«, schrieb Victor Klemperer im Juni 1942: »Werde ich heute verprügelt und angespuckt werden?«[51] Für die Menschen in seinem »Judenhaus« war das Leben zu einem Zustand unentwegter Angst geworden.

Daß viele Juden keine angemessene Unterkunft mehr finden konnten, kümmerte die Regierung nicht. In Köln etwa zwangen die Nazis 2 000 Juden, ihre Wohnungen, die Nichtjuden gehörten, aufzugeben. Nach einer Räumungsfrist von drei Tagen zogen die Juden in Kasernen, die während des Ersten Weltkriegs für russische Kriegsgefangene errichtet worden waren. Klara Caro schrieb:

»Sie erinnerten mich an die römischen Katakomben, nur daß es hier nicht um die Beherbergung von Toten, sondern um die Behausung lebender menschlicher Wesen ging. Von dem heruntertropfenden Wasser herrschte ein feuchter Modergeruch. Alles fehlte, was zu den primitivsten Bedürfnissen gehört. [...] 20 Personen [...] zusammengepfercht in einem Raum. Bett, Tisch und Stuhl durfte jeder mitnehmen, das bedeutete sich vom letzten zu trennen, woran man noch hing. Alles was übrigblieb an Besitz, wurde von der Gestapo beschlagnahmt. Wie rührend war es, daß die Betroffenen verstanden, selbst in das elende Fleckchen, das ihnen zur Verfügung stand, etwas Ästhetisches einzuschmuggeln, sei es eine Vase mit einer Blume, ein buntes Deckchen, ein kleines Bild.«[52]

In Dresden schätzten sich jene, die zusammengepfercht worden waren, noch glücklich, vor allem nach dem Beginn der Deportationen: »Es ist nicht Polen, es ist nicht das KZ!«[53]

Trotz der furchtbaren Situation der Juden in den »Judenhäusern« und Baracken, trotz der Kakophonie der Stimmen und des Fehlens jeglicher Privatsphäre, erinnerten sich Überlebende auch an die menschlichen Verbindungen, die entstanden. Juden, die dort lebten, bildeten eine Gemeinschaft, und manche fanden sogar eine neue »Großfamilie«.[54] An den bürgerlichen Werten und Lebensweisen festzuhalten, war eine Frage der Integrität und Identität. Juden teilten und tauschten Lebensmittel, trösteten einander nach der Verhaftung von Freunden und Familienmitgliedern, beschenkten sich gegenseitig und halfen einander. Da sie nicht mehr in deutschen Wohngegenden lebten, keine deutschen Geschäfte mehr betreten, nicht mehr mit öffentlichen Verkehrsmitteln fahren[55] oder mit deutschen Kollegen zusammenarbeiten durften, blieben die meisten »Volljuden« nun von der öffentlichen Feindseligkeit, die sie zuvor erfahren hatten, verschont und konnten einander besser helfen und trösten. In Dresden hinterließ eine ältere Frau vor ihrem Selbstmord einen Abschiedsbrief, in dem sie sich bei den anderen Bewohnern des »Judenhauses« für ihre »Herzenshöflichkeit« bedankte, die sie ihr während ihrer Zeit im »Judenhaus« entgegengebracht hätten.[56] Ihre sorgfältig gewählten Worte bringen das Wesen der meisten dieser Beziehungen beispielhaft zum Ausdruck: Es waren keine freiwillig gewählten Freundschaften, sondern Bande, die durch Not und Mitgefühl entstanden.[57] Else Behrend-Rosenfeld, verantwortlich für die 320 Münchner Juden, die in den Baracken in Berg am Laim zusammengepfercht waren, äußerte sich über die Internierten:

»Orthodoxe und Liberale, katholisch und evangelisch Getaufte, ehemals Reiche und Arme, Hochgebildete und aus ganz einfachen Kreisen Stammende, mußten miteinander leben und auskommen. Und nicht alle, wie selbstverständlich, waren guten Willens. Wir versuchten immer wieder unser Bestes, zu vermitteln, und dann zeigte sich, [...] daß es gelungen war, was wir erstrebt, aber allein nie hätten zuwege bringen können: ›Wir waren in Berg am Laim eine echte Gemeinschaft geworden.‹«[58]

Eltern fuhren fort, ihren Kindern, selbst mit begrenzten Mitteln, Rudimente einer bürgerlichen Bildung zu vermitteln. Anneliese Winterberg erinnerte sich an die sechs Monate Klavierstunden, die sie als Kind in Bonn erhielt, wo in einem ehemaligen Kloster 474 Juden während der letzten Monate vor ihrer Deportation zusammengepfercht worden waren. Nur neun von ihnen überlebten.[59] In einigen »Judenhäusern« gründeten jüngere Bewohner ein kleines Theater und inszenierten Aufführungen. In Leipzig versammelten sich Jugendliche, um Musik aus einem verbotenen Grammophon zu hören, das einer mit einem Juden verheirateten »Arierin« gehörte. Am Sonntag tanzten sie zu alten Schallplattenaufnahmen: »Wir waren eben etwas unbekümmerter als die Älteren, die doch sehr unter der Verfolgung litten.«[60]

Während die meisten in diesen neuen (Zwangs-)gemeinschaften konkrete Hilfe und moralische Stärkung bekamen, wandten sich viele auf der Suche nach Unterstützung auch der Religion zu. In diesen Jahren erhielt Rabbi Joseph Carlebach Hunderte von Fragen zum jüdischen Ritual und zum jüdischen Recht, und die Anfragen nahmen noch dramatisch zu, als andere Rabbiner flohen. Deshalb fühlte er sich, obwohl die Situation für ihn, seine Frau und seine Kinder ständig schlechter wurde, gezwungen zu bleiben, um für die religiösen Bedürfnisse der in Deutschland verbliebenen Juden da zu sein.[61] Bis zum Winter 1943 fanden in Hamburg weiterhin Gottesdienste statt, und die Gemeinde errichtete eine neue *Mikwe* (rituelles Bad).[62] In Bonn gab es regelmäßig Gottesdienste im »Judenhaus«, einschließlich einer

Hochzeit kurz vor einer Deportation,[63] und außerhalb Münchens beteten orthodoxe Juden im Kloster eines Frauenordens, in dem sie zusammengetrieben worden waren.[64]

Die Memoiren und Briefe befassen sich nicht ausführlich mit dem religiösen Leben in den »Judenhäusern«, vermutlich weil religiöse Juden ihre Religiosität für so selbstverständlich hielten, daß es überflüssig schien, sich dazu zu äußern. Selbst Salomon Samuel, ein Rabbiner, erwähnt in seinen Briefen selten mehr als einen beiläufigen Hinweis auf den »Sabbat«.[65] Es ist jedoch bezeugt, daß der Sabbat und die Feste sogar im Jüdischen Krankenhaus in Berlin eingehalten wurden, das als die letzte offizielle Residenz von Juden in Deutschland bezeichnet werden kann.[66] Außerdem legt eine Darstellung, nach der Kölner Juden in Theresienstadt zu Pessach einen Sederabend feierten, nahe, daß solche Traditionen gewiß auch in der weniger schrecklichen Atmosphäre des »Judenhauses« eingehalten wurden. In Theresienstadt versammelte Rabbiner Caro 1943 20 bis 30 Menschen in einem für fünf Leute vorgesehenen Raum. Es gab keine Stühle, so daß die Frauen und Männer auf dem Boden saßen:

»Der Sederteller bestand aus einer Möhre, einem bißchen [ungenießbaren] Grünzeug, einem Knochen und Salzwasser. [...] Der Rabbiner [...] feierte den Seder, indem er aus der *Haggadah* las, und ein *Chasen* [Kantor] aus Prag [...] sang die bekannten Lieder. Es gehörte zu den teuflischen Tricks der Nazis, daß sie an jüdischen Feiertagen besonders grausame Strafen erfanden. So gingen plötzlich die Lichter aus. [...] Doch der Rabbiner rezitierte die *Haggadah* auswendig weiter. [...] Niemals [wurde] das ›Leschana Habaa Biruschalajim‹ [hebräisch: ›Nächstes Jahr in Jerusalem‹] mit größerer Inbrunst gesprochen.«[67]

Der Davidstern

Vom 19. September 1941 an mußten Juden, die älter als sechs Jahre waren, einen großen gelben Davidstern tragen, auf dem in schwarzen, dem Hebräischen ähnelnden Buchstaben das Wort »Jude« stand. Der »Judenstern«, wie ihn die Nazis nannten (Juden bezeichneten ihn mit dem respektvolleren Begriff »Davidstern«, während einige ihn ironisch »Orden pour le sémite« nannten),[68] mußte fest an der Kleidung angenäht sein und auf der linken Brustseite getragen werden. Juden hatten für jeden Stern zehn Pfennig zu bezahlen – für viele Menschen »viel Geld«[69] – und brauchten mehrere Sterne, um sicherzugehen, daß all ihre Überkleidung gekennzeichnet war. Sogar Brautpaare mußten den Stern tragen, die Frau trug ihn auf ihrem Brautkleid.[70]

Die Einführung des Sterns signalisierte eine neue Stufe der Verfolgung und war laut Victor Klemperer »der schwerste Tag der Juden in den zwölf Höllenjahren [...] [J]eder Sternjude trug sein Ghetto mit sich, wie eine Schnecke ihr Haus.«[71] Indem der gelbe Stern an ihren Mänteln leuchtete, konnten Juden identifiziert, verunglimpft und ungestraft angegriffen werden. Diejenigen, die es früher gewagt hatten, trotz des Verbots einzukaufen, öffentliche Verkehrsmittel zu benutzen oder gar ins Kino oder ins Theater zu gehen, konnten dies nun nur noch tun, wenn sie ihren Stern entfernten. Dies war ein schweres Verbrechen, und selbst ein nur lose angenähter Stern konnte dazu führen, daß der, der ihn trug, in ein Konzentrationslager geschafft wurde.

Der Davidstern hatte aber auch Folgen für die Deutschen, die nun ungeschönt mit der jüdischen Not konfrontiert waren. Bis zu seiner Einführung hatten die Nazis – mit Ausnahme des Novemberpogroms – Juden mit Maßnahmen diskriminiert und schikaniert, von denen andere Deutsche behaupten konnten, sie hätten sie nicht wahrgenommen, oder die sie schnell vergessen konnten. Nach den Erlassen etwa, die Juden den Besuch von Kino und Theater untersagten, »verschwanden« sie einfach aus dem Publikum. Als die Regierung jüdische Vermögen konfiszierte und Juden aus ihren Arbeitsverhältnissen verdrängte, nahmen, abgesehen von den verantwortlichen Beamten oder Bankangestellten, nur wenige Deutsche davon Kenntnis. Natürlich kannten Verkäufer die Vorschriften, mit denen die Einkaufsmöglichkeiten von Juden eingeschränkt wurden; Nachbarn beobachteten, wie Juden auswanderten, oder sahen, wie ihre Wohnungen zwangsgeräumt wurden, und Kinder beteiligten sich an der Schikanierung jüdischer Schulkameraden und wurden Zeugen, wie sie endgültig von den Schulen verwiesen wurden. Der gelbe Stern aber brandmarkte Juden nicht nur, sondern machte zugleich sichtbar, wer noch geblieben war. Viele, die den sozialen Tod der Juden gefördert oder sich an ihn gewöhnt hatten, waren überrascht, daß es noch »so viele« Juden gab. Einige Deutsche reagierten geschockt oder mit Mitleid, andere mit Verlegenheit. Zwar brachen gelegentlich Feindseligkeiten gegen »Sternträger« aus, doch die meisten Deutschen verhielten sich gleichgültig. Einige Fremde steckten Juden Zigaretten, Früchte oder andere Zeichen des Mitleids in die Taschen, andere gingen auf Distanz, schrien sie an oder ignorierten sie. Daß Juden leicht identifizierbar waren, gehörte nun zum alltäglichen Leben jüdischer und nichtjüdischer Deutscher.[72]

Juden selbst datieren häufig in ihren Erinnerungen den Augenblick, in dem sie erstmals den Stern tragen mußten, weiter zurück als es tatsächlich der Fall war. »Das kommt daher«, schrieb Ruth Klüger, »daß die Ausgrenzung von Juden eben schon vor September 1941 im vollen Gang war.« Anders als viele andere Juden, fuhr sie mit bitterer Ironie fort, könne sie nicht sagen, »daß ich ihn ungern getragen habe, den Judenstern. Unter den Umständen schien er angebracht. Wenn schon, denn schon.«[73] Die meisten Juden jedoch empfanden die volle Last der beabsichtigten Qual. Ein 16jähriger Junge fühlte sich »wie nackt«: »Der Stern war handtellergroß. Er schien viele Zentner zu wiegen.«[74] Einige versuchten, den Stern zu verbergen, indem sie eine Aktentasche oder einen Einkaufsbeutel davorhielten – auch dies ein strafbares Vergehen.

Die Mutigsten oder Unvorsichtigsten – abhängig davon, ob sie erwischt wurden oder nicht – waren jene, die sich ohne den Stern nach draußen wagten. Inge Deutschkron war eine regelrechte Verwandlungskünstlerin:

»In einem leeren Hausflur zog ich den Mantel mit dem Stern aus und eine Jacke ohne Stern, die ich in der Tasche trug, an. Das war nicht ungefährlich, denn wenn mich dabei ein Gestapospitzel beobachtet hätte, dann wäre es mir so ergangen wie jenen unglücklichen Juden, die von Gestapobeamten auf der Straße angehalten wurden, um mit einem Bleistift zu prüfen, ob der Stern auch fest genug angenäht war. [...] Den Manteltausch habe ich oft wiederholen müssen. Und das nicht nur, weil Juden von nun an außer zur Arbeitsstelle keine öffentlichen Verkehrsmittel mehr benutzen durften. Auch der Lebensmittelhändler [...] hätte uns keine Waren mehr geben können, wäre ich mit dem ›Judenstern‹ am Mantel in seinem Laden erschienen. [...] Natürlich ging ich auch weiterhin in Konzerte, in Theater und Kinos. Das war jedoch mit Stern nicht möglich.«[75]

Um denen, die sie liebten, Schmerz oder Sorge zu ersparen, verbargen einige Juden den Stern sogar voreinander. Eine Frau, deren Tochter in einer »privilegierten« Mischehe lebte und mithin keinen Stern tragen mußte, zog immer ihren Mantel mit dem Stern aus, bevor sie das Kinderzimmer ihres Enkels betrat.[76]

Die Nazis brandmarkten jedoch nicht nur die Menschen. Vom März 1942 an hatten auch jüdische Wohnungen durch einen Davidstern gekennzeichnet zu sein – wahrscheinlich weil es so leichter war, Juden zusammenzutreiben. In Hamburg etwa mußten Juden im Eingangsbereich des Wohngebäudes neben ihrem Namen einen Davidstern anbringen.[77] Lebte auch ein Nichtjude in der Wohnung, so hatte jeder Mieter ein eigenes Namensschild aufzuhängen und dem jüdischen Namen einen Stern hinzuzufügen.[78]

Bereits vor der Einführung der Sterne waren Juden natürlich von ihren nichtjüdischen Nachbarn als solche identifiziert worden. Selbst Juden in »privilegierten« Mischehen, die keinen Stern an ihrer Kleidung oder an ihren Wohnungen anbringen mußten, wurden von »arischen« Nachbarn gemieden, die bisweilen auch der Gestapo über sie Auskunft gaben. In Krefeld zum Beispiel klagten Nachbarn darüber, daß Juden sich in der Wohnung eines mit einer Jüdin verheirateten »Ariers« versammelten. Der Ehemann erklärte, seine Frau habe viele Angehörige in der Stadt, und es handele sich um Verwandtenbesuche, nicht um Treffen. Dennoch mußte er versprechen, daß diese Besuche aufhörten. Dann verkündeten Nachbarn, das Ehepaar habe illegal Möbel erworben. Glücklicherweise konnte das Paar nachweisen, daß es die alte Kleidung und die Kommode, die sie vor kurzem erhalten hatten, rechtmäßig von der Schwester der Frau geerbt hatte. Andere Nachbarn teilten der Gestapo mit, das Paar habe zehn getaufte katholische Kinder. Vier von ihnen seien nach Inkrafttreten der Nürnberger Gesetze geboren worden, was dem örtlichen Parteiführer zu denken gab: »Wir haben ja kein Interesse daran, daß aus dieser Ehe noch mehr Halbjuden hervorgehen.«[79]

Erna Becker-Kohen hatte in Berlin ähnlich fanatische Nachbarn. Als die Deutschen in Polen einmarschierten, sorgte sich ihr »arischer« Ehemann, die Nachbarn könnten in ihrem Kriegstaumel seine Frau und sein Kind zu Tode prügeln. Er brachte sie daher zu einem Kloster. Leider konnten sie dort nur einige Wochen bleiben, weil sich ein anderer Gast weigerte, in der Nähe einer Jüdin zu leben, und auch eine Ordensfrau, die sehr »deutsch« empfand, der Mutter und ihrem Kind nicht begegnen wollte. Becker-Kohen stellte fest, daß nicht einmal mit ihrem Kleinkind irgendjemand Mitleid hatte. Als sie dann nach Hause zurückkehrte, wurde sie von einem treuen Priester besucht, worauf »die alte Dame, die unter unserer Wohnung zu Hause ist, als er vorbeigehen wollte, die Tür geöffnet [habe], um ihn von oben bis unten anzuschauen. Er blieb freundlich stehen und bat um die Erlaubnis, sie auch einmal so genau betrachten zu dürfen.« Als sie im darauf folgenden Sommer ihren kleinen Sohn einen Augenblick lang draußen vor einem Geschäft zurückließ, warfen Nachbarjungen Steine nach ihm. Anfang 1942 begleitete sie ein anderer Priester von der Kirche nach Hause, weil er befürchtete, ihre Nachbarn könnten ihr etwas antun. Sie bemerkte dazu:

»Wir wohnen zwar in einer durchaus ›anständigen‹ Gegend, wo viele Beamtenfamilien sehr ehrbar leben, doch glauben sie als gute Nationalsozialisten die Jüdin nicht in Ruhe lassen zu dürfen. Ihr Haß ist grenzenlos. Diese Menschen, wenn sie ihre gute Erziehung glauben ablegen zu dürfen, sind wohl noch gefährlicher, als die Unterwelt ist, dort in der Nähe des Alexanderplatzes.«[80]

Becker-Kohens Nachbarn waren nicht die einzigen, die sich so schmählich gebärdeten. Im Oktober 1941 weigerten sich die Mitglieder ihres katholischen Kirchenchores, weiter mit einer »Jüdin« zusammen zu singen. Das war kein Einzelfall. Einige Kirchen forderten von getauften Juden, auf separaten Bänken zu sitzen, andere verlangten, sie sollten nicht mehr an den Gottesdiensten teilnehmen, um andere Christen nicht vom Kirchenbesuch abzuschrecken, und wieder andere erwogen die Einführung getrennter Gottesdienste.[81]

Die Bombenangriffe – Unterschiedliche Einstellungen von Juden und Nichtjuden

Während des Krieges verhärtete sich die allgemeine Einstellung gegenüber den Juden. Die Bombenangriffe der Alliierten begannen Ende 1940 und nahmen in den folgenden Jahren zu; wobei Berlin, das nach August 1943 immer stärker angegriffen wurde, besonders heftig betroffen war. Als die Luftangriffe ihren Tribut forderten, gab die Regierung wiederholt den Juden die Schuld am Krieg und bezeichnete die Bombenangriffe als jüdischen Terror.[82] Der Krieg wurde zum »jüdischen Krieg«. Seit 1933 durch die antisemitische Propaganda darauf vorbereitet, griff die Bevölkerung dieses Motiv rasch auf.[83] Sogar viele, die die Nazis mißbilligten oder sich ihnen widersetzten, ließen sich von der Atmosphäre anstecken. »Die Juden sind dafür verantwortlich«, verkündete Lily Wust im März 1943, als sie die Trümmer rund um ihr Haus in Berlin betrachtete. Dieselbe Lily Wust versteckte ihre jüdische Geliebte und half auch anderen Juden unterzutauchen.[84] Victor Klemperer berichtete, wie er gemeinsam mit Arbeitern, die den Krieg ablehnten, Luftangriffe überstand, und einer von ihnen dann verkündete: »Aber sie werden reich durch den Krieg, diese paar Saujuden. Es ist wirklich der ›jüdische Krieg‹!« Entmutigt kam Klemperer zu dem Schluß: »Keine[r] war ein Nazi, aber vergiftet waren sie alle.«[85]

Deutsche wie Juden waren aufgefordert, in Luftschutzkellern Zuflucht zu suchen. Juden wurden selbstverständlich von »Ariern« getrennt und in dunklen, engen Räumen isoliert. Elisabeth Freund erinnerte sich: »Es gibt genaue Kontrollen und Strafen, wenn man nicht kommt. […] In unserem Haus gibt es wie überall, getrennte Luftschutz-Keller für Arier und Juden. Der arische Keller ist groß und geräumig, so daß dort auch eine Anzahl Betten und Couches aufgestellt sind. Der jüdische Keller ist so klein und eng, daß wir nur eben sitzen konnen.«[86] In diesen Luftschutzkellern meinten einige Deutsche, ihren Antisemitismus an Juden in ihrer Nähe auslassen zu müssen. Obwohl sie in einem abgetrennten Bereich des Luftschutzkellers blieben, wurden Erna Becker-Kohen und ihr Kind von ihren deutschen Nachbarn verhöhnt. Sie schrieb: »Ich fürchte die Menschen mehr als die Bomben.«[87]

Unbequeme Luftschutzräume und gehässige Nachbarn waren für Juden während der Bombenangriffe das verhältnismäßig kleinere Übel. Bereits erschöpft von der Zwangsarbeit, waren die langen Nächte in Luftschutzkellern eine fürchterliche zusätzliche Belastung. Elisabeth Freund schrieb: »Es ist ganz unmöglich dort zu schlafen. [...] Diese schwere Arbeit und dann noch fünf, sechs Stunden im Keller sitzen.« Da sie annahm, sie werde krank, wenn sie ihre Nächte weiter schlaflos zubringen müsse, bat sie einen Arzt zu bescheinigen, daß sie zu kränklich sei, um in den Luftschutzkeller zu gehen.[88] Auch die Furcht vor Einschlägen in ihrer Nähe und die Gefahr für ihr eigenes Leben hinterließen ihre Wirkung auf die Juden. Sie beachteten die Vorschriften für die Verdunkelung während der Luftangriffe, ließen schwere Fensterläden herab und umwickelten ihre Lampen mit schwarzem Papier. Viele verloren ihre Wohnung und ihre wenigen verbliebenen Besitztümer. Die kleinen, geschwächten jüdischen Gemeinden versuchten, die größte Not zu lindern. In Hamburg, wo Juden stark unter den Bombenangriffen litten, richtete die jüdische Gemeinde besondere Büros ein, um jenen in den allerschlimmsten Notlagen zu helfen, sammelte Möbel und Kleidung, die von emigrierenden Juden gestiftet wurden, und verteilte die Güter an die Opfer der Bombenangriffe.[89]

Ungeachtet der Erschöpfung und der Angst bedeutete die Anonymität der Luftangriffe für Juden eine Erleichterung, da sie die persönlichen Angriffe weit mehr fürchteten. Ruth Fleischer erinnerte sich: »Der Ausbruch des Krieges war etwas ganz anderes als die Kristallnacht, da die Kristallnacht unser persönliches Leben als Juden antastete. [...] Der Krieg ließ mich gleichgültig, weil es sich um einen Umstand handelte, der jeden betraf.«[90] Zwar litten und starben Juden während der Bombardements, doch diese Angriffe bedrohten ihr Leben auf willkürliche Weise, die Deportationen dagegen bedrohten sie unmittelbar und systematisch. Von daher erklärt es sich auch, daß Deutsche, wenn sie nach dem Krieg an die Nazizeit zurückdachten, besonders die Schrecken der Bombenangriffe betonten. Juden hingegen verliehen den Luftangriffen weder während des Krieges noch danach allzu großes Gewicht. Sie fürchteten die Gestapo weit mehr. Freund bemerkte: »Vor den Flugangriffen fürchte ich mich nicht, wenn es auch nicht grade angenehm ist, und man ja nie weiß, ob man den nächsten Morgen erleben wird. Das ist eine Gefahr, die wir mit vielen Millionen [...] teilen. [...] Wir fürchten uns nur vor der Gestapo.«[91]

Für die Juden war es wichtig, daß die Luftangriffe hoffen ließen. Sie waren Zeichen für eine mögliche deutsche Niederlage und das Ende des Nazialptraums. Fleischer fuhr fort: »Ich dachte, vielleicht könnte uns dieser Krieg Glück bringen und unsere Rettung bedeuten.«[92]

Das jüdische gesellschaftliche Leben im Krieg

Zu Beginn des Krieges waren die meisten Familien bereits auseinandergerissen und in verschiedene Richtungen zerstreut. Juden, die mit ihren Kindern wegzogen, ließen alte Eltern oder verwitwete Mütter zurück, während andere nicht selbst entkommen, aber wenigstens ihre Kinder in Sicherheit bringen konnten. Elisabeth Freund bemerkte zum Schicksal jüdischer Familien:

»[Es gibt] kaum mehr eine jüdische Familie [...], die nicht gewaltsam auseinandergerissen ist, deren Mitglieder nicht über die ganze Welt zerstreut sind, Eltern ohne die Kinder, Frauen ohne ihre Männer, junge Kinder ganz allein im fremden Land. Und alle ohne Nachrichten voneinander, ohne daß sie wissen, ob ihre Angehörigen in den Konzentrationslagern, die es überall für Juden gibt, noch am Leben sind.«[93]

Alte Menschen, die in Deutschland festsaßen, waren furchtbar einsam. 1940 erzählte eine Mutter ihrem erwachsenen Sohn in einem Brief von einem Traum:

»Gestern Nacht hatte ich einen wundervollen Traum. Walter, Du standest leibhaftig vor mir, nahmst meine beiden Hände in Deine und sagtest: ›Warum sind Deine Finger so rauh?‹ ›Das kommt von der vielen Hausarbeit‹, sagte ich, und da strichst Du mir über die beiden kleinen Finger. Es war das erste Mal, daß ich von einem meiner Kinder träumte und sie so lebendig vor mir sah. Ich war sehr glücklich darüber.«[94]

Kinder, die zurückblieben, fanden kaum Ablenkung von ihrem harten Alltag. In Breslau freute man sich über die seltenen Ausflüge zu einem Süßigkeitenautomaten (bevor auch dies verboten wurde).[95] Schon vor dem Krieg fragten sich Kinder, wie man »in der Schule konzentriert sein [sollte], wenn zu Hause alles so schlimm war«.[96] Nun war die Schule selbst voller Ablenkungen, wenn neue Schüler auftauchten, alte wegzogen und Lehrer ohne ein Wort verschwanden. Selbst Lotte Kaliski, die eine Schule, die ihren Namen trug, begründet und geleitet hatte, mußte heimlich das Land verlassen, ohne sich von den Kindern und den meisten Lehrern zu verabschieden.[97] Mit Beginn der Deportationen im Oktober 1941 wurde die ohnehin schwierige Situation noch schrecklicher. In Wien notierte Ruth Klüger, daß in der Schule nur wichtig war, wer »ausgehoben« (d. h. deportiert) worden war und wer sich versteckt hatte oder noch aus dem Land hatte fliehen können: »Man kam in die Klasse und sah sich um. Die, welche fehlten, waren möglicherweise krank, wahrscheinlicher war es, daß man sie nicht wieder zu Gesicht bekommen würde.« Als die Zahl der Schüler und Lehrer immer mehr zurückging, schlossen viele Schulen, und die verbliebenen Schüler wurden in einer anderen Schule zusammengepfercht – und dann in noch einer anderen. Die neuen Klassenräume wurden immer verwahrloster, wie auch die Kleidung der Kinder immer trostloser und schäbiger wurde.[98]

Die meisten Eltern leisteten Zwangsarbeit in Fabriken und hatten niemanden, der sich nach der Schule oder während der Schulferien um die Kinder kümmern konnte. »Wo sollte man sie unterbringen, diese armen, übernervösen Kinder, die nach diesen letzten Jahren mit ihren furchtbaren Erlebnissen eine Ferienerholung besonders nötig brauchten«, fragte sich Elisabeth Freund.[99] In den ersten Jahren der Verfolgung hatten die Leiter jüdischer Schulen Ausflüge in den Wald organisiert, doch nun war es nicht mehr möglich, öffentliche Verkehrsmittel zu benutzen. Und selbst wenn sie es noch konnten, fürchteten die Eltern, ihre Kinder würden von Halbstarken angegriffen. Außerdem verbot die Gestapo Juden 1941, Ausflüge in den Wald zu unternehmen. Parks waren schon viel länger verboten.[100] Sogar in der Nähe jüdischer Kindertagesstätten protestierten Nachbarn gegen den Lärm, wenn die Kinder draußen spielten. Schließlich fand die jüdische Gemeinde eine Lösung, nämlich »auf den jüdischen Friedhofen jeden freien Platz zu Spielplätzen mit Sandkästen für die kleineren Kinder umzugestalten«. Die größeren Kinder konnten das Unkraut auf den Gräbern jäten. Auf diese Weise bekamen die Kinder frische Luft und waren beschäftigt. Zudem blieben die Gräber in gutem Zustand, etwas, wofür keine jüdischen Arbeitskräfte zur Verfügung standen, worauf die Gestapo aber unerklärlicherweise bestand. Freund schrieb: »So weit ist es jetzt gekommen. In Deutschland sind die Friedhöfe nicht nur die letzte ruhige Stätte für die alten Menschen, sondern auch der einzige Platz zum Spielen für jüdische Kinder.«[101]

Als wären Schule und Freizeit nicht frustrierend genug gewesen, wurden Jugendliche, die ihre Ausbildung abgeschlossen hatten, durch das Leben mit der Zwangsarbeit noch weiter entmutigt. Anders als die »arischen« Lehrlinge lernten jüdische Jugendliche nichts. Sie sollten ungelernte Arbeiter bleiben. Selbst die wenigen Jugendlichen, die jüdische Berufsschulen besuchten, erhielten wegen der Juden auferlegten Beschränkungen nur eine begrenzte Ausbildung.[102] Eine Frau berichtete über die Erfahrungen, die sie zwischen Oktober 1940 und September 1941 während ihrer Ausbildung zur Köchin machte: »Sie können sich denken, daß in dieser Zeit, wo für Juden die Lebensmittel bereits beschränkt waren, kein regulärer Kochunterricht stattfand [...]. Wenn ich auf meinem [...] Zeugnis sehe, daß wir *Diät* zu kochen lernten, muß ich lächeln, es gab *immer* Diät damals.«[103]

Übererregbare Kinder oder Jugendliche konnten sich nicht in friedliche Elternhäuser zurückziehen, da auch die Eltern enormem Druck ausgesetzt waren. Ruth Klüger erinnerte sich daran, daß »der Tod, nicht Sex [...] das Geheimnis [war], worüber die Erwachsenen tuschelten, wovon man gerne mehr gehört hätte.« Sie pflegte so zu tun, als schliefe sie, lauschte aber mit gespannter Aufmerksamkeit den schrecklichen Geschichten, welche die Erwachsenen einander erzählten. Sie fragte sich, warum die Eltern ihren Kindern die Geschichten über Todesfälle vorenthielten, da es »ja nichts anderes [gab], worüber es sich lohnte, zu reden«. Auch erkannte sie, daß die meisten Kinder

Ein seltenes Photo von einem Brautpaar, das den Davidstern trägt. Ruth und Philip de Paauw verließen Deutschland 1936. Sie heirateten 1942 in Amsterdam und sandten diese Photographie ihren Verwandten in Leipzig. Heinz Zaspel, ein nicht-jüdischer Klempner, hat sie für die Familie versteckt. Das Paar überlebte das Durchgangslager Westerbork und das Konzentrationslager Bergen-Belsen. (Abgedruckt in B.-L. Lange [Hg.], *Davidstern und Weihnachtsbaum*; mit freundlicher Genehmigung des Forum Verlags, Leipzig)

irgendwie begriffen, welcher Bedrohung sie ausgesetzt waren: »Unten auf der Straße liefen die Nazibuben herum, mit ihren kleinen spitzen Dolchen, und sangen das Lied vom Judenblut, das vom Messer spritzt. Man mußte nicht sehr schlau sein, um das zu verstehen, vielmehr bedurfte es einer nicht einmal geringen geistigen Akrobatik, um es mißzuverstehen.«[104]

Familien konnten die seelischen Erkrankungen, die aus einem derartigen Schrecken folgten, weder verhindern noch heilen. Psychisch Kranke und Belastete wandten sich womöglich noch an nichtjüdische Psychiater, da Juden nicht länger praktizieren durften. Diese »arischen« Ärzte zeigten wenig Sympathie oder Verständnis. Einige von ihnen waren sogar in das Euthanasieprogramm der Nazis verstrickt.[105] Als eine jüdische Frau aus Hamburg sich bei einem Arzt beklagte, die Leute behandelten sie »wie das letzte Schwein« und wollten sie »unter die Erde« bringen, diagnostizierte er Verfolgungswahn und Depressionen. Der Arzt schrieb in ihre Akte: »Voller hypochondrischer Befürchtungen.« Ein Jahr später wurde sie deportiert.[106]

Obwohl die Familien nicht imstande waren, die Katastrophe abzuwenden, hielten Juden noch immer an traditionellen Vorstellungen über Ehe und Familie fest. Juden heirateten bis zu ihrer eigenen Deportation – vielleicht als eine Form schweigenden Protests oder Trotzes, vielleicht als Ausdruck der Entschlossenheit, mit einem treuen Partner zusammen zu überleben oder zu sterben. Im November 1941 schrieb Hermann Samter, ein Angestellter der Berliner Jüdischen Gemeinde: »Charakteristisch für die jetzige Zeit ist (bei uns) nicht nur die hohe Zahl der Selbstmorde, sondern mehr noch die Flut von Eheschließungen. Fast jede Freundschaft führt jetzt kurz vor unserem Ende noch zur Ehe.« In seinem letzten Brief verkündete er, er habe gerade seine Verlobte geheiratet, um ihre drohende Deportation zu verhindern. Durch Glück erhielt er sowohl die Genehmigung, sie zu heiraten, als auch, sie aus dem Sammellager an der Großen Hamburger Straße zu befreien. Kurze Zeit darauf wurden sie beide deportiert und ermordet.[107]

Auch Schwangerschaften sind bezeugt – wenn auch nur in wenigen Fällen. Elisabeth Freund hielt fest, daß mehrere ihrer Kolleginnen, die mit ihr Zwangsarbeit leisteten, schwanger waren. Sie fragte sich nach dem Grund:

»Erstens mal gibt es [kaum mehr] Verhütungsmittel zu kaufen, und sie sind sehr teuer. Dann aber steckt das Kinderkriegen wohl an, bei dieser endlosen Propaganda für kinderreiche Familien. Es gibt doch nichts Schöneres als ein gesundes, lachendes Baby. All die arischen Frauen haben welche, und bekommen immer wieder welche und reden dauernd von ihren Kindern. Die jüdischen Frauen, die doch sonst nichts mehr haben, wollen in dieser Trostlosigkeit doch wenigstens auch ein Kind haben [...], damit ihr Leben einen Sinn hat. Selbst wenn sie das Kind die Woche über in einem Heim aufziehen lassen müssen, es ist doch wenigstens eine Freude in ihrem öden Dasein.«

Als eine jüdische Frau eine Fehlgeburt erlitt, nachdem sie schwere Kisten gehoben hatte, äußerten sich ihre Kolleginnen sehr unterschiedlich:

»Die einen finden die Sache schrecklich, die anderen sagen, es sei doch so viel besser, was solle denn aus einem jüdischen Kind in Deutschland werden, die Mutter hätte es ja doch sofort in ein Heim geben müssen. Die arische Aufseherin faßte ihre Meinung so zusammen: ›[...] es ist so sicher besser für sie und das Kind.‹ [...] Mir geht es [...] nicht aus dem Kopf. [...] Es geht doch in Wirklichkeit darum, daß in diesem Lande, in dem so viel Kinder geboren werden, daß man über die Kinderwagen nur so stolpert, daß hier *ein* jüdisches Kind mehr ein Unglück bedeutet. Damit ist doch das Urteil über uns alle gesprochen.«[108]

Ruth Abraham, die ihr Baby im Dezember 1942 zur Welt brachte, sehnte sich trotz der schrecklichen Bedingungen, die sie ertragen mußte, nach einem Kind: »So unwahrscheinlich es klingt, wollte ich trotz allem in dieser Zeit ein Kind haben, und sowohl ich als auch meine Eltern waren überglücklich, als das eintrat und ich schwanger wurde.« Ihr Ehemann dagegen war »während der ganzen Zeit meiner Schwangerschaft sehr deprimiert, ich versuchte ihm Mut zuzusprechen.« Als die Familie ihrer Schwester deportiert wurde, verließen sie und ihr Mann, aus Furcht, sie könnten die nächsten sein, ihre Wohnung, die sich im gleichen Viertel befand. Sie rissen ihre Sterne ab und suchten Zuflucht bei ihrem einzigen verbliebenen Verwandten.

Plötzlich setzten Abrahams Geburtswehen ein. Um den Verwandten nicht zu gefährden, kehrte das Paar in die eigene Wohnung zurück und rief von einer Telefonzelle in ihrer Straße aus eine Hebamme und einen jüdischen Arzt an. Er half bei der Entbindung, floh aber – noch bevor die Nachgeburt gekommen war – beim Aufheulen des Luftschutzalarms. Die Abrahams brachten das Neugeborene, ein Mädchen, sofort zu einer »arischen« Frau, die angeboten hatte, für es zu sorgen, und begannen ihr Leben im Versteck.[109]

Es gab auch weiterhin jüdisch-»arische« Paare, wie die Fälle von »Rassenschande« in Gestapoakten zeigen. Sie »verlobten« sich heimlich, betrachteten sich als »verheiratet« und lebten bisweilen sogar heimlich zusammen.[110] Ein Paar ging besonders raffiniert vor. 1942 wurden Chorazy, ein »arischer« Mann, und Leonie Werner, ein »Mischling«, der im Versteck lebte, heimlich von einem katholischen Priester getraut. 1943 heiratete Chorazy offiziell Leonies verwitwete »arische« Mutter. Daraufhin konnte das junge Paar (mit der Mutter) zusammenleben, ohne daß Nachbarn sie der »Rassenschande« verdächtigten. Sie hatten zwei Kinder, die sie verstecken mußten.[111] Auch andere hatten Babies. So lebte Helmut Krüger, ein »Mischling ersten Grades«, mit seiner »arischen« Freundin illegal zusammen, weil man ihnen die Heirat verboten hatte. Da sie fürchteten, von Nachbarn wegen »Rassenschande« angezeigt zu werden, führten sie ein sehr vorsichtiges Leben. 1942, als seine Freundin kurz vor der Entbindung stand, brachte er sie ins Krankenhaus, konnte sich aber nicht als Vater des Kindes zu erkennen geben. Er ging durch die Straßen, nicht imstande, sich zu seiner Frau oder zu seinem Kind zu bekennen: »Da ergriff es mich bei dem Gedanken, jetzt zu dieser Stunde Vater zu werden, und ich begann bitterlich zu weinen.«[112]

Die meisten Juden blieben ausschließlich unter sich. Wenn sie Hilfe brauchten, schwierige Situationen einschätzen mußten oder Nachrichten und Informationen austauschten, waren sie zumeist aufeinander angewiesen. Selbst nach März 1942, als Juden nicht mehr mit öffentlichen Verkehrsmitteln fahren durften, so daß gegenseitige Besuche nur beschränkt möglich waren, gingen Ilse Rewald und ihr Mann über eine Stunde zu Fuß, um ihren Schwager zu besuchen, der sie zu einem Hauskonzert eingeladen hatte.[113] Auch junge Juden, die alleine lebten, suchten die Gesellschaft ihresgleichen. Noch 1942 trafen sich einige junge Berliner, um im Haus eines Freundes zu Schallplattenaufnahmen zu tanzen, meistens Foxtrott. Es gab wegen der knappen Rationen kaum Erfrischungen, und die Gruppe mußte sich vor der Ausgangssperre für Juden, die um 20 Uhr begann, auflösen.[114] Alte Menschen waren am stärksten isoliert. Im Januar 1939 berichtete die 66jährige Gertrud Grossmann ihrem Sohn im Ausland: »Wir leben ganz abgeschlossen von der Außenwelt.« Zwei Jahre später schrieb sie, daß sie sich kaum noch mit Freunden traf, weil sie alle kaum noch ihre Wohnungen verließen.[115]

Natürlich teilten Juden einander die schlechten Nachrichten mit, ein zunehmend deprimierender Zeitvertreib. »[...] dann kommt man ja doch nicht von den schrecklichen Gesprächen über den Krieg und unsere eigene Lage los. [...] Jeder erzählt neue schreckliche Geschichten, das ist nicht zu ertragen und leider ist das meiste nicht übertrieben.«[116] Dennoch blieb inmitten der Not ein Gefühl der Solidarität vorherrschend: »Jeder zittert vor den Neuigkeiten der anderen, die alle unser eignes Unglück vergrößern. Es entstehen aufopfernde Freundschaften und eine Einsatzbereitschaft für einander, wie sie nur Notzeiten und Schicksalsverkettung bringen können.«[117]

Die wenigen, die noch nichtjüdische Freunde hatten, fanden bei ihnen Trost und Hilfe. Ilse Rewald hob die Solidarität »unserer christlichen Freunde« hervor. Diese besuchten sie und ihren Ehemann weiterhin abends, selbst dann noch, als die Rewalds ihre Wohnung mit einem Stern kennzeichnen mußten. Schließlich halfen sie den Rewalds, im Versteck zu überleben.[118] Elisabeth Freund erinnerte sich (etwa im Mai 1941), daß solche Freundschaften ermutigend waren, aber auch zu einer wechselseitigen Last wurden:

»Und wenn man mit Ariern zusammen ist, ist es dasselbe, dann sollen wir erzählen, weil sie ja nichts von unseren Schwierigkeiten wissen. Das regt uns auf und ist für die Zuhörer genau so schlimm. Sie können ja doch nicht helfen. Wir kennen genug Leute, die die Behandlung der Juden in Deutschland als schreckliche Schande empfinden. Es ist wie ein Fluch, der an uns klebt, das Zusammensein mit uns muß für unsere arischen Freunde quälend sein.«[119]

Was Juden an den Deutschen, denen sie begegneten, häufig erstaunte, war, wie wenig sie über das Ausmaß des offiziellen Antisemitismus zu wissen schienen oder zu wissen vorgaben. Freund erinnerte sich an ein Gespräch mit einer Geschäftsfrau, die sie fragte, warum sie Messer und Gabel aus Stahl kaufte. Freund erklärte, daß Juden kein Silberbesteck mehr besitzen durften. Die Reaktion war Ärger: »Wie können Sie mir das sagen, das glaube ich ja nie und nimmer! [...] ich werde trotzdessen immer meinen Führer lieben und bewundern! Und wenn alle Juden ihn herabreißen wollen, – er ist mein Führer, er ist der größte Mensch unserer Zeit!«[120] Häufiger reagierten Deutsche überrascht, ob sie es nun vorgaben oder wirklich so empfanden. Im April 1942 hielt Victor Klemperer fest, ein Deutscher habe zu einem jüdischen Freund gesagt: »Ich sehe jetzt sehr viel mehr Juden auf den Straßen.«[121] Er hatte keine Ahnung davon, daß Juden nicht mehr mit der Straßenbahn fahren durften und gezwungen waren, große Entfernungen zu Fuß zurückzulegen. Klemperers eigene enge Freundin, eine »Arierin«, die unter großer Gefahr seine Tagebücher aufbewahrte, bot an, ihm Möbel abzukaufen – lange nachdem es Juden verboten war, ihr Eigentum zu verkaufen. Noch im Juni 1944 wünschte eine »arische« Fabrikarbeiterin Klemperer einen schönen Sommer. Als er erwiderte, er vermeide wegen des gelben Sterns lange Spaziergänge, entgegnete sie: »Dann würd' ich ihn doch draußen nicht tragen!« Sie war überrascht, als er ihr mitteilte, daß eine solche Gesetzesübertretung ihn das Leben kosten könne.[122]

Das mangelnde Realitätsbewußtsein der »Arier« beeindruckte Juden, doch nicht so sehr wie die »arischen« Klagen über ihr *eigenes* Leid. Nicht ohne Verlegenheit versuchte im Oktober 1939 ein »arisches« Paar Alfred Schwerin, mit dem sie seit 31 Jahren eng befreundet waren – er war Pate eines ihrer Söhne – aus ihrer Wohnung herauszukomplimentieren, und sie begannen darüber »zu lamentieren, daß sich jetzt die Missetaten der Nazis gegen die Juden an den Deutschen rächten.«[123] Kurz nachdem Deutschland die Sowjetunion angegriffen hatte, hielt sich Elisabeth Freund auf einem Schiff in der Nähe einer »arischen«

Frau auf. Ohne zu wissen, daß Freund Jüdin war, murrte sie über die unzuverlässigen Russen und äußerte Sorge um ihren 17jährigen Sohn. »Natürlich«, fügte sie hinzu »der Führer wird das sicher schon besser wissen!« In dem Wissen, daß sie gerade eine neue Vorschrift übertrat, die Juden das Recht selbst auf kleine Ausflüge verwehrte, und furchtbar nervös, weil sie befürchtete, die Gestapo könne sie überprüfen und erwischen, dachte Freund bei sich:

»Wenn nicht alles so bitter ernst wäre, könnte man wirklich darüber lachen: Da sitzen wir auf dem Haveldampfer, von der Potsdamer Garnisonskirche tönt das Glockenspiel herüber, ›Üb' immer Treu und Redlichkeit!‹, und diese arme kleine Frau schüttet mir, der Nichtarierin, ihr ganzes Herz aus. Man kann doch das Erbarmen kriegen, wenn sie so davon redet, wie das deutsche Volk von den bösen, bösen Russen so hinterhältig betrogen worden ist. Das glaubt sie, und sieht nicht, daß sie alle von ihrer eigenen Regierung betrogen werden.«[124]

Selbst wenn sie die Not der Juden anerkannten, relativierten viele Deutsche sie oder teilten Juden mit, was für ein Glück sie hätten, ihre Heimat verlassen zu können. Als Freunds Kleidung schäbig wurde, sprach sie ein deutscher Kollege darauf an. Sie erklärte, Juden hätten seit Beginn des Krieges keine Kleiderkarten erhalten. Überrascht dachte er über diese Zwangslage nach und kam zu dem Schluß: »Eigentlich ist der Unterschied gar nicht so sehr groß. Sie haben keine Kleiderkarten und kriegen keine Strümpfe, – wir haben welche und es gibt keine Strümpfe zu kaufen. Es kommt auf dasselbe heraus.« Als Freund schließlich im Oktober 1941 die Ausreiseerlaubnis erhielt, ging sie zum Fabriktor mit einem »Arier«, der sie begleiten mußte, vermutlich um sicherzugehen, daß Juden nichts stahlen. Der Mann sagte: »Dann wünsche ich Ihnen Glück, dann haben Sie es besser als wir alle hier.« Ähnlich erging es ihr mit einem Verkäufer, der neugierig war, warum sie eine Sonnenbrille kaufte, und ausrief: »Was, Sie gehen nach Amerika, in ein Land ohne Krieg! Ich wünschte, ich könnte mit Ihnen tauschen!« Keines der Gespräche läßt ein Bewußtsein dafür erkennen, auf welch grausame Weise die Juden verfolgt wurden – nicht einmal bei dem

»Arier«, der Zeuge ihrer Zwangsarbeit war –, und in beiden Fällen glaubten die »Arier«, Juden hätten größeres Glück als sie selbst.[125]

Anna und Salomon Samuel – Die Odyssee eines jüdischen Ehepaares

Die Not Anna und Salomon Samuels verdeutlicht, wie sich die zunehmenden Entwürdigungen, Ausgrenzungen und Entbehrungen der Kriegsjahre auf zwei einzelne Personen ausgewirkt haben. Ihr Leben zeigt aus erster Hand, was die vielen älteren Juden, die in Deutschland in der Falle saßen, während der letzten Jahre des Naziregimes ertragen mußten.[126]

1932 zogen Anna und Salomon Samuel, damals 58 bzw. 65 Jahre alt, nach Berlin, um dort ihren Ruhestand zu verbringen. Er hatte seit 1894 als Rabbiner in Essen gewirkt, und sie hatten vier Kinder großgezogen, die alle vor dem Krieg nach Palästina auswanderten. Die Kinder versuchten verzweifelt, ihre Eltern zu retten, doch alle Bemühungen scheiterten. Während das Paar darunter litt, so weit von seinen Kindern entfernt zu sein, fand es emotionale Unterstützung im Briefwechsel mit einer jungen Deutschen, Else Schubert-Christaller, einer christlichen Wissenschaftlerin, die sich mit dem Judentum befaßte, und die sie so lieb gewannen wie eine Tochter. Die einzigen Details, die über das Leben der Samuels erhalten blieben, sind jene, die Schubert-Christaller sammelte: ihre 500 Briefe und die Kisten mit Andenken und wissenschaftlichen Schriften, die sie ihr zur Aufbewahrung schickten.

Diese Briefe beschreiben nicht nur das alltägliche Leben, sondern zeigen auch die geschlechtsspezifischen Unterschiede im Umgang mit ihren Lebensumständen. Anna Samuel führte den Haushalt, ihr Mann war der Gelehrte. Es ist typisch, daß Anna Samuel sich der immer größeren Herausforderung stellen mußte, für Mahlzeiten, saubere Kleidung und eine bequeme Bleibe zu sorgen, während Salomon Samuel Goethes *Wilhelm Meisters Lehrjahre* neu las, jüdische Geschichte studierte und der jüdischen Gemeinschaft, die ihn unmittelbar umgab, intellektuellen Trost und somit moralische Unterstützung bot. Salomon Samuels Briefe widmeten sich philosophischen Fragen und enthalten nahezu bis zu dem Zeitpunkt, da die Deportationen begannen, allenfalls Andeutungen über die furchtbare Situation.[127] Seine Gelehrsamkeit und Freundlichkeit erfüllten seine Frau mit Stolz und Freude. Mehr noch, so wie ihm die Wissenschaft eine Beschäftigung bot, die ihn von der immer trostloseren Situation ablenkte, nahmen die Haushaltspflichten Anna Samuel in Anspruch und lenkten sie ebenfalls ab: »*Ein* Gutes: man ist damit befaßt, so geht die eilige, eisige Zeit noch schneller um [...].«[128]

Im Mai 1939, angesichts der Verkürzung der Einkaufszeit und der Lebensmittelrationen für Juden, schrieb Anna Samuel, das Einkaufen sei »scheußlich« geworden – »so weite Fahrten, keine jüd[ischen] Geschäfte mehr – alles so fremd.« Daß sie alles in der einen Stunde einkaufen mußte, die Juden zugebilligt wurde, entnervte sie täglich. Zu ihren Mahlzeiten, sogar am Sabbat, gab es kein Fleisch. Ab Februar 1941 wurde es auch unmöglich, Milch zu kaufen. Dank des Kartoffelmehls und der Fleischmarken, die Else Schubert-Christaller vor Pessach schickte, konnten die Samuels die religiösen Gebote einhalten und sich am Tag des Festes über den seltenen Genuß von Fleisch freuen. Beide rangen dem Sederabend ein wenig Glück ab.[129]

Die Nazivorschriften machten nur einen Teil des Problems aus. Anna Samuel mußte beim Einkaufen stets auch den Hohn von Nachbarn ertragen. Im Dezember 1941 – sie trug den gelben Stern an ihrem Mantel – wurde sie von 12- bis 14jährigen Mädchen verspottet: »So kurz vor dem Feste der Liebe [Weihnachten] [...] daß da der Haß nicht schweigt. [...] Und *so* große Mädchen, die doch schon nachdenken müßten!« Ein Jahr später bemerkte sie: »Stadtfahrten sind Spießruten-Laufen ähnlich.« Im Mai 1942 schrieb sie: »Die bösen Kinder! Vielleicht sollen die die Straße von uns reinigen. Es ist ja heute alles so zweckvoll ...« Mit traurigem Humor äußerte sie sich über das Baby des »arischen« Pförtners, über das sie sich von ferne freute – »Es lächelt mich immer an – wenn es ahnte, wie es sich damit strafbar macht!«[130]

Abgesehen von dem ständigen quälenden Hunger mußten die Samuels die strengen Winter mit sehr wenig Kohle durchstehen. Zunächst erhielten Juden die Hälfte der üblichen Kohleration, doch später wurde selbst diese Zuteilung zurückgenommen.[131] Häufig beschlagnahmten die Behörden einfach ihre Heizgeräte.

Mitleidige Beobachter berichteten: »Vor allem alte Leute haben unter der grimmigen Kälte bitter gelitten.«[132] Die Samuels froren ständig. Im Januar 1940 schrieb Anna Samuel: »Von 8 Uhr morgens bis etwa 3 sorgt man gegen Kälte und Hunger.« Sie, ihr Mann und ihre Schwägerin saßen im Mantel vor ihrem winzigen Kachelofen. Im Winter 1941 konnten die Samuels kaum heizen. Als die Nazis im folgenden Sommer ihren Wasserkocher und ihre Sonnenlampe beschlagnahmten, beklagte das Paar den Verlust dieser Gegenstände, »die uns diesen Winter vor dem *Er*frieren, nicht vor dem *Frieren,* rettete[n] [...]!«[133]

Auch die Bombenangriffe forderten ihren Tribut von dem alternden Paar mit seinen 1940 nun 66 bzw. 73 Jahren. Nacht für Nacht während der alle drei Stunden erfolgenden Angriffe in den Luftschutzkeller zu gehen, strengte sie bis zur Erschöpfung an. Sie litten zudem an ihrer Armut. Obwohl sie so sparsam wie möglich lebten, wurden sie ihre Schulden bei ihren christlichen Freunden nicht los, und sie litten sehr unter dieser beschämenden Situation. Am meisten schwächte sie aber die schwindende Hoffnung, jemals ihre Kinder wiederzusehen. Ohne über das Geld oder die Beziehungen zu verfügen, die nötig waren, um Deutschland zu verlassen, wandten sie sich – ihre letzte Hoffnung – an das Palästina-Amt und baten um Hilfe bei einer illegalen Auswanderung. Dort teilte man ihnen mit, sie seien für diesen Weg zu alt: »Ganz nüchtern gesagt, *wir* kämen *nicht* in Betracht für illegale Auswanderung [...] wir seien *zu* alt dazu! Nicht mal ein bissel Hoffnung lassen sie einem, die Bösen!«[134]

Der Umzug in »Judenhäuser« ängstigte und erschöpfte sie. Zunächst lebten sie in einer bescheidenen Unterkunft, die sie mit Salomon Samuels Schwester teilten. Sie wurde jedoch zu teuer, als die Nazis eine zusätzliche Steuer, – »Sozialausgleichssteuer genannt, nur für *Juden* ...«, festsetzten.[135] Ungeachtet ihrer Absicht, einen preiswerteren Platz zu finden, hörten sie bald Gerüchte, daß man ihnen befehlen werde umzuziehen – »Es ist alles so ungewiß!« –, und tatsächlich erging bald diese Anordnung. Sie mußten sich von ihrem Mobiliar und ihren Büchern trennen: »Wie schwer für meinen Mann, viele Bücher abzugeben! Flügel müßte der J[ude] haben. Darf nicht so behaglich erdenschwer werden!«[136]

Im Juni 1941, dem Monat, in dem Deutschland in Rußland einmarschierte, zogen sie in ihre neue Bleibe, einen Raum in einem jüdischen Altenheim. Anna Samuel schrieb: »[...] bissl schwer ist's schon, z. B. kein Wasser im Zimmer, aber auf dem Flur, da immer Menschenbegegnung«. Sie versuchte, ihren Raum sinnvoll einzurichten: »[...] und *ein* Raum [muß] alles bergen, ohne ganz ungemütlich wirken zu sollen! [...] Am Fenster steht der Schreibtisch, schon schreibt mein Mann daran.« Immer die gute Hausfrau, sorgte sie sich:

»Wie werd' ich je Ordnung, auch nur bescheidenstes Behagen in all dies Chaos bringen, wo doch mein Schreibtischlein etc. etc., jede Küchenvorrichtung (Wasser nur im Flur etc. [...]) fehlt, wo werd' ich etwas waschen. Es gibt im Flur elektrische Kochgelegenheit – aber sie ist wie die Wasch- etc. -Einrichtung immer besetzt. Um an Douche zu gelangen, hab' ich mein *erstes* Aufstehen auf zwischen 5 + 6 verlegt. Dann leg' ich mich nochmals ins Bett.«[137]

Zu ihrem Erschrecken und ihrer Bestürzung befahl man den Samuels, kaum hatten sie sich eingerichtet, erneut umzuziehen, diesmal nach Berlin-Köpenick. Im August 1941, inmitten ihrer Koffer und Körbe, empfand Salomon dies wie »eine Verbannung aus der Stadt«. Anna erlebte diesen Umzug als weitere Einengung, die alle Möglichkeiten zunichte machte. Dennoch versuchte sie verzweifelt, ihr neuestes Heim – einen winzigen Raum – so angenehm wie möglich zu gestalten: »Unser Zimmerchen wird abwechselnd Schlaf-, Eß- und Wohnraum, aber es ist *zu* klein, um sich's *behaglich* zu machen. [...] Dieses Verwandeln nimmt leider fast so viel Zeit, wie sonst das Mittagkochen bereitete. Und mein Mann macht mir Sorge, er ist so mager geworden und sieht so [...] vergrämt aus!«[138]

In Köpenick hatten sie keinen Zugang mehr zum Wasser im Flur. »Nur ist's mir peinlich [...] von einer Wasserleitung bei andern abhängig zu sein. [...] Hier ist im *ganzen* Häuschen nur die *eine* in der Küche. [...] So hole ich die unentbehrliche Flüssigkeit oft in später Abendstunde, wenn alles schon schläft, oder in der Frühe, wenn alles *noch* schlummert! [...] Ein wenig unbequem, ungewohnt! Man merkt, *wie* verwöhnt man war.«[139]

Im Oktober 1941, als Anna Samuel erstmals von der »Verschickung deutscher Juden nach Polen« hörte, sinnierte sie: »Und unser klitze kleiner Raum bereitet uns schon zart auf mehr Entbehrung vor!«[140] Im Rückblick wissen wir, daß nichts die Samuels dazu hätte bringen können, sich den Völkermord auszumalen, den die Nazis zur selben Zeit, als Anna Samuel diese Worte schrieb, an den Juden in Osteuropa begingen. Ebenso wenig hätten sich die Samuels auf die Leiden vorbereiten können, die sie durchmachten, und auf den Tod, den sie in Theresienstadt erlitten.

7

Zwangsarbeit und Deportationen

»Berlin ist judenfrei.«[1]
Joseph Goebbels

In den letzten Jahren vor Kriegsende litten Juden an Erschöpfung durch Zwangsarbeit, Hunger, Entbehrungen und, was noch schlimmer war, an einer alles verzehrenden Traurigkeit und Angst. Sie vermißten ihre Freunde, das Leben in den einst blühenden Gemeinden und ganz allgemein den Alltag, den sie einst gekannt hatten. Eltern hatten Sehnsucht nach ihren Kindern, die emigriert waren, obwohl sie gleichzeitig zutiefst dankbar dafür waren, sie in Sicherheit zu wissen. Das Schlimmste aber waren die Züge, welche die verbleibenden Juden für ihre »Evakuierung« oder »Abreise« erwarteten.

Zwangsarbeit

Ende 1938 war die Hälfte der in Deutschland verbliebenen Juden über 50 Jahre alt, und ein Viertel der Juden war auf finanzielle Unterstützung angewiesen. Eine »Armee verarmter und arbeitsloser Juden [...] drohte zu einer Last für das Deutsche Reich zu werden«.[2] Im Dezember 1938 ordnete die Regierung an, daß arbeitslosen Juden Arbeit zugewiesen würde. 1939 erhielten Juden keine Sozialleistungen mehr. Nach 1939 hatten nur noch 16 Prozent aller Juden einen Arbeitsplatz (und mehr als die Hälfte von ihnen waren Arbeiter). Der *American Jewish Congress* berichtete bekümmert, die deutschen Juden, »ihres Eigentums beraubt, deklassiert und in die Armut getrieben [...], seien [...] kaum mehr wert als ihr [...] Wert als Arbeitssklaven.«[3]

Als der Krieg ausbrach und ein schwerwiegender Mangel an Arbeitskräften herrschte, forderten sowohl die Industrie als auch öffentliche und private Betriebe jüdische Arbeiter an. Obwohl Zwangsarbeit offiziell nur für arbeitslose Sozialhilfeempfänger vorgesehen war, zogen städtische ebenso wie Regierungsbehörden auch solche Juden zur Zwangsarbeit heran, die ihren

Unterhalt noch selbst bestreiten konnten. Andere Juden hatten sich »freiwillig zu melden«.

Im Mai 1940 mußten sich in Berlin alle jüdischen Männer zwischen 18 und 55 Jahren und alle jüdischen Frauen zwischen 18 und 50 Jahren bei der für die Zwangsarbeit zuständigen Abteilung eintragen lassen. Im Sommer 1940 gab es in Berlin noch 72 327 jüdische Einwohner, von denen 25 000 Frauen und 16 000 Männer im Alter zwischen 18 und 60 Jahren für die Zwangsarbeit »geeignet« waren. Anfang 1941 arbeiteten etwa 20 Prozent der noch verbliebenen Juden in Deutschland als Zwangsarbeiter, die meisten in der Rüstungsindustrie. Im März desselben Jahres zog das Reich offiziell alle Juden zwischen 15 und 65 Jahren zur Zwangsarbeit heran. Von 1941 an beutete Deutschland jüdische Zwangsarbeiter bis zum äußersten aus und brachte selbst dann noch osteuropäische Juden nach Deutschland, als das Land längst für »judenrein« erklärt worden war.[4] Im Winter 1944/45 wurden auch die meisten Menschen, die aufgrund der Nürnberger Gesetze zu »Mischlingen ersten Grades« erklärt worden waren, mit »Ariern« verheiratete Juden und selbst »arische« Männer, die mit einer Jüdin verheiratet waren, zur Zwangsarbeit verpflichtet.[5]

Der Alltag der meisten Juden bestand aus mindestens zehn Stunden Zwangsarbeit. Regierungsbeamte verpflichteten sogar viel ältere Juden zur Arbeit, darunter Frauen bis zu 70 Jahren.[6] In Dresden nannten Zwangsarbeiter, die bei Zeiss-Ikon tätig waren, die Abteilung der 15- und 16jährigen jüdischen Mädchen mitleidig den »Kindergarten«.[7] Im allgemeinen wurden die Juden von den »arischen« Arbeitern getrennt, nicht jedoch von den »arischen« Vorarbeitern.[8] Im Oktober 1941 verordnete die Regierung, daß Juden alle Rechte der »arischen« Arbeiter zu verweigern seien. Juden wurden lediglich für »getane Arbeit« bezahlt und konnten weder Krankengeld noch Mutterschaftsgeld oder Beihilfen bei Todesfällen beanspruchen; auch Familien- oder Kindergeld, bezahlter Urlaub oder Renten standen ihnen nicht zu. Im allgemeinen erhielten sie die geringsten Löhne, bezahlten aber die höchsten Steuern. Zudem waren Juden Freiwild für die Launen ungeduldiger oder sadistischer Vorarbeiter. Sie konnten unablässig schikaniert und fristlos entlassen werden. Juden wurden zu besonders harter und schmutziger Arbeit abgeordnet, etwa auf dem Bau, im Straßenbau, bei der Müllabfuhr, bei der Reinigung von Toiletten und Abwasseranlagen oder beim Sortieren von Kohle, Lumpen und Knochen. Wenn Juden während der Nachtschicht arbeiteten, durften sie bei Bombenangriffen nicht die Schutzräume aufsuchen, und die Angehörigen zu Hause machten sich Sorgen um sie.

Besonders Juden mittleren Alters aus der Mittelschicht empfanden die Fabrikarbeit als extrem belastend, weil sie nicht nur ungeübt, sondern im Vergleich zu »arischen« Arbeitern auch langsamer waren. Victor Klemperer, einst Hochschullehrer, erinnerte sich an seinen Verdruß, als der Vorarbeiter sich abschätzig über seine Arbeit äußerte: »Ich würde mich schämen, solchen Scheißdreck zu arbeiten!« Klemperer schrieb: »Ich rufe mir immer wieder die Komik der Situation ins Bewußtsein, aber die Erniedrigung quält mich doch sehr.«[9] Er wußte, daß einige wenige »arische« Frauen weit mehr produzierten als seine Gruppe jüdischer Rentner und befürchtete, daß dies die Deportation der Juden beschleunigen könne. Eine Frau, die gemeinsam mit 900 anderen Frauen bei der Siemens-Schuckert-Werke-AG Zwangsarbeit leistete, erinnerte sich an ihre Angst, sie könnte das Produktionsziel nicht erreichen: »Man mußte sein Ziel erreichen, sonst war man in Gefahr, geholt zu werden.« Sie half den älteren Frauen, »da sie nicht die festgelegte Leistung erfüllen konnten.«[10] Fehler konnten dazu führen, daß man wegen Sabotage verhaftet wurde.[11]

Jüdische Frauen arbeiteten in einer Vielzahl industrieller Betriebe. Die Nazis stellten fest, daß »jüdische Frauen sich als höchst geschickte Spulerinnen« in Rüstungsfabriken erwiesen.[12] Sie wurden gezwungen, für die Siemens-Elektrowerke und für die I. G. Farben zu arbeiten, wo einige im knietiefen Wasser schufteten, während SS-Männer sie mit Peitschenhieben antrieben.[13] Jüdische Frauen arbeiteten auch in Fabriken, die Färbemittel, Batterien oder Rattengift[14] herstellten, oder sie reinigten Züge und Straßenbahnen. Eine 15jährige etwa arbeitete zunächst in einer Munitionsfabrik und putzte dann Transportzüge für Wehrmachtstruppen. Gelegentlich kroch sie unter die Waggons, um sie zu ölen.[15]

Die Arbeitsbedingungen waren trostlos. Für Juden gab es keine Sicherheitsmaßnahmen, wie sie gewöhnlich für »arische«

Arbeiter galten. Bei Siemens-Schuckert zum Beispiel mußten jüdische Frauen Zinn mit beiden Händen in Chemikalien tauchen, während »arische« Frauen nur eine Hand benutzen mußten.[16] Essen und sanitäre Anlagen gab es kaum, oder sie fehlten ganz. Ilse Rewald arbeitete in einer Munitionsfabrik, in der Juden von der Kantine ausgeschlossen waren und in der es für alle jüdischen Zwangsarbeiter nur eine Toilette gab.[17] Zwangsarbeit war in der Regel Schmutzarbeit, sie war so dreckig, daß andere Juden jüdische Zwangsarbeiterinnen an ihrer heruntergekommenen Erscheinung erkennen konnten. Manfred Fackenheim-Field, bis zu seiner Deportation 1943 Buchhalter der Jüdischen Gemeinde in Berlin, schrieb: »Da alle diese Arbeiten besonders schmutzig waren, reichte das eine Stück ›Seife‹ (Ersatz-Tonseife), das man auf Karte erhielt, nicht aus. Diese jüdischen Frauen erkannte man gleich durch die ungewollte Unsauberkeit.«[18] Die Arbeit war schwer, körperlich erschöpfend und geistig zermürbend, die Umgebung war oft unerträglich heiß und die Arbeitszeit lang. Eine jüdische Frau beschrieb die Zwangsarbeit auf einem Gut, wo sie, über die Möhren- und Kartoffelernte gebeugt, von sechs Uhr morgens bis spät abends arbeitete. Sie schlief zusammen mit den anderen Zwangsarbeitern in einer Scheune – mit »meinem kleinen Koffer als Kopfkissen«. Doch harte Arbeit brachte Juden keine größeren Rationen ein. Diese Frau aß nichts als eine »dünne Suppe«.[19] Der Mangel an Protein führte bei den meisten Zwangsarbeitern zu großer Schwäche und extremer Erschöpfung.

Für jene, die in ihren Heimatstädten blieben, verschärfte die Zwangsarbeit die übrigen Probleme des Alltags: die Suche nach Lebensmitteln und Brennstoff, die erzwungenen Wohnungswechsel mit kürzesten Kündigungsfristen, die ständigen Deportationen (nach Oktober 1941) sowie die Bombenangriffe. Hausfrauen, die Zwangsarbeit leisteten, trugen noch die zusätzliche Verantwortung für Einkaufen, Kochen, Waschen und die Haushaltsführung in beengten Quartieren. Zwar konnten Ehepartner und Freunde wenigstens etwas Trost spenden, doch die Schichtarbeit führte oft dazu, daß sie einander kaum noch sahen. Camilla Neumann berichtete, daß sie ihren Mann regelmäßig sechs Tage lang nicht sah: »Aber jeden Abend lagen ein paar liebe Zeilen von Ludwig auf meinem Nachttisch, und selbstverständlich legte ich ihm auch jeden Tag ein Zettelchen auf seinen Abendbrottisch. [...] Bevor ich ins Bett ging, saß ich und bereitete das Frühstück für Ludwig.«[20] Viele Frauen sorgten auch für alte Eltern und für ihre Kinder. Als die Nazis im Spätherbst 1942 die meisten verbliebenen jüdischen Kindertagesstätten schlossen,[21] mußten einige Zwangsarbeiterinnen ihre Säuglinge ohne Aufsicht zu Hause lassen; nur einmal täglich kam kurz eine Schwester vorbei, die sie fütterte.[22] Elisabeth Freund, die in Berlin Zwangsarbeit leistete, faßte ihre Gedanken so zusammen:

»Wenn ich sehe, [...] wie die anderen Frauen ihre Arbeit machen und wie sie [...] durch Schwarzarbeit ein paar Mark dazu verdienen müssen, wie sie frühmorgens schon vor fünf die Kinder aufwecken und in den Kinderhort bringen müssen, wie sie abends und sonntags waschen und nähen und alles in Ordnung halten in dem einzigen Zimmer, das sie meistens für die ganze Familie nur haben, wie sie die paar Lebensmittel nur nach endlosem Warten in den Läden zusammenbekommen, wie sie immer noch aus irgendeiner alten Gardine ein Kinderkleid herauszaubern, wie sie sich abschinden und wie dabei jede einzelne ihr eigenes schweres Schicksal trägt, – es ist zu bewundern! Was für ein Recht hat man, sein eignes Schicksal für so besonders unerträglich zu halten?«[23]

Die Aktivitäten der Ahawa-Kinderkrippe in Berlin gewähren einen Einblick in dieses Leben. Mütter, die Zwangsarbeit leisteten, brachten ihre Kinder etwa gegen 5 Uhr morgens zur Tagesstätte. Die Kinder spielten im Hof, badeten und nahmen in der Tagesstätte ihre Mahlzeiten ein. »Es waren ernste Kinder. [...] Sie lachten weniger als andere, sie schrien aber auch weniger. Es war, als wollten sie uns so wenig Mühe wie möglich machen«, berichtete eine Kindergärtnerin. Vermutlich rührte ihre Lethargie auch von der Unterernährung her. Spätabends, zu Tode erschöpft, holten die Mütter die Kinder ab und gingen nach Hause. Diese Routine dauerte an bis zur »Fabrikaktion« im Februar 1943. Dann deportierten die Nazis die Kinder und ihre Betreuerinnen, ohne jede Vorwarnung. Als die Mütter kamen, fanden sie leere Kinderwagen und -betten vor. Nachbarn beobachteten das wachsende Entsetzen der Mütter, »die nicht begreifen konnten, daß ihre Kinder ohne sie bereits auf den Transport geschickt worden waren«.[24]

Während sie sehnsüchtig auf ihr Visum für die Vereinigten Staaten wartete, mußte Elisabeth Freund in einer Großwäscherei am Stadtrand von Berlin arbeiten. Sie war dankbar, nicht in einer Munitionsfabrik zu arbeiten, da ihre Kinder in England waren und sie keine Munition herstellen wollte, die möglicherweise gegen sie eingesetzt würde. Auch war sie froh, nicht in einer Batterienfabrik zu sein, die, wie sie gehört hatte, gefährlich und schmutzig war. Für die erschöpfende Arbeit in der Wäscherei bekamen unverheiratete jüdische Frauen etwa 14 Mark pro Woche, verheiratete Frauen 12,50 Mark. Verheirateten Frauen, deren Männer ebenfalls arbeiteten, zog man als »Doppelverdienerinnen« einen Teil des Lohns ab. Ungelernte »arische« Frauen verdienten etwa doppelt so viel; selbst eine »arische« »Aufräumefrau« bekam etwa »50 Pfennig für die Stunde und noch die Verpflegung dazu«.[25] Jüdische Mädchen erhielten noch weniger: Eine 15jährige in einer Berliner Uniformenfabrik verdiente 30 Pfennig pro Stunde; eine andere Jugendliche bekam bei Siemens 50 Pfennig pro Stunde.[26] Freund schätzte, daß sie, nach Abzug der 1,80 Mark Fahrtkosten pro Woche und der »Sozialausgleichsabgabe« für Juden von 15 Prozent, die automatisch einbehalten wurden, am Tag 1,50 Mark verdiente, wovon sie alle ihre Ausgaben bestreiten mußte. Da die Lebenshaltungskosten so hoch waren, ihr Gehalt jedoch so niedrig, arbeiteten die meisten Frauen aus der Nachtschicht in Freunds Wäscherei morgens schwarz. Auch Freund arbeitete – zwischen Schlafen, Einkaufen, Haushalt und Arbeit – für ein paar Extramark in einem Fotolabor.[27] Innerhalb kurzer Zeit mußten die meisten Frauen jedoch ihre Zusatzjobs aufgeben, weil sie die Zwangsarbeit zu sehr erschöpfte. Im Juni erreichte die Hitze an der Heißmangel 48 Grad und in der übrigen Halle 40 Grad.[28]

Gelegentlich wurden die jüdischen Frauen von der Hitze krank oder verbrannten sich an den Maschinen. Die Leiter der Wäscherei gaben jedoch nur »Arierinnen« Medikamente und Salben. Später, in einer anderen Fabrik, erlaubte man Freund, als sie Medizin brauchte, zu einer Krankenschwester zu gehen, einer Frau, die sie als »braune Schwester« bezeichnete: »Sie spricht nicht ein Wort mit mir, schiebt mir nur ein Meßglas mit der Medizin auf die Tischecke, so daß ich erst gar nicht weiß, ob es für mich bestimmt ist. Wahrscheinlich fürchtet diese Dienerin der Nächstenliebe, daß auch nur ein Wort zu einer Jüdin für sie zu viel wäre.«[29] Doch die Bedingungen der Zwangsarbeit gestatteten weder langwierige Krankheiten noch Zeit zur Erholung. Als Freunds Arzt sie für eine Woche arbeitsunfähig schrieb, weil sie 25 Pfund abgenommen hatte und die Hitze nicht mehr ertragen konnte, wurde sie aus der Wäscherei entlassen.[30]

Ihre nächste Arbeit fand sie in einer »Radio-Fabrik«, die sich als Rüstungsanlage entpuppte. Sie erhielt dort 18 Mark pro Woche für eine Arbeit, von der ihr Vorarbeiter warnend sagte, sie sei »unbeschreiblich stumpfsinnig«.[31] Doch Freund war froh, wieder Arbeit zu haben, fürchtete weit schlimmere Stellen und war dankbar, daß sie ihr in ihrem bisherigen Leben erspart geblieben waren. »Ich bin ja jetzt froh, daß ich wieder da bin und diese langweilige Arbeit habe. Das machen nun Arbeiter und Arbeiterinnen ihr ganzes Leben lang. Wie hat man es gut gehabt, daß man etwas hat lernen dürfen, daß einem früher alles Schöne und Interessante in der Welt offen stand, wenn man nur wollte.«[32] Viele jüdische Frauen und Männer mußten viel zusätzliche geistige Kraft aufbringen, um die Monotonie einer Arbeit zu ertragen, bei der »jede Stunde sechshundert Minuten [hat]«.[33] Ilse Rewald versuchte, sich während ihrer stumpfsinnigen, langweiligen Arbeit bei Laune zu halten, indem sie auf einem kleinen Stück Papier Gedanken für Geschichten oder Gedichte aufschrieb. Sie fürchtete, dabei erwischt zu werden, aber »ich halte die Eintönigkeit der Arbeit, den Lärm der Maschinen und die lange Dauer des Tages auf diese Weise besser aus«.[34]

Im allgemeinen half den Zwangsarbeitern ein starker Überlebenswille – gemeinsam mit Glück und Gesundheit. Elisabeth Freund etwa ging trotz ihrer Schwäche und ihres Ohrensausens weiter arbeiten: »Das ist eine Willensfrage, und das muß ich fertig bekommen. Wenn man muß, geht alles.« Als man sie zu noch schwererer Arbeit heranzog, rackerte sie sich weiter ab: »Ich arbeite weiter. Ich muß weiter arbeiten, ich muß durchhalten, ich muß meine Familie lebend wiedersehen, ich darf doch hier nicht zu Grunde gehen.«[35] Ende 1941, als die Deportationen einsetzten, schätzten sich jene, die weiterhin Zwangsarbeit leisteten, wie Ilse Rewald, glücklich. Gleichgültig, wie schwer ihre Arbeit war, dachten sie, daß sie wenigstens noch gebraucht würden, und hofften, ihre Arbeit würde ihre Deportation verhindern.[36]

Jüdische Freunde trugen entscheidend dazu bei, daß Juden die Zwangsarbeit überhaupt aushalten konnten. Möglicherweise gab es einige Spannungen zwischen bürgerlichen Juden, die niemals zuvor in einer Fabrik gearbeitet hatten, und den jüdischen Arbeitern.[37] Doch die meisten Berichte, etwa jener von Elisabeth Freund, betonten, wie unglaublich wichtig es war, bei der Arbeit neue Freundschaften zu schließen: »Ich fahre mit der Nachbarin von der Hinfahrt nach Haus. Wir verabreden uns für den nächsten Tag. Vielleicht können wir zusammen bleiben. Alle die Frauen, die sich schon kennen oder sich grade jetzt kennen lernten, haben diesen einen Wunsch: zusammenzubleiben. Es kommt mir so vor wie bei Kindern, die sich im Dunkeln zu zweien etwas weniger fürchten.«[38] Später arbeitete Freund mit einer jungen Frau zusammen, die »sehr viele Goethe'sche und Schiller'sche Gedichte auswendig [kannte], ebenso wie ich.«[39] Zwar war Reden verboten – doch »wenn wir mal beim Karton-Verschnüren unbeobachtet sind, können wir uns damit großen Genuß verschaffen«. Freund beobachtete, wie andere Frauen sich zusammenschlossen, um sich ebenfalls das Leben etwas erträglicher zu machen: Einige junge Kindergärtnerinnen betrieben »weiter eine Arbeitsgemeinschaft und lesen zweimal in der Woche vormittags Pestalozzi und Montessori. Sie glauben, das durchführen zu können.«[40] Diese Kindergärtnerinnen kannten viele Volkslieder, und Freund und andere sangen sie, wenn der »arische« Vorarbeiter nicht in der Nähe war. Entweder waren diese Frauen sich der Ironie nicht bewußt, wenn sie als jüdische Zwangsarbeiterinnen deutsche Volkslieder sangen, oder aber sie wollten jenen Nazis trotzen, die meinten: »Juden dürfen doch keine deutsche Musik entweihen«, indem sie darauf beharrten, daß es auch ihre Musik war. Eher praktischer Natur war das Argument: »Beim Singen arbeitet es sich viel besser.«[41]

Gemeinsames Singen, aber auch der Heimweg durch die Außenbezirke Berlins an schönen Frühlingsabenden schenkten Freund und ihren Freundinnen in ihrem ansonsten so belasteten Leben wenigstens ein bißchen Freude:

»Unsere Nach-Hause Wege sind jetzt herrlich. Diese wundervollen Sternennächte im Mai. Aus allen Gärten duftet es nach Flieder. [...] Wir haben einen Weg durch Gärten und über eine Wiese gefunden. [...] Wie der Mond [...] und die Sterne glitzern und funkeln, das ist doch ein Erlebnis, das uns auch bei dieser Sklavenarbeit nicht genommen werden kann und das auch immer etwas hilft, um uns über unser schweres Schicksal zu trösten.«[42]

Auch Ilse Rewald bekräftigte, wie wichtig ihr die neuen Freundinnen waren, die alle während der Deportationen geliebte Menschen verloren hatten. Kurz nachdem Rewalds Mutter deportiert worden war, buk ihr eine Mitarbeiterin »an meinem Geburtstag, dem ersten, den ich in meinem Leben ohne meine Mutter verleben mußte«, einen Geburtstagskuchen. »Sie mußte lange dafür an Zutaten sparen, um mir eine kleine Freude zu bereiten.«[43]

Verzweiflung und Selbstmord

Zu dem Zeitpunkt, als sie zur Zwangsarbeit herangezogen wurden, begriffen die Juden, daß sich ihre Situation radikal verschlechterte. Vermutlich im Frühling 1941 beschlossen die Nazis die »Endlösung«, die Vernichtung aller europäischen Juden. Als Deutschland in Rußland einmarschierte, folgten sofort Einsatzgruppen, die Hunderttausende von Juden ermordeten. Im Herbst begannen die Nazis systematisch mit der Vernichtung der Juden im ganzen von Deutschland besetzten Europa.

Im Oktober 1941 begann die systematische Deportation der deutschen Juden, die von den Nazis angeblich mit dem Ziel durchgeführt wurde, die Juden in Arbeitslager zu stecken. Vor diesem Zeitpunkt hatten die Nazis vereinzelt Juden aus Deutschland vertrieben, wie im Falle der Deportation polnischer Juden im Oktober 1938, der Stettiner Juden im Februar 1940 oder der badischen und rheinland-pfälzischen Juden im Oktober 1940. Zwischen dem 15. Oktober und dem 4. November 1941 brachen die ersten 20 »Transporte« (so die euphemistische Bezeichnung der Nazis für die Deportationen) aus verschiedenen deutschen Städten Richtung Lodz auf. Die ersten Transporte aus Berlin verließen die Stadt am 18. Oktober 1941. Im Dezember lief die

Todesmaschinerie auf Hochtouren, und einige der Vernichtungslager arbeiteten bereits mit voller Kraft.[44]

Die Deportationen stürzten die Juden in bislang ungeahnte Abgründe der Verzweiflung. Gegen Ende 1941 schrieb Elisabeth Freund: »Alles wird schlimmer, und das Schlimmste ist, daß die Hoffnungslosigkeit unserer Lage allen immer klarer wird. Es geht mir auch so, ich bin so mutlos, ich weiß gar nicht, wie ich durchhalten soll.«[45] Bald hörte sie von den Deportationen der Breslauer Juden und von der Ermordung Otto Hirschs, einer der führenden Persönlichkeiten des deutschen Judentums, im Konzentrationslager Mauthausen: »Es ist so schrecklich beunruhigend. Diese Hilflosigkeit! Wir sitzen doch alle wie in einer Falle!«[46] Eine andere Frau, ebenfalls Zwangsarbeiterin, verzweifelte am Leben: ihre Mutter war gerade deportiert worden, ihr »arischer« Ehemann saß im Gefängnis, und ihr Kind, das beinahe gestorben war, lag in einem Gitterbettchen im Krankenhaus. Alle ihre Lieben, ihre Mutter, ihr Mann und ihr Kind waren hinter Gittern. Als ihr Mann zurückkehrte, wog er nur noch 45 Kilo und sah aus, »als sei er hundert Jahre alt.« Sie betrat keinen Luftschutzkeller mehr, da sie überzeugt war, sie werde, falls sie nicht von einer Bombe getroffen würde, in einem Konzentrationslager sterben – und sie zog die Bombe vor.[47]

Verzweiflung war im Leben der Juden nichts Neues. Doch seit Ende 1941 gab es immer mehr Nervenzusammenbrüche, schwere Depressionen und Selbstmorde. Fast alle Memoiren wissen über einen oder mehrere Selbstmorde zu berichten. Die Selbstmordrate – unter Juden immer schon höher als unter nichtjüdischen Deutschen – stieg mit wachsender Brutalität der Nazis in den frühen dreißiger Jahren steil an. Zwischen 1932 und 1934 war sie um 50 Prozent höher als in der restlichen Bevölkerung. In dieser Zeit begingen 334 Juden Selbstmord, davon waren 122 Frauen und 212 Männer. Die Selbstmorde nahmen mit dem »Anschluß« Österreichs zu und stiegen während des Novemberpogroms und unmittelbar danach weiter an.[48] Eine in Hamburg lebende Amerikanerin schrieb, daß nach dem 9. November »Familien, die wir gekannt hatten, wohlhabend, zufrieden und glücklich, nun in einem Zustand des nervlichen Zusammenbruchs waren. [...] Selbstmorde waren an der Tagesordnung.«[49] Eine Frau verkündete: »Ich hatte das Gefühl, ich hätte so häufig Schläge ins

Gesicht bekommen, daß ich meine ganze Selbstbeherrschung aufbringen mußte, um nicht einen Nervenzusammenbruch zu erleiden wie so viele meiner Freunde. Selbstmorde geschahen häufig. Ich fürchtete das Klingeln des Telefons. So häufig kündigte es eine neuerliche Tragödie an.«[50] Die hohe Rate der dreißiger Jahre wurde bei weitem durch die Selbstmordwelle während der Deportationen in den Jahren 1942 und 1943 übertroffen.[51] Diese Selbstmorde ärgerten die Nazis, die darauf warteten, daß sich Personen von einem gescheiterten Selbstmordversuch erholten, um sie dann in den staatlich kontrollierten Tod zu schicken.

In einer Studie über Selbstmorde in der deutsch-jüdischen Gemeinde spricht Konrad Kwiet von einer »Massenerscheinung«. In gewöhnlichen Zeiten wäre eine Selbstmordrate von 0,03 Prozent der Bevölkerung (30 Selbstmorde pro 100 000 Einwohner) hoch. Obwohl sich Selbstmorde statistisch nur schwer erfassen lassen, schätzt Kwiet, daß unter der Naziherrschaft etwa 10 000 Juden Selbstmord begingen oder einen Selbstmordversuch unternahmen, 3 000 bis 4 000 davon während der Jahre der Deportationen. Selbst eine vorsichtige Schätzung von 5 000 Selbstmorden würde noch bedeuten, daß 1 Prozent der 525 000 Juden, die 1933 in Deutschland lebten, sich das Leben nahmen (d. h. etwa 1 000 Selbstmorde auf 100 000 Einwohner). Die Selbstmorde von 1941 bis 1943 – mindestens 3 000 bei einer jüdischen Bevölkerung von etwa 134 000 – bedeuteten, daß die Rate auf über 2 Prozent der jüdischen Bevölkerung anstieg. In Berlin beliefen sich die Schätzungen auf ungefähr 4 Prozent.[52] Unter jenen, die den Bescheid über ihre bevorstehende Deportation erhielten, schnellte die Selbstmordrate auf ca. 10 Prozent hoch.[53] Einigen jüdischen Quellen zufolge war ein Viertel der Todesfälle unter Juden in Berlin auf Selbstmord zurückzuführen.[54]

Nur wenige Juden, die Selbstmord begingen, hinterließen einen Abschiedsbrief, doch in den Erinnerungen wird vom Selbstmord von Verwandten, Freunden und Bekannten berichtet. Da die meisten Memoiren nach 1945 verfaßt wurden, werden die Selbstmorde zumeist im Kontext eines möglicherweise viel schrecklicheren Todes wahrgenommen. Die Memoiren erwägen daher sehr respektvoll die jeweiligen Motive und lassen jene Art der Klage, der Frustration oder der Niedergeschlagenheit vermissen, die unter gewöhnlichen Umständen mitschwingen, wenn der selbst herbeigeführte Tod eines anderen Menschen beschrieben wird.

Zwar entsprachen die Selbstmorde von Juden in Deutschland oberflächlich gesehen den für Selbstmorde typischen soziologischen Profilen: fortschreitendes Alter, Einsamkeit und Kummer. Sie lassen jedoch das für Selbstmord typische psychologische Profil vermissen: Wut und Aggression gegen das eigene ungeliebte Ich. Kwiet hält fest, die Quellen sprächen von »sorgfältiger Vorbereitung, Gesprächen und Erinnerungen an eine glückliche deutsche Kindheit, von Menschen, die an ihre Kinder dachten, die Deutschland verlassen hatten, und von jenen, die in den letzten Stunden Trost bei den deutschen Klassikern suchten [...] Goethe und Schiller [...] Bach und Beethoven«.[55] Diese Juden machten ihrem Leben ein Ende, um ein Gefühl von Würde und eigener Handlungsfreiheit, ja sogar ihres »Deutschtums« zu bewahren. Viele umgaben sich bei ihrem Freitod mit Objekten deutscher Kultur. Jüdische Männer legten manchmal die im Feld erworbenen Orden an. Viele glaubten, wie eine 80jährige Frau, daß ihre Kinder ihre Entscheidung verstehen würden.[56] Sie hatten mit ihrem von der Verzweiflung getriebenen Wunsch nach einem »eigenen Tod«[57] Erfolg, indem sie ihr Leben den Nazis entzogen.

Diejenigen, die Selbstmorde betrauerten, äußerten weder Kritik noch Bedauern. Nur selten verurteilten sie diese, weil sie sich über religiöse Vorschriften gegen den Selbstmord hinweggesetzt hätten. Nora Rosenthal etwa äußerte Verständnis für den Selbstmord ihres Mannes während des Novemberpogroms, da er nicht imstande gewesen sei, »die Belastung der Nazi-Verfolgungen zu ertragen«; allerdings habe er ihr nun die ganze »Qual, Verantwortung [und] Scheußlichkeit« hinterlassen, die damit verbunden sei, sich selbst und ihre Kinder außer Landes zu bringen.[58] Jene, die über den Selbstmord von Verwandten oder Freunden nachdachten, bewunderten häufig den Mut, dessen es bedurfte, um dem eigenen Leben ein Ende zu setzen. Lily Krug, deren Bruder nach dem Novemberpogrom aus einem Konzentrationslager zurückkehrte, pflegte ihn während der ersten Phase eines Nervenzusammenbruchs und versteckte das Gift vor ihm, das er, ein Arzt, in seinem Hause aufbewahrte: »Ich versteckte das Veronal und dachte, ich hätte ihn überlistet. Wie furchtbar war mein Schrecken, als ich ihn eines Morgens tot im Bett fand! Seine Gesichtszüge waren voller Frieden, sein Leid vergessen. Ich weinte nicht, ich beneidete ihn.«[59] Gelegentlich wußten Freunde und Familienangehörige von einem möglicherweise bevorstehenden Selbstmord, oder sie waren sogar zugegen und leisteten Beistand.[60] Selbst die Ärzte des Jüdischen Krankenhauses in Berlin waren unterschiedlicher Meinung darüber, ob es besser sei, die Kranken dieser Kategorie zu retten oder es ihnen zu gestatten, in Frieden zu sterben.[61]

Fragmentarische Selbstmordstatistiken, Memoiren und Konrad Kwiets Arbeit legen nahe, daß mehr Männer als Frauen Selbstmord begingen, zumindest in den frühen Jahren der Naziherrschaft. Zur ersten Welle gehörten Männer, die den Schock und die Verzweiflung über den Verlust ihrer beruflichen Positionen als Beamte oder Selbständige nicht verkrafteten. Dann kamen jene aus dem Bereich von Wirtschaft und Handel, deren Lebensunterhalt bedroht oder vernichtet war. Zu denjenigen, die relativ früh Selbstmord begingen, zählten auch solche Männer, die über die Gesetzlosigkeit des Regimes erschüttert waren.[62] Sie zogen den Tod der »Erniedrigung und Schmach« vor,[63] die sie erlebten, und hinterließen bisweilen – vermutlich in der Hoffnung, die öffentliche Meinung zu beeinflussen – Erklärungen über ihren Freitod. Ein Mann schrieb: »Ich habe den Freitod gewählt, um meine christlichen Freunde wachzurütteln. [...] Wie viel mehr hätte ich es vorgezogen, mein Leben für mein Vaterland hinzugeben. Trauert nicht über mich, sondern bemüht euch, die Menschen aufzuklären.« Später begingen einige Männer Selbstmord, wenn die Nazis ihnen befahlen, bei der Organisation der Deportationen mitzuwirken.[64]

Im allgemeinen war die Selbstmordrate jüdischer Frauen vor 1933 niedriger als die der Männer.[65] Während der Zeit des Naziregimes stieg jedoch die Zahl der Frauen, die verzweifelten und keinen anderen Ausweg sahen als den Tod, stark an. Eine jüdische Tennismeisterin nahm sich kurz vor 1935 das Leben, um ihrem »arischen« Ehemann Schwierigkeiten zu ersparen;[66] die jüdische Frau eines »arischen« Rechtsanwalts beging vor 1936 Selbstmord, um es ihrem Ehemann zu ermöglichen, die Familie zu ernähren. In der Folge des Novemberpogroms bat eine Frau – hoffnungslos in ihrer Notlage und besorgt, sie würde Fremden zur Last zu fallen – ihren Mann, einen gemeinsamen Selbstmord in Betracht zu ziehen. Verzweifelt, weil ihre beiden Kinder emigriert waren, deprimiert darüber, daß sie ihr Heim verloren hatte, und voller Angst, verhaftet zu werden, schlug sie vor: »Wir sollten des Morgens nach Cannstatt fahren und uns im Neckar aneinander gebunden auf immer von dieser Welt trennen.« Der Mann wandte sich vorläufig gegen einen Selbstmord, aber sie versprachen einander, falls es dazu kommen sollte, sich nur gemeinsam das Leben zu nehmen. Als ihr Mann wegen einer belanglosen technischen Kleinigkeit in Zusammenhang mit ihren verpackten Möbeln verhaftet wurde, war die Frau so verzweifelt, daß sie sich umbrachte. Sie schrieb an Mann und Kinder: »Versuche mich zu verstehen. Ich bin verzweifelt, zermürbt, hoffnungslos, so kann ich nicht weiter atmen. Ich fürchte mich vor den Gefängnismauern, die meiner harren! [...] vergebt es mir, daß ich so von Euch gehe. Ich bin ganz machtlos [...] Es zerreißt mir im wahren Sinne mein Herz, der Angstschweiß steht mir Tag und Nacht auf der Stirne.«[67]

Später, während der Deportationen, hat die Anzahl der Selbstmorde von Frauen jene der Männer erreicht oder vermutlich sogar übertroffen. Plötzlich liest man in Naziberichten, daß »drei Jüdinnen Selbstmord begangen haben« oder »fünf alte Jüdinnen« einen Selbstmordversuch unternahmen, in der Regel im Vorfeld der Deportationen. Der erste und offensichtliche Grund für die emporschnellende Anzahl der Selbstmorde von Frauen lag natürlich darin, daß – absolut gesehen – mehr Frauen als Männer in Deutschland zurückgeblieben waren. Die allmähliche Erkenntnis, daß die Deportationen – vor allem für die Alten – den Tod bedeuteten, dürfte viele alte, häufig verwitwete Frauen in den Selbstmord getrieben haben. Nach Kwiets Angaben lag das Durchschnittsalter von Selbstmördern in der Zeit der Deportationen zwischen 60 und 70 Jahren.[68]

Während zu Beginn der dreißiger Jahren viele Juden spontan Selbstmord begingen, scheinen Selbstmorde zur Zeit der Deportationen, als Berichte und Gerüchte in den »Judenhäusern« kursierten, systematischer geplant worden zu sein. Juden bereiteten die späteren Selbstmorde akribisch vor, bezahlten maßlos überhöhte Preise für die Tabletten oder das Gift, mit denen sie ihr Leben beenden wollten, und wählten den Zeitpunkt des eigenen

Todes sorgfältig aus. In einem Fall erfüllte ein »Mischling« seiner 83jährigen Großmutter ihre Bitte und verhalf ihr zu einem sanften, selbstbestimmten Tod: Sie erzählte von ihrer Jugend, von glücklicheren Zeiten, und las Schiller. Dann nahm sie Schlaftabletten und Gift und entschlief schließlich.[69]

Bisweilen planten Juden einen Doppelselbstmord. Manchmal nahmen sich auch ganze Familien gemeinsam das Leben. Ilse Rewald berichtete, wie ein älteres Paar, als es von der bevorstehenden Deportation erfuhr, gemeinsam Selbstmord beging. Sie nahmen Schlaftabletten, nachdem der Mann sämtliche Orden, die ihm als Soldat verliehen worden waren, an seinen Anzug gesteckt hatte, vermutlich in der Hoffnung, die Nazis, die seine Leiche finden würden, zu beschämen.[70] Häufig kam es auch vor, daß ältere Schwestern gemeinsam aus dem Leben schieden. In einem Fall, nachdem alle Versuche, die beiden Frauen von ihrem Entschluß abzubringen, gescheitert waren, fügten sich die Familienangehörigen schließlich der »gelassenen Haltung der Tanten und den Argumentationen der langjährigen Freundin, daß die beiden Alten ja nicht einmal den Transport ins Lager überstehen würden. Man besorgt[e] den beiden Frauen Zyankali, und in der Nacht vor ihrer Deportation st[a]rben sie in ihrem eignen Bett – zwischen frischen Leintüchern und Blumen auf ihrem Tisch.«[71] Elisabeth Freund beschrieb die Entscheidung zweier Frauen und ihrer 90jährigen Mutter, sich gemeinsam das Leben zu nehmen. Die jüngere der beiden Schwestern meinte, sie und ihre Schwester könnten vielleicht die Deportation überleben, nicht aber ihre alte Mutter. Sie beschlossen, gemeinsam zu sterben: »Wenn wir die Wohnungskündigung bekommen, dann werden wir uns mit Mutter in die Küche setzen und den Gashahn aufmachen. Das ist die einzige Liebe, die wir unserer Mutter noch erweisen können.«[72]

Raul Hilberg weist darauf hin, daß deutsche Juden die Mittel gehabt hätten, ihr Leben auf relativ schmerzlose Weise zu beenden, während die osteuropäischen Juden später zu weitaus gewalttätigeren Mitteln Zuflucht nahmen, indem sie etwa aus Fenstern sprangen oder die Erschießung durch die Ghettowachen provozierten.[73] Die deutschen Juden hingegen, von denen viele eine bürgerlich Existenz geführt hatten, konnten sich häufig einen privaten und friedlichen Tod »leisten«. Veronal war die beliebteste Selbstmorddroge, »der letzte Protest von Menschen, die vor der Aussicht standen, daß ihnen auch noch der eigene Tod genommen würde.«[74] Victor Klemperer nannte 1942 Veronal »jüdisches Drops«[75] und fragte sich: »Wo haben all die Leute das Veronal her?«[76] Einige beschafften sich das Medikament bei ihren Ärzten und fragten, wie viele Tabletten als tödliche Dosis ausreichten. Andere mußten dafür hohe Preise auf dem Schwarzmarkt bezahlen. Eine Zwangsarbeiterin verkaufte ihren Perserteppich für 1 000 Mark – der gängige Preis für die etwa 30 Tabletten Veronal, die man brauchte, um sich das Leben zu nehmen. Diese Frau nahm das Veronal, als sie die Nachricht ihrer bevorstehenden Deportation erhielt.[77] Der amerikanische Journalist Howard K. Smith bemerkte zu den Selbstmorden in den frühen vierziger Jahren: »Dem Tod gingen sie so oder so entgegen, und die Einsichtigen zogen den schnelleren und leichteren Weg dem langsameren und schwereren vor.«[78]

»Die Selbstmorde erschüttern uns fast nicht mehr, wir beneiden jeden, der den Mut aufbringt und sich nicht mehr quälen muß.«[79] Diese Worte spiegeln die Haltung wider, die viele Juden entwikkelt hatten. Herman Samters Briefe faßten die Situation so zusammen: »Es ist erschreckend, mit welcher Selbstverständlichkeit über dieses Thema heute diskutiert wird. [...] Wie es allerdings möglich war, daß so viele Leute sich Veronal verschaffen konnten, ist mir noch immer rätselhaft. Auch zwei Cousinen von Tante Nelly haben sich auf diese Weise vor dem Abtransport das Leben genommen. [...] Die Leute sind eben vollständig fertig. Und dann die Angst, was einem im Osten noch bevorsteht. Man kann da gar nicht abreden, wenn jemand so mit Überlegung Schluß macht.«[80]

Die Deportationen – Vom sozialen Tod zur physischen Vernichtung

Offiziell umschrieben die Nazis ihr Morden mit Euphemismen wie »Abschiebung von Juden in die Ostgebiete«, »Evakuierung zur Arbeit im Osten«, »Verschickung«, »Umsiedlung« oder »Abwanderung«. Die Vorschriften darüber, was die Juden für Auschwitz einpacken sollten (darunter einen Koffer oder Rucksack, ein Paar Arbeitsschuhe, zwei Paar Socken, zwei Hemden, zwei Unterhosen, zwei wollene Decken, Bettwäsche und einen Pullover) beließen die Menschen in der Hoffnung, sie würden dort tatsächlich zur Arbeit eingesetzt.[81] Trotz solcher Euphemismen und falschen Hoffnungen sprachen Juden davon, daß sie »geholt wurden«, und fürchteten um ihr Leben. Zuletzt »wurden fast alle deportierten deutschen Juden ermordet. [...] Ihr genaues Schicksal unterschied sich je nach dem Ort, an den sie gebracht wurden, doch das Endergebnis war stets dasselbe.«[82]

Die ersten Deportationen kamen wie ein Schock, aber die Kunde verbreitete sich in Windeseile unter den Juden. Menschen warteten voller Angst auf die gefürchtete Benachrichtigung, welche die Gestapo über die örtliche jüdische Gemeinde zuschickte. Sie wurden aufgefordert, sich auf die »Evakuierung« vorzubereiten, und man erklärte ihnen, wann und wo sie sich melden sollten und wie viel Gepäck und Geld sie mitnehmen durften. Ein quälendes Warten begann. Das alte Ehepaar Samuel etwa begann im Oktober 1941, die Deportation zu erwarten, und fragte sich sogar, ob es nicht besser wäre, rascher abtransportiert zu werden, da später vielleicht »die [...] Plätze besetzt sind«. Am 12. November 1941 schrieb Anna Samuel ihrer nichtjüdischen Freundin Else Schubert-Christaller, an ihrer Altenwohnung in Berlin-Köpenick sei ein Schild mit der Aufschrift »Beschlagnahmt von der Kommandantur« angebracht worden – ein Zeichen ihrer bevorstehenden Deportation. Ein paar Tage später verschwand das Schild. Im April 1942 machten Anna und ihr 75-jähriger Mann Salomon regelmäßig Abschiedsbesuche bei Freunden, deren Deportationsbescheid gekommen war. Im Juli erwarteten sie einen Regierungsbeamten, der ihren »Wohlstand« einschätzen sollte, und sie hatten bereits ihre Rucksäcke für die »Reise« gepackt. Ein Brief vom 3. August kündigte Else an, sie bereiteten sich auf die »Abwanderung« vor. Monatelang hatten sie ihre Andenken nach Palästina geschickt, in der Hoffnung, sie würden dort eines Tages ihre Kinder erreichen. Nun packten sie ein letztes Paket mit Salomon Samuels wissenschaftlichen Schriften. Er bat Else um eine Zahnbürste und einen Hut (beides durften Juden nicht mehr erwerben). Er fürchtete die Deportation und wünschte, er hätte alles schon hinter sich.

Salomon Samuel schrieb, sie würden nach Theresienstadt gebracht, über das er »Günstiges« gehört habe. Gleichwohl blieb er skeptisch. 1941 errichtet, galt Theresienstadt bei den meisten

Juden als das »bevorzugte« Lager – für alte Menschen, Kriegsveteranen und Funktionäre der jüdischen Gemeinden. Obwohl die Überlebensrate der deutschen Juden dort höher war als in anderen Lagern, starben Juden dennoch an Krankheiten und Unterernährung, und die meisten anderen wurden nach Auschwitz geschickt, um vergast zu werden. Am 17. April erfuhr das Ehepaar Samuel schließlich, daß es innerhalb von drei Tagen abgeholt würde. Die Qual des Wartens endete am dritten Tag, als man die beiden zur Sammelstelle an der Großen Hamburger Straße brachte. Wenige Wochen nach ihrer Ankunft in Theresienstadt starben sie – im Abstand von vier Tagen.[83]

Wie im Falle der Samuels kam die Benachrichtigung über die bevorstehende »Evakuierung« gewöhnlich zusammen mit einer Liste, in der die Juden ihr Eigentum, das sie zurückließen, beschreiben sollten. Viele dieser Listen liegen heute in deutschen Archiven.[84] Häufig sind sie in der zittrigen Handschrift alter Menschen geschrieben und führen detailliert jeden Gegenstand auf, der nicht zu den für die Reise gestatteten 50 Kilo dazugepackt werden durfte. Die Regierung beschlagnahmte das zurückgelassene Eigentum für ihren eigenen Bedarf oder versteigerte es zu den Bedingungen eines zynischen Erlasses vom November 1941, der »Elften Verordnung zum Reichsbürgergesetz«.[85] Der Erlaß ordnete an, daß das Eigentum von Juden, die das Land verlassen hatten oder verlassen würden, dem Staat zufiel. Bei den öffentlichen Versteigerungen »kämpften gute Arier wie Schakale um ein Stück Aas«, um jüdisches Eigentum zu erwerben. Einige Auktionen fanden in den ehemaligen Wohnungen von Juden statt, wo sich auf Zeitungsanzeigen hin kleine Menschenmengen versammelten. Howard K. Smith berichtete über eine Auktion in der Wohnung seiner früheren Nachbarinnen, zweier alter Frauen:

»Als der Auktionator neben meiner Tür die alte Bernsteinsche Wohnung öffnete, konnte man auf dem Tisch in der Wohnung noch zwei Teetassen stehen sehen, die halb mit bräunlichem Wasser gefüllt waren. [...] Die Auktionen waren üble Spektakel, bei denen gereizte Bürger sich gegenseitig und alle gemeinsam den Auktionator beschimpften. Einmal wurde sogar eine Frau festgenommen, weil sie einen amtlichen Preistreiber als ›verfluchten weißen Juden‹ beschimpft hatte.«[86]

Da die »Elfte Verordnung« auf Juden, die nach Theresienstadt gebracht wurden, nicht zutraf, weil Theresienstadt in »Großdeutschland« lag, zwangen die Nazis die Juden mit Hilfe eines grausamen Schwindels dazu, ihr Eigentum preiszugeben: Sie versprachen ihnen »ständige Fürsorge« als Gegenleistung für allen zurückgelassenen Besitz. Nachdem sie sich auf diese Weise das jüdische Eigentum räuberisch angeeignet hatten, kassierten die Nazis von den Juden den Fahrpreis dritter Klasse für ihre »Reise in den Osten« und nahmen ihnen am Ankunftsort ihre letzte Habe ab.[87]

Das Eigentum von Juden endete häufig in den Wohnungen von Nachbarn und Regierungsbeamten. Als Harry Kahn 1945 in seine Heimatstadt in Württemberg zurückkehrte, sammelte er seinen Besitz persönlich wieder zusammen. In seinem Elternhaus lebte die Witwe eines Lehrers, der ein überzeugter Nazi gewesen war. Die Führerin der NS-Frauenschaft hatte sich die Schlafzimmermöbel verschafft, und Kahns Teppich schmückte das Finanzamt der Stadt.[88] Häufig behielten Beamte einige der schöneren Stücke für sich selbst. Als eine Mutter und ihre Tochter von einem Konzentrationslager nach Leipzig zurückkehrten, gingen sie zu einem örtlichen Beamten, um ihr Eigentum zurückzuverlangen. Der Beamte erklärte, es werde schwierig sein, die Stücke wiederzufinden. Die Mutter deutete auf den Stuhl, auf dem er saß, und sagte: »Dieser Ohrensessel zum Beispiel gehört mir!« Sie hatte Fotos, die es beweisen konnten.[89]

Während einige der Deportierten ihre Wohnung alleine verließen, wurden andere von Angestellten der jüdischen Gemeinde, von der Polizei oder der Gestapo begleitet. In der Gegend um Marburg mußten Juden ihre Schlüssel mit dem Namen und der Adresse der »Vormieter« dem Finanzministerium zusenden.[90] Ruth Alton-Tauber, die im Oktober 1941 zusammen mit ihrem sechsjährigen Sohn aus Berlin »evakuiert« wurde, erinnerte sich, wie er auf dem Weg zur Tür nach zwei Teddybären griff. Als sie ihre Wohnung verließen, schraubte die Gestapo ihr Namensschild von der Tür: »Diese kleine Handlung berührte mich tief. Auf einmal kam es mir zum Bewußtsein, daß wir nun kein Heim und keine Heimat mehr hatten.«[91] In Berlin liefen viele Juden zu Fuß zu ihrem Zielort, fünf oder sechs nebeneinander, von der Polizei begleitet. Häufig warteten Lastwagen vor den

Gebäuden, aus denen Juden abtransportiert wurden. Ruth Abraham beobachtete, wie die Familie ihrer Schwester stundenlang in einem solchen Lastwagen saß, während die Gestapo mit ihren Hunden andere Juden zusammentrieb.[92]

Erstaunlicherweise, angesichts der furchtbaren Angst, die sie fühlten, verließen die Juden ihre Wohnungen ruhig und »bemühten sich [...] auch dieser neuen Härte mit Würde und Stolz zu begegnen.«[93] Die 14jährige Cordelia Edvardson, die von den Nazis als »Jüdin« betrachtet wurde, verabschiedete sich von ihren katholischen Eltern, die ein Kreuzeszeichen auf ihrer Stirn machten und ihr ein kleines silbernes Kreuz mitgaben, das sie beschützen sollte. Zuvor hatte sie alleine geweint, doch jetzt, voller Angst vor dem Schicksal, das ihr bevorstand, bewahrte sie die Fassung: »Es sollte später nicht heißen: ›Weinend wurde sie aus den Armen ihrer Mutter gerissen und nach Theresienstadt gebracht.‹ Nein, statt dessen sollte man einmal sagen: ›Dies war Cordelia Maria Saras Schicksal, und sie hatte die Kraft, es zu tragen. Allein.‹«[94]

Gewöhnlich wurden die Deportierten zu einer »Sammelstelle« gebracht, wo sie warteten, bis die Züge in den Osten bereitstanden. Während sich einige Sammelstellen in Synagogen und anderen jüdischen Gemeindehäusern befanden, richteten die Nazis andere in Schlachthäusern ein. In Dortmund schrieb eine »Mischlings«-Tochter, die sich ihren Weg in eine große Halle gebahnt hatte, um sich von ihrer Mutter zu verabschieden: »Sie waren in der ›Börse‹, das war am Viehmarkt am Schlachthof, zum Schlachthof (!) waren sie gebracht worden. [...] Da lag dann die Familie Schacher [...] Er [Herr Schacher] war halbtot.«[95] In Leipzig packten Rolf Kralovitz und seine Familie, nachdem sie ihre Benachrichtigung und eine eintägige Frist erhalten hatten, eilig ihre Sachen und verließen die Wohnung – nur um dann in einer Schule drei Tage lang zu warten.[96] An der Sammelstelle in der Synagoge an der Berliner Levetzowstraße erwarteten im Herbst 1941 mehr als 1000 Männer, Frauen und Kinder ihre Deportation und schliefen auf dem strohbedeckten eiskalten Marmorboden. Regierungsbeamte sammelten ihre Arbeitspapiere, Brotmarken, Steuerunterlagen und ihr Geld ein. Ruth Abrahams Vater, der bei dem Sammellager Schulstraße war, überreichte seiner Tochter eine ordentlich ausgestellte Quittung für die 6000 Mark, die er der Regierung von seinem gesperrten Bankkonto hatte überschreiben müssen – »für den Aufenthalt im K. Z.«, wie es auf der Quittung hieß.[97] Wachen nahmen Leibesvisitationen vor, »und danach wurde das Gepäck durchsucht und schamlos ausgeplündert«.[98] Sowohl die Gestapo als auch – unter ihrer Anleitung – BDM-Mädchen durchwühlten das Gepäck und nahmen alles, was noch an Geld, Schmuck, Lebensmitteln und Seife übrig war. Nach dieser Prozedur mußten alle Juden unter 60 Jahren zum Bahnhof laufen.[99]

An einigen Sammelstellen rissen Beamte die Familien auseinander, während andere ihnen erlaubten zusammenzubleiben. In Dortmund zum Beispiel blieben die Familien beieinander; sie lagen auf Stroh und besaßen kaum noch etwas anderes als ihre Essensration.[100] Im Gegensatz dazu wurde es in Berlin bereits Ende 1941 den Eltern verwehrt, sich der Deportation anzuschließen, wenn ihre Kinder abgeholt wurden – und umgekehrt.[101] Selbst wenn Familien gemeinsam zur Sammelstelle zitiert wurden, hat man sie bei ihrer Ankunft oft auseinandergerissen. Elisabeth Freund hörte, wie Familien an der Sammelstelle bei der Synagoge Levetzowstraße in Berlin gewaltsam getrennt wurden:

»Die Szenen, die sich dort abspielten, sollen unbeschreiblich gewesen sein. Die Familien sind getrennt worden, man hat Eheleute auseinandergerissen, Kinder fortgeschleppt, Eltern dagelassen. Schon in den Wohnungen, bei der Verhaftung haben sich Menschen das Leben genommen. Dort in der Synagoge geschieht es weiter. Es finden Leibesvisitationen statt, die Koffer werden durchsucht. [...] Es wird ihnen alles fortgenommen, was Geldeswert besitzt, und ebenso Seife, Kämme, Rasierzeug, Scheren, Bürsten, also alles, was ein zivilisierter Mensch braucht.«[102]

Indem sie die Familien auseinanderrissen, fügten die Nazis den Juden den grausamsten Schmerz zu; schlimmer war nur noch der Tod. Viele Menschen hofften darauf, *mit* ihren Familien deportiert zu werden. Ein 17jähriges Mädchen, ein »Mischling«, widersetzte sich den Anordnungen der Gestapo und stahl sich in das Gebäude hinein, in dem seine Mutter festgehalten wurde. Als ein Beamter sie fragte, ob sie keine Angst habe, hier zu sein, erwiderte sie: »Zumindest bin ich bei meiner Mutter.«[103] Auch Ilse Rewald rannte zur Gestapo, um darum zu bitten, die Deportation ihrer Mutter aufzuschieben oder wenigstens ihr und ihrem Mann zu erlauben, ihre Mutter zu begleiten: »Immer noch glaubten wir, daß uns nichts passieren kann, wenn wir nur nicht auseinandergerissen werden.«[104]

Während die meisten Juden hofften, ihre Familie zusammenhalten zu können, sahen einige in der Trennung die einzig erfolgversprechende Strategie. In Berlin ließen einige Mütter, die aufgefordert worden waren, zur Sammelstelle zu kommen, ihre Kleinkinder im Katholischen Krankenhaus – in der Hoffnung, daß wenigstens die Säuglinge verschont bleiben würden.[105] Viele Menschen, die untertauchten, waren die einzigen verbliebenen Mitglieder ihrer Familie. Sie beschlossen, sich zu verstecken, nachdem ihre Familien deportiert worden waren, oder hatten sich, als der Deportationsbefehl kam, geweigert mitzukommen, und sich für die Trennung von der Familie als der einzigen Überlebenschance entschieden.

Die letzte Station in Deutschland war für die Juden der Bahnhof. Von Fußtritten und Beschimpfungen der Gestapo begleitet, wurden die unglückseligen Opfer in Züge getrieben. Einige wurden auf Tragen gebracht, einige Säuglinge in Pappkoffern, weil einige Beamten die Kinderwagen als »Luxus« beschlagnahmt hatten. An der Station Putlitzstraße in Berlin verteilte eine Gruppe jüdischer Frauen unter der Leitung von Bertha Falkenberg, der ehemaligen Vorsitzenden des Jüdischen Frauenbundes in Berlin, den Proviant, den die Gestapo erlaubte. Obwohl die Reisen viel länger dauerten, durften die Menschen nur Verpflegung für einen einzigen Tag mitnehmen. Die Frauen schmierten tagelang Brote für die Transporte von je 1000 Personen und reichten ihnen am Bahnhof Wasser, eine Art Kaffee und Suppe. Sie halfen Menschen, nach verlorenem Gepäck zu suchen, obwohl der größte Teil des Eigentums absichtlich von der Gestapo an der Sammelstelle zurückbehalten worden war. Zwischen 1941 und 1943 schrumpfte die Falkenberg-Gruppe von 40 auf 8 Frauen, bis schließlich auch diese deportiert wurden.[106]

Aus der Bevölkerungsstatistik wird ersichtlich, daß Alte und Frauen bei den Deportationen überproportional vertreten waren. Zwei Drittel der Deportierten waren 45 Jahre alt oder älter.

Außerdem waren 1941 noch 32000 mehr jüdische Frauen als Männer in Deutschland.[107] Daß alte Menschen und Frauen überrepräsentiert waren, belegen viele Beispiele. Im Juni 1941 waren die verbliebenen Bonner Juden in einem Kloster interniert: 300 Frauen und 174 Männer.[108] Von den deutschsprachigen Juden, die 1941 ins Ghetto Lodz deportiert wurden, waren 81 Prozent älter als 50 Jahre und 60 Prozent waren Frauen.[109] Als die letzten Juden des Dorfes Pömbsen (in Westfalen) deportiert wurden, waren es »fast nur alte Frauen«.[110] In den 1980er Jahren sichtete Regina Scheer etwa 50000 »Vermögenseinziehungsakten« im Archiv des Oberfinanzpräsidenten von Berlin und Brandenburg. Sie konnte Informationen über das Schicksal jener zusammentragen, die sich irgendwann einmal in der Auguststraße 14/16 in Berlin aufgehalten hatten, einem Gebäude, das als »Judenhaus«, als Kindertagesstätte und als Altersheim gedient hatte. Scheer fand heraus, daß Tausende von Menschen auf dem Weg zu ihrer Deportation diese Adresse passiert hatten: »Mir fiel auf, daß mehr Frauen als Männer deportiert wurden. Die Auguststraße 14/16 muß in diesen Jahren ein Haus der alten Frauen gewesen sein.«[111] Ende 1942 und Anfang 1943 gehörten zu den De-

Alte Menschen, die in der Küche der Jüdischen Winterhilfe in der Berliner Pestalozzistraße ein Essen erhalten. (Mit freundlicher Genehmigung des Leo Baeck Institute, New York)

portierten aus diesem Haus nicht nur alte Frauen, sondern auch Frauen Anfang 20. Es waren dies die Krankenschwestern und Pflegerinnen, deren Arbeit überflüssig geworden war, nachdem die Alten, Kranken und sehr Jungen deportiert worden waren.

»Mischlinge« und in Mischehen lebende Juden hatten es etwas besser als »Volljuden«, da sie nicht mit der gleichen Selbstverständlichkeit ihrem sicheren Tod überantwortet wurden. Sie blieben jedoch auch nicht automatisch von den Deportationen verschont. Zu Beginn der Deportationen wurden »Mischlinge« und in Mischehen lebende Juden häufig verschont, später gab es dann große regionale Unterschiede. Örtliche Beamte handelten oft nach eigenem Ermessen. In Frankfurt etwa wurden bereits 1942 selbst Juden, die in »privilegierten« Mischehen lebten, nach Theresienstadt deportiert.[112] Später wurden auch »Mischlinge«,[113] die als Juden erzogen worden waren, Juden in Mischehen, die weiterhin der jüdischen Gemeinde angehörten, und Juden, deren Mischehe wegen Tod oder Scheidung nicht mehr bestand, deportiert, meist nach Theresienstadt.[114] Zumeist wurden sie von den Nazis eher dort behalten, als in ein Todeslager verschickt.[115] Verwitwete oder geschiedene jüdische Eltern, die einst in einer Mischehe gelebt hatten, wurden häufig verschont, wenn sie ein kleines »nichtjüdisches« (das heißt getauftes) Kind hatten. In Hamburg quälte die Gestapo eine jüdische Mutter ständig mit der höhnischen Bemerkung: »Warte, bis der Junge zehn wird, dann bist Du beim nächsten Transport mit dabei.« Sein zehnter Geburtstag kam genau zu Kriegsende.[116]

Ende 1942 brachte die Gestapo einige »Arier« durch Zwang oder Hinterlist dazu, sich von ihren jüdischen Ehepartnern scheiden zu lassen, und umgekehrt. Die Akten des 14. Transports aus Hamburg dokumentieren mehrere solcher Fälle. Im April 1943 lud die Gestapo eine jüdische Frau, die über Jahre von ihrem Mann getrennt gelebt hatte, vor und teilte ihr mit, sie müsse die Ehe auflösen und nach Theresienstadt »abwandern«. In zwei Fällen im Oktober bzw. im Dezember 1942 reichten die »arischen« Frauen jüdischer Männer plötzlich die Scheidung ein. Beide Scheidungen erscheinen höchst verdächtig, weil sie lange bestehende Partnerschaften ohne ersichtlichen persönlichen Grund beendeten. Im einen Fall hatte das Paar 30 Jahre lang zusammengelebt, und die Sozialarbeiter beschrieben, auf welch »rührende Weise« die 66jährige Frau sich um ihren zehn Jahre älteren Mann gekümmert hatte. Im September 1942 teilte sie der jüdischen Gemeinde mit, ihr Ehemann sei »transportunfähig«, und zwei Monate später ließ sie sich von ihm scheiden. Vermutlich täuschte die Gestapo die Frauen, vielleicht indem sie versprach, eine Scheidung würde ihren Ehepartnern helfen, oder indem sie ihnen die sofortige Deportation androhte, falls keine Scheidung erfolgte. In beiden Fällen wurden die Männer mit dem 14. Transport deportiert und ermordet. In einem ähnlichen Scheidungsfall nahm sich die Frau nach der Deportation ihres Mannes das Leben.[117]

An einigen Orten schikanierte die Gestapo Juden in Mischehen so lange, bis diese falsche Geständnisse unterzeichneten, oder die Gestapo beschuldigte sie nicht begangener Verbrechen. Das Ergebnis war Deportation und Tod. Eine Frau berichtete, die Gestapo habe ihren »arischen« Vater regelmäßig in ihr Hauptquartier vorgeladen, ihn verhöhnt, weil er an seiner Ehe mit einer jüdischen Frau festhielt, und ihre Mutter angeschrien und bespuckt. Abgesehen von den Demütigungen terrorisierten die Beamten die Eltern, indem sie ihnen Gefängnis androhten.[118] Trotz der Qualen, die in Mischehe verheiratete Juden aushalten mußten, hatte diese Gruppe die beste Überlebenschance. Von den deutschen Juden, die nicht emigriert waren und dennoch den Nationalsozialismus überlebten, waren nur 1 Prozent nicht in Mischehe verheiratet.[119]

Ende 1944 mußten auch in einer Mischehe lebende Juden mit ihrer Deportation in den Osten rechnen, wenn auch nur sporadisch und willkürlich. Viele versteckten sich.[120] Im Januar 1945 plante die Regierung, Berliner Juden, die in Mischehen lebten, nach Theresienstadt zu deportieren, doch diese Pläne wurden auf Grund von Transportschwierigkeiten nur teilweise verwirklicht.[121] Gleichwohl wurden 1945 im Februar 1000 in Mischehen lebende Berliner Juden nach Theresienstadt deportiert.[122] Im selben Monat ordneten die Nazis auch die Deportation der 70 verbliebenen in Mischehen lebenden jüdischen Ehepartner aus Dresden an; nur die berüchtigten Flächenbombardierungen retteten ihr Leben.[123] Obwohl das Schicksal jüdischer Ehepartner während der längsten Zeit des Krieges ungewiß blieb, wurden die Absichten der Nazis gegen Ende immer eindeutiger. Ursula

Büttner vertritt die Auffassung, 1945 hätten die Juden, die in Mischehen lebten, kurz vor ihrer Ermordung gestanden, und nur das Ende des Krieges habe ihnen das Leben gerettet.[124]

Die Hamburger Statistik verdeutlicht, wie der Anteil von Mischehen anstieg, als die Juden aus jüdischen Ehen deportiert wurden. Hamburg hatte schon seit langem eine hohe Quote von Mischehen. In Hamburg erreichte 1928 der Anteil der Juden, die Christen heirateten, 30 Prozent.[125] 1940 (nachdem viele jüdische Paare geflohen waren) lag der Anteil der Mischehen bei 42,7 Prozent. Im November 1941 gab es 879 bestehende Ehen zwischen Juden, 1 036 Mischehen und dazu 198 Juden, die in einer Mischehe gelebt hatten und kleine Kinder hatten.[126] Dieselbe Struktur galt für ganz Deutschland: Gegen Ende der Deportationen waren die meisten in Deutschland verbliebenen Juden (einschließlich jener mit falschen Papieren oder im Versteck) solche, die in »privilegierten« Mischehen lebten. Ironischerweise war beispielsweise eine jüdische Zwangsarbeiterin durch ihren »privilegierten« Status geschützt, während ihr »arischer« Ehemann, ein Kommunist, die gesamte Zeit über im Gefängnis war.[127]

Gertrud Hammersteins Briefe zeigen, wie schrecklich die Deportationen tatsächlich waren. Juden, die wie Hammerstein in bestimmten Berufen oder Kriegsindustrien arbeiteten, konnten den Aufschub ihrer Deportation beantragen oder Vorgesetzte bitten, ihn für sie zu erwirken. So war Gertrud Hammerstein, die 58jährige Mutter einer Krankenschwester, die im Jüdischen Krankenhaus in Berlin arbeitete, sicher bis zu dem Zeitpunkt, an dem der Name ihrer Tochter Hilde auf einer Deportationsliste auftauchte. Im Oktober 1942 schrieb sie einer anderen Tochter und ihrem Schwiegersohn in England, sie werde ihre Briefe jemandem geben, der sie ihnen nach dem Krieg aushändigen werde, da sie wenig Hoffnung habe zu überleben. Würde sie nach Polen geschickt, so sei sie sicher, daß sie sterben werde. Sie schrieb, seit sechs Monaten habe niemand Post von deportierten Verwandten oder Freunden erhalten. Sie hoffe, Hilde und ihr Schwiegersohn Willy würden überleben, da sie noch jung seien. Der nächste Transport nach Polen werde am nächsten Morgen aufbrechen, und sie könne noch in letzter Minute aufgefordert werden: »Wenn die 1000 nicht voll sind, wird irgend jemand geholt. [...] Diesmal sollen 200 kleine Kinder dabei sein.«[128] Zudem sehe es so aus, als müßten Juden, die nicht deportiert würden, verhungern: Juden dürften nur noch Kohl, Kohlrüben und rote Beete kaufen. Zum Mittagessen esse Willy lediglich 420 Gramm Brot und ein halbes Pfund Kopfsalat.

Im November 1942 berichtete Hammerstein, daß 560 Angestellte der Jüdischen Gemeinde erst acht Tage vor ihrer Deportation nach Polen von dieser benachrichtigt wurden. Später, als sie in der einen Stunde, in der es gestattet war, einkaufen ging, habe sie gesehen, wie die Möbel der deportierten Freunde auf einen Lastwagen geladen wurden: »Es ist zu traurig; in alle Winde verstreut, was man sein Leben lang geliebt hat.« Von ihrem früher großen Freundeskreis sei nur noch ein Mensch übriggeblieben. Sie teilte auch die Transportnummer ihres Onkels Paul mit, »denn auf Grund derselben wird es später mal möglich sein, etwas zu erfahren, ob einer noch lebt und wo.«[129]

Gertrud Hammerstein schrieb ihren letzten Brief am 10. Dezember 1942: Jetzt könne man »täglich, stündlich damit rechnen, alles, was einem lieb und teuer ist, zu verlassen«. In ihr Schicksal ergeben, dachte sie über ihr Leben nach, das selbst im »letzten Jahr des Schreckens« gut gewesen sei. Dann schrieb sie ihren letzten Abschiedsgruß:

»Also mein geliebtes Herzblatt [...] sollte ich das Kriegsende nicht überstehen, so sei gewiß, daß meine Gedanken und meine Wünsche für Euch täglich bei Euch sind. Du warst zeit Deines Lebens für Deine Umgebung ein Sonnenstrahl, bleibe weiter so wie Du warst, und Du wirst Dich und andere beglücken. Dir lb. Fritz, drücke ich noch einmal im Geiste die Hand, Du bist mir lieb und teuer, bleibe auch Du wie Du warst. [...] So, leb denn wohl, mein geliebtes Kätilein, sei weiter glücklich ... Du hast mir nur Freude bereitet, ich weiß von keinem Kummer. Ich umarme Dich innigst, Deine Mutti.«[130]

Keiner der drei überlebte.

In dem Maße, in dem die Verfolgung der Juden voranschritt, blieben die offiziellen »Evakuierungs«-Ankündigungen aus. Wie die Spürhunde durchkämmten Gestapomänner die Straßen und Fabriken auf der Suche nach Juden, die sie dann auf Lastwagen zusammenpferchten. In Berlin begannen diese Razzien gegen Ende 1942 mit der Ankunft Alois Brunners und seiner Wiener »Deportations-Fachleute«. Die Deportierten wurden entweder nach Osten in Ghettos in Polen, Lettland und Litauen gebracht – Ausgangspunkte weiterer Deportationen in Konzentrations- und Vernichtungslager – oder direkt in den Tod geschickt.[131] Am Ende des Krieges hatte es allein von Berlin aus 65 Transporte in den Osten und über 120 nach Theresienstadt gegeben. Zu den letzteren zählten die sogenannten »Alterstransporte« von Juden über 65 Jahren, bei denen die Nazis nicht so tun konnten, als seien sie für harte Arbeit geeignet.[132] Selbst als sowjetische Truppen begannen, die Konzentrationslager im Osten zu befreien, trieb die SS die überlebenden Insassen der Vernichtungslager erbarmungslos zusammen und schickte sie auf die berüchtigten Todesmärsche ins Reichsinnere. Von den 164 000 Juden, die im Oktober 1941 in Deutschland lebten, waren laut einer Schätzung im Juli 1944 nur noch 14 500 übriggeblieben.[133] Die Deportationen dauerten bis zum Frühjahr 1945 an.

Die Verhaftungen in Berlin waren Anlaß für den Protest in der Rosenstraße gegen die Deportation der Juden. Während ihrer »Fabrikaktion« am 27. Februar 1943 hatten die Nazis 8 000 bis 10 000 Juden direkt an ihrem Arbeitsplatz aufgegriffen und in verschiedene Sammellager gebracht. Zusätzlich hatte die Gestapo in Mischehen lebende jüdische Männer, einige in Mischehen lebende jüdische Frauen und einige »Mischlinge« während der Aktion erfaßt und von den übrigen getrennt. Über tausend wurden ins Gebäude der ehemaligen Sozial-Verwaltung der Jüdischen Gemeinde, Rosenstraße 2–4, gebracht. Daraufhin versammelten sich die »arischen« Frauen und demonstrierten Tag und Nacht für die Freilassung ihrer Männer. Verwandte, Freunde und einige Fremde schlossen sich der Demonstration an. Die Gestapo und die SS bedrohten die Demonstrantinnen, gingen aber nicht wirklich gegen sie vor, und am 6. März wurden die ersten der nahezu 1 500 zur Deportation Bestimmten freigelassen.

Die Nazis mögen ihre eigenen Gründe gehabt haben, diese Juden freizulassen. Das Regime machte sich Sorgen über die Moral »arischer« Verwandter und wollte möglicherweise angesichts der Niederlage bei Stalingrad einen Monat zuvor nicht breite Schichten der Bevölkerung gegen sich aufbringen. Es kann auch sein, daß die Gestapo beabsichtigte, die Positionen der vor kurzem deportierten Mitarbeiter der jüdischen Gemeinde aus den Reihen der Freigelassenen aufzufüllen und daß ihre Deportation gar nicht beabsichtigt gewesen war. Die Gestapo ließ nicht nur die Gefangenen frei, sondern schickte, zum Erstaunen der Opfer, sogar einige zurück, die »irrtümlich« nach Auschwitz geschickt worden waren. Den Ehefrauen und Müttern, die in der Rosenstraße hartnäckig für die Freilassung ihrer Ehemänner und Kinder kämpften, geschah nichts. Ihr Einsatz hat sich also gelohnt. Der Protest in der Rosenstraße war die einzige Demonstration in Deutschland gegen die Deportation der Juden – in diesem Fall zumeist jüdischer Angehöriger. Es schmälert nicht die Bedeutung dieser Demonstration, festzustellen, daß familiäre Bande bei den Demonstranten eine wichtige Rolle spielten. Dennoch erinnert es noch einmal daran, daß es keine öffentlichen Proteste gegeben hat, die ausschließlich auf moralischem Widerstand beruht hätten.[134]

Im Juni 1943 lösten die Nazis die Reichsvereinigung der Juden in Deutschland auf, deportierten ihre letzten Funktionäre und bemächtigten sich der verbliebenen finanziellen Mittel. Von den 13 wichtigsten leitenden Persönlichkeiten überlebten lediglich Moritz Henschel und Rabbiner Leo Baeck in Theresienstadt. Ein Rest der Reichsvereinigung blieb im Jüdischen Krankenhaus in Berlin-Wedding, gemeinsam mit den Patienten einer Krankenstation für Juden, die vor ihrer Deportation »geheilt« werden sollten, sowie einigen Ärzten und Krankenschwestern. Dort waren auch »Mischlinge« und in Mischehen lebende Juden interniert, außerdem »Schutzjuden«, jüdische Gefangene der Gestapo, und Juden, die für die Gestapo arbeiteten. Die 800 Bewohner des Jüdischen Krankenhauses, die wie in einem Ghetto lebten, waren zu Kriegsende die einzigen Juden, die offiziell noch in Deutschland verblieben waren.[135]

Was Juden glaubten

Die Nazibehörden beließen den Begriff »Deportation« absichtlich vage, um seine wahre Bedeutung sowohl vor den Opfern als auch vor dem Rest der Bevölkerung zu verbergen. Zudem waren die Juden isoliert, verstreut, und hatten im Vergleich zu Nicht-

Juden viel weniger Zugang zu Informationen. Sie lebten im allgemeinen abgesondert von anderen Deutschen und waren, mit Ausnahme der wenigen anderen Juden, mit denen sie arbeiteten oder zusammenwohnten, auch voneinander isoliert. Sie durften kein Radio besitzen und hatten nur selten Verwandte, die bei der Wehrmacht dienten oder im öffentlichen Dienst tätig waren. Am weitaus wirksamsten wurde ihre Klarsicht jedoch dadurch behindert, daß es schier unmöglich schien sich vorzustellen, daß der Völkermord wirklich stattfand. Selbst jene, die Zugang zu Informationen hatten, reagierten ungläubig oder mit Verdrängung. Einige verzweifelten, wenn sie von ihrem bevorstehenden Schicksal erfuhren; andere bestritten, daß dies möglich sei.

Bereits am 3. März 1940, während der Deportationen aus Stettin, ahnten einige Juden, was sie erwartete. Else Behrend-Rosenfeld schrieb in ihr Tagebuch: »Und was sollen diese Menschen in Polen? Hat man vor, ihnen bestimmte Aufgaben zu übertragen? Doch wozu hat man auch die ganz Alten mitgenommen?«[136] Gerüchte über die Ermordung »unnützer Esser« und der geistig Behinderten – auch der »arischen« – machten innerhalb der jüdischen Gemeinschaft die Runde.[137] Obwohl man den Juden sagte, sie würden »im Osten angesiedelt«, und einige glaubten, sie würden dort Zwangsarbeit leisten müssen, gab es bereits früh Gerüchte über »Gaswagen«: »Als die Eltern zu Hause in der Küche darüber sprachen, wurde ich hinausgeschickt«, schrieb Ruth Gross viele Jahre später.[138] Im Sommer 1941 notierte Willy Cohn in seinem Tagebuch das »Grausige, kaum Faßbare, daß in Lemberg 12 000 Juden erschossen worden seien.«[139] Victor Klemperer, der in seinem Dresdner »Judenhaus« auch Kontakte zu in Mischehen lebenden Juden hatte, die Nichtjuden kannten, schrieb im Januar 1942: »Gerücht, aber von verschiedenen Seiten sehr glaubhaft mitgeteilt, es seien evakuierte Juden bei Riga [...] erschossen worden.« Im März notierte er: »Es liegt jetzt so, daß KZ offenbar identisch mit Todesurteil ist« und »Als furchtbarstes KZ hörte ich in diesen Tagen Auschwitz (oder so ähnlich).«[140] Im April 1942 kursierten Nachrichten über Massenmorde an den Juden von Kiew, auch an kleinen Kindern. Nach Aussage von Ruth Abraham wußten ihre alten Eltern, als sie ihnen im Juli 1942 half, den Lastwagen zu besteigen, der sie zur Sammelstelle bringen sollte, was ihnen bevorstand. Sie hatten sich mit einem »schrecklichen Ende, statt eines Schrecken ohne Ende« abgefunden.[141] Etwa zur gleichen Zeit schrieb Howard K. Smith, der »Abtransport« nach Rußland bedeute Tod durch »Sklavenarbeit« und »alle Hoffnungen« der alten Juden, die er kenne, seien nur noch darauf gerichtet, »eines ruhigen und natürlichen Todes zu sterben, ohne vorher noch gefoltert zu werden.«[142]

Jene, die verbotene Radiosendungen abhörten, erfuhren im Juni durch BBC-Berichte von Massenmorden. Mitte 1942 zirkulierten Gerüchte über Massenmorde durch den jüdischen »Mundfunk«.[143] Soldaten, die von der Ostfront heimkehrten, bestätigten die Gerüchte. Obgleich zur Verschwiegenheit verpflichtet, erzählten sie Verwandten und Freunden, was sich im Osten abspielte.[144] Die Verwandten und Freunde ihrerseits informierten ihre jüdischen Freunde.[145] Außerdem fragten sich Verwandte deportierter Juden, warum sie keinerlei Nachricht mehr erhielten. Ende 1942 gab es in Deutschland verbreitete Gerüchte, die Juden würden vergast.[146]

Auch im Ausland war bekannt, was mit den deportierten Juden geschah: Im November 1942 verkündete der Rabbiner Stephen Wise aus New York die schockierende Nachricht vom Massenmord an zwei Millionen Juden sowie die Absicht der Nazis, alle Juden in Europa zu ermorden – eine Nachricht, die vom amerikanischen State Department bestätigt wurde. Die BBC berichtete ebenfalls darüber. Im Dezember 1942 verurteilten Großbritannien, die Vereinigten Staaten, die UdSSR und neun weitere Staaten die nationalsozialistische »Vernichtung des jüdischen Volkes in Europa«.[147] Im selben Monat versicherte ein anderer Zwangsarbeiter Ruth Abrahams Mann, der mit größtem Schrecken der bevorstehenden Geburt seines Kindes entgegensah: »Wenn Millionen Juden durch das Gas gehen und Deine Frau ein neues jüdisches Leben zur Welt bringt, wird es [das Kind] *Massel* [Glück] für Euch alle mitbringen.«[148] Zu dieser Zeit hatten die Nazis bereits fast vier Millionen Juden umgebracht, mindestens zwei Drittel alleine 1942, dem Jahr, das Raul Hilberg als das »tödlichste [...] in der jüdischen Geschichte« bezeichnet hat.[149] Während Ilse Rewald Ende 1941 noch angenommen hatte, die Deportationen bedeuteten Ghetto und Zwangsarbeit, so war ihr Ende 1942 »klar, daß jeder ›Evakuierte‹ seinem Tod entgegengeht.«[150]

Zur Zeit des Protests in der Rosenstraße hegten demnach die meisten Juden, die noch in Deutschland waren, zumindest einen Verdacht, was sie am Ende ihrer Deportation erwartete. Das vollständige Ausmaß des Terrors mag ihnen verborgen geblieben sein, doch allen war bewußt, daß die Deportationen eine schwere Bedrohung ihrer Freiheit, Gesundheit und Sicherheit darstellte: »Viele glaubten wirklich, daß sie nur in Lager geschickt würden, um dort Zwangsarbeit zu verrichten, doch gleichzeitig betrachteten sie ihre Verhaftung und Deportation als ihr Ende.«[151]

Doch nicht alle Juden waren in die Informationen und Gerüchte eingeweiht, und selbst wenn, bedeutete hören nicht notwendigerweise auch glauben. Es gab immer Juden, die nicht begriffen oder begreifen wollten, was die Gerüchte bedeuteten. »Sie erwarteten Schlimmes, jedoch nicht das Undenkbare.«[152] Inge Deutschkron erinnerte sich, daß sie im November 1942 in einer Sendung der BBC von Vergasungen und Hinrichtungen gehört hatte. Doch sie und ihre Mutter weigerten sich standhaft, das »buchstäblich Undenkbare« zu glauben, bis ein »arischer« Freund die Berichte bestätigte.[153] Der Sohn eines »Mischlings«, dessen Vater deportiert wurde, weigerte sich ebenfalls zu glauben, was er gehört hatte, obwohl ihn furchtbare Zweifel quälten. Jahre später erinnerte er sich, daß man seinen Tanten und Onkeln, als sie nach Lublin geschickt wurden, »mitteilte, sie würden in Arbeitslager geschickt – und wir taten so, als sei das wahr. ›Gut‹, sagten wir, ›jetzt bringen sie ihnen neue Schuhe‹. Und später sagten wir: ›Gut, sie schreiben nicht, aber hoffen wir, daß es ihnen gut geht.‹ Doch jeder wußte, daß sie nicht zu einem Arbeitslager geschickt wurden. Jeder machte dem anderen etwas vor, und niemand gestand sich die Wahrheit ein. Doch jeder wußte es. Wir trauten uns nicht, die Wahrheit einzugestehen. Es war unmöglich.«[154]

Daher »glaubten« – auch als sich die Gerüchte verdichteten – einige Juden weiterhin, daß sie harte Arbeit würden leisten müssen. Die Krankenschwester Frieda Cohn, die auf dem Höhepunkt der Deportationen Doppel- und Dreifachselbstmorde entdeckt hatte, schrieb nach dem Krieg, sie sei auf Grund dieser Erlebnisse so niedergeschlagen gewesen, daß sie sich gewünscht habe, ebenfalls »evakuiert« zu werden: »Was das wirklich bedeutete, wußte man ja noch nicht.«[155] Noch Mitte 1943 betete die jüdische Widerstandsgruppe *Chug Chaluzi* für deportierte Eltern und Freunde, rezitierte die besonderen jüdischen Totengebete jedoch nur für diejenigen, die die Nazis vor den Deportationen ermordet hatten.[156]

»Mischlinge« und Juden, die in Mischehen lebten und die Zwangsarbeit leisteten, stießen jedoch auf sehr persönliche Beweise für die Greuel, die im Osten stattfanden. 1943 arbeitete ein jüdischer Mann, der mit einer »Arierin« verheiratet war, bei einem Lumpen- und Schrotthandel, wo er Kleidung von Wehrmachtslastwagen sortierte, die aus Polen zurückkehrten. Er öffnete Handtaschen, um den Inhalt zu sortieren, und fand jüdische Pässe und Briefe in deutscher und jiddischer Sprache, in denen um etwas zu essen gebeten wurde. Eines Tages fand er blutige Kinderschuhe. Er ging nach Hause und weinte zusammen mit seiner Frau. Danach tauchte das Paar unter.[157] Eine andere jüdische Frau zog aus ähnlichen Erfahrungen nicht die richtigen Schlußfolgerungen. Edith Wolff, die später die Gruppe *Chug Chaluzi* mitorganisierte, wurde verhaftet, weil sie einer anderen Frau eine gefälschte Lebensmittelkarte gegeben hatte, und wurde in das Zuchthaus nach Cottbus überstellt. Dort erzählten ihr Frauen von einem merkwürdigen Vorfall. Sie hatten Kleidung mit dem gelben Stern sortieren müssen, und sie fanden Halsketten, Ringe und Uhren in den Säumen und im Futter; die Kleidung selbst war verdreckt mit Schmutz, Blut und Exkrementen. Wolff verstand nicht, was das bedeutete, obwohl sie aus den Sternen folgerte, daß die Kleidung Juden gehört hatte. Sie vermutete, daß diese gehofft hatten, einige wenige Gegenstände retten zu können, die ihnen helfen würden, ihre Deportation zu überleben. Erst viel später erkannte sie die ganze Bedeutung dessen, was sie gesehen hatte – die Juden hatten »buchstäblich Blut und Kot geschwitzt«, bevor sie umgebracht wurden.[158]

Es sieht so aus, als seien die verbliebenen Juden selbst 1944 noch in einem sehr unterschiedlichen Ausmaß informiert gewesen: Helmut Krüger, ein »Mischling«, dessen Mutter nach Theresienstadt deportiert wurde, schrieb, daß alle von den Konzentrationslagern wußten, doch »von Vernichtungslagern war uns nichts bekannt«.[159] Dagegen berichtete Victor Klemperer von einem Gespräch, in dem ein Freund schätzte, daß über sechs Millionen Juden durch Erschießungen oder durch Gas ermordet worden seien. Außerdem kannten Freunde von Klemperer einen Soldaten, der über die grauenhaften Morde an Juden im Osten berichtet hatte und gestand: »Wenn wir Schnaps bekamen, wußten wir schon immer, was kommen würde.«[160]

Was nichtjüdische Deutsche sahen, hörten oder »wußten«

Zwischen 1941 und 1943 deportierte das Naziregime die meisten der in Deutschland lebenden Juden. Von den 164 000 »Volljuden«, die bei der Volkszählung im Oktober 1941 gezählt worden waren, waren 1943 in Deutschland nur noch 51 000 verblieben.[161] Die Deportationen, die das alltägliche Leben aller Juden mit Angst und Schrecken erfüllten, berührten auch den Alltag vieler nichtjüdischer Deutscher. In der Kleinstadt Sonderburg im Rheinland etwa waren nur noch zwölf von ursprünglich 150 Juden übriggeblieben, darunter ein 94 Jahre alter Mann, drei alte Leute in den Siebzigern, sieben in den Sechzigern und eine Frau in den Fünfzigern. Während der Nacht des 25. Juli 1942 forderte ein SS-Offizier alle Juden auf, sich am nächsten Morgen zu versammeln. Eine Nachbarin sah, wie ein Paar etwa um sieben Uhr morgens das Haus verließ. Als sie es ihren Eltern erzählte, weinte ihre Mutter und weigerte sich, hinauszuschauen, und ihr Vater zog die Rolläden herunter. In den siebziger Jahren berichtete eine Frau – eine der wenigen Deutschen, die eingestanden, daß sie gesehen hatten, was mit den Juden geschah – von den Deportationen aus Sonderburg. Sie erzählte einer ehemaligen jüdischen Nachbarin, sie habe einen Möbelwagen »voll mit Juden« gesehen. »Ich sah Herrn Miller und alle anderen dort ruhig sitzen. Einer der Arbeiter aus meinem Geschäft rannte mit einer Decke vor, die er über die Knie des alten Herrn Miller legte.« Die Nazis zwangen sodann die alten Juden, sich auf dem Platz vor der Synagoge aufzustellen, sichtbar für jeden, der vorüberging.[162]

Von den nahezu 73 000 Juden, die zu Beginn der Deportationen in Berlin lebten, waren Mitte 1944 nur noch 6 000 übrig.[163] Im Winter 1942/43 konnten Berliner Arbeiter auf dem Weg zu ihrer Morgenschicht Lastwagen voll mit Juden sehen. Eine jüdische Zwangsarbeiterin, Marcella Herrmann, zeichnete auf, was sie sah. Sie bemerkte »Füße von Menschen, die offenbar auf Bänken in dem Wagen saßen. [...] Da waren Füße in Damenschuhen, hübsche Schühchen neben ausgetretenem Schuhwerk, Füße mit Fetzen umwickelt, andere in schadhaften Pantoffeln. [...] Was sind das für Füße? Was sind das für Menschen? Was hat man mit ihnen vor? Mich erfaßte ein Grauen.«[164] Wieviele Deutsche sahen ähnliches oder stellten ähnliche Fragen? Und was haben diejenigen, die die Kleidung aus dem Osten sortierten, sich wohl gefragt?

Zeugnisse von Juden verdeutlichen, was die Berliner Bevölkerung gesehen hat und auch, wie sie auf das Gesehene reagierte. Da Juden keine öffentlichen Verkehrsmittel benutzen durften, lief Ruth Abraham im Juli 1942 drei Stunden lang zu Fuß zur Sammelstelle in der Schulstraße, wo man ihre Eltern festhielt. Sie war völlig verzweifelt und wollte sich wenigstens von ihren Eltern verabschieden: »Ich kam gegen 6 Uhr dort an, neugierige Menschen hatten sich vor dem Gebäude gesammelt und weideten sich an dem Elend, das ihre Mitbürger, die Juden, befallen hatte. [...] Ich schlängelte meinen Weg durch die gehässige Menschenmenge in das Gebäude, wo die Unglücklichen versammelt waren.«[165] In der Nähe der Sammelstelle bei der Synagoge in der Levetzowstraße sah Herta Pineas »die Wohnungsinhaber und Ladenbesitzer vor die Türen treten und ausführlich das Einladen der Juden in die Möbelwagen beobachten«. Später während der Deportationen arbeitete sie im Verpflegungsdienst der Berliner Jüdischen Gemeinde: »Die Umwohner des Bahnhofs Putlitzstraße beobachteten in Massen von der Brücke aus, die über die Gleise ging, wie diese Transporte zur Bahn kamen und vom ungedeckten Bahnsteig aus abgingen. [...] Sollten sie nichts von den Dingen gewußt haben?«[166] Tatsächlich hörten Berliner, die sich um Informationen bemühten, Gerüchte über das Schicksal der Juden. Bereits Mitte September 1941 ahnte Ruth Andreas-Friedrich – eine nicht-jüdische Deutsche, die wissen wollte was geschah, weil sie Juden half, sich zu verstecken – daß die Deportation »den sicheren Tod« bedeutete.[167] Im Dezember 1942 schrieb sie: »In Scharen tauchen die Juden unter. Furchtbare Gerüchte gehen um über das Schicksal der Evakuierten. Von Massenerschießungen und Hungertod, von Folterungen und Vergasung.«[168]

Obwohl die Regierung streng darauf bedacht war, die Juden heimlich »bei Nacht und Nebel« zu ermorden, bewahrte selbst sie kein absolutes Stillschweigen über das Schicksal der Juden während der »Endlösung«. Hitlers berüchtigte Rede vor dem Reichstag im Januar 1939, die gefilmt, im Radio übertragen, in Zeitungen abgedruckt und mit leichten Änderungen im September 1942 wiederholt wurde, beschuldigte die Juden, den Krieg zu schüren. Sie endete mit der unheilvollen »Prophezeiung«, dieser Krieg werde nicht mit der »Bolschewisierung [der] Erde und damit [dem] Sieg des Judentums« enden, sondern mit der »Vernichtung der jüdischen Rasse in Europa«. Am 16. November 1941 bezog sich Propagandaminister Joseph Goebbels auf Hitlers Drohung. Er verfaßte für die auflagenstarke Zeitung *Das Reich* einen Leitartikel mit der Überschrift »Die Juden sind schuld!« Darin verkündete er: »Wir erleben eben den Vollzug dieser Prophezeiung, und es erfüllt sich damit am Judentum ein Schicksal, das zwar hart, aber mehr als verdient ist.« Außerdem warnte er davor, die Juden würden sich, sollte Deutschland den Krieg verlieren, in »reißende Wölfe« verwandeln und wurden »sich auf unser Volk, auf unsere Frauen und Kinder stürzen, um an ihnen ein Rachewerk zu vollziehen, für das es in der Geschichte kein Beispiel gibt.« Offensichtlich nahm er das Übergewicht alter Frauen innerhalb der jüdischen Bevölkerung jener Zeit wahr, denn er warnte, wenn die Berliner Juden nur aus »gebrechliche[n] alte[n] Frauen« zu bestehen scheinen, so liege das lediglich daran, daß die Juden »ihre Mitleidgarde [vorschicken].« Ungeachtet dessen, wie »zerbrechlich und mitleiderregend« sie »tun«, gehörten diese Frauen doch »einer internationalen Verschwörung gegen das nationalsozialistische Deutschland an.«[169]

Die Quellen, aus denen man von den Massenexekutionen und den Vergasungen erfahren konnte, waren für die nichtjüdischen Deutschen ebenso zugänglich wie für die Juden. Zudem kamen Nachrichten von Verwaltern und Siedlern in den Ostgebieten sowie von Geschäftsleuten, die Kontakt zu den Lagern hatten, ins Reich. Vor allem aber waren über drei Millionen deutscher Soldaten am Überfall auf den »jüdischen Bolschewismus« im Osten beteiligt. Im Verlaufe des Krieges wurden mehr und mehr

Soldaten Zeugen der Greueltaten im Osten oder waren daran beteiligt. Einige schrieben Briefe nach Hause, in denen sie über die brutalen Morde berichteten, die sie begangen hatten oder deren Zeuge sie geworden waren, einschließlich jener an Frauen und Kindern.[170] Aus vielen dieser Briefe spricht Stolz über die vollbrachte Leistung oder der feste Entschluß, das jüdische Volk zu vernichten: »Es gibt nur eines für das Judentum: Vernichtung.«[171] Soldaten, die von der Front zurückkehrten, auf Heimaturlaub waren oder sich im Lazarett von Verwundungen erholten, teilten anderen ihre Erlebnisse mit. Und wenn sogar Juden *indirekt* über Soldaten, die von der Front heimkehrten, von den Vernichtungsaktionen erfuhren, so waren gewiß weit mehr nichtjüdische Deutsche direkt oder aus Briefen über das Morden informiert.[172]

In Interviews nach dem Krieg gestanden viele Deutsche ein, daß Juden »verschwanden«, wenn auch nur wenige gewußt haben wollten, mit welchem Ziel. Während des Krieges hatten nur wenige nachgefragt, warum oder auf welche Weise die Juden »verschwanden«. Einige wollten, daß sie »verschwanden«, andere hatten Angst zu fragen, und wieder andere hofften, sich später dadurch entlasten zu können, daß sie jetzt nichts »wußten«.[173] Daß die meisten Deutschen die Wahrheit über die Lager kannten oder ahnten, ist kaum noch fraglich. David Bankier formulierte es so: »Sie wußten genug, um zu wissen, daß es besser ist, wenn man nicht noch mehr weiß.«[174]

Es mag sein, daß die Deutschen das Schicksal der Juden im Kontext des Vernichtungskriegs gegen die Sowjetunion verstanden und die Ermordung der Juden mit den Greueltaten gegen Polen und Russen vermischt haben.[175] Die Frage war nicht, *was die Deutschen* über den Völkermord *wußten,* sondern wer *bereit war, die Tatsachen zu glauben,* die sichtbar wurden.[176] Deutsche, die bewußt lebten und sich ihre Gedanken machten, konnten sich ausmalen, daß die Juden vernichtet wurden. Das Wissen, über das sowohl die Deutschen als auch die Juden verfügten, so fragmentarisch und unbestätigt es auch immer gewesen sein mag, hatte für die beiden Gruppen einen unterschiedlichen Stellenwert: Während die noch verbliebenen Juden verzweifelt zu verstehen versuchten, was sie erwartete, fällt die Gleichgültigkeit auf, mit der die Täter und die Zuschauer das Schicksal der Juden zur Kenntnis nahmen.

Am Ende leugneten viele Deutsche, je etwas vom Massenmord gewußt zu haben, denn sie hatten die Juden längst aus ihrem Bewußtsein und aus ihrem Gewissen verbannt. Der »soziale Mord ging der physischen Vernichtung um Jahre voraus.«[177] Viele Deutsche begrüßten die Verfolgung der Juden, profitierten von ihr, ignorierten sie oder bestritten, daß sich Ungewöhnliches zutrug. Außer während des Novemberpogroms haben sich nur ganz wenige Deutsche je gegen die Verfolgung der Juden gewandt. Massendemonstrationen gegen die Deportation der Juden hat es nie gegeben, sieht man vom Protest in der Rosenstraße ab, der hauptsächlich von Ehefrauen und Verwandten getragen wurde. Als die Juden schließlich deportiert wurden, hatten die Deutschen sie schon längst zum »sozialen Tod« verurteilt.[178] Der physische Tod lag nur mehrere hundert Kilometer entfernt.

8

Leben im Untergrund

»Der Hunger quälte mich schrecklich, aber die Sorge, wie ich die Nacht verbringen sollte, ließ alle Qualen klein erscheinen«[1]

Camilla Neumann

Die meisten Juden beschlossen erst im letzten Augenblick, »unterzutauchen« – als sie sicher waren, daß die Nazis sie umbringen wollten. Wie ich unten weiter ausführen werde, mag es für Frauen etwas einfacher gewesen sein, sich zu verstecken, als für Männer, doch es war für alle extrem gefährlich und nahezu unmöglich. Sie lebten in großer Angst, fürchteten um ihre eigene Sicherheit und die der Menschen, die sie versteckten. Da »den Juden Europas nicht die Aussicht vor Augen stand, einfach bis zu einem vorherbestimmten, spätestens auf Mai 1945 festgelegten Befreiungstag auszuhalten«,[2] bedurfte es eines ungeheuren Muts, sich der Bestimmung entgegenzustemmen, die die Nazis ihnen zugedacht hatten. Die Deutschen, die sie versteckten, zeigten Mitgefühl und Mut und bewiesen damit auch, daß Widerstand gegen den Völkermord möglich war.

Der Weg in den Untergrund

Im August 1942 sah Erna Becker-Kohen, die in einer »privilegierten« Mischehe lebte, immer weniger gelbe Sterne in Berlin: »Man sieht nicht mehr viele Juden auf der Straße, die meisten hat man verschleppt, man weiß nichts von ihnen.«[3] Jene deutschen Juden, die in Deutschland geblieben waren, hatten sich entweder versteckt oder lebten in Mischehen – allerdings befanden auch sie sich in Gefahr, und viele von ihnen versteckten sich ebenfalls. Etwa ein Drittel der in Verstecken lebenden Juden hatten sich geweigert, der Anordnung ihrer Deportation Folge zu leisten, andere hatten sich versteckt, kurz bevor diese Anordnung sie erreichte.[4] »Verstecken« konnte bedeuten, sich für die Dauer des Krieges allen Blicken zu entziehen oder aber den gelben Stern zu entfernen und – mit oder ohne Papiere –

eine »arische« Identität anzunehmen. Juden wurden zu Flüchtlingen, die »untertauchten«, um ihrer Entdeckung durch die Nazis zu entgehen. Man nannte sie »U-Boote«, und sie bezeichneten ihren Zustand als »untergetaucht« und sich selbst als »getauchte Juden«.[5]

Da ein Sieg der Alliierten keineswegs sicher war, fiel es schwer, sich für eine illegale Existenz im Untergrund zu entscheiden. Bis zur Schlacht von Stalingrad – mehr als ein Jahr nach dem Beginn der Deportationen – sah es so aus, als könnten die Achsenmächte den Krieg gewinnen. Die Entscheidung, sich der Deportation zu widersetzen, erschien vielen als ein hoffnungsloses Unterfangen. In jedem Fall war es extrem riskant, und der Ausgang war völlig offen. Wie lange konnten die Untergetauchten bei Fremden Zuflucht finden? Wie lange würde ihr Geld reichen und ihre falsche Identität unentdeckt bleiben? Erst als sich das Kriegsglück gegen die Nazis gewandt hatte, keimte bei einigen Juden Hoffnung auf ein Ende ihrer Verfolgung auf.

Die meisten Juden tauchten erst unter, als Deportationen nicht mehr offiziell angekündigt wurden und man seit Ende 1942 Juden in Razzien willkürlich verhaftete. Zu dieser Zeit hatte sich ihre Einstellung und ihre Wahrnehmung verändert, denn Freunde und Verwandte waren bereits deportiert worden, und allerlei Gerüchte kursierten. Vor allem nachdem Eltern und ältere Verwandte »geholt« worden waren, beschlossen viele, es sei an der Zeit, zu verschwinden. Ilse Rewald und ihr Mann entschlossen sich erst in letzter Minute, unterzutauchen, und das auch erst, nachdem die letzten Mitglieder ihrer Familie deportiert worden waren in den, wie sie wußten, sicheren Tod. Im Januar 1943 entfernten beide den gelben Stern, verließen ihre Wohnung und meldeten sich nicht mehr bei ihrer Arbeitsstelle zurück.[6] Gabriel Ritters Mutter wartete bis zum allerletzten Augenblick, bis Ende Februar 1943: »Wir schauten aus dem Fenster [...] und sahen, wie die Juden aus dem Hinterhaus geholt wurden. Meine Mutter [...] riß unsere Sterne ab. Wir zogen uns hastig an, ohne viel zu überlegen: Ich erinnere mich, daß meine Mutter den falschen Rock zur falschen Jacke anzog.« Die Ritters wußten nicht, wohin sie gehen sollten. Nur mit dem, was sie auf dem Leib trugen, und mit ein wenig Geld ausgestattet, das die Mutter beiseite geschafft hatte, riefen sie verschiedene nichtjüdische Bekannte an. Einer war bereit, ihnen drei Tage lang Unterschlupf zu gewähren, und fand dann eine andere Familie, die sie über ein Jahr lang versteckte.[7]

Für jene, die sich noch nicht versteckt hatten, gab die Verhaftung jüdischer Zwangsarbeiter Ende Februar 1943 den letzten Anstoß. Im Zuge dieser »Fabrikaktion« wurden über 10 000 Juden, davon 7 000 allein in Berlin, aus den Fabriken, in denen sie arbeiteten, gezerrt und deportiert. Einige jüdische Arbeiter waren von deutschen Mitarbeitern oder von Vorarbeitern vor der drohenden Aktion gewarnt worden und beschlossen noch am gleichen Tag, unterzutauchen. Die »Fabrikaktion« schockierte diejenigen der verbliebenen Juden, die darauf gesetzt hatten, daß die Kriegsproduktion so vorrangig und sie selbst als Arbeiter so unentbehrlich seien, daß ihre Deportation sich hinauszögern würde. Es wurde klar, daß der besessene Haß der Nazis selbst die Juden verschlingen würde, die kriegswichtige Arbeit leisteten.[8]

Die Schwierigkeiten des Lebens in der Illegalität

Obwohl die Schätzungen weit auseinandergehen, vermutet man, daß zwischen 10 000 und 12 000 deutsche Juden untertauchten. Nur etwa 25 Prozent überlebten.[9] Die übrigen wurden verraten, von der Gestapo gefaßt, oder sie starben an Unterernährung, Entkräftung oder im Bombenhagel. Jene, die sich der Deportation widersetzten, begannen ein Leben in der Illegalität. Für Menschen mittleren Alters war dies eine Existenz, auf die sie nichts in ihrem bürgerlichen Hintergrund emotional oder praktisch vorbereitet hatte. Die jüngere Generation, die im Nationalsozialismus aufgewachsen war, war den Erfordernissen eines illegalen Lebens, vor allem in Gruppen, vielleicht besser gewachsen. Dennoch betonen die Memoiren häufig, wie quälend die Illegalität war, nicht nur wegen ihrer Gefahren, sondern auch weil diese gesetzestreuen Menschen keine andere Wahl hatten, als zu Gesetzesbrechern zu werden.

Die Gefahr, gefaßt zu werden, war für Männer viel größer als für Frauen. Da die meisten deutschen Männer im wehrfähigen Alter eingezogen worden waren, wurden Männer, die auf der

Straße herumliefen, mit großem Argwohn beobachtet und mußten sich häufig ausweisen. Gegen Ende des Krieges machte man Jagd auf potentielle Deserteure oder entflohene Zwangsarbeiter.[10] Infolgedessen verließen untergetauchte Männer, sofern sie nicht über sichere falsche Papiere verfügten, ihren Zufluchtsort nur sehr selten. Jüdische Frauen konnten sich – als Hausangestellte oder Kindermädchen – leichter unter die deutschen Frauen mischen. Tatsächlich trank eine jüdische Frau, ausgegeben als die Tante dessen, der sie versteckte, ab und zu einen Ersatzkaffee mit der nationalsozialistischen Blockwartin, während eine andere, als Verlobte des Mannes eingeführt, der ihr Zuflucht gewährte, die gefährliche Freundschaft einer Führerin der NS Frauenschaft annehmen mußte.[11]

In einer Untersuchung von mehr als 65 Zeugenaussagen und Autobiographien bietet Avraham Seligmann einige Einblicke in das Leben im Untergrund. Das Alter der Versteckten, die in seiner Studie vorkommen, lag zwischen 12 und 59 Jahren; ungefähr die Hälfte war zwischen 31 und 49 Jahre alt. Gelegentlich teilten auch Säuglinge und Kleinkinder die Entbehrungen des Lebens im Versteck, gewöhnlich zusammen mit ihren Müttern. Etwa 40 Prozent der Versteckten waren verheiratet (72 Prozent mit Juden und 28 Prozent mit Nichtjuden). Seligmann schätzt, daß etwa gleich viele Männer und Frauen untertauchten. Allerdings bestehen Gründe zu der Annahme, die Zahl der Frauen sei geringer gewesen, doch müßte darüber noch weiter geforscht werden. Erstens war es schwerer, sich mit Kindern zu verstekken. Zweitens glaubten einige Familien, Männer, vor allem die Söhne, seien der Härte des Lebens im Versteck besser gewachsen als die Töchter. Sie ermutigten die Söhne, sich zu verstekken, die Töchter aber sollten bei den Eltern bleiben. Drittens fürchteten Frauen, die in den dreißiger Jahren noch stark darauf bedacht waren, der Gefahr durch Emigration zu entkommen, zu Beginn der vierziger Jahre, es sei noch gefährlicher, sich zu verstecken, als zur »Umsiedlung« oder »Evakuierung« in den Osten gezwungen zu werden.

Seligmanns Daten legen nahe, daß 47 Prozent der Versteckten sich gemeinsam mit Familienmitgliedern verbargen.[12] Diese Zahl erscheint sehr hoch, da selbst Paare, die untertauchten, sich bisweilen trennen mußten, um keinen Verdacht zu erregen.

So versteckte sich etwa die Familie Collm – Steffi, Ludwig und ihre kleine Tochter Susi – gemeinsam, wechselte jedoch ungefähr alle drei Wochen das Versteck, wobei manchmal Mutter und Kind, bisweilen Mann und Frau zusammenblieben. Erst am Schluß gelang es ihnen, zu dritt zusammenzuleben. Solche Trennungen innerhalb der Familie waren unerträglich, insbesondere während der Bombenangriffe. Die Collms berichteten, daß sie nach einem besonders schweren Luftangriff in der Gegend, wo Susi versteckt war, acht Tage lang keinen Kontakt zu ihr hatten. Sie standen Qualen der Angst aus, bevor sie endlich erfuhren, daß sie in Sicherheit war.[13]

Als der Krieg und die Gestapo die Flüchtigen bedrohte, wurde der tägliche Kampf ums Überleben noch erschöpfender und anstrengender, vereinfachte sich allerdings auch radikal. Der Alltag bestand nur noch aus der Suche nach Unterkunft und Nahrung. Einen Rucksack oder einen kleinen Koffer mit dem Allernötigsten mit sich tragend, verließen viele jüdische Flüchtlinge ihre Wohnviertel, wo man sie leicht hätte erkennen können, und wandten sich auf der Suche nach einem ersten Zufluchtsort an nichtjüdische Kollegen, Freunde und Verwandte. Sie blieben bei Bekannten, bei Bekannten von Bekannten, bei Paaren, die in einer »privilegierten« Mischehe lebten, oder bei den Verwandten und Freunden solcher Paare. Andere, die sich eher auf ihre starken Nerven als auf Pläne verließen, wandten sich an völlig Fremde, da sie niemanden kannten, dem sie hätten vertrauen können. Nur etwa die Hälfte der Juden, die Seligmann in seiner Studie untersucht, kannten die Menschen, die sie zuerst versteckten.[14]

Zwar hatten einige Juden eine erste Unterkunft und ein Netz von Helfern vorbereitet, bevor sie »untertauchten«, doch viele suchten einfach spontan Zuflucht. Auch jene, die sie versteckten, handelten eher impulsiv, als daß sie sich in ihrer Entscheidung von sorgfältig ausgeklügelten Strategien leiten ließen. 1942 klopfte die 23jährige Erna Puterman an die Tür ihrer Freundin und sagte: »Meine Mutti haben sie heute mitgenommen.« Ihre Freundin erwiderte. »Dann bleibste hier.« Die Retterin und ihre drei Kinder teilten ihre zwei Zimmer bis zum Ende des Krieges mit der jüdischen Frau.[15] Irma Simon, die fürchtete, ihre Deportation stünde unmittelbar bevor, packte einen Koffer und ging ihre Straße hinab, um einen Ort zu finden, wo sie ihn unterstellen konnte.

Da er schwer war, machte sie eine kurze Pause. Als sie sich umsah, bemerkte sie den Laden ihres Schumachers. Sie fragte ihn, ob er ihren Koffer aufbewahren könne. Er tat noch mehr: Er und sein Bruder halfen, sie, ihren Mann und ihren Sohn zu verstecken.[16] Beide Berlinerinnen, Putermann und Simon, wohnten zuletzt gemeinsam mit ihren Helfern in deren Wohnung. Das kam in Berlin häufig vor, wo die meisten Retter in gemieteten Drei-Zimmer-Wohnungen lebten.[17]

In ihrer neuen Umgebung hatten es Juden mit hellen Haaren und blauen Augen leichter, argwöhnischen Blicken zu entgehen. Eine Jüdin, die sich versteckt hielt, meinte, die Karikaturen von Juden mit dunklem Haar und dunkler Haut hätten vielen das Leben gerettet, da die meisten Deutschen »niemals deutsch aussehende Menschen [...] verdächtigten, Juden zu sein«.[18] Dieselben Nazistereotypen dürften jedoch in einigen Fällen auch verhindert haben, daß dunkelhaarige Juden Zuflucht fanden. Eva Fogelman bemerkte in ihrer Studie über Menschen, die in ganz Europa Juden versteckten, potentielle Retter hätten das höhere Risiko gefürchtet, das damit verbunden war, Juden oder Jüdinnen zu verstecken, die dem Nazistereotyp entsprachen: »Einer blonden, blauäugigen Jüdin, die von allen für eine Arierin gehalten werden konnte, wurde mit größerer Wahrscheinlichkeit Unterschlupf gewährt als einem Juden, der mit [...] seinem dunklen, gelockten Haar, seiner Hakennase [...] und seinem beschnittenen Penis dem von den Nazis propagierten Bild vom Juden entsprach.« Für jene, die als »Arier« auftraten, spielte das Aussehen eine große Rolle, doch auch das Verhalten, ein selbstbewußtes Auftreten, war sehr wichtig.[19]

So dankbar sie für jeden Unterschlupf waren, so mußten viele Juden, die sich versteckten, mit noch weniger Annehmlichkeiten auskommen als in den »Judenhäusern«. An einigen Orten gab es nur Eimer statt Toiletten, an anderen eine gemeinsame Schüssel statt einzelner Gedecke. Häufig konnte man sich nicht baden, und bisweilen wurden die Menschen von Läusen befallen. Juden fanden vorübergehend Zuflucht in unbenutzten Zimmern, Mansarden, Kellern, Werkstätten, Abstellräumen oder Ausstellungsräumen, hinter Treppen oder falschen Wänden, in Lagerräumen oder Scheunen. Die Unterkünfte waren daher vielfach eng, schmutzig und feucht. In Berlin boten kleine Schrebergärten am Stadtrand häufig, wenn auch gefährlichen, Unterschlupf. Die Gestapo wußte, daß man sich dort verstecken konnte, und durchkämmte dieses Gebiet regelmäßig. Viele der Untergetauchten mußten oft tagelang regungslos verharren. Die furchtbare Langeweile trieb manche auf die Straße, wo sie aufgegriffen wurden, während eine »unbeugsame Hinnahme der Monotonie« den Geduldigeren das Leben rettete.[20] Andere mußten ihren Unterschlupf früh morgens verlassen und kehrten erst spät abends zurück, um zu vermeiden, daß die Nachbarn oder Freunde ihrer Beschützer Verdacht schöpften.

Die klassische Geschichte über das Leben von Juden im Versteck ist die von Anne Frank und ihrer Familie, die sich von 1942 an, als sie »untertauchten«, bis 1944, als sie denunziert und verhaftet wurden, in einem Amsterdamer Hinterhaus versteckt hielten. Anders als die Franks wechselten viele Juden häufig ihre Unterkünfte, bisweilen, weil sie vermeiden wollten, daß die Nachbarn ihren Rettern zu viele Fragen stellten, bisweilen, weil sie ihren nichtsahnenden Helfern nicht erzählt hatten, daß sie Juden waren, um nicht abgewiesen zu werden. Seligmanns Daten deuten darauf hin, daß etwa 300 Deutsche nötig waren, um 65 Juden zu verstecken.[21] Inge Deutschkron und ihre Mutter versteckten sich beispielsweise im Verlaufe von 27 Monaten bei mindestens zwölf Leuten an ebensovielen Orten.[22] Eine Widerstandsgruppe reichte Juden herum: »Ihr eine Nacht – wir eine Nacht! Dauergäste sind verdächtig.«[23] Eine jüdische Frau, die in einer »privilegierten« Mischehe lebte, wanderte mir ihren Töchtern, nachdem sie Berlin verlassen hatten, zweieinhalb Jahre lang von Dorf zu Dorf:

»Jeden Tag, egal was für Wetter, liefen wir weiter. […] Oft froren wir […] und hatten Hunger, und wir schliefen in Hütten. […] Ich brach in diese Hütten ein. […] Ich hatte eine Landkarte dabei […] und achtete darauf, daß wir nie mehr als einmal in dasselbe Dorf kamen. Ich bat Bauern […] um Essen. Ich erzählte ihnen, unsere Wohnung sei ausgebombt worden und wir versuchten, zu unseren Verwandten zu gelangen. […] Einige Bauern gaben uns […] Lebensmittel [und] einen Platz zum Schlafen. Die Bauern hätten uns niemals geholfen, hätten sie gewußt, daß wir Juden waren. […] Ich färbte mein Haar blond. […] Eine meiner Töchter […] hatte blondes Haar.«[24]

Seligmann hat herausgefunden, daß etwa ein Viertel der Juden, die er in seine Studie einbezogen hatte, ein Hauptversteck hatten, während die überwiegende Mehrheit mindestens zwei Plätze hatten, wo sie sich verbergen konnten, und daß praktisch alle noch über weitere Orte für Notfälle verfügten.

Nicht nur mißtrauische Nachbarn oder wachsame Blockwarte, sondern auch die Bombenangriffe konnten unvorhergesehene Notfälle heraufbeschwören. Sie führten dazu, daß große Teile der deutschen Bevölkerung ihre Unterkunft verloren, also auch die Juden, die im Versteck lebten. Die Bombenangriffe hatten jedoch für Juden auch positive Seiten, insofern sie ihnen die Möglichkeit verschafften, sich unter die anderen »Bombenopfer« zu mischen und vorzugeben, sie seien »Arier«, deren rechtmäßige Ausweispapiere »vernichtet« worden seien, so daß sie neue benötigten. Wichtig ist zudem, daß Juden, die sich versteckten, zwar unter den Bombenangriffen litten, daraus jedoch die Hoffnung auf einen Sieg der Alliierten bezogen.

In ihrer Verzweiflung suchten einige Juden Schutz an öffentlich zugänglichen Orten. Die jungen Leute der jüdischen Widerstandsgruppe *Chug Chaluzi* (»Pioniergruppe«) etwa verbrachten viele »Straßennächte« in Cafés, Wartesälen und Straßenbahnen; vermutlich mischten sie sich unter andere Menschen, die ebenfalls ihre Wohnungen verloren hatten.[25] In Berlin konnten Telefonzellen als Notunterkunft dienen. Camilla Neumann berichtete:

»Der Hunger quälte mich schrecklich, aber die Sorge, wie ich die Nacht verbringen sollte, ließ alle Qualen klein erscheinen [...] Plötzlich entdeckte ich einige [...] Telefonzellen. Mein Nachtlogis stand fest. Ich kaufte mir ein paar Zeitungen und wartete, bis es dunkel wurde. [...]. Die Zelle legte ich mit Zeitungspapier aus und hockte mich hin; an ein Schlafen war natürlich nicht zu denken. Aber wenigstens konnte ich von der Polizeistreife nicht aufgegriffen werden.«[26]

In der Kleinstadt Weiden versteckte sich eine Frau im Laufe von zwei Jahren an 23 verschiedenen Orten, einschließlich einer Mühle und einem Bahnwärterhäuschen.[27]

Neben der Unterkunft bereiteten Ausweispapiere, Lebensmittel, Krankheit und Geldsorgen die größten Probleme. Da sie in der Illegalität lebten, konnten Juden ihre Ausweise, in die ein großes *J* gestempelt war, ebenso wenig gebrauchen wie ihre Lebensmittelkarten. Ein narrensicher gefälschtes Dokument konnte – ebenso wie ein noch schwerer zu beschaffender gültiger Ausweis (wie ein Postausweis) – für das Überleben entscheidend sein. Beides konnte Leute beruhigen, die Fragen stellten. Einige Juden versuchten, mit Hilfe von Untergrundgruppen illegale Ausweispapiere zu bekommen. Den Rewalds gelang es, falsche Papiere von dem Mann zu bekommen, der den Ehemann während seiner Zwangsarbeit beaufsichtigt hatte. 1944 war diese Fälschung lebenswichtig, da Rewald ihren Mann unterstützen mußte, der es nicht länger riskieren konnte, in der Öffentlichkeit gesehen zu werden.

Jüdinnen und Juden ohne falsche Ausweispapiere mußten auf dem Schwarzmarkt Lebensmittel kaufen.[28] Manchmal erledigten ihre Beschützer das für sie. Doch selbst jene, die – wie Irma Simon – ein relativ sicheres Versteck hatten, verloren stark an Körpergewicht. Viele waren dem Verhungern nahe. Andere, wie Blanca Rosenberg, eine osteuropäische Jüdin, die in Heidelberg die falsche Identität einer polnischen Zwangsarbeiterin annahm, überlebte nur, indem sie Lebensmittel von ihrer Arbeitgeberin stahl: »An Essen bekam ich so viel zugeteilt wie ein Zwangsarbeiter: einen kleinen Laib Brot pro Tag. Bestürzt über diese kleine Ration, wandte ich mich an Cesia [die Magd, die sie ab jetzt ersetzen sollte]: ›Wie kommst du denn mit dieser kleinen Zuteilung aus?‹ […] Sie lächelte. ›Schau mal, du bist die Köchin, also iß selbst ein wenig von der Suppe, die du kochst, und iß immer von den besten Stücken, bevor du sie servierst.‹« Sie begann an Gewicht zu verlieren und entwendete Lebensmittel aus der Speisekammer. Da die Hausfrau die reifen Früchte an den Bäumen zählte, konnte Rosenberg nichts aus dem Garten stehlen. Dann und wann nahm sie ein frisch gelegtes Ei und aß es roh: »Im Gegensatz zu den Obstbäumen verrieten die Hühner mich nie.«[29] Jene, die keine falsche Identität und keine Helfer hatten, lebten häufig tagelang ohne Nahrung oder aßen wilde Beeren und Wurzeln.[30]

Untergetauchte Juden erlitten Verletzungen während der Bombenangriffe und erkrankten aufgrund ihrer Unterernährung und weil sie Wind und Wetter ausgesetzt waren, an Lungenentzündung oder Tuberkulose. Auch Schwangerschaften müssen große Sorgen bereitet haben. Medizinische Hilfe bedeutete ernsthafte Gefahren, da Ärzte einen Ausweis verlangen konnten und Krankenhäuser dies auf jeden Fall taten. Aufgrund ihrer Beschneidung waren Männer selbst dann gefährdet, wenn sie Papiere hatten. Juden, sogar gebärende Frauen, vermieden standhaft ärztlichen Beistand oder die Einlieferung in ein Krankenhaus.[31]

War es schon schwer genug, im Versteck zu leben, so bedeutete es für die Helfer eine noch größere Gefahr, wenn Menschen, die sich bei ihnen verborgen hielten, starben. Irma Neumann, die mit einem »Arier« verheirate, also »privilegiert« war (obwohl auch sie sich bisweilen versteckte), versuchte, ihre Schwester Erna zu retten, indem sie für sie in Berlin ein kleines Zimmer fand, das sie mit einer Arbeiterin teilte. Durch äußerste Unterernährung geschwächt, erkrankte Erna im Februar 1943 an hohem Fieber und einer Bronchitis. Ein Arzt, den Irma inständig bat, ihrer Schwester zu helfen, empfahl einen Krankenhausaufenthalt; das jedoch war unmöglich. Ihre Schwester hatte lediglich jüdische Ausweispapiere. Erna starb bald an Herzversagen. Irma und die Mitbewohnerin mußten nun den Leichnam loswerden:

»Es begannen nun die fürchterlichsten Stunden meines Lebens. Wir zwei Frauen warteten bis ½1 Uhr nachts, bis sich nichts mehr regte im Haus, wo 44 (!!!) Parteien wohnten. Dann nahmen wir den reglosen Körper, den wir in einen Sack gehüllt hatten, und schleppten ihn 4 Treppen herunter. [...] Die Verzweiflung und die Furcht, entdeckt zu werden, verlieh uns übermenschliche Kräfte. Sie reichten gerade noch aus, die Leiche zu enthüllen und sie der undurchdringlichen Nacht auszusetzen. [...] Das war der Abschied von der geliebten Schwester.«[32]

Abgesehen von Ausweispapieren, Essen und Gesundheit war Geld ein wichtiger, wenn auch nicht immer absolut ausschlaggebender Faktor. Etwa ein Viertel der Helfer in Seligmanns Liste verlangten Geld, Wertsachen oder irgendeine Arbeitsleistung von den Juden, die sie versteckten. Einige forderten Geld als

Voraussetzung dafür, eine Unterkunft bereitzustellen, andere brauchten Geld, um Lebensmittel für die von ihnen versteckten Menschen zu kaufen. Zudem wollten die meisten Juden, die sich verstecken mußten, für die Kosten aufkommen, sofern sie es vermochten. Aber nicht alle hatten Geld. Einige, wie zum Beispiel eine Näherin, nähten als Gegenleistung für Kost und Unterkunft.[33] Einige junge Frauen versuchten sogar Unterkunft mit Sex zu bezahlen, oder arbeiteten in Bordellen in Berlin.[34] Obwohl die Memoiren das Thema Geld kaum ansprechen, wird gelegentlich deutlich, daß Menschen, die im Versteck lebten, über etwas Geld verfügten.[35] Ruth Abraham schaffte Geld beiseite, bevor sie untertauchte;[36] Erna Becker-Kohen erhielt Geld von ihrem »arischen« Ehemann. Sie spendete sogar für die Gemeinden, in denen sie Zuflucht fand, um sich nicht als Bettlerin zu fühlen.[37]

Häufig verbargen Juden ihre wirkliche Identität vor jenen, die sie versteckten, einmal um zu vermeiden, abgewiesen zu werden, aber auch, um ihre Gastgeber vor einer Mitwisserschaft zu beschützen, die ihnen Gefängnisstrafen einbringen oder sie sogar das Leben kosten konnte. Laut Seligmanns Studie offenbarten zwar 85 Prozent der jüdischen Flüchtlinge ihren ersten Rettern, daß sie Juden waren, doch fast die Hälfte von ihnen verbarg dies vor ihrem zweiten Helfer, wobei viele (31 Prozent) vorgaben, Christen zu sein. Ebenso wollten viele Helfer lieber nichts über die Identität der Person, die sie versteckten, wissen. Neben den Juden waren auch Deserteure und entflohene ausländische Zwangsarbeiter unterwegs. Zwischen Versteckenden und Versteckten blieb vieles im Bereich der Vermutung. Vieles blieb ungesagt – und viele, die ein Versteck anboten, taten so, als wüßten sie von nichts.[38]

Einige Juden versteckten sich sogar bei Nazifamilien. Blanca Rosenberg arbeitete während des letzten Kriegsjahres für Nazis und gab vor, eine osteuropäische Zwangsarbeiterin zu sein. In dem Haushalt lebten sieben Kinder. Sie leistete von fünf Uhr morgens bis zehn oder elf Uhr abends schwerste Arbeit. Noch dazu mußte sie Sympathie für die antisemitischen Klagen der Hausfrau vortäuschen, die – wie viele ihrer Schicht – von der Verfolgung jüdischer Frauen oder der Zwangsarbeit osteuropäischer Frauen profitierte, ohne dies jemals anzuerkennen:

»Oh […], was für ein Elend hat doch dieser Krieg über uns gebracht. Und all dieses Unglück verdanken wir nur den verdammten Juden.« Dennoch war Blanca Rosenberg dankbar. Eine falsche Identität in einem Haushalt bedeutete einen relativ sicheren Zufluchtsort: »Ich war ein unscheinbares kleines Dienstmädchen, dem niemand Beachtung schenkte. Ich verlor mein fortdauerndes Misstrauen, und meine Nerven beruhigten sich.«[39]

Obwohl Juden bisweilen – auf Grund eines »Bedürfnisses, zu den Juden zu gehören«[40] – den Drang verspürten, ihre Identität aufzudecken, erkannten die meisten die Gefahr, in die sie sich damit begeben würden. Erna Becker-Kohen war eine Ausnahme; konvertiert zum Katholizismus hatte sie, selbst wenn sie im Versteck lebte, das Bedürfnis, sich als Jüdin zu erkennen zu geben: »Allen Menschen, mit denen ich in Berührung komme, erzähle ich, daß ich jüdischer Herkunft sei, einzig von der Sorge beseelt, man könne auf den Gedanken kommen, daß ich meinen christlichen Glauben als Bemäntelung meiner jüdischen Abstammung benützen wolle. Diese Aufrichtigkeit bin ich dem Christentum und meinen jüdischen Rassegenossen schuldig. […] Ich werde niemals diese Offenheit aufgeben, wenn ich mir auch bewußt bin, daß ich mich in große Gefahr begebe.«[41]

Eine falsche Identität zu erlangen, wurde etwas einfacher, als die Alliierten mit schweren Bombenangriffen begannen, etwa mit den massiven Angriffen auf Berlin im August 1943, und ganze Wohnviertel und Einwohnermeldeämter und Archive zerstört wurden. Juden konnten nun behaupten, sie seien Flüchtlinge, deren Wohnungen und Dokumente zerstört worden seien.[42] In Münster verlangte eine Jüdin – unter dem Vorwand, alle ihre Dokumente seien vernichtet worden – auf dem Polizeirevier neue Papiere. Dann beantragte sie einen »Räumungs-Familien-Unterhaltsbescheid« für evakuierte Familien, den sie auch erhielt.[43] Juden konnten auch den Toten auf der Straße die Ausweise abnehmen. Eine Frau, die berichtete, wie inbrünstig sie sich einen Personalausweis wünschte, erinnerte sich, wie sie nach einem Bombenangriff Leichen auf der Straße erblickte: »Da ist mir die Idee gekommen, sieh doch mal nach, ob die einen Ausweis bei sich haben. […] Und in diesem Augenblick bin ich halt losgerannt und hatte Glück! Schon beim ersten.«[44] Anfang 1945, als die Sowjets nach Westen vorrückten, konnten einige Juden ordentliche Papiere erlangen, indem sie behaupteten, sie seien Flüchtlinge aus dem Osten.[45] Dennoch verwendeten mehr als die Hälfte der bei Seligmann Verzeichneten weiter ihre eigenen Namen; einige von ihnen besaßen keine falschen Papiere, andere hatten welche, die sie unter ihrem eigenen Namen auswiesen, allerdings verbunden mit dem Hinweis, sie seien »Arier«.[46]

Die meisten untergetauchten Juden lebten jedoch in beständiger Angst, entdeckt zu werden, und flohen, sobald die Polizei oder die Gestapo sich ihrem Gebäude näherten. Alice Goldstein etwa lag im Bett, als die Gestapo die Wohnung ihrer Freundin aufsuchte, bei der sie sich versteckte: »Gott sei Dank hatte ich die Geistesgegenwart, in Windeseile mein Bett zu machen und mich im Nachthemd mit meinen Kleidern in der Hand im Kleiderschrank zu verbergen. Ein Wunder geschah, die Beamten öffneten den Schrank nicht, obgleich sie die Wohnung eingehend untersuchten. Ich fürchtete, sie würden mein Herz schlagen hören.«[47] Ilse Rewald arbeitete illegal in einer Wäscherei, die von einem entfernten nichtjüdischen Verwandten betrieben wurde. Als Beamte eintraten, um die Papiere der Mitarbeiter zu überprüfen, rannte sie schnell davon. 1943 schrieb sie: »Wir leben [...] nur von einem Tag zum anderen, die Sorge um die reine Existenz hält uns in Atem.«[48]

Juden, die sich versteckt hielten, fürchteten nicht nur beinahe alle »Arier« – denn jeder Nachbar, Blockwart, Briefträger oder Lebensmittelhändler konnte sie denunzieren –, sondern auch die »Judengreifer«, also Juden, die die Gestapo unter dem Vorwand angeworben hatte, sie könnten ihr Leben retten, indem sie andere Juden aufspürten und verrieten. In Berlin gab es etwa 15 bis 20 jüdische »Greifer«. Die berühmteste war Stella Goldschlag, die »blonde Lorelei« – so nannte man sie bei den untergetauchten Juden. Alleine an einem Wochenende führte sie die Gestapo zu 62 im Versteck lebenden Juden, die sie in Cafés, Wohnungen und auf der Straße ausfindig machte.[49] Eine Widerstandsgruppe mit dem Namen »Gemeinschaft für Frieden und Wiederaufbau«, die aus Nichtjuden und versteckten Juden bestand und die versuchte, Juden zu retten und Anti-Kriegspropaganda zu verteilen, wollte Stella einschüchtern, indem sie ihr per Post ein »Todesurteil« schickte, doch ohne großen Erfolg.[50] Ursula Finke wurde 1943 auf einem Bahnsteig von einem anderen »Greifer« aufgegriffen:

»Völlig verzweifelt zog ich die Bilanz meines Lebens und wußte, daß man mich zuerst halb totschlagen und dann nach Auschwitz schaffen würde. Da ich mir aber geschworen hatte, mich von diesen ›Hunden‹ nicht töten zu lassen, [...], so erschien mir der sich nahende Zug [...] als Rettung, und mit einem Satz warf ich mich vor den Zug. Ich kam zur Besinnung, als man rief: ›Strom abschalten.‹ Auf dem Bahnsteig hörte ich, unter dem Zug liegend, eine erregte Menge, die wahrscheinlich annahm, ich hätte das aus Liebeskummer getan, und nun noch schimpfte [...] Ich war wie von Sinnen, merkte keinen Schmerz, nur Verzweiflung, noch zu leben und schrie: ›Sie müßten mal als Jude verfolgt werden!‹«

Zwei Bahnarbeiter zogen sie unter dem Zug hervor. Da ihr Fuß zerschmettert war, verschoben die Deutschen, in deren Hände sie gefallen war, ihre Deportation und schickten sie statt dessen ins Jüdische Krankenhaus. Dort blieb sie bis zum Ende des Krieges.[51]

Edith Bruck, die im November 1944 von zwei jüdischen »Greifern« entdeckt wurde, erlebte ihre Gefangennahme mit dem Gefühl, endlich Frieden zu finden, wie jene Juden, die nach langer banger Ahnung ihre Deportation mit Erleichterung aufnahmen. Bruck, die ihre Qualen in Ravensbrück überlebte, aber nur noch 44 Kilo wog und an Tuberkulose litt, schrieb über die Gedanken, die sie auf dem Weg zum Lager begleiteten: »Mir war das ganze Pack so zuwider, daß ich froh war, mit neuem Judenstern verschmückt unter großartiger Bewachung nach Ravensbrück abrücken zu können. [...] Vor allen Dingen war ich mir sicher, daß mir dann keiner mehr folgen würde.«[52]

Abgesehen von der ständigen Angst und Gefahr, entdeckt zu werden, stellten die Bombenangriffe – vor allem für Juden in den größeren Städten, wo sich die meisten versteckten – eine stets gegenwärtige Bedrohung für Zufluchtsort, Leib und Leben dar. Viele Juden konnten sich nicht in Luftschutzkellern in Sicherheit bringen, da diese nur für Personen mit korrekten Ausweispapieren zugänglich waren. Andere mieden die Luftschutzkeller, weil sie Angst hatten, nicht nur sich selbst, sondern auch die zu gefährden, von denen sie versteckt wurden.[53] Wieder andere fürchteten die Bomben so sehr, daß sie es wagten, öffentliche Schutzräume aufzusuchen, allerdings häufig jene mieden, die unmittelbar zu dem Haus gehörten, in dem sie tatsächlich lebten.[54] So gehörten »ständige und sich oft stundenlang hinziehende Alarme, [...] brennende Häuser und ausgebrannte Wohnungen, gesperrte und in schwarze Rauchluft eingehüllte Straßen, ausgebombte Menschen und verstörte Kinder [...] und ganze Straßenzüge von Ruinen« mit zum Alltag derjenigen, die sich versteckt hielten.[55] Die Bombenangriffe zwangen viele Juden, aus den Städten zu fliehen. Im weiteren Verlaufe des Krieges fanden Juden zunehmend Zuflucht in Kleinstädten und Dörfern.[56]

Insgesamt bedeutete ein Leben im Versteck also, dem Unheil, sei es in Gestalt von Denunzianten oder Bomben, aus dem Weg zu gehen und ständig die notwendigsten Mittel zum Überleben finden zu müssen. Doch es war auch, wie Eva Fogelman gezeigt hat, für Juden und jene, die sie versteckten, »eine eintönige, aufreibende Arbeit, die eher der Tätigkeit eines Fließbandarbeiters ähnelte [...]«.[57] Ruth Andreas-Friedrich charakterisierte die Retter als Menschen, »die täglich und stündlich ihren Kopf riskierten für ein paar armselige Brotmarken, ein vorübergehendes Notquartier. [...] Niemand, der es nicht selbst erlebte, vermag sich vorzustellen, wie schwierig unter solchen Umständen auch die einfachste Hilfeleistung werden kann.« Sowohl Juden, die sich versteckten, als auch ihre Retter wurden der »endlosen Tage mit all den Täuschungsmanövern und der Angst« überdrüssig.[58] Das Leben im Versteck forderte daher einen hohen psychischen Preis und verlangte von Versteckten wie von ihren Helfern ein ungeheuer hohes Maß an Mut und Geduld. Von den Juden erforderte es zugleich einen Überlebenswillen, der sie in den Stand versetzte, auch den schwersten Herausforderungen standzuhalten. Eine junge Frau, vollkommen erschöpft von ihrer Flucht vor der Gestapo, schlief während des Tages *unter* einem Bett und suchte nachts Zuflucht in öffentlichen Toiletten an Bahnhöfen. Für kurze Zeit konnte sie bei einem Soldaten zur Ruhe kommen, »der an ihr Gefallen gefunden hatte«. Als er an die Front abkommandiert wurde, fand sie einen neuen Unterschlupf, der jedoch kurze Zeit später ausgebombt wurde.

Als sie zum letzten Mal eine jüdische Freundin besuchte, sagte sie: »Ich kann nicht mehr, ich bin zu müde, sie werden mich fangen und töten.« Dann verschwand sie für immer.[59]

Einige Juden haben wahrscheinlich, statt auf die Entdeckung und Deportation zu warten, Selbstmord begangen. Andere standen kurz davor. Alice Goldstein, deren zwei erwachsene Kinder deportiert worden waren, versuchte zweimal, sich umzubringen. Im März 1944 stand sie im tief verschneiten Oberkassel und wußte nicht mehr, wo sie hingehen sollte. Sie beschloß, von der Rheinbrücke zu springen, überlegte es sich aber anders, als sie in der Nähe Soldaten bemerkte – »es hätte keinen Zweck gehabt, man hätte mich gleich wieder herausgeholt.« Ein Jahr später, »ohne eine Scheibe Brot«, beschloß sie, das Veronal zu nehmen, das sie sich »als letzte Zuflucht« aufgehoben hatte. Ein glücklicher Zufall verhinderte dies. Goldstein traf einen Fremden, der sie mit zu sich nahm, und überlebte.[60]

Der psychische Preis für das Leben im Versteck verschlimmerte sich durch den furchtbaren Kummer und die Schuldgefühle, die Juden empfanden, weil sie überlebten, nachdem ihre Familien deportiert worden waren. Hätten sie mehr für diejenigen tun können, die sie liebten? Hätten sie sie warnen können? Hätten sie ihnen helfen können, sich zu verstecken? Lotte Paepcke etwa, die in einem sicheren Versteck in einem Kloster lebte, schrieb später: »Es war großzügig, dieses Leben. [...] [Aber] meine Seele entzog sich dem fremden, geliehenen Frieden und wanderte dorthin, wo ihr zugedachtes Schicksal war: in das Unheil, in den Untergang.«[61] Solchen zeitweilig auftretenden Schuldgefühlen zum Trotz waren die meisten untergetauchten Juden entschlossen, jenen, die sie zu vernichten versuchten, mit Widerstand zu begegnen und manchmal auch anderen dabei zu helfen zu entkommen.

Jüdischer Widerstand

Zwar isolierte das Leben im Versteck die Menschen, doch es gab auch Versuche gegenseitiger Unterstützung. In Berlin versuchten jüdische Flüchtlinge, ihrer Vereinzelung zu entkommen, indem sie sich in Cafés trafen und die neuesten Nachrichten und

Gerüchte austauschten. Sie warnten einander vor »Greifern«, die Jagd auf untergetauchte Juden machten. Sie informierten sich gegenseitig darüber, wie man in den Besitz falscher Personalausweise gelangen konnte, und über die Möglichkeit, daß Fluchthelfer Juden vielleicht aus Deutschland herausschmuggeln könnten. Einige bereits im Versteck lebende Juden bildeten kleine Gruppen, wie Felice Schragenheims zehn Freunde, die Unterkünfte und falsche Dokumente für andere Juden beschafften.[62] Berlin bot in dieser Hinsicht viele Vorteile, während Juden, die von Dorf zu Dorf zogen oder sich in Kleinstädten verbargen, nur wenig andere Juden hatten, mit denen sie sprechen konnten.

Eine jüdische Widerstandsgruppe war der *Chug Chaluzi.* Im Sommer 1942 überredete Edith Wolff, die die Gruppe organisierte, den zögernden Jizchak Schwersenz, einen Lehrer und zionistischen Jugendführer, in den Untergrund zu gehen. »Nur so kannst Du die Kinder retten!«[63] Sie begannen mit Vorbereitungen zur Rettung von Kindern und Jugendlichen vor Deportationen und organisierten den *Chug Chaluzi* nach der »Fabrikaktion« im Februar 1943. Die Gruppe verstand die Rettung jüdischen Lebens als eine Form des politischen Widerstands: »Mit jedem geretteten Leben bekämpfen wir Hitler!«[64]

Die Mitglieder der Gruppe versuchten, jüdisches Bewußtsein zu entwickeln, die jüdische Solidarität zu stärken und sich für ein jüdisches Leben in Palästina nach dem Krieg vorzubereiten. Aus etwa 20 jungen Frauen und Männern bestehend und bisweilen auf 40 Mitglieder anwachsend, unterteilte die Gruppe ihre illegale Arbeit in die Bereiche physisches und kulturelles Überleben. Die Mitglieder trafen sich regelmäßig, häufig täglich, um Informationen auszutauschen und füreinander Mahlzeiten und Unterkünfte zu organisieren, und sie besuchten völlig selbstverständlich öffentliche Theater, Konzerte, Opern und Kinofilme. Im Sommer trafen sie sich im Grunewald und in anderen Parks, im Winter in einer Vielzahl von Verstecken. Die Bombenangriffe konnten sie nicht abhalten. Sie versammelten sich häufig eine Stunde nach der Entwarnung. Zu ihren kulturellen Aktivitäten mit sozialistischer und zionistischer Ausrichtung gehörten Studiengruppen, religiöse Praxis und Besuche kultureller Ereignisse in Berlin. Selten gingen sie in Gruppen von mehr als zwei Personen irgendwohin, und wenn sie als Gruppe reisten, taten sie so, als kennten sie sich nicht. Versammelte sich die gesamte Gruppe, so trafen nur alle 15 Minuten jeweils zwei Personen am vereinbarten Ort ein.

Die Gruppe hatte ein wöchentliches Programm – sonntags Wandern und Sport, montags Besuch kultureller Ereignisse in Berlin, dienstags Studium des Hebräischen und Englischen, mittwochs Diskussionen über Palästina und die Geschichte des Zionismus, donnerstags Analyse der hebräischen Bibel, freitags Besprechungen. Ihre wichtigsten Treffen planten sie für die Samstage, den Sabbat, an dem sie sich auf das Kulturereignis vorbereiteten, das sie in der darauffolgenden Woche besuchen wollten. Sie lasen das Libretto der Oper oder den Text der Theaterstücke, die sie sehen wollten. Besonders bewegte sie Goethes *Egmont,* dessen »Freiheitskampf für das Volk uns damals so lebensnah erschien.« Am Sabbat lasen sie auch jüdische Geschichte und jüdische Literatur. Dann führten sie politische Diskussionen oder unterhielten sich über Themen von allgemeinem Interesse. Sie beendeten den Sabbat mit der traditionellen *Hawdala*-Zeremonie, bei der sie Ersatzgegenstände benutzten – eine Taschenlampe, Blätter und einen Schluck Cognac anstelle der sonst üblichen Kerze, der Kräuter und des Weins.[65]

Die Mitglieder des *Chug Chaluzi* mußten das Datum der jüdischen Feiertage erraten, da der letzte jüdische Kalender, den sie besaßen, aus dem Jahre 5700 (1939/40) datierte. Wenn die Feiertage »eintraten«, schmückten sie den Treffpunkt, den sie ausgewählt hatten, mit Blumen und zwei Kerzen. Dann teilten sie – anstelle der *challa,* des traditionellen Zopfbrotes – einige graue Kriegsbrötchen. Manchmal beteten sie miteinander, auch wenn sie keine wirklichen Gottesdienste feiern konnten. An Jom Kippur, dem Versöhnungstag, beteten sie in der Kellerwohnung einer Arbeiterfamilie in der Nähe des Alexanderplatzes. Bemerkenswerterweise überlebten die meisten Mitglieder des inneren Zirkels dieser Gruppe. Hierfür mögen eine Reihe von Gründen ausschlaggebend gewesen sein: entscheidend war sicherlich die Hilfe von Nichtjuden (insbesondere jener, die mit dem kommunistischen Widerstand in Verbindung standen oder in »privilegierten« Mischehen lebten). Wichtig waren jedoch auch ihre eigene Gruppensolidarität und die finanzielle Hilfe von zionistischen Organisationen im Ausland. Ihre jugendliche Tapferkeit, ihre starken Nerven und ihr Glück haben sicherlich auch eine nicht zu unterschätzende Rolle gespielt.[66] Andere Widerstandsgruppen hatten nicht so viel Glück.

Während der *Chug Chaluzi* sich organisierte, damit einige versteckt lebende Juden einander gegenseitig unterstützen konnten, schlossen sich andere Juden im Widerstand gegen die Nazis deutschen politischen Gruppen an. War schon die Zahl der Juden, die sich versteckten, klein, so war die Zahl derer, die sich im organisierten politischen Widerstand betätigten, noch geringer, da Juden nicht nur extrem isoliert, sondern auch stets auf der Flucht waren. Die geringe Zahl von Juden in politischen Widerstandsgruppen ist nicht überraschend, zumal auch die nichtjüdischen Deutschen, die gegen die Nazis opponierten, keine politischen Widerstandsgruppen von großer Bedeutung bildeten. Scharfsinnig formuliert Arnold Paucker: »Daß die Juden als Gruppe [...] in einem gleichgeschalteten Land, dessen demokratische Organe schmählich versagt hatten oder brutal zerschlagen worden waren, so etwas wie einen direkten politischen Widerstand hätten wagen können, gehört ganz einfach in den Bereich der Wahnvorstellungen.«[67]

Dennoch gab es jüdische Frauen und Männer, die versuchten, das Regime in Zusammenarbeit mit Untergrundgruppen oder sogar als Einzelne zu treffen. Sie beteiligten sich an einer Vielzahl oppositioneller Handlungen, zeigten bemerkenswerten Mut, nahmen erhebliche Risiken auf sich und bezahlten häufig mit ihrem Leben. Edith Wolff plazierte, völlig auf sich selbst gestellt, anti-nazistische Parolen überallhin, wo es möglich war, schickte sie per Post an Beamte oder legte sie in Bücher in öffentlichen Bibliotheken.[68] Peter Edel, der in Verbindung zu einem kommunistischen Arbeiter stand, klebte Nachrichten über den Krieg oder die einfache Botschaft »Macht ein Ende« an Fabrikwände, Straßenbahnen und an Gebäude im Zentrum Berlins.[69] Einige Juden pflegten Kontakte zu deutschen politischen Widerstandsgruppen, andere schlossen sich kommunistischen Gruppen an, die versuchten, die deutsche Moral und die Kriegsanstrengungen zu untergraben. In kommunistischen Gruppen waren Juden – angeblich aus Sicherheitsgründen – in jüdischen Zellen zusammengefaßt.[70] Historiker, die über den jüdischen Widerstand arbeiten, schätzen, daß zwischen 1933 und 1943 zu verschiedenen Zeiten mehr als 2 000 Juden aktiv an antifaschistischen Untergrundaktivitäten teilnahmen, die Mehrheit von ihnen in den früheren Jahren, vor der Massenemigration. Paucker erinnert uns: »Mißt man dies proportional an der Größe der deutschen Bevölkerung, so entspräche die Zahl der Juden einer Massenbewegung von 600 000 bis 700 000 aktiven deutschen Antifaschisten.« Diese zumeist ziemlich jungen jüdischen Männer und Frauen »waren in erster Linie durch den Antifaschismus motiviert und hatten oft nur lose Kontakte zur etablierten jüdischen Gemeinschaft«.[71] Damit soll jedoch nicht bestritten werden, daß es auch eine spezifische jüdische Motivation gab. Selbst in der Widerstandsgruppe um Herbert Baum, die aus deutschen Juden bestand und sich in ihren Diskussionen zwischen marxistischer Literatur, Judentum und Zionismus bewegte, versuchten die beteiligten Juden so etwas wie eine Freitagabend-»Atmosphäre« zu schaffen – allerdings ohne großen Erfolg, wie sich ein Mitglied erinnert. Zugleich als Juden und als Linke gejagt, war ihr Selbstverständnis und die treibende Kraft hinter ihren Aktionen außerordentlich komplex.[72]

Die Herbert-Baum-Gruppe war die größte deutsch-jüdische Widerstandsgruppe. Zwischen 1938 und 1939 in Berlin gegründet, traf sich diese prokommunistische Gruppe zunächst, um zu studieren und gemeinsam zu wandern. Während des Krieges bestand die Gruppe aus jungen Zwangsarbeitern, von denen viele bei der Arbeit zueinander Kontakt aufgenommen hatten. 1941 betrug das Durchschnittsalter der Gruppe 22 Jahre. Zum Kern der Gruppe gehörten etwa 30, zum äußeren Kreis weitere 40 bis 50 Mitglieder; allerdings dürften zu der einen oder anderen Zeit bis zu 150 Menschen in Verbindung zu dieser Gruppe gestanden haben. Frauen machten beinahe die Hälfte der Kerngruppe aus, ein Anteil, der den von Frauen im allgemeinen antifaschistischen Widerstand weit überstieg. Die Mitglieder der Widerstandsgruppe studierten Marxismus, druckten antifaschistische Flugblätter und halfen Menschen, die in der Illegalität lebten. Um ihre Sabotage öffentlichkeitswirksamer auszuüben, organisierte die Gruppe im Mai 1942 einen Brandanschlag gegen die Nazipropagandaausstellung *Das Sowjet-Paradies*. In einer Vergeltungsaktion verhafteten die Nazis Baum sowie 27 Mitglieder und Sympathisanten der Gruppe und richteten sie hin; zusätzlich erschossen sie über 250 Berliner Juden. Nur vier Mitglieder des inneren Kreises der Baum-Gruppe überlebten.[73]

Einige jüdische Frauen hatten sich bereits vor 1933 für sozialistische oder kommunistische Parteien engagiert, während andere, wie Marianne Prager-Joachim aus der Baum-Gruppe, 1933 noch Jugendliche waren. Einige waren in ihrer kulturellen Identität vom Judentum geprägt, andere waren davon kaum berührt. Unabhängig von ihrer Identifikation mit linker Politik oder ihrem Jüdischsein, gehörten jüdische Frauen entweder gemischten oder rein jüdischen Widerstandsgruppen an. Obwohl Frauen für die Infrastruktur der Widerstandsgruppen eine entscheidende Rolle spielten, nahmen sie nur selten eine Führungsposition ein.[74] Es gab eine jüdische Gruppe, die nur aus Frauen bestand. Sie betätigte sich in und um Berlin. Die Mitglieder dieser von Eva Mamlok geleiteten Gruppe hatten der jüdischen Jugendbewegung angehört. Zur Zeit des Hitler-Stalin-Pakts war es diese Gruppe, nicht jene mit den Kommunisten verbundenen, die weiterhin Anti-Kriegs-Propaganda betrieb. Lediglich ein Mitglied der Mamlok-Gruppe überlebte.[75]

Das Beispiel zweier Frauen gewährt Einblick in zwei ganz verschiedene Wege jüdischen Widerstands. Edith Wolff war die Tochter eines jüdischen Vaters (der später deportiert und ermordet wurde) und einer »arischen« Mutter. Sie und ihre beiden Schwestern waren getauft. Als Studentin hatte sie gegen Ende der Weimarer Republik der internationalen pazifistischen Jugendbewegung angehört und war mit marxistischen wie zionistischen Schriften vertraut. 1933, im Alter von 19 Jahren, trat sie aus Solidarität mit dem jüdischen Volk zum Judentum über. Im selben Jahr begann sie außerdem eine persönliche Kampagne gegen die Nazis, indem sie ihre eigenen anti-nazistischen Abhandlungen in Büchern aus Bibliotheken, in Telefonzellen und an anderen öffentlichen Orten hinterließ und indem sie Drohpostkarten an Nazibeamte versandte. Da ihre Tante Wolffs Namen aus dem Register der Jüdischen Gemeinde hatte entfernen lassen, galt sie als »Mischling«. Diese Einstufung berechtigte sie zum Empfang »arischer« Lebensmittel-, Kleidungs- und Zigarettenrationen und erleichterte es ihr, anderen Juden zu helfen. Zu Beginn der Deportationen fand sie Möglichkeiten, junge Juden zu verstecken oder ihre Flucht aus Deutschland zu planen. Ihre Tätigkeit brachte sie in Kontakt mit einzelnen Widerständlern innerhalb der Bekennenden Kirche und der Katholischen Aktion. Als im Februar 1943 damit begonnen wurde, die letzten Juden zusammenzutreiben, wirkte sie bei der Organisation des *Chug Chaluzi* mit, in der Absicht, die Übriggebliebenen vor den Nazis zu retten. Nach dem Krieg wanderte sie nach Palästina aus.[76]

Recha Rothschild wählte einen anderen Weg. Vor der nationalsozialistischen Machtergreifung hatte sie das Leben einer »neuen Frau« geführt und war der Kommunistischen Partei beigetreten. 1933 wurde sie verhaftet. Nach eigener Aussage hielt ihre kommunistische Weltanschauung sie während ihrer dreijährigen Gefangenschaft am Leben. Nach ihrer Freilassung emigrierte sie nach Frankreich, wo sie sich dem kommunistischen Widerstand anschloß, deutschen Flüchtlingen half, die Geschehnisse in Deutschland öffentlich bekanntmachte und Hilfslieferungen für die Spanische Republik organisierte. Als sie in Gurs, einem französischen Internierungslager in den Pyrenäen, gefangengehalten wurde, gelang es Rothschild, zu entkommen und ihre Untergrundaktivitäten in Frankreich fortzusetzen. Während der deutschen Besatzung arbeitete sie für *Unser Vaterland*, eine Widerstandszeitung, die ihre Gruppe *Freies Deutschland* den Besatzungstruppen zuspielte. Sie überlebte, davon war sie überzeugt, weil die Kommunisten sie in ihrer physischen und psychischen Existenz unterstützten, indem sie bei ihnen finanzielle Unterstützung fand ebenso wie »Freunde und Sympathisanten«. Nach dem Krieg entschied sie sich für ein Leben in der DDR.[77]

Drei Berichte über das Leben im Versteck

Die Berichte von drei jüdischen Frauen, Irma Simon, Ruth Abraham und Erna Becker-Kohen, die sich in Deutschland während der letzten Jahre des Krieges versteckt hielten, verdeutlichen die Gefühlslage und das Ausmaß der Entbehrungen, die Juden in ihren Verstecken durchlitten. Ihre Geschichten gewähren einen unmittelbaren Einblick in die unbeschreiblichen Schwierigkeiten, vor denen solche Flüchtlinge standen. Sie veranschaulichen sowohl die unablässige Angst, die alle »U-Boote« auszustehen hatten, als auch die Einzigartigkeit jedes dieser Schicksale.

Oberflächlich betrachtet, haben diese drei Frauen kaum mehr miteinander gemeinsam als daß sie behütet in jüdischen Familien der Mittelschicht aufwuchsen. Sie hegten unterschiedliche Gefühle gegenüber ihrer Religion, hatten unterschiedliche Kontakte zur nichtjüdischen Welt, und eine von ihnen hatte einen Katholiken geheiratet, was ihr zu einem »privilegierten« Status verhalf. Während der vierziger Jahre mußten sich alle drei Frauen verstecken: Eine reiste rastlos zwischen Berlin und den östlichen Gebieten hin und her, die andere blieb vorwiegend in einer Berliner Wohnung und die dritte wanderte bis zur Erschöpfung in Bayern und Österreich von Dorf zu Dorf. Ungeachtet aller Unterschiede erfuhren alle drei, wie sich ihre Welt verfinsterte. Sie alle erlebten die Unsicherheit, den Hunger und die blanke Angst, die das Leben im Untergrund mit sich brachte.

In den Geschichten dieser drei Frauen zeigt sich auch, welche Optionen die Deutschen hatten. Sie konnten sich dem Schicksal der Juden völlig verschließen. Sie konnten auch aktiv mithelfen, sie zu jagen. Mitunter geschah es, daß Deutsche Juden Unterschlupf gewährten, oft ohne zu wissen, daß es Juden waren, denen sie in einer bedrängten oder gefährlichen Situation beisprangen. Nur eine kleine Minderheit entschied sich bewußt dafür, die Opfer der Verfolgung zu schützen, sie zu verstecken und ihnen weiterzuhelfen. Erwischte man sie, riskierten die Helfer brutale Verhöre, Gefängnis und Konzentrationslager. Männer wurden, wenn sie Juden halfen, auch gelegentlich zur Strafe an die Ostfront geschickt. So gefährdet die Helfer auch waren, so kam es doch vor, daß die »Strafe« mild ausfiel. Eine Mutter von vier Kindern etwa, die man beim Verstecken einer Jüdin erwischt hatte, erhielt lediglich eine Verwarnung.[78] Das Risiko, das die Helfer auf sich nahmen, entsprach jedoch zu keiner Zeit jenem der »U-Boote«: Jemand, der Juden versteckte, hatte eine Überlebenschance, den Juden dagegen stand der sichere Tod bevor.

Irma Simon

Irma Simon, 1900 geboren, studierte Fremdsprachen und heiratete im Alter von 20 Jahren einen 28 Jahre älteren Mann. Während der dreißiger Jahre flohen zwei ihrer Schwestern in die Vereinigten Staaten, und zwei Brüder entkamen nach Neuseeland. Sie blieb zurück, weil ihre Mutter nicht auswandern konnte. Ein weiterer Bruder blieb ebenfalls und wurde in Auschwitz ermordet.[79]

Als Zwangsarbeiterin bei Siemens in Berlin wurde Irma Simon eines Tages von einem nichtjüdischen Vorarbeiter vor der bevorstehenden »Fabrikaktion« gewarnt – der Zusammentreibung jüdischer Arbeiter am 27. Februar 1943. Sie sorgte dafür, daß ihr Mann und ihr 19jähriger Sohn Fritz an diesem Tage nicht zur Arbeit gingen. Alle drei zermarterten sich den Kopf darüber, was sie tun sollten. Ihr Mann, ein Tierarzt, rückte damit heraus, daß er vorausgeplant und die Mittel erworben hatte, mit denen die Familie Selbstmord begehen könne statt ermordet zu werden: »Er hielt die Arme hoch und die Hände zu Fäusten geballt. Dann öffnete er die Hände, und auf ihren Flächen lagen drei Glaskapseln. ›Was ist das?‹ fragte ich. ›Blausäure‹, sagte er. ›Oder wollt ihr warten, bis sie kommen und fragen: Dürfen wir die Herrschaften zur Hinrichtung bitten?‹«

Als sie den schmerzerfüllten Ausdruck auf dem Gesicht ihres Sohnes sah, widerstand sie dem inständigen Bitten ihres Mannes. Nach einem Tag unerträglicher Spannung brach es aus Irma Simon heraus: »Wir müssen etwas tun!« »Und was sollen wir tun?« fragte ihr Mann. »Es muß doch irgendeinen Menschen in diesem großen Berlin geben, der uns hilft!« erwiderte sie. »Ich weiß keinen«, sagte ihr Mann, und fuhr fort: »Vielleicht findet sich ein Mensch, der dir einen Koffer aufbewahrt. Aber einen, der das Risiko auf sich nimmt, drei Juden bei sich zu verstecken, den findest du nicht.« Die drei hatten keinen Grund zu der Annahme, daß irgendeiner der Deutschen, die sie kannten, seien es Nachbarn, Kunden oder frühere Freunde, bereit sein würde, ihnen zu helfen. Irma Simon bestand darauf, irgendetwas müsse geschehen, packte einen Koffer mit dem lebensnotwendigsten Hab und Gut und lief ungefähr hundert Meter die Lehrter Straße hinunter. Wie durch ein Wunder fand sie ihren Beschützer – einen Schuhmacher. Jahre später sagte sie: »Zu denken, daß diese lockere Bekanntschaft uns auch nur die mindeste Hilfe bieten mochte, war eigentlich gegen jede Vernunft. Aber in meiner Verzweiflung versuchte ich, Undenkbares zu machen.«

Der Bruder des Schuhmachers, August Kossmann, ein Schmied, bot der Familie Unterschlupf an. Sie starrte ihn an:

»Ein Mensch, den ich nie vorher in meinem Leben gesehen hatte, versprach gelassen etwas, was in dieser Millionenstadt Berlin jeder für Wahnsinn gehalten hätte.« Dieser Arbeiter – ein Kommunist, der jedoch keiner Untergrundgruppe angehörte – handelte völlig selbständig, um diese früher wohlhabende, bürgerliche Familie zu retten. August Kossmann nahm Irma und Fritz in seine enge Dreizimmerwohnung in Lichterfelde auf. Dort gab sie sich als Witwe und nunmehr Verlobte von Kossmann aus. Sie trug zur Tarnung einen schwarzen Hut und einen schwarzen Schleier. Fritz, der im wehrpflichtigen Alter war, gab sich als ihr invalider Sohn aus. Der Schuhmacher versteckte ihren Mann, doch bald wurde seine Wohnung ausgebombt. So landete schließlich auch Dr. Simon bei August Kossmann.

Irma Simon hatte ihre Wohnung mit nur einem Kleid verlassen, das sie nun schwarz färbte, um ihrer neuen Identität als »Witwe« Genüge zu tun. Sie trug dieses Kleid, nur von zwei Schürzen bedeckt, die Kossmann für sie auftrieb, während des ganzen Krieges. Ihr Mann hatte einige Silbersachen und etwas Morphium aus seiner Praxis eingepackt. Sie verkauften diese Dinge, um Brot kaufen zu können. Ihre mageren Vorräte hielten jedoch nicht lange vor. Zu Beginn ihres Lebens im Versteck wog Irma Simon 65 Kilo, zuletzt waren es nur noch 42 Kilo.

Da sie in beständiger Furcht vor Entdeckung durch die Nachbarn lebte, tat Irma Simon häufig so, als sei sie nicht zu Hause. Sie konnte die Wohnung deshalb nicht heizen und mußte während Kossmanns Arbeitszeit – von fünf Uhr morgens bis fünf Uhr abends – frieren. Da die Toilette für Kossmanns Wohnung sich im Stiegenhaus auf halber Treppe befand und sie nicht dort gesehen werden durfte, mußte sie einen Eimer benutzen. Eine Nachbarin, Frau Grüneck, war nicht nur Mitglied in der NS Frauenorganisation, sondern auch eine höchst aufdringliche Blockwartin. Unablässig wollte sie Irmas Personalausweis sehen und stellte unmißverständliche Fragen über Fritz' »Befreiung« vom Militärdienst. Infolge ihrer Schnüffelei mußte Fritz wenige Wochen, nachdem sie sich versteckt hatten, »zurück an die Front«. Kossmann versteckte ihn in seinem Schrebergartenhaus am Rande der Stadt und brachte ihm regelmäßig mit dem Fahrrad etwas zu essen. Eines Tages sprach Frau Grüneck Irma Simon direkt an: »Ich höre, Sie sind Jüdin.« In einem solchen Fall lag der einzige Ausweg für Juden, die im Versteck lebten, darin, die Nerven zu behalten. Irma tat so, als sei sie so beleidigt, daß sie damit drohte, auf der Stelle zur Polizei zu gehen, angeblich, um die Blockwartin in Verlegenheit zu bringen: »Sie wissen, daß ich Kossmann heiraten möchte, wie können Sie so etwas sagen!« Grüneck gab klein bei, doch Kossmann entschied, es sei Zeit, daß Irma eine Weile verschwinde, bis sich die Situation beruhigt habe. Irma sollte ihren »Vater« besuchen, angeblich ein Bauer in Pommern. Als Grüneck dies hörte, versuchte sie, von dem unglücklichen Paar Lebensmittel zu ergattern. Um die »pommerschen« Lebensmittel für die Blockwartin und etwas vom Notwendigsten für sich und die von ihm Abhängigen zu beschaffen, machte Kossmann Überstunden und arbeitete für örtliche Bauern. Ständig vom Hunger geplagt, erinnerte sich Irma Simon: »Manchmal weinte ich fast vor Wut, wenn wir Frau Grüneck diese Köstlichkeiten hinunterbrachten. Wir lebten, Kossmann, mein Junge und ich, von einer Lebensmittelkarte.« Als ihr Mann einzog, sorgte Kossmann auch für ihn.

Als Irma Simon »ihren Vater besuchen« mußte, verbrachte sie diese Wochen in dem Gartenschuppen zusammen mit Fritz. Der Schuppen war ein Meter achtzig hoch, eine winzige ungeheizte, fensterlose Hütte. Damit sie Licht hatten, schnitzte Kossmann ein kleines Loch ins Dach und legte eine Glasplatte darauf. Wenn es regnete, entfernten Irma und Fritz die Platte und fingen etwas Wasser auf, um sich waschen zu können. Ein Tisch diente als Bett. Jeden Tag brachte Kossmann Fritz und Irma etwas zu essen, leerte ihren Latrineneimer und verdeckte den Müll, um die Gestapo nicht aufmerksam zu machen. Wenn er wegging, verwischte er seine Spuren, die sie alle hätten verraten können. Fritz und Irma unterhielten sich nur im Flüsterton, da jederzeit die Besitzer anderer Hütten vorbeigehen konnten und die Gestapo die Schrebergärten regelmäßig kontrollierte. Sie beschrieb die erste Nacht, die sie dort verbrachte: »Ich starb beinahe vor Angst, als mich in der ersten Nacht unheimliche Geräusche aufschreckten. ›Ratten‹, sagte mein Junge. ›Schrei um Gottes willen nicht, sie beißen nicht.‹« Von den beiden war Irma in der besseren Situation: Fritz blieb zwei Jahre in der Hütte und überlebte die Kälte und Einsamkeit, aber seine Beinmuskeln waren so verkümmert, daß er zunächst nicht laufen konnte, als er befreit wurde. Irma fand relative Sicherheit in Kossmanns Wohnung. Für einen Mann im wehrpflichtigen Alter einen Unterschlupf zu finden war weitaus schwieriger als einer Frau Unterschlupf und eine Tarngeschichte zu verschaffen.

Obwohl sie über eine Tarngeschichte verfügte, war Irma stark eingeschränkt, weil sie keinen gefälschten Personalausweis besaß. Sie war vor allem während der Bombenangriffe schutzlos, weil sie Luftschutzräume nicht ohne Personalausweis betreten konnte. Während der Bombenangriffe saßen Irma und ihr Mann oben und beobachteten, wie die Fenster zerbarsten und Teile der Wand einstürzten. Obwohl sie Angst hatte, dachte sie immer: »Lieber eine Bombe als die Gestapo.« Dringend hätte sie auch einen Personalausweis gebraucht, als sie an einer Lungenentzündung erkrankte. Glücklicherweise verlangte der Arzt, der sie untersuchte, keinen Ausweis, doch er drängte, sie werde sterben, wenn sie nicht sofort ins Krankenhaus eingeliefert würde. Da sie wußten, daß das Krankenhaus einen vorschriftsmäßigen Personalausweis verlangen würde, lehnten Irma und ihr Beschützer dies ab, und sie blieb zu Hause.

Die Simons waren von anderen Juden völlig isoliert und glaubten, wie viele andere, die sich versteckten, sie seien die letzten Juden, die übriggeblieben seien. Sie kannten keine anderen Juden, die sich versteckten, bis kurz vor Kriegsende, als ein nichtjüdischer Mann und eine jüdische Frau in der Wohnung von Kossmanns Schwiegertochter Unterschlupf suchten. Dort gebar die junge Frau ein Kind, unterstützt nur von ihrem Freund. Irma verließ die Wohnung nur selten, um nicht aufzufallen. Glücklicherweise nahmen – außer der Blockwartin – die meisten Nachbarn scheinbar keine Notiz von ihr – »die hatten alle so viel mit sich selbst zu tun gehabt« – trotzdem lebte sie in ständiger Angst.

Im Verlaufe des Jahres 1943 wurden Kossmann und Irma Simon ein Liebespaar. Sie war 43, er 50. »Er war nicht der Typ, der darauf bestand, daß ich mit ihm schlief«, erklärte sie Jahre später. Die Beziehung beruhte auf Gegenseitigkeit. Sie bewunderte seine Kraft, seine Ruhe und seine Gewißheit, daß sie es alle schaffen würden. Sie beschrieb ihn als groß – er war über 1,80 m, stark und stattlich, vielleicht im Gegensatz zu ihrem Mann, der viel älter war als sie und furchtbar ängstlich und erschöpft. Nach dem Krieg wanderte sie mit ihrem Mann und ihrem Sohn in die Vereinigten Staaten aus. Ihr Sohn ging zum Militär, und Irma arbeitete, bis sie ihrem Mann die Existenz in einer eigenen Wohnung ermöglichen konnte. Dann kehrte sie nach Berlin zurück, wo sie mit August Kossmann bis zu seinem Tod 1973 zusammenlebte. Sie blieb in Berlin, wo sie viele Freunde hatte, und starb dort 1995.

Ruth Abraham

Ruth Abraham wurde 1913 geboren. Sie war überzeugt, daß ihr Aussehen ihr während der Jahre der Naziherrschaft geholfen hat – »Ich möchte einfügen, daß ich absolut arisch aussehe, blondes Haar und blaue Augen, eine gerade Nase habe und gut gewachsen bin.« Trotz vieler Versuche scheiterten all ihre Bestrebungen, auszuwandern.

Im Dezember 1942 war Abraham im achten Monat schwanger. Als sie mit ihrem gelben Stern zur Arbeit ging, näherte sich ihr eine Frau, Maria Nickel, und bot an, ihr zu helfen, sobald das Baby geboren war. Sie schlug vor, Abraham solle das Neugeborene vor Nickels Tür legen, so daß sie sagen könne, es handle sich um ein Findelkind. Sie werde so für das Kind sorgen wie für ihre eigenen beiden Kinder und von den Abrahams nur die Erstattung der tatsächlichen Ausgaben annehmen. Eine Falle fürchtend, aber verzweifelt, mußte Ruth Abraham ihr Mißtrauen gegenüber Nickel überwinden und dann ihren Mann davon überzeugen, dasselbe zu tun.

Im Januar 1943 sagte sich Abraham: »Nach all dem, was ich gesehen hatte und von illegalen Radiosendungen aus dem Ausland gehört hatte, bedeutet eine Deportierung den sicheren Tod.« Sie beschloß, das Geld zu holen, das sie an ihrem Arbeitsplatz versteckt hatte. Am 18. Januar 1943 entfernten Abraham und ihr Mann die gelben Sterne von ihren Mänteln, verließen ihre Wohnung und gingen auf die zerbombten, brennenden Straßen Berlins. Ausgerechnet in dem Moment setzten die Wehen ein, und das Paar kehrte in den Keller des Gebäudes ihrer Wohnung zurück, wo sie niederkam. Sie brachte ihre neugeborene Tochter zu Maria Nickel. Während der Dauer des Krieges schoben sie das Kind zwischen sich hin und her: »Wenn immer sich ein annehmbar sicheres Versteck für mich geboten hatte, nahm ich das Kind zu mir. Wo immer ich war und das Kind vor Menschen verstecken mußte, habe ich ihm entweder Kissen in den Mund gestopft [oder] habe es mit Rotwein eingeschläfert.« Maria gab Ruth einen Postausweis mit Marias Namen und Ruths Foto, den sie sich mit Hilfe eines Tricks von einem Postangestellten hatte ausstellen lassen. Da sie »ihren Mann nicht mit der Wahrheit belasten« wollte, nahm Maria einfach seinen Führerschein und gab ihn Ruths Mann. Nun besaßen die Abrahams falsche Papiere, allerdings solche, die nicht gerade maßgeblich waren und zudem die Nickels mit hineinziehen konnten.

Die Abrahams machten sich auf zu ihrem ersten Unterschlupf in Küstrin, östlich von Berlin, eine Adresse, die sie »für teures Geld« gekauft hatten. Sie lebten bei einer armen Bäuerin. Sie litten dort weniger Hunger als in Berlin: »Die Bauern gaben gerne ihre Erzeugnisse für Schwarzmarktpreise, überhaupt konnte man für Geld alles haben.« Ihr Refugium währte bis Juni 1943. Dann donnerten SS-Leute mit ihren Motorrädern zur Hütte hinauf, beschlagnahmten ihre Papiere und beharrten darauf, Ruths Ehemann und ihr fünf Monate alter Säugling sähen jüdisch aus. Als die SS davonfuhr, um ihre Papiere zu überprüfen, bat Ruth, eine fromme Jüdin, ihren Mann, einen Segen über ihrem Kind zu sprechen, da sie das Ende nahen sah.

In dieser Situation kamen die Abrahams rasch überein, sich zu trennen. Ihr Mann sprang auf sein Fahrrad und flüchtete, während Ruth, den Kinderwagen schiebend, zu dem einzigen Zug eilte, der an diesem Tag nach Berlin fuhr. Plötzlich brach der Kinderwagen zusammen. Sie rannte auf einen Bauern zu, der ihr zuvor Schwarzmarktwaren verkauft hatte, und flehte ihn an, sie zum Zug zu bringen, was dieser auch tat: »In dieser Spannung und Lebensgefahr war ich mir klar, daß man mir auf meinem Gesicht ansehen müßte, daß ich eine verfolgte Jüdin war.« Da sie befürchtete, die SS werde im Zug eine Kontrolle durchführen, bat sie den Zugführer, im Viehwaggon sitzen zu dürfen, weil ihr Baby so unruhig sei. Er stimmte zu. In Berlin rief sie sofort die Nickels an, um sie vor der Gefahr zu warnen. Die Nickels waren von der Gestapo bereits quälenden Verhören unterzogen worden, hatten aber ihre Ahnungslosigkeit glaubhaft machen können und waren mit einer Warnung wieder entlassen worden.

Mit ihrem Baby in Berlin, obdachlos, versuchte Ruth, Kontakte zu knüpfen. Der Buchhalter ihres Vaters, ein Niederländer, hatte einmal zu ihr gesagt, falls sie jemals nicht mehr weiterwisse, könne sie mit seinem Freund, dem niederländischen Konsul, Kontakt aufnehmen. Da sie niemanden hatte, an den sie sich hätte wenden können, sprach sie den Konsul an, der keine offizielle Position mehr innehatte, seitdem die deutsche Wehrmacht sein Land überrannt hatte. Er bot ihr seine Wohnungsschlüssel an, die sie jedoch, zu ihrem Entsetzen, nicht annehmen konnte, da die Wohnung in ihrem einstigen Wohnviertel lag, wo man sie wiedererkannt hätte. Sie bat um andere Hilfe, doch der Konsul lehnte dies ab: »Am Ende meiner Kräfte, obdachlos, verfolgt von der Gestapo und ohne Papiere, seelisch und physisch völlig zerbrochen, als ich auf mein Baby blickte, erfaßte mich die Dreistigkeit, dem Konsul folgendes zu sagen: ›Wenn Sie mir nicht helfen können, dann bleibe ich hier und mache meinem Leben hier ein Ende, das wäre keine Handlung im Sinne der Königin.‹« Er verließ den Raum und kehrte mit seiner Sekretärin zurück, die der Mutter und ihrem Kind in ihrer eigenen Wohnung Zuflucht gewährte. Dort, in einer Wohnung im sechsten Stock mitten in Berlin, erlebten Ruth und ihr Kind die nächtlichen Bombenangriffe, und sie hatte nicht die geringste Ahnung vom Verbleib ihres Mannes. Aus Angst vor den Bomben floh sie in ein anderes Versteck in der Nähe von Küstrin, mußte aber nach kurzer Zeit wieder nach Berlin zurückkehren. Sie gab das Baby Maria Nickel, aber die Bombenangriffe wurden so heftig, daß Mütter mit kleinen Kindern evakuiert wurden. Da Maria den offiziellen Unterlagen gemäß nur zwei Kinder hatte, nahm Ruth ihr Baby wieder zu sich.

Ohne Ausweispapiere, nur auf ihr »arisches« Aussehen vertrauend, verließ sie Berlin und wanderte von Dorf zu Dorf, wo sie um Unterschlupf bat und versuchte, sich unter die vielen »arischen« Frauen und Kinder zu mischen, deren Häuser ausgebombt worden waren. Schließlich fand sie eine Dachkammer bei Bauern, die den fanatisch-antisemitischen *Stürmer* abonniert hatten. Sie bezahlte eine stattliche Summe für das Privileg, in einem eisigen Zimmer zu leben und dort zu kochen, wo die Bauern das Futter für ihre Tiere zubereiteten. Sie wusch ihre Wäsche – einschließlich der Windeln – in eiskaltem Wasser.

Zwei Ereignisse in dieser Zeit (vermutlich 1944) gaben ihr ein bißchen Hoffnung und wirkten ihrem Gefühl äußerster Isolierung entgegen. »Ein polnischer Kriegsgefangener arbeitete dort und wurde sehr schlecht behandelt. Eines Tages sprach mich dieser Mann an und [...] fragte [...] mich, ob ich Jüdin bin. Ich gab ihm keine Antwort, und er tröstete mich, sei stark, das Ende des Krieges ist nahe. Er hörte jede Nacht den englischen Sender [...] Wenn ich will, könnte ich mit ihm England hören. Das zu hören, war für mich wie Opium und gab mir, dieser Gedanke, daß die Befreiung und Erlösung nahe ist, neuen Lebensmut.« Als ein Hund ihr Baby biß, fand sie einen Arzt, der die Wunde versorgte: »Der Arzt fragte mich nach meinen Ausweispapieren, und ich sagte ihm, ich besitze keine. Als ich zu weinen begann, tröstete er mich mit den Worten: ›Ich bin Halbjude‹, und damit verstanden wir uns.«

Sie blieb bis 1945 auf dem Land, getrennt von ihrem Mann, der im Untergrund lebte.

»[Er] verbrachte seine Zeit in Kinos, Straßenbahnen und wo immer er eine Unterkunft für ein paar Nächte finden konnte. Menschen, mit deren Hilfe wir nie gerechnet hatten, riskierten ihr Leben für ihn, arme Menschen aus einfachen Kreisen, die es aus menschlichen Gefühlen heraus taten. Wir hatten einen Gemüsehändler, bei dem meine ganze Familie kaufte. Monatelang hielt sich mein Mann dort auf.«

Gegen Ende des Krieges war die Situation jüdischer Männer, die sich in Berlin versteckten, besonders gefährlich, da alle Männer, die dazu körperlich in der Lage waren, zum »Volkssturm« herangezogen wurden. Irgendwie fand Ruths Mann sie in ihrem Versteck. »Es war wie ein Wunder, daß es ihm gelang, zu mir zu kommen. Mein Mann traf um 2 Uhr morgens bei mir ein und machte sich bei mir bemerkbar, indem er an die Dachkammerscheibe einen Stein warf. Ich ging ans Fenster und erkannte ihn.« Ihre Vermieter bereiteten sich auf die Flucht vor den vorrückenden Sowjettruppen vor und »waren mehr als erstaunt, meinen Mann auf einmal vor sich zu sehen, sie konnten es einfach nicht verstehen, daß wir uns nicht für die Flucht vorbereiteten, was alle taten. Ich sagte natürlich, wir folgen ihnen, aber ich habe es nicht so eilig.« Als die Russen auftauchten, konnten die Abrahams ihre wahre Identität zugeben: »Jetzt brauchten wir es nicht mehr verheimlichen, daß wir Juden sind, und sagten es allen Anwesenden. Dieses Geständnis schlug wie eine Bombe ein. Jetzt war es so einfach für diese Leute, zu sagen: ›Wir ahnten es immer, und deshalb haben wir sie behalten.‹«

Als sie versuchten, die Gegend zu verlassen, weil sie zu nahe an der Kriegsfront war, schlossen sich die Abrahams einer Gruppe ausländischer Zwangsarbeiter an: »Ein Schauder übergeht mich, den Weg zu beschreiben, den Hunderte von Zwangsarbeitern und wir nun begannen [...] Jeder Schritt [führte] über Leichen und tote Tiere, zu Fuß und auf zerbrochenen Fahrzeugen bewegten wir uns langsam vorwärts. [...] Unter all diesen elenden Menschen war ich die einzige Frau mit meinem Kinde.« Sie legten in Landsberg an der Warthe eine Pause ein, wo die Sowjets ihren Mann verhafteten, obwohl er schwor, er sei Jude. Sie blieb bis zum Frühjahr in Landsberg:

»Für mich war es ohne meinen Mann nur vegetieren, alles war so trostlos und meine Kräfte verließen mich und ich konnte kaum mehr das Bett verlassen. Plötzlich hörte ich klopfen an der Fensterscheibe. Ein Mann, der im Garten arbeitete, bat mich um Stück Brot für einen Bettler. [...] Ich ging in letzter Anstrengung zur Tür, öffnete diese etwas und erkannte in dem Bettler meinen Mann. Vollkommen in Lumpen gekleidet, in einem unbeschreiblichen Zustand, wie kann man solch ein Wiedersehen beschreiben. Das Kind fürchtete sich vor seinem Vater, den sie nicht wieder erkannte. [...] und ich merkte sofort, daß er ein schwerkranker Mann war.«

Er hatte Diphtherie. Sie nahm ihre letzten Kräfte zusammen und pflegte ihn gesund. Dann brachten russische Soldaten die Familie zurück nach Berlin. Zu dieser Zeit litt Ruth an Tuberkulose. Sie erholte sich aber und wanderte 1948 mit ihrer Familie in die Vereinigten Staaten aus: »Welche Ironie des Schicksals, jetzt brauchten wir überhaupt keine Affidavits mehr und galten als *displaced persons,* und [...] als es um unser Leben ging, waren unsere Papiere nicht ausreichend und Amerika für uns verschlossen.« 1965, 17 Jahre nachdem sie Maria Nickel zuletzt gesehen hatten, freuten sich die Abrahams, sie zur Hochzeit ihrer Tochter einladen zu können, des Kindes, zu dessen Rettung sie beigetragen hatte.[80]

Erna Becker-Kohen

Erna Becker-Kohen hatte als gläubige katholische Konvertitin in einer »privilegierten« Mischehe gelebt. Sie wechselte sehr häufig ihre Unterkunft, weil ihre dunklen Haare, ihre dunklen Augen und ihr »etwas fremdes Aussehen«[81] gelegentlich Aufmerksamkeit erregten. Ihre Erinnerungen sind in Tagebuchform verfaßt, die Eintragungen sind datiert. Da sie oft auf der Flucht war, wo sie ihr wichtigstes Hab und Gut auf dem Rücken trug, manchmal sogar mit ihrer Last durch tiefen Schnee stapfte, scheint es unwahrscheinlich, daß sie in all diesen schwierigen Situationen kontinuierlich Tagebuch schrieb. Es fragt sich mithin, ob ihre Erinnerungen tatsächlich als exaktes zeitgenössisches Dokument gelten können. Andererseits weisen ihre Eintragungen eine emotionale Unmittelbarkeit und vielfach einen Ton der Klage, der Unsicherheit und Verzweiflung auf, die sie stark von nachträglich verfaßten Erinnerungen unterscheiden. Das legt nahe, daß dieses Zeugnis, sei es nun vollständig am jeweiligen Tag niedergeschrieben oder aber hastig notiert und erst kurz nach dem Krieg vollendet worden, ihr möglicherweise ebenso wichtig war wie ihr notwendigster Besitz.[82]

Becker-Kohens Sohn wurde Weihnachten 1937 geboren. Trotz der Befürchtungen, die sie für ihr Kind hegte, waren die Monate der Schwangerschaft und der Erwartung »die weihevollsten und schönsten meines Lebens« (März 1938). Der kleine Silvan wurde von einem Jesuitenpriester getauft. Bald darauf brachten sie und ihr Mann Gustav das Kind zu ihren Eltern nach Frankfurt. Dort erfuhr sie, daß ihr Bruder nach Brüssel ausgewandert war, ihre Schwester für die Emigration nach Chile packte und ihre Mutter nach einem Ort suchte, an dem sie leben konnte, nachdem sie ihre Wohnung zwangsweise hatte räumen müssen.

1940, als die Feindseligkeit ihrer Nachbarn zunahm, suchte sie in Oberbayern Zuflucht. Bis Februar 1941 fanden sie und Silvan eine Zuflucht bei Priestern in Grünau. Zurück in Berlin, verbrachten sie die Nächte in Luftschutzkellern, getrennt von den anderen, und versteckten sich tagsüber in ihrer eigenen Wohnung, voller Furcht, von den Nachbarn erkannt zu werden (Februar 1941).

Ihre doppelte Identität als Jüdin und als Konvertitin peinigte sie aufs äußerste: »Durfte ich das Judentum in so schwerer Zeit verlassen? Denn äußerlich gesehen, ist es ein Sichabwenden« (August 1940). Einmal fand sie sich in einer Kirche wieder und weinte über die Ruinen der Synagogen in Frankfurt: »Als ich an den zerstörten Synagogen vorbeikam, konnte ich es nicht hindern, daß mir die Tränen über die Wangen liefen. [...] So trat ich müde in das in der Altstadt gelegene Kapuzinerkloster ein, in der Hoffnung, hier etwas Trost zu finden« (April 1941).

Becker-Kohen äußerte sich häufig zur Loyalität und nicht wankenden Treue ihres Mannes. Als Techniker in einem Labor beschäftigt, widerstand er dem beständigen Druck, sich von ihr scheiden zu lassen. Außerdem schikanierte die Gestapo das Paar und tauchte in ihrer Wohnung auf, um sie nach »verdächtigem« Material zu durchsuchen und das Radio zu beschlagnahmen (Februar/März 1942). Im Sommer 1942 erfuhr Gustav, daß alle Bürger Gasmasken erwerben sollten. Als er um eine Gasmaske für seine Frau bat, erwiderte der zuständige Beamte, »für Juden seien Gasmasken doch wohl überflüssig« (August 1942). Gustav war, wie Erna, häufig tief deprimiert. Ihre einzige Zerstreuung bestand darin, füreinander Klavier zu spielen. Wenn Gustav spielte, saß sie nahe bei ihm: »[Ich] träume mich in eine andere, friedliche Welt, in der auch ich ein vollwertiger Mensch bin« (Januar 1943).

Als tief religiöse Frau hatte sich Becker-Kohen mit mehreren Priestern angefreundet. Dank ihrer Hilfe verbrachte die Familie im Sommer 1941 und 1942 mehrere Monate an sicheren Orten in Österreich. Vor allem ein gewisser Pater Erwin hielt ihnen die Treue, besuchte die Familie weiterhin und führte seelsorgerliche Gespräche mit ihr. Allerdings war sie, ebenso wie andere Konvertiten, zutiefst entsetzt über einige Kirchgänger, die es ablehnten, daß »Juden« die Kommunion empfingen oder mit ihnen die Kirchenbank teilten.

Am 6. März 1943 kam die Gestapo, um Erna Becker-Kohen abzuholen. Sie forderten sie auf, das Notwendigste zu packen, da es ungewiß sei, ob sie zurückkehren werde: »Mein Büble, das neben mir stand, fing bei diesen Worten furchtbar an zu schreien. Man brachte ihn daraufhin zu Nachbarin [...], während man mich auf einen Lastwagen verlud. [...] Der Aufschrei meines Kindes, als man ihn von mir fortnahm, gellte mir noch immer in den Ohren.« Wie von Sinnen rannte sie durch die Gänge des Sammellagers für Juden in der Großen Hamburger Straße, fand ein Büro und bat flehentlich, freigelassen zu werden. Auf Grund ihrer Stellung in einer »privilegierten« Mischehe ließ man sie gehen. Doch sie erkannte, daß sie nur Glück gehabt hatte. Von dieser Zeit an fürchtete sie die Deportation: »Ich lebe in einer ständigen Katastrophenangst« (Mai 1943). Auch Silvan ließen die Sorgen offenbar nicht los, und er fragte sie eines Tages laut in der Straßenbahn: »Mama, wann holt dich eigentlich wieder die Gestapo?«

Am 15. Juni 1943 kam Pater Erwin zu ihrer Wohnung und drängte sie, Berlin sofort zu verlassen. Sie packte rasch: »Einige Koffer mit Kleidern, einen großen Schließkorb mit Wäsche. Halt! Die Photos noch als Andenken an friedliche Tage [...] Den wertvollen Schmuck mitnehmen! Vielleicht werde ich ihn unterwegs brauchen. [...] Wir fahren ins Ungewisse.« Ihr erster Zufluchtsort, der ihr gewährt wurde, weil sich ein anderer Priester für sie verwendete, lag in Tannheim im österreichischen Tirol (August 1943). Aus Angst vor dem Bürgermeister, einem fanatischen Nazi, verließ sie den Ort im Dezember 1943 und reiste nach Salzburg. Dort hielt sich die Frau, die versprochen hatte, sie aufzunehmen, nicht an die Vereinbarung. Hungrig und erschöpft, ohne zu wissen, wo sie hingehen sollten, besuchten Erna und Silvan einen Priester, der ihnen früher schon einmal geholfen hatte. Dieser hatte jedoch Angst bekommen, wollte sich von ihnen distanzieren und konnte ihnen nur für eine Nacht einen Raum beschaffen – ungeheizt, ohne Licht, nicht einmal mit einer Kerze ausgestattet. Sie kehrten nach Tannheim zurück und fanden Unterschlupf bei einem alten Bauernehepaar, Michl und Sefa. Doch kaum hatte Erna Becker-Kohen Zuflucht gefunden, indem sie vorgab, aus einer ausgebombten Stadt zu kommen, mußte sie anderen Platz machen, die dieses Schicksal tatsächlich erlitten hatten. Ohne um ihre jüdische Identität zu wissen, beharrte der Bürgermeister darauf, die Stadt stünde nur Evakuierten aus Essen und Innsbruck offen und sie solle nach Berlin zurückkehren (Februar 1944).

Ausgerechnet jetzt (ein halbes Jahr nach ihrem letzten Treffen) kam ihr Mann in Tannheim an. Er sah »wie ein Skelett« aus und war ernsthaft krank. Er hatte sich überarbeitet, war unterernährt und furchtbar einsam. Erna war doppelt alarmiert. Sie sorgte sich um ihren Mann, den sie liebte, und sie erkannte, daß er ihr einziger Schutz war. Die Bauern, bei denen sie gewohnt hatten, fanden für sie einen anderen Ort, vier Wegstunden entfernt. Obwohl Gustav entsetzlich geschwächt war, floh die Familie dorthin und zog einen Schlitten mit ihrem Hab und Gut hinter sich her. Das Haus war »völlig verwahrlost und starrt[e] vor Schmutz von oben bis unten. [...] Ich kann das Gefühl des Verlorenseins nicht los werden« (März 1944). Als Gustav wieder nach Berlin zurückfuhr, blieben Mutter und Kind bei den Bauern, ihren sieben Kindern und den vier Kindern einer evakuierten Familie aus Bremen (Ende März 1944). Nachdem alle Kinder an Krätze erkrankt waren, beschloß Erna, den Ort zu verlassen. Durch meterhohen Schnee stapfend, hielt sich ihr sechsjähriger Sohn »unterwegs sehr tapfer [...] und [sagte ihr] immer wieder [...], wenn er in [ihren] Fußstapfen herumkletterte: ›Du brauchst dir gar keine Sorgen um mich zu machen, das kann ich sehr gut‹« (April 1944).

Um zu vermeiden, daß man auf sie aufmerksam wurde, fand sie innerhalb von zwei Wochen fünf verschiedene Unterkünfte, für die sie entweder teuer bezahlte oder arbeitete. Nachdem man sie aus einem Ort ausgewiesen hatte, eilten sie weiter ostwärts und gingen in einem Dorf von Haus zu Haus, um nach einem Schlafplatz zu fragen: »Doch überall nur mißtrauische Fragen, ablehnende Gesichter.« Im Mai und im Juni – sie suchten noch immer nach einem Versteck – wurde Erna-Becker-Kohen von Verzweiflung überwältigt. Da sie glaubte, ihr Sohn werde bei Bauern überleben können, mit denen sie sich angefreundet hatte, beschloß sie, mit einer Überdosis Digitalis Selbstmord zu begehen (Juni 1944). Sie wurde gerettet und notierte in ihrem Tagebuch die abgrundtiefe Angst, die sie empfand, als sie das Bewußtsein wiedererlangte.

Sie wanderten weiter. Ende August fanden sie ein Quartier in Pfronten, das von einem katholischen Bürgermeister regiert wurde. Sie lebten bei Bauern, die sich weigerten, ihnen Essen zu geben, so daß sie gezwungen waren, zwei Stunden zum nächsten

Wirtshaus zu laufen: »Dann kam die Katastrophe. Ich wurde krank und mußte mich hinlegen. [...] Selbst meinem kleinen Buben gaben sie nur widerstrebend zu essen, und oft hat der kleine Kerl dort Hunger gelitten. Einmal kam er vom Kühehüten [...] an mein Bett und sagte mir, er habe unterwegs so argen Hunger gehabt, da habe er sich unter eine Kuh gelegt und sich in den Mund gemolken« (September 1944). Ihre Bitten an den Bürgermeister, ihr eine andere Bleibe zu verschaffen, fanden Gehör, und er fand für sie ein Bett in einem örtlichen Waisenhaus, das von den Barmherzigen Schwestern geführt wurde. Nachdem sie sich nach zweiwöchigem Aufenthalt dort erholt hatte, fanden sie und Silvan für kurze Zeit Zuflucht in einem Haus, das ihr die Nonnen empfohlen hatten.

Diese friedliche Zeit wurde Mitte Oktober durch die Nachricht beendet, daß die Nazis Gustav – wie viele »arische« Männer, die mit Jüdinnen verheiratet waren – zur Zwangsarbeit herangezogen hatten. Von Pflichtgefühl getrieben und überzeugt, daß Silvan in dem Waisenhaus bleiben könne, beschloß Erna, nach Berlin zu reisen: »Da ich mir über die Gefährlichkeit meiner Reise im klaren war (Bombenangriffe, Verhaftung, weil ich keine Papiere habe, Verrat durch meine lieben Nachbarn), besprach ich mich vorher mit dem geistlichen Betreuer des Waisenhauses, der mir fest versprach, auf Silvan ein besonderes Augenmerk zu haben, falls mir etwas zustoßen sollte« (Ende Oktober 1944). Zum Glück waren die Züge für Paßkontrollen zu überfüllt. Erna stahl sich heimlich in ihre alte Wohnung, um Gustavs Koffer zu packen. Zusammen gingen sie zum Arbeitslager am Nikolassee, am Rande Berlins – »Bis zum Stacheldraht bin ich mitgegangen, dann mußten wir uns trennen.«

Als sie zu ihrem Sohn zurückkehrte, erfuhr sie, daß die Ortsgruppe der NSDAP in Pfronten ihre jüdische Abstammung herausgefunden hatte. Sie flohen erneut (Oktober 1944), wobei Erna Silvan über viele von Lawinen verschüttete Straßen und Wege tragen mußte. Als sie in dem Ort Häselgehr ankamen, hatte sie ernste Herzprobleme und hohes Fieber und mußte drei Wochen lang das Bett hüten. Glücklicherweise nahm sich ein freundlicher Priester ihrer an. Ihr Herz hatte jedoch wegen der Überdosis Digitalis und wegen ihres gehetzten Lebens bleibenden Schaden erlitten. Ein Arzt teilte ihr mit, daß sie ein solches

Leben kein weiteres halbes Jahr mehr aushalten werde. Doch sobald es ihr gut genug ging, um weiterzuziehen, fand sie bis Februar 1945 mehrere neue Unterkünfte, bis ihr mitgeteilt wurde, sie müsse die Gegend ganz verlassen.

Trotz ihres ziellosen Umherwanderns begann sie, neue Hoffnung zu schöpfen. Aus illegal abgehörten Radiosendungen wußte sie, daß der Krieg seinem Ende zuging. Ende April, in einem Monat, in dem sie fünfmal nach einer Unterkunft hatte suchen müssen, fragte sich Erna, ob die Amerikaner kommen würden, bevor sie auch ihren jüngsten Zufluchtsort würde verlassen müssen: »Meine Nerven sind zum Zerreißen gespannt, das Wartenmüssen ist kaum auszuhalten.«

Erna Becker-Kohen und Silvan wurden schließlich im Mai 1945 befreit. Sie nahm erstaunt wahr, daß die Feindseligkeit um sie herum verschwand und Menschen, die vorher grausam waren, sich plötzlich mit ihr anzufreunden versuchten. Gegen Ende dieses Monats erfuhr sie durch die zufällige Begegnung mit einem deutsch-jüdischen Flüchtling aus Bonn, der nun als amerikanischer Militärarzt arbeitete, von dem Völkermord, der stattgefunden hatte: »Das also waren die ›Umsiedlungslager‹.« Alle ihre Verwandten waren ermordet worden.

Ungeachtet ihrer erneuten Verzweiflung und ihrer gesundheitlichen Probleme suchte sie nach ihrem Mann. Noch im Oktober 1945 hatte sie kein Zeichen von ihm, und sie erwog, sich selbst und ihr Kind umzubringen:

»Ich kann es nicht ertragen, von meiner großen Familie in Deutschland die einzige Überlebende zu sein. Wenn ich einmal die Gewißheit habe, daß Gustl tot ist, dann will ich mit dem Kind auch nicht mehr leben. Was sollen wir denn hier? Wir stehen ganz allein, im Grunde auch heute noch verachtet von den meisten Menschen. Meinem Buben erweise ich nur einen Dienst, wenn ich ihm das schwere Schicksal eines Menschen, der nirgends auf Erden eine Heimat hat, erspare.«

Erst im Januar 1946 fand Erna heraus, daß Gustav noch am Leben war. Als sie wieder vereint waren, konnte er kaum laufen und litt an Tuberkulose. Fast 1,80 m groß, wog er nur noch 50 Kilo. Er sollte sich nie mehr vollständig erholen und starb 1952. Erna und Silvan ließen sich nach einem gescheiterten Versuch, in Chile ein neues Leben zu beginnen, 1954 in Freiburg nieder.

Nach dem Krieg kamen zwischen 3 000 und 5 000 Juden aus ihren Verstecken in Deutschland.[83] In Berlin, einer Stadt, in der einst 160 000 Berliner Juden gelebt hatten, versteckten sich 5 000 bis 7 000 Juden, von denen nur 1 400 überlebten.[84] Weniger als ein Prozent der 1933 in Deutschland lebenden jüdischen Bevölkerung wurde von den deutschen Landsleuten gerettet; die meisten waren von ihnen verfolgt worden.

Irma Simon, Ruth Abraham und Erna Becker-Kohen verkörpern die »Erfolgsgeschichten« von Juden im Versteck: eine Frau mittleren Alters mit ihrer Familie, deren Retter ihr Liebhaber wurde, eine junge, blonde Frau und ihr Baby, deren Ehemann sich an einem anderen Ort versteckte, und eine junge, dunkelhaarige katholische Konvertitin mit ihrem »Mischlings«-Sohn, deren »arischer« Mann für ihr Weiterleben bestraft wurde. »Erfolg« ist dies nur im Vergleich zu jenen, die die Nazis fanden und ermordeten. Obwohl sie mit dem Leben davonkamen, erlitten diese drei Frauen unwiederbringliche Verluste und grenzenloses Leid. Ihr früheres Leben und ihre Gesundheit waren zerstört. Zudem erfuhren sie nun die quälende Wahrheit über den Völkermord; jede hatte Eltern und Geschwister verloren, dazu nahezu die gesamte weitere Familie und viele Freunde. Die Nazis hatten ihre Wohnungen zerstört, ihre Synagogen entweiht und sie ihrer Heimat beraubt, während die meisten Deutschen zugeschaut, mitgemacht oder Beifall geklatscht hatten. Für zwei der drei Frauen wurde ihre Ehe durch die Umstände des »Dritten Reiches« auseinandergerissen. Was auch immer sie einst besessen hatten, wurde ihnen nach dem Krieg vorenthalten und (wenn überhaupt) zähneknirschend erst Jahrzehnte später zurückgegeben. Eine der Frauen begann ein neues Leben in New York, zwei verbrachten ihre letzten Lebensjahre in Deutschland, nachdem sich ihre Versuche, im Ausland zurechtzukommen, zerschlagen hatten. So sah das »happy end« der Überlebenden aus.

Schlussbetrachtung

»Nehmen Sie an, ein Erdbeben zerstöre nicht nur unser Leben, unsere Gebäude und Gegenstände, sondern auch die Instrumente, mit denen man die Stärke von Erdbeben mißt«, schrieb der französische Philosoph Jean-François Lyotard im Hinblick auf die Hilflosigkeit unserer Versuche, den Holocaust in all seinen Ausmaßen zu begreifen.[1] Doch selbst wenn das Ausmaß der Gewalt und die Unmenschlichkeit des Mordes an den Juden letztlich unbegreiflich bleiben, können wir gleichwohl beginnen, die kleinen Schritte im Alltag zu verstehen, die nach und nach den Juden das Leben zur Hölle machten. Indem es sie ausschloß, degradierte, ihnen die Bürgerrechte nahm und sie systematisch zu Menschen zweiter Klasse stempelte, ließ Nazideutschland seine jüdischen Mitbürger konsequent den sozialen Tod sterben. Im Alltag führte die Verfolgung durch die Nazis zu einem scharfen Bruch in den meisten früher bestehenden Beziehungen. Langsam, aber unwiederbringlich, wandten sich Freunde, Nachbarn, Kunden, Klienten, Patienten und Arbeitgeber (manchmal auch die angeheiratete Familie) von den Juden ab und wiesen ihnen einen Ort zu, an dem sie am normalen deutschen Sozialleben nicht mehr teilhatten und menschlichem Mitgefühl entzogen waren. Obgleich der Weg nach Auschwitz tatsächlich »verschlungen« war – stückweise geplant und umgesetzt – wies der soziale Tod der Juden in Deutschland eine erschreckende Folgerichtigkeit auf.[2] Von der Regierung in Gang gesetzt, wurde er, von einigen bemerkenswerten Ausnahmen mutiger Deutscher abgesehen, von der deutschen Bevölkerung selbst inszeniert. Die deutsche »Volksgemeinschaft« trug durch ihre Komplizenschaft mit dem Regime, durch ihre Billigung der Verfolgung der Juden oder durch ihre Gleichgültigkeit gegenüber dem Schicksal ihrer jüdischen Landsleute, die plötzlich als »Feinde« stigmatisiert wurden, dazu bei, daß der Weg für die »Endlösung«, die physische Vernichtung der Juden schließlich beschritten werden konnte.

Jüdische Reaktionen

Aus jüdischer Sicht befanden sich Gesellschaft und Politik in den Jahren nach Hitlers Machtergreifung auf einem wilden, beunruhigenden Schlingerkurs. Die Reaktionen der deutschen Juden auf die Bedrohung durch die Nazis fielen entsprechend unterschiedlich aus. In Memoiren und Interviews bezeugten beinahe alle deutschen Juden ihren Schock, die Ungewißheit und Besorgnis, von der sie ergriffen wurden, als die Nazis an die Macht kamen. Der Terror der ersten Jahre schuf, wie wir gelesen haben, »Angst, Angst, Angst«. Wenn die Nazis gelegentlich in ihrer Verfolgung innehielten – »immer nur eine Dosis, und nach der Dosis eine kleine Pause. Immer nur einzelne Pillen, und dann einen Augenblick Abwartens, ob sie nicht zu stark gewesen, ob das Weltgewissen diese Dosis noch vertrage«[3] – so schuf dies Verwirrung, aber sofort keimte auch neue Hoffung auf. Der Alltag in Nazideutschland und der Versuch, vom einen zum anderen Tag zu überleben, einfach das eigene Leben zu leben, so gut es ging, hielt manche Juden davon ab, die schmerzhafte Entscheidung zur Flucht zu treffen, oder wiegte sie so lange in falscher Sicherheit, bis sie schließlich in der Falle saßen. Bei ihrem Versuch, selbst in außergewöhnlichen Zeiten ein einigermaßen normales Leben zu führen und pragmatische Lösungen für die sich aufhäufenden Probleme zu finden, haben viele die Gefahrensignale in ihrem Alltag übersehen oder falsch gedeutet.

Der Wunsch, selbst angesichts der Feindseligkeiten der Nazis einigermaßen normal zu leben, führte dazu, daß Juden versuchten, sich an die geänderten Zustände anzupassen und unter den widrigen Bedingungen das Beste aus ihrem Leben zu machen. Viele glaubten, das Naziregime sei lediglich ein Spuk, der bald vorübergehen würde. Es bestand durchaus Grund zur Hoffnung, denn die Erfahrungen, welche die Menschen machten, waren unterschiedlich und widersprüchlich. Sie variierten je nachdem, wo sie lebten. Besonders in den großen Städten waren die Kränkungen und die soziale Isolierung nicht allumfassend, und sie setzten auch nicht sofort nach der Machtergreifung ein. Selbst bei jüdischen Geschäften und Unternehmen variierte die Situation beträchtlich. Manche Betriebe florierten noch oder konnten sich selbst dann noch halten, als es mit anderen schon bergab ging oder sie sogar schließen mußten. Geschlecht und Alter hatten auch jeweils spezifische Erfahrungen zur Folge. Während des »katastrophalen Gradualismus« der frühen Jahre der Naziherrschaft war es eher eine Überlebensstrategie, am Vertrauten festzuhalten als eine gutgläubige Reaktion auf die Bedrohung durch den Nazismus.[4]

Trotz der Politik, welche die Juden erfolgreich von der Gesellschaft um sie herum isolierte, unternahmen sie jede nur erdenkliche Anstrengung, den Schein der Normalität aufrechtzuerhalten. Die jüdischen Organisationen boten ihrer Gemeinde weiterhin, selbst unter den widrigen Umständen, religiöse, kulturelle und karitative Arbeit an. Im Juni 1941 zeigte sich Rabbi Leo Baeck einem Kollegen gegenüber zutiefst befriedigt darüber, daß es den deutschen Juden gelungen sei, »Schulen, Religion und die jüdischen Wohlfahrtsorganisationen« aufrechtzuerhalten.[5] Juden konnten ihre eigenen Bildungs- und berufsbildenden Institutionen besuchen, sie konnten in Konzerte, Theateraufführungen und Vorträge des Jüdischen Kulturbundes gehen und auf ein ausgedehntes Netzwerk sozialer Dienste zurückgreifen. Einzelne arbeiteten auch weiterhin außerhalb der nun immer geschlosseneren jüdischen Gemeinschaft (wenn auch häufig nicht an einem Arbeitsplatz, den sie selbst gewählt hatten), sie trafen Freunde (wenn auch wesentlich weniger Nichtjuden als vor 1933) und unternahmen Ausflüge – wohl wissend, daß Juden »unerwünscht« waren. Familien feierten auch weiterhin ihre Feste, säkulare wie jüdische. Jugendliche brachen besonders gerne aus den Beschränkungen aus, die Juden auferlegt waren. Sie gingen, obgleich dies verboten war, ins Kino oder ins Theater. Gerne ahmten sie Nazigrößen nach, wohl wissend, welcher Gefahr sie sich damit aussetzten. Mit anderen Worten: Selbst in Nazideutschland gab es weiterhin ein lebendiges und intensives jüdisches Leben.

Trotz der Versuche, sich gegen die ständig verschärften Übergriffe zu schützen, drang der Nazismus unbarmherzig in die intimsten Sphären des Privatlebens vor. Vor jüdischen Paaren türmten sich plötzlich unvorhergesehene Schwierigkeiten auf, wenn sie sich verloben, heiraten, Kinder haben oder sich scheiden lassen wollten. Gesetze gegen Mischehen sowie die immer härtere Haltung von Behörden, aber auch von einfachen Deutschen gegenüber dem, was das Regime als »Rassenschande« brandmarkte, schränkte die Wahl des Partners drastisch ein. Ledige Jüdinnen und Juden sahen sich plötzlich einer Politisierung ihrer Sexualität ausgesetzt. Sie mußten Liebesbeziehungen zu »Ariern« verbergen oder, wenn sie entdeckt wurden, die Konsequenzen für ihre »Verbrechen« tragen. »Gemischte« Paare sahen ihre ehelichen und ihre Familienbande plötzlich durch das Regime in Frage gestellt. Behörden, Arbeitgeber, Freunde und Familien übten wachsenden Druck auf die Ehepartner aus, sich zu trennen. Die meisten dieser Ehen hielten jedoch, und vor allem schützten diese Mischehen in der Regel die jüdischen Partner vor der letzten Konsequenz, der Deportation.

Als die überwiegende Mehrheit der Deutschen die Juden als die Menschen zweiter Klasse zu behandeln begann, zu denen sie durch das Gesetz abgestempelt wurden, traten Juden in der Öffentlichkeit weitestgehend nicht mehr in Erscheinung. Viele zogen sich aus Vereinen zurück, häufig noch bevor sie formell ausgeschlossen wurden, andere flohen ins Ausland. Viele lernten neue Sprachen und erwarben neue Fertigkeiten, um sich auf eine künftige Auswanderung vorzubereiten. Die meisten versuchten, das Beste aus ihrer schwierigen Lage zu machen und ihre Würde selbst unter widrigen Umständen zu bewahren. Es nahm ungeheuer viel Energie in Anspruch, angesichts von Rechtlosigkeit, wirtschaftlichem Niedergang und gesellschaftlicher Ächtung die Selbstachtung zu wahren. Die Anpassung an Umstände, die der eigenen Kontrolle entzogen waren, und die Versuche, die eigene Würde angesichts von ständig zu gewärtigenden Erniedrigungen zu bewahren, waren eine durch und durch menschliche Reaktion, ein Abwehrmechanismus, der es den Verfolgten erlaubte, das immer schwerer werdenden Alltagsleben zu ertragen und selbst unter widrigsten Bedingungen das Selbstbild zu bewahren.

Das Festhalten an der eigenen Lebensweise lenkte nur selten von Auswanderungsbemühungen ab. Zwischen 270 000 und 300 000 Juden gelang es, aus Deutschland zu entkommen – das waren etwa drei Fünftel der in Deutschland lebenden Juden. Trotz dieser beeindruckenden Zahlen sind die deutschen Juden häufig im Rückblick dafür kritisiert worden, daß sie nicht schnell genug emigriert seien, daß sie die unheilvollen Zeichen nicht richtig gedeutet hätten und daß ihre Liebe zu Deutschland sie gegenüber der tödlichen Gefahr blind gemacht habe. Das ist nach meiner Überzeugung eine schwerwiegende Verzerrung der Tatsachen. Zwar stimmt es, daß viele deutsche Juden ihr Vaterland liebten und es nicht verlassen wollten, ein weitaus größerer Teil jedoch *konnte* Deutschland nicht verlassen, weil er (zu dem Zeitpunkt, als er gewillt war zu emigrieren) nicht mehr herauskam. In den frühen Jahren hatten die Nazis die deutschen Juden dadurch getäuscht und verwirrt, daß sie ihnen ein wenig Hoffnung ließen. Nach dem Novemberpogrom versuchten jedoch fast alle deutschen Juden verzweifelt zu fliehen, weil sie erkannten, daß man als Jude in Deutschland keine Zukunft hatte. Diejenigen, die nicht fliehen konnten, waren entweder durch ihre finanziellen Umstände oder durch soziale Verpflichtungen gehindert. Einige waren alt oder sorgten für alte Eltern. Anderen gelang es nicht, ein Visum zu erhalten oder die Schwierigkeiten zu überwinden, welche die Nazis auftürmten, um die Flucht zu vereiteln. In jedem Fall wirkte sich die Art, in der Juden ihre Zwangslage wahrnahmen, *zu keiner Zeit* – weder vor noch nach 1938 – entscheidend auf die Emigration aus. Auswanderungssteuern, gesperrte Bankkonten sowie die Konfiszierung jüdischen Besitzes durch die Nazis beschworen das Schreckgespenst eines Lebens im Ausland in bitterer Armut. Viele, besonders diejenigen, die eine Familie zu ernähren hatten, sowie alte Menschen, waren von derartigen Aussichten entmutigt. Als wichtigster Faktor muß jedoch genannt werden, daß die potentiellen Einwanderungsländer vor dem Ansturm der Verzweifelten ihre Tore verschlossen.

Bei Ausbruch des Krieges war nur noch ein Rest der jüdischen Gemeinschaft übriggeblieben. Das Leben reduzierte sich auf das alltägliche Überleben. Anders als die »Arier«, die Angst vor den Bombenangriffen hatten und sich Sorgen um ihre im Krieg kämpfenden Ehemänner, Söhne und Brüder machten, trauerten Juden um jene, die bereits den Nazis zum Opfer gefallen waren. Die meisten vermieden es, in der Öffentlichkeit gesehen zu werden, und zwar so effektiv, daß sich viele »Arier« wunderten, wie viele Juden es immer noch gab, als diese schließlich gezwungen wurden, den gelben Stern zu tragen. Juden fürchteten die Gestapo mehr als die Bomben. Die Bombenangriffe waren »so alltäglich, daß man das auch gar nicht mehr so dramatisch erlebt hat.«[6] Die Grausamkeiten waren viel schwerer zu ertragen. Juden erlitten die »märchenhafte Gräßlichkeit unserer Existenz: Angst vor jedem Klingeln, Mißhandlungen, Schmach, Lebensgefahr, Hunger (wirklicher Hunger), immer neue Verbote, immer grausigere Versklavung, tägliches Näherrücken der Todesgefahr, täglich neue Opfer rings um uns, absolute Hilflosigkeit«.[7]

Am 19. Juni 1943 erklärte Goebbels Berlin für »judenfrei«. Die Reichsvereinigung der Juden in Deutschland war Anfang Juni zerschlagen worden. Die Deportationen hatten die Juden seit Ende 1941 in Angst und Schrecken versetzt. Die Deportierten hatten erkannt, daß sie verschleppt, nicht »evakuiert« werden sollten. Obwohl der »äußerste Schrecken verborgen blieb«, hatten sie begriffen, daß die Deportation »ihr Ende bedeutete«.[8] Die einzigen noch in Deutschland verbliebenen Juden waren jene, die in »gemischten« Ehen lebten, sich versteckten oder in einigen »Judenhäusern« oder dem Jüdischen Krankenhaus in Berlin untergebracht waren. Von den über 500 000 Juden, die 1933 in Deutschland gelebt hatten, überlebten nur etwa 15 000 das Kriegsende.

Täter und Zuschauer

Im Vorkriegsdeutschland machten die Deutschen – die Regierung und, wie bereits dargelegt, die vielen, die die Rassengesetze der Nazis vorwegnahmen, unterstützten oder bejahten – die Juden zu Geächteten. Während des Krieges wurden die Bedingungen für die Juden derart verschärft, daß ihr Leben immer mehr dem Leben in einem Konzentrationslager ohne Mauern glich. Juden war der soziale Tod zugedacht. Obwohl es in den dreißiger Jahren Deutsche gab, die sich Juden gegenüber anständig und loyal verhielten, und in den vierziger Jahren einige wenige Deutsche alles aufs Spiel setzten, um Juden zu verstecken, führt doch kein Weg an der Erkenntnis vorbei, daß die meisten Deutschen die Gebote von Anstand und zivilem Verhalten, ohne die keine Gesellschaft bestehen kann, gegenüber ihren jüdischen Mitbürgern außer Kraft setzten, und dies häufig, *bevor* Gesetze und Verordnungen sie dazu zwangen.

Die Entrechtung der Juden fand in einem sich ständig verschlechternden sozialen Umfeld statt. Politische »Feinde« wurden geschlagen, eingesperrt und ermordet. Die Deutschen waren Zeugen dieser Ereignisse. Sie hörten oder lasen über sie. Viele waren unmittelbar daran beteiligt. Wenn wir uns darüber den Kopf zerbrechen, wie viel die Deutschen über den Holocaust wußten, dürfen wir diesen früheren Kontext nicht vergessen. Von 1933 bis 1939 nahm die Brutalität der politischen Unterdrükkung und die Gewalt gegenüber »anderen« zu, ohne daß man dies vor der Öffentlichkeit verbarg. Diese Brutalität stellte den Rahmen bereit, in dem die »Herrenrasse« Juden dauerhaft zu Geächteten machte, so daß sie nur noch unter größten Schwierigkeiten arbeiten oder ein Geschäft betreiben, einkaufen, traditionelle Mahlzeiten zubereiten, Mietwohnungen finden, Freundschaften mit Nichtjuden aufrechterhalten und ihre Kinder erziehen konnten. Aus Furcht vor ihrem eigenen Regime und verführt von dessen frühen »Erfolgen« sahen die Deutschen zu oder applaudierten offen, als Juden ihre Praxen und Betriebe verloren und weit unter Wert an sie, die letztlich die Nutznießer dieser Zwangsverkäufe waren, verkaufen mußten. Nach 1938 eskalierte die Gewalt gegen Juden in einem Kontext, in dem das Regime durch die Annexionen Österreichs und der Tschechoslowakei Auftrieb erhalten hatte. Nun konfiszierten die Nazis alle noch verbliebenen jüdischen Betriebe, zogen die Juden zur Zwangsarbeit heran und pferchten sie in »Judenhäusern« zusammen. Sie raubten den Juden unverhohlen ihren persönlichen Schmuck, ihre kostbaren Erbstücke und den wenigen Besitz, der ihnen noch geblieben war. Während des Krieges kürzten sie die jüdischen Nahrungsmittelrationen und verboten Juden, Medikamente, Kleidung oder Seife zu kaufen, verweigerten ihnen die Benutzung der öffentlichen Verkehrsmittel und sonderten sie in Luftschutzkellern von den anderen Deutschen ab.

Historikerinnen und Historiker wie Elizabeth Heineman, Robert G. Moeller, Frank Biess und andere haben beschrieben, wie schnell die Deutschen nach 1945, wenn sie nach dem Massenmord an den Juden und anderen Minoritäten gefragt wurden, auf ihre eigenen Erfahrungen im Krieg auswichen.[9] Nicht selten wird der »jüdische Krieg«, wie manche ihn damals verstanden haben, als Katastrophe erinnert, dessen Opfer hauptsächlich das deutsche Volk selbst war. Gar zu bereitwillig wichen Deutsche auf die schlimmen Zeiten aus, die sie selber durchmachen mußten, und sprachen vom Krieg und von den Bombenangriffen, bei denen *sie* die Opfer waren. Hier ist nicht der Ort, darzulegen, auf welche Weise das Selbstbild als Opfer es den Deutschen ermöglicht hat, Schuld- und Schamgefühle im Hinblick auf den Holocaust zu relativieren. Wichtig ist hingegen, daß unsere Kenntnisse darüber, welche Entbehrungen Juden in Nazideutschland ertragen mußten, kaum von den Deutschen stammen können, die – so behaupten sie jedenfalls – zu sehr mit alltäglichen Sorgen beschäftigt waren, um den Praktiken und der Rhetorik des Regimes besondere Aufmerksamkeit zu schenken. Unser Wissen gewinnen wir nahezu ausschließlich aus den Aussagen der Opfer – nicht etwa von »arischen« Arbeitern, die die immer schäbiger werdende Kleidung der jüdischen Arbeiter wahrgenommen haben müssen, nicht von »arischen« Kindern, die jüdische Kinder verhöhnten, und ganz gewiß nicht von Nachbarn, die sahen, wie Juden zur Räumung ihrer Häuser gezwungen wurden, oder wie Juden in abgetrennten Bereichen in den Luftschutzkellern sitzen mußten.

Die Berichte der jüdischen Opfer stehen im Widerspruch zu den Schlußfolgerungen deutscher Historiker, die in ihren Quellen keinen oder wenig Antisemitismus zu finden vermochten. Schlimmer noch, diese Berichte widersprechen offen den Behauptungen vieler Deutscher, sie hätten »nicht gewußt«, was den Juden widerfuhr.[10] Die Berichte der Opfer sind voll von Klagen darüber, wie öffentlich sichtbar, wie unnötig und wie grausam die Vorkommnisse waren, die sie erdulden mußten, und daß diese Grausamkeiten durch keinerlei äußere Drohung erzwungen worden seien. Wie häufig kam es vor, daß sie »Ariern« begegneten, denen es ein Vergnügen zu bereiten schien, sich boshaft und sadistisch zu verhalten: der Frau, die den Bäcker aufforderte, Juden keine Brötchen mehr zu liefern, Deutschen, die in der Straßenbahn »jüdische Merkmale« an einem Fahrgast aufzuspüren suchten, Hausfrauen, die ein »Mischlings«-Kind daran hinderten, Milch zu kaufen, Beamten, die jüdischen Kindern verboten, im Freien zu spielen. Nur zu häufig trafen die Juden auf Deutsche, die ihre Not ausnutzten, indem sie Geld und Güter von ihnen erpreßten, bevor sie sie mit Auswanderungspapieren versahen. Sie erinnerten sich sehr wohl an die

Deutschen, die von auswandernden Juden billig deren Hab und Gut erstanden, während sie sich zugleich ständig über ihre eigenen Probleme beklagten. Nicht wenige kämpften auf Auktionen, auf denen jüdisches Eigentum versteigert wurde, »wie Schakale um einen Kadaver«[11] und profitierten von der Deportation und Ermordung der rechtmäßigen Besitzer. Es ist diese Alltagsperspektive, es ist die Perspektive der Opfer, die bis heute in Darstellungen zum Alltagsleben während der Nazizeit fehlt.

Einige Historiker haben das Verhalten der Deutschen angesichts der Verfolgung und Ermordung ihrer jüdischen Mitbürger weniger als Folge antisemitischer Vorurteile, sondern als eine Kombination von autoritärer Mentalität und moralischer Apathie gedeutet. Sie haben die wachsende physische wie gesellschaftliche Distanz zwischen Juden und Nichtjuden nach 1933 für die deutsche »Ignoranz und Gleichgültigkeit« gegenüber den Juden verantwortlich gemacht.[12] Am anderen Ende des Erklärungsspektrums steht Daniel Goldhagens These vom »eliminatorischen Antisemitismus«, der den Deutschen angeblich eigen gewesen sei, so daß diese ganz gewöhnlichen Deutschen schließlich, als ihnen die Gelegenheit dazu gegeben wurde, die Juden sadistisch quälten und schließlich umbrachten.[13]

Dieses Buch bestreitet beide Erklärungsansätze. Auf der einen Seite habe ich zu zeigen versucht, daß viele Deutsche bei der Verfolgung der Juden keineswegs nur passive, sondern durchaus eine aktive Rolle gespielt haben, von den wenigen Ausnahmen abgesehen, besonders bei jenen Deutschen, die Juden unter Einsatz ihres eigenen Lebens versteckten. Während der gesamten Zeit des Dritten Reiches war nicht zu übersehen, daß rassistische Einstellungen weit verbreitet und äußerst wirksam waren. Auf der anderen Seite jedoch scheuten die »gewöhnlichen Deutschen« durchaus vor offener und hemmungsloser Gewalt gegenüber Juden zurück. Sicherlich wollten sie nicht, daß die Juden ermordet wurden. Sie wollten sie jedoch aus ihrer Gesellschaft ausschließen. Sie hofften, die Juden würden einfach »verschwinden«[14] – ökonomisch, politisch und schließlich als soziale Präsenz. Vor der entsetzlichen Eskalation ihrer Wünsche verschlossen sie dann schlicht ihre Augen.

Der Wunsch, die Juden mögen »verschwinden«, ist mithin nicht das gleiche wie die Billigung des Völkermords. Dieser

Wunsch nach dem »Verschwinden« der Juden ist es jedoch wert, näher analysiert zu werden, ebenso wie die Art und Weise, in der rassistische Vorurteile epidemische Ausmaße annehmen können und Bigotterie zu Massakern zu führen vermag.[15] Die Tatsache, daß so viele Deutsche hofften, die Juden mögen von der Bildfläche verschwinden, heißt keineswegs, daß der Massenmord aus der Perspektive der dreißiger Jahre unvermeidlich gewesen wäre. Diese Jahre waren in hohem Maße ambivalent, es sei denn, man konstruiert im Nachhinein die Unausweichlichkeit der Dinge. Sie waren beängstigend, ja in hohem Maße ominös, doch Hinweise auf den bevorstehenden Völkermord sucht man vergebens. Was die dreißiger Jahre uns zeigen, ist, wie gefährlich Rassismus ist, wie er die Täter ebenso herabsetzt wie die Opfer zerstört, und wie der soziale Tod letztlich zum physischen Tod führen kann.

Rassismus ist erbarmungslos und verschont weder die Jungen noch die Alten. Die Kindheit und Jugend Zehntausender junger Juden wurde durch die Politik der Nazis, aber auch durch das Verhalten von Lehrern, Schulkameraden, Nachbarn und Fremden dramatisch beeinflußt. Man kann nur darüber spekulieren, wie vormals behütete, lebhafte und unbefangene Kinder die Ächtung und grausame Einschränkung ihres Lebenskreises erfahren haben mögen. Die jüdischen Schulen boten den Kindern für kurze Zeit ein Refugium, schrumpften jedoch zusammen, je mehr Kinder auswanderten. 1942 schlossen die Nazis die verbliebenen jüdischen Schulen endgültig. Außerhalb des Schulhofes sahen sich die jüdischen Kinder den Grausamkeiten von Fremden, ja selbst von früheren Freunden ausgesetzt. Es ist diese Geschichte der alltäglichen Erniedrigungen und Quälereien selbst von Kindern, an die sich die Deutschen – was nicht überrascht – so schlecht erinnern können. Die meisten jüdischen Kinder emigrierten schließlich mit ihren Familien oder »wurden zu Briefen«, als sie flohen. Einige überlebten im Versteck, und ca. 20 000 Kinder unter 18 wurden von den Nazis ermordet.[16] Den Alten erging es noch wesentlich schlimmer. Da sie ihren Kindern im Ausland nicht zur Last fallen wollten und weil sie nicht imstande waren, sich durch die Nazibürokratie hindurchzulavieren, schickten sie die Jungen zuerst fort und saßen dann schließlich in der Falle. 1941 hatten zwei Drittel der noch verbliebenen jüdischen Bevölkerung das mittlere Lebensalter überschritten. Ungefähr 61 000 ältere Menschen – in der Mehrzahl Frauen – blieben in der Gewalt der Nazis.

Rassismus kommt bei den Geschlechtern unterschiedlich zum Tragen. Metaphorik und Praxis unterschieden sich je nachdem, ob das Naziregime jüdische Frauen oder jüdische Männer im Visier hatte. Die Nazipropaganda stellte jüdische Männer als Schwindler und Verräter dar, als gierige Bankiers und Zuhälter. Von Beginn an hatten es die Nazis auf jüdische Männer abgesehen, und diese Verfolgung erreichte ihren Höhepunkt mit der Verhaftungswelle während des Novemberpogroms. Von seltenen Ausnahmen abgesehen, scheuten die Nazis davor zurück, Frauen in der Öffentlichkeit zu mißhandeln. Nach 1941 jedoch behandelten die Nazis Männer und Frauen mit der gleichen schockierenden Brutalität – sei es bei der Zwangsarbeit oder indem sie sie von ihren Familien fortrissen und in Züge luden, die sie nach Osten transportieren sollten.

Die Geschlechtszugehörigkeit beeinflußte auch die Art und Weise, in der die Opfer sich selbst zu retten versuchten. Jüdische Frauen reagierten anders als Männer. Die Rolle, die Frauen in Familie und Gesellschaft im Vorkriegsdeutschland innehatten, wirkte sich auf ihre Wahrnehmung der Ereignisse in den dreißiger Jahren ebenso aus wie auf ihre Optionen während des Krieges. Sie reagierten früher als die Männer auf die nationalsozialistische Bedrohung und drängten auf Auswanderung. Als die Nazis den Männern das wirtschaftliche Überleben unmöglich machten, gingen die Frauen arbeiten oder ließen sich für neue Berufe ausbilden. Jüdische Frauen bemühten sich auch nach Kräften, ihre Lieben vor dem Zugriff der Gestapo zu retten. In dem Maße, in dem die Familie für die praktischen und emotionalen Bedürfnisse der Juden immer wichtiger wurde, waren es zumeist die Frauen, welche die größere Last des Überlebens zu tragen hatten – indem sie in engeren Unterkünften zurechtkommen mußten, Ersatznahrungsmittel zubereiteten oder für Geselligkeit und Zerstreuung sorgten. Hausfrauen und Mütter strebten danach, inmitten der Verzweiflung eine Art von »Normalität« aufrechtzuerhalten – während sie zugleich lernten, mit weniger zurechtzukommen und auf noch Schlimmeres gefaßt zu sein.

Frauen bewahrten inmitten der allgemeinen Verzweiflung ihre Würde dadurch, daß sie sich darauf besannen, wer sie wirklich waren, und zu ignorieren versuchten, was ihre Feinde aus ihnen machten. Sie hielten ihre immer kleiner werdenden Familien- und Freundeskreise zusammen, und sie unterstützten sich gegenseitig. Sie halfen freiwillig in der jüdischen Gemeinde. Während des Novemberpogroms und danach legten jüdische Frauen eine außergewöhnliche Entschlossenheit an den Tag. Während sie hart arbeiteten, um die Scherben zusammenzukehren und das Chaos aufzuräumen, versuchten sie beharrlich, die Freiheit ihrer männlichen Verwandten zu erwirken. Sie waren nun sicher, daß in Deutschland nichts als neue Härten und Grausamkeiten auf sie warteten. Die meisten Frauen begannen den Hindernislauf von Behörde zu Behörde, um ihre Männer freizubekommen, wo nötig zahlten sie Bestechungsgelder, und sie versuchten alles in ihrer Macht Stehende, um einen sicheren Ort im Ausland zu finden. Als das Regime ihre persönliche Habe plünderte, versuchten die Frauen, die unzähligen Hindernisse zu überwinden, die der Emigration entgegenstanden, und ermöglichten so den Exodus von Tausenden. Doch als die Auswanderung zur Flucht wurde, gerieten mehr jüdische Frauen in die Falle. Einige waren Witwen und zu alt, um das Land zu verlassen, andere hatten ihre Ehemänner vorausgeschickt, wieder andere zögerten, ihre Eltern zurückzulassen, verfügten nicht über die Mittel oder hatten nicht die notwendigen Fähigkeiten, die es ihnen erlaubt hätten, in den Zufluchtsländern zurechtzukommen.

Wenn man die Erfahrungen der jüdischen Frauen betrachtet, drängt sich die Frage auf, warum in der Erforschung des Holocaust bis vor kurzem immer Männer im Zentrum des Interesses standen. Mir scheint, wie Joan Ringelblum zu Recht feststellt, daß man vom Ende her, von Tod und Vernichtung aus, den Prozeß, der schließlich in Auschwitz endete, nicht hinreichend beschreiben kann.[17] Um mit Mary Felstiner zu sprechen: »Auf den Stationen zur Vernichtung erlebten die Geschlechter jeweils ihre eigene Reise.«[18] Eins sollte klar und von vornherein ausgeschlossen sein: Wenn man im Zusammenhang mit dem Holocaust die Geschlechterfrage stellt, kann die Schuld an der unverhältnismäßig größeren Anzahl von Frauen, die umkamen, niemals anderen Überlebenden angelastet werden. Die Schuld bleibt bei den Mördern. Die Frage nach dem Geschlecht der Opfer hebt dieses Thema nicht über die übergeordneten Fragen des Rassismus hinaus. Wir wissen, daß die Nazis »die Erde nicht mit dem jüdischen Volk teilen« wollten, wie Hannah Arendt es ausgedrückt hat.[19] Ich habe nicht nur deshalb die Wichtigkeit des Geschlechts betont, weil uns das erlaubt, ein stärker differenziertes, nuanciertes und präzises Bild der Zustände zu malen, sondern auch, weil ich den jüdischen Frauen endlich die Stimme geben möchte, die ihnen zusteht, und uns, den heutigen Leserinnen und Lesern, eine Perspektive zeigen will, die uns zu lange vorenthalten wurde. Die Geschlechterperspektive macht sichtbar, in welcher Weise Frauen und Männer unterschiedlich behandelt wurden. Sie zeigt uns zudem, wie Frauen und Männer jeweils reagierten. Das Geschlecht beeinflußte Entscheidungen und Schicksale, gerade in Extremsituationen. In dem Maße, in dem die Nazis jüdisches Leben in Deutschland zunächst erschwerten und schließlich völlig vernichteten, rückten die Geschichten jüdischer Frauen in den Mittelpunkt der jüdischen Geschichte.

Danksagung

Wenn man ein Buch vollendet hat, besteht die Belohnung darin, denjenigen Menschen zu danken, ohne die es nicht entstanden wäre. Es ist mir eine große Freude, vielen Freundinnen und Freunden sowie Kolleginnen und Kollegen und nicht zuletzt den Organisationen, Bibliotheken und Archiven, die meine Arbeit gefördert haben, zu danken. Zuallererst gilt mein Dank den Mitgliedern meiner Studiengruppe zur Erforschung der deutschen Frauengeschichte. Über fünfzehn Jahre hinweg haben wir uns regelmäßig getroffen und mit Hingabe und dem unentbehrlichen Humor unsere Erkenntnisse über deutsche Geschichte im allgemeinen und Frauengeschichte im besonderen ausgetauscht. Diese Gruppe hat mir freundliche, aber auch strenge Kritik zuteil werden lassen. Im Laufe dieser regelmäßigen Treffen sind wir Freundinnen geworden und haben die historische Forschung als gemeinsame statt als einsame Erfahrung erlebt. Mein Dank gilt Bonnie Anderson, Dolores Augustine, Maria Baader, Rebecca Boehling, Renate Bridenthal, Jane Caplan, Belinda Davis, Atina Grossmann, Amy Hackett, Young Sun Hong, Jan Lambertz, Molly Nolan, Nancy Reagin und Heidrun Suhr. Vor allem Renate Bridenthal danke ich. Sie hat mehrfach frühere Versionen dieses Buches gelesen und sie war stets für mich da. Zu Dank verpflichtet bin ich auch meinen Lektoren für die Ausgabe der Oxford University Press, Nancy Lane und Thomas LeBien, sowie Trude Maurer für ihre sorgfältige Lektüre meines Buches. Mark Anderson, Werner T. Angress und Volker Berghahn haben mir bei einzelnen Kapiteln, die mir Schwierigkeiten bereiteten, geholfen, und Amy Hackett und Belinda Cooper halfen für die amerikanische Ausgabe bei Übersetzungen der Originalzitate aus dem Deutschen. Ihnen allen bin ich in Dankbarkeit verbunden.

Besonderen Dank schulde ich auch Paula Hyman, Rose Kavo, Claudia Koonz, Hanna Schissler und Frank Stern, die sich trotz ihrer vielfältigen Verpflichtungen die Zeit genommen haben, mein überarbeitetes und erweitertes Manuskript kritisch zu lesen. Als gute Freundinnen und Freunde haben sie mir bei

Kaffee, per Brief, Telefon und e-mail hilfreiche Hinweise gegeben und mich nicht selten auch getröstet.

Die deutsche Version diese Buches zu erstellen erforderte, wie jede Übersetzung, Teamarbeit. Ich danke Christian Wiese für seine sorgfältige Übersetzung, Christian Fleck und Frank Stern für zahlreiche hilfreiche Hinweise und meiner Freundin Hanna Schissler für die vielen Tage, die sie zusammen mit mir die Übersetzung gründlich überarbeitet hat.

Folgende Institutionen und Menschen haben meine Arbeit hilfreich unterstützt: der American Council of Learned Societies, die City University of New York, die mir das PSC-CUNY-Stipendium und das Scholar Incentive-Stipendium verliehen haben, das Leo Baeck Institute, die Littauer Foundation, das National Endowment for the Humanities sowie Queens College, das mir den Presidential Research Award verliehen hat. Mein Dank gilt auch den Archiven und Bibliotheken in Coswig, Düsseldorf, Hamburg, Koblenz und Potsdam, der Houghton Library der Harvard University und dem Archiv von Yad Vashem in Jerusalem. Besonders möchte ich meinen Kolleginnen und Kollegen am Leo Baeck Institute in New York danken, vor allem Wendy Henry, Frank Mecklenburg, Diane Spielmann und Renata Stein, die meine Besuche dort ertragreich und angenehm machten.

Nicht zuletzt sei meiner Familie gedankt. Während ich über die Not jüdischer Kinder und Jugendlicher in den dreißiger Jahren schrieb, hatte ich nicht selten meinen zehnjährigen Sohn und meine 21jährige Tochter vor Augen. Ich konnte mir ihre Reaktionen und ihren Kummer vorstellen, hätten sie ähnliche Situationen wie die, die ich beschrieb, durchleben und bewältigen müssen. Solche Gedanken verliehen meinem Projekt eine noch persönlichere und noch schmerzlichere Dimension. Gleichzeitig erfüllte mich große Dankbarkeit dafür, daß ich meine Kinder unbeschadet aufwachsen und sich entwickeln sehen darf, und ich war glücklich, in ihre Welt zurückkehren zu können. Ich danke Joshua und Ruth dafür, daß sie mich zwangen, von den dreißiger auf die neunziger Jahre umzuschalten, und für die Liebe und Freude, die sie mir schenken. Meine Tochter Ruth hat das Manuskript während ihrer Sommerferien sorgfältig gelesen und mir ihre Eindrücke mitgeteilt. Douglas Morris, meinem Freund und Ehemann, dessen großes Interesse an und

Wissen über den Gegenstand meines Buches mich ermutigt und meine Gedanken bereichert haben, gilt meine tiefe Verbundenheit. Seine gewissenhafte Redaktion und die einsichtigen Kommentare waren mir eine unschätzbare Hilfe. Seine Fürsorge und seine Freundschaft haben mich durch dieses Projekt getragen.

Marion Kaplan, New York im September 2000

Anmerkungen

Einleitung

1 Einige wenige Studien und Sammelbände sind dazu erschienen, unter denen W. Benz (Hg.), *Die Juden in Deutschland 1933–1945. Leben unter nationalsozialistischer Herrschaft*, München 1988, herausragt.

2 D. J. Goldhagen, *Hitlers willige Vollstrecker. Ganz gewöhnliche Deutsche und der Holocaust*, Berlin 1996.

3 I. Deutschkron, *Ich trug den gelben Stern*, Köln 1978, S. 17.

4 Orlando Patterson führte den Begriff des »sozialen Todes« in seinem Buch *Slavery and Social Death*, Cambridge 1982, ein, um die Lebensbedingungen von Sklaven zu beschreiben. Drei Merkmale machen zusammen den sozialen Tod der Sklaven aus: völlige Herrschaft über die Person, der Ausschluß aus der »legitimen sozialen oder moralischen Gemeinschaft« und ein beständiger Zustand der Schande. Eine Geschichte der Juden in Nazideutschland läßt viele ähnliche Züge erkennen (allerdings auch wichtige Unterschiede). Vgl. auch Pattersons Buch *Freedom: Freedom in the Making of Western Culture*, New York 1991.

5 Von einigen Ausnahmen abgesehen erzählt dieses Buch nicht die Geschichte der bedeutsamen Minderheit osteuropäischer Juden in Deutschland, die der Arbeiterklasse angehörten. Vgl. dazu Y. Weiss, *Deutsche und polnische Juden vor dem Holocaust. Jüdische Identität zwischen Staatsbürgerschaft und Ethnizität 1933–1940*, München 2000.

6 Christabel Bielenberg, Interview im Film *World at War: A New Germany* (Thames Television, London 1977).

7 A. Nauen, Research Foundation, S. 10.

8 R. Hilberg, *Täter, Opfer, Zuschauer. Die Vernichtung der Juden 1933–1945*, Frankfurt a. M. 1992, S. 145.

9 J. Ringelheim, »Women and the Holocaust: A Reconsideration of Research«, in: C. Rittner/J. Roth (Hg.), *Different Voices: Women and the Holocaust*, New York 1993, S. 400.

10 Die Lebenserinnerungen ziehen uns so in ihren Bann, weil sie die Gefühle ihrer Verfasser(innen) zum Ausdruck und eine Vielfalt jüdischer Stimmen zu Gehör bringen. Allerdings werfen Memoiren die Frage nach den Defiziten der Erinnerung und den Prämissen der Verfasser(innen) auf. Wie wirken sich die Motive der Schreibenden auf die Substanz der Erinnerung aus? Und – da die Verdrängung der Gefahr in den frühen Jahren der Nazizeit für die Aufrechterhaltung der eigenen geistigen Gesundheit eine große Rolle spielte – wie können wir der Geheimnisse ansichtig werden, die Menschen vor sich selbst hatten? Außerdem muß gefragt werden: Verändert sich die »Erinne-

rung« der dreißiger Jahre durch das Wissen über den späteren Völkermord? Mit diesen Fragen im Hinterkopf habe ich Tagebücher und Briefe aus den dreißiger und frühen vierziger Jahren durchgesehen, dazu eine Sammlung von Memoiren, die im Archiv der Harvard University liegen und die deutsche (jüdische wie nichtjüdische) Emigranten 1940 verfaßten, als der Völkermord für die meisten noch unvorstellbar war, und Memoiren, die nach 1945 entstanden, viele in den sechziger, einige sogar in den achtziger Jahren.

11 Vgl. etwa M. Broszat et al. (Hg.), *Bayern in der NS-Zeit. Soziale Lage und politisches Verhalten der Bevölkerung im Spiegel vertraulicher Berichte,* 6 Bde., München/Wien 1977–1983 (vor allem Bd. 2–4) und L. Niethammer (Hg.), *»Die Jahre weiß man nicht, wo man die heute hinsetzen soll«,* Bonn 1983. Vgl. auch M. Nolan, »The Historikerstreit and Social History«, in: *New German Critique* 44 (1988) und 46 (1990). In U. Herberts Arbeiten, *Geschichte der Ausländerbeschäftigung in Deutschland 1880 bis 1980. Saisonarbeiter, Zwangsarbeiter, Gastarbeiter,* Berlin/Bonn 1986, und *Europa und der »Reichseinsatz«: Ausländische Zivilarbeiter, Kriegsgefangene und KZ-Häftlinge in Deutschland 1938–1945,* Essen 1991, kommen zwar Juden vor, doch handelt es sich dabei zumeist nicht um deutsche Juden.

12 P. Baldwin, »The *Historikerstreit* in Context«, in: ders. (Hg.), *Reworking the Past: Hitler, the Holocaust, and the Historians' Debate,* Boston 1990, S. 16; P. Fritzsche, »Where Did All the Nazis Go? Reflections on Resistance and Collaboration«, in: *Tel Aviver Jahrbuch für deutsche Geschichte* 23 (1994), S. 191–214. Vgl. auch die Beiträge von S. Friedländer und D. Diner in: D. Diner (Hg.), *Ist der Nationalsozialismus Geschichte? Zu Historisierung und Historikerstreit,* Frankfurt a. M. 1987; J. Kocka, *Sozialgeschichte. Begriff, Entwicklung, Probleme,* Göttingen 1986, S. 162–174.

13 Ulrich Herbert (s. Anm. 11) und Alf Lüdtke gehören zu den Historikern, die einen solchen Zusammenhang sehen. A. Lüdtke, »›Formierung der Massen‹ oder Mitmachen und Hinnehmen? ›Alltagsgeschichte‹ und ›Faschismusanalyse‹«, in: H. Gerstenberger/D. Schmidt (Hg.), *Normalität oder Normalisierung,* Münster 1987, S. 26, untersucht, wie »Politisierung des Privaten *und* Privatisierung des Politischen« zur Routine, d. h. normal wurden (vgl. auch die Einführung von Gerstenberger). Vgl. D. Peukert, »Alltag und Barbarei. Zur Normalität des Dritten Reiches«, in: D. Diner (Hg.), *Ist der Nationalsozialismus Geschichte?,* S. 57.

14 M. Geyer, »The State in National Socialist Germany«, in: Ch. Bright/S. Harding (Hg.), *Statemaking and Social Movements,* Ann Arbor, Mich. 1984, S. 218.

15 M. Nolan, »The Historikerstreit and Social History«, in: P. Baldwin (Hg.), *Reworking the Past: Hitler, the Holocaust and the Historians' Debate,* S. 239; F. Trommler, »Between Normality and Resistance: Catastrophic Gradualism in Nazi Germany«, in: M. Geyer/J. Boyer (Hg.), *Resistance Against the Third Reich,* Chicago 1992, S. 119–138;

A. von Saldern, »Hillgrubers ›Zweierlei Untergang‹. Der Untergang historischer Erfahrungsanalyse?«, in: H. Gerstenberger/D. Schmidt (Hg.), *Normalität oder Normalisierung,* S. 166 f.

16 F. Stern, »Antagonistic Memories: The Post-War-Survival and Alienation of Jews and Germans«, in: L. Passerini (Hg.), *Memory and Totalitarianism,* Oxford 1992; S. Friedländer, »A Controversy about the Historicization of National Socialism«, in: *New German Critique* 44 (1988), S. 108.

17 H. A. Strauss, »Jewish Emigration from Germany (I)«, in: *LBIYB* 25 (1980), S. 316 f. Zwischen 1933 und September 1944 nahm die Anzahl der Juden in Deutschland von 525 000 Juden (als Religionszugehörigkeit) auf weniger als 15 000 »Juden« (als »rassische« Zugehörigkeit) ab. 1933 lebten 15 Prozent der deutschen Juden in Städten unter 10 000 Einwohnern und 3,4 Prozent in Städten mit 10 000 bis 20 000 Einwohnern. Es gab 1 700 jüdische Gemeinden. Vgl. W. Cahnmann, »Village and Small-Town Jews in Germany: A Typological Study«, in: *LBIYB* 19 (1974), S. 107.

18 U. Baumann hat gezeigt, daß 1933 in einigen südbadischen Städten ein weit größerer Prozentsatz von Frauen arbeitete, vgl. U. Baumann, »Die sozialen Beziehungen zwischen Christen und Juden in südbadischen Landgemeinden 1862–1940«, Magisterarbeit, Universität Freiburg 1995, S. 24, und ders., *Zerstörte Nachbarschaften. Christen und Juden in badischen Landgemeinden, 1862–1940,* Hamburg 2000. Vgl. auch *IF,* 23. Febr. 1933, S. 9; H. Silbergleit, *Die Bevölkerungs- und Berufsverhältnisse der Juden im Deutschen Reich,* Berlin 1930, S. 108.

19 Ebd., S. 108.

20 1933 waren 45 Prozent der weiblichen jüdischen Bevölkerung Hausfrauen, 41 Prozent Alleinstehende und 14 Prozent Witwen, vgl. E. Rosenthal, »Trends of the Jewish Population in Germany, 1910–1939«, in: *Jewish Social Studies* 6 (1944), S. 250. 1929 waren etwa ein Viertel aller deutsch-jüdischen Studierenden Frauen. 1932 studierten an deutschen Universitäten 1408 jüdische Frauen.

21 K. Schleunes, *The Twisted Road to Auschwitz: Nazi Policy Toward German Jews, 1933–39,* Urbana, Ill. 1970, S. 7. Vgl. auch E. Rosenthal, »Trends of the Jewish Population«, S. 133–273. 1930 waren zwanzig von hundert jüdischen Ehen Mischehen, doch die Konversionen waren im Vergleich zur Zeit des Kaiserreichs zurückgegangen, vgl. U. O. Schmelz, »Die demographische Entwicklung der Juden in Deutschland von der Mitte des 19. Jahrhunderts bis 1933«, in: *Zeitschrift für Bevölkerungswissenschaft* 8 (1982), S. 42 und S. 52 f. Vgl. auch Kerstin Meiring, *Die Christlich-jüdische Mischehe in Deutschland 1840–1933,* Hamburg 1999.

22 C. Huerkamp, »Jüdische Akademikerinnen in Deutschland, 1900 bis 1938«, in: *Geschichte und Gesellschaft* 19 (1993), S. 319. Für die SPD vgl. Ch. Wickert, »Sozialistin, Parlamentarierin, Jüdin«, in: L. Heid/A. Paucker (Hg.), *Juden und deutsche Arbeiterbewegung bis 1933,* Tübingen 1992.

23 G. L. Mosse, *German Jews Beyond Judaism,* Bloomington, Ind. 1985, S. 14.

24 Vgl. M. Brenner, *Jüdische Kultur in der Weimarer Republik,* München 2000 und I. Schorsch, »German Judaism: From Confession to Culture«, in: A. Paucker (Hg.), *Die Juden im nationalsozialistischen Deutschland/ The Jews in Nazi Germany, 1933–1945,* Tübingen 1986, S. 67–74.

25 In M. Kaplan, *Jüdisches Bürgertum. Frau, Familie und Identität im Kaiserreich,* Hamburg 1997, benutzte ich Memoiren, um zu zeigen, wie Familien jüdisches Leben aufrechterhielten oder veränderten, wie sie Freundschaften und Familiennetzwerke aufbauten, um ein jüdisches kulturelles, religiöses und soziales Milieu zu schaffen, und welche fundamentale Rolle *Bildung* für die deutsch-jüdische Identität spielte.

26 D. J. Goldhagen, *Hitlers willige Vollstrecker.*

27 D. L. Niewyk, *The Jews in Weimar Germany,* Baton Rouge, La. 1980, S. 80.

28 R. Straus, *Wir lebten in Deutschland. Erinnerungen einer deutschen Jüdin, 1880–1933,* Stuttgart 1961, S. 266.

29 M. Burleigh/W. Wippermann, *The Racial State: Germany 1933–1945,* Cambridge 1991, S. 22.

30 Den Begriff der »Rasse« erörtert H. L. Gates, Jr. (Hg.), *»Race«, Writing, and Difference,* Chicago 1985. »Mischehe« ist ein weiterer problematischer Begriff: Bezeichnete er vor der Machtergreifung der Nazis eine Ehe zwischen Angehörigen verschiedener Religionen, so diente er danach zur Kennzeichnung der Ehe eines Paares unterschiedlicher »Rassen«. Ich habe beschlossen, den Begriff ohne Anführungszeichen zu schreiben, um nahe bei der Bezeichnung solcher Paare vor 1933 zu bleiben.

31 E. Hildesheimer, *Der Existenzkampf der Reichsvertretung und Reichsvereinigung der Juden in Deutschland,* Tübingen 1994.

1

In der Öffentlichkeit – Juden werden zu Ausgestoßenen, 1933–1938

1 Hannah Arendt im Gespräch mit G. Gaus in: G. Gaus, *Zur Person. Porträts in Frage und Antwort,* München 1965, S. 22.

2 W. Gruner, »Die Reichshauptstadt und die Verfolgung der Berliner Juden 1933–1945«, in: R. Rürup (Hg.), *Jüdische Geschichte in Berlin. Essays und Studien,* Berlin 1995, S. 230. Vom Pöbel ausgehende Gewalt kam auch in einigen Klein- und Großstädten vor.

3 M. Limberg/H. Rübsaat (Hg.), *Sie durften nicht mehr Deutsche sein. Jüdischer Alltag in Selbstzeugnissen 1933–1938,* Frankfurt a. M./ New York 1990, S. 37 f.

4 Helen Lang (Pseudonym), Harvard, S. 34 und S. 108. Zum Verbrennen von Papieren vgl. auch Marthe Lewinsohn, Harvard, S. 1. Ihr Mann war Sozialist und »Halbjude«.

5 I. Deutschkron, *Ich trug den gelben Stern,* S. 12. Vgl. auch Emily Braun-Melchior, LBI, S. 31C; Lisa Frank, Yad Vashem, S. 8; Lotte Popper, Harvard, S. 58.

6 Elisabeth Bamberger, LBI, S. 15.

7 S. Milton, »Women and the Holocaust«, in: R. Bridenthal et al. (Hg.), *When Biology became Destiny: Women in Weimar and Nazi Germany,* New York 1984, S. 298 ff. Zu den fünf Frauen vgl. Ch. Wickert, »Sozialistin, Parlamentarierin, Jüdin«.

8 Recha Rothschild, LBI, S. 117.

9 Sie wurde nie aus dem Gefängnis deportiert und überlebte, vgl. Käthe Baronowitz, Yad Vashem, S. 3.

10 B. Händler-Lachmann et al. (Hg.), *»Purim, Purim, ihr liebe Leut, wißt ihr, was Purim bedeut?« Jüdisches Leben im Landkreis Marburg im 20. Jahrhundert,* Marburg 1995, S. 198.

11 Vgl. S. Milton, »Women and the Holocaust«, S. 298 ff. Milton hält auch fest, daß vor 1939 etwa 25 Prozent der in »Schutzhaft« gehaltenen Frauen Jüdinnen waren. Als Ausnahme – eine Frau, die angeblich aus finanziellen Gründen verhaftet wurde und vor 1939 achtzehn Monate in verschiedenen Gefängnissen verbrachte – vgl. Ida Fanny Lohr, Harvard.

12 B.-L. Lange (Hg.), *Davidstern und Weihnachtsbaum. Erinnerungen von Überlebenden,* Leipzig 1992, S. 205 f.

13 V. Klemperer, *Ich will Zeugnis ablegen bis zum letzten. Tagebücher 1933–1945,* Bd. 1, Berlin 1995, S. 11.

14 Liselotte Kahn, LBI, S. 13.

15 M. Limberg/H. Rübsaat (Hg.), *Sie durften nicht mehr Deutsche sein,* S. 133 und S. 143.

16 Hilde Honnet-Sichel, Harvard, S. 77.

17 Lily S. Krug, Harvard, S. 17.

18 H. A. Strauss, »Jewish Emigration from Germany (I)«, S. 342–345. Zum Pelzhandel vgl. F. Grubel/F. Mecklenburg, »Leipzig. Profile of a Jewish Community«, in: *LBIYB* 42 (1997).

19 Ida Fanny Lohr, Harvard, S. 26. Beamte konnten ihren Arbeitsplatz verlieren, wenn sie in Geschäften kauften, die Juden gehörten, vgl. A. Barkai, »Der wirtschaftliche Existenzkampf der Juden im Dritten Reich, 1933–38«, in: A. Paucker (Hg.), *Die Juden im nationalsozialistischen Deutschland,* S. 159. Vgl. auch K. Schleunes, *The Twisted Road to Auschwitz,* Kapitel 2.

20 M. Richarz (Hg.), *Jüdisches Leben in Deutschland. Selbstzeugnisse zur Sozialgeschichte 1918–1945,* Bd. 3, Stuttgart 1982, S. 293.

21 Ebd., S. 161, S. 231 f.

22 H. Nathorff, *Das Tagebuch der Hertha Nathorff,* hrsg. v. Wolfgang Benz, München 1987, S. 38.

23 Erna Albersheim, Harvard, S. 33.

24 Olga Eisenstädt, Yad Vashem, S. 1–2.

25 M. Richarz (Hg.), *Jüdisches Leben in Deutschland,* Bd. 3, S. 222; I. Kershaw, *Popular Opinion and Political Dissent in the Third Reich: Bavaria 1933–1945,* Oxford 1983, S. 240–246. Zu Hessen vgl.

M. Richarz (Hg.) *Jüdisches Leben in Deutschland*, Bd. 3, S. 96 ff. Über die Entlassung von Gehilfen (in Nördlingen) berichtete Anna Hamburger in einem Interview.

26 G. Plum, »Wirtschaft und Erwerbsleben«, in: W. Benz (Hg.), *Die Juden in Deutschland 1933–1945*, München 1988, S. 284.

27 M. Limberg/H. Rübsaat (Hg.), *Sie durften nicht mehr Deutsche sein*, S. 102 f.

28 Ebd., S. 119.

29 Ebd., S. 143.

30 Vgl. K. Schleunes, *The Twisted Road to Auschwitz*, S. 145. Nach dem Krieg versuchten viele Familien, ihr verlorenes Eigentum zurückzufordern. Diese Forderungen wurden von den Behörden der Bundesrepublik Deutschland mit dem Argument zurückgewiesen, die Juden seien in den frühen Jahren nicht zum Verkauf gezwungen worden. Zur Situation heute siehe Stefanie Laaser, »Ein ordnungsgemäßer Möbelkauf«, in: *Aufbau* LXVI (5/2001), S. 1–2 über die Stadt Lauf an der Prignitz (Franken) S. 155.

31 M. Kliner-Lintzen/S. Pape (Hg.), »*... vergessen kann man das nicht«. Wittener Jüdinnen und Juden unter dem Nationalsozialismus*, Bochum 1991, S. 336–343.

32 A. Barkai, *Vom Boykott zur »Entjudung«*; vgl. ders., »Volksgemeinschaft, ›Aryanization‹ and the Holocaust«, in: D. Cesarani (Hg.), *The Final Solution: Origins and Implementation*, London/New York 1994, S. 41.

33 Im Juni 1933, nachdem bereits einige Menschen geflohen waren, arbeiteten in Deutschland noch 3 030 jüdische Rechtsanwälte und Notare sowie 79 Patentanwälte. Sie machten 16 Prozent aller Rechtsanwälte/Notare in Deutschland aus, vgl. G. Plum, »Wirtschaft und Erwerbsleben«, S. 282. Zur Zahl der von den Gesetzen Betroffenen vgl. H. A. Strauss, »Jewish Emigration from Germany (I)«, S. 326. Bis Juli 1938 praktizierten noch etwa 3 000 (von ursprünglich 8 000) jüdischen Ärzten. Danach durften nur noch 709 jüdische »Krankenbehandler« Juden ärztlich betreuen. Von 4 500 jüdischen Juristen praktizierten im Juli 1938 nur noch 1 753. Danach durften nur noch 172 als »Konsulenten« für Juden tätig sein, vgl. A. Barkai, *Vom Boykott zur »Entjudung«. Der wirtschaftliche Existenzkampf der Juden im Dritten Reich 1933–1943*, S. 38 f. und S. 133 f.

34 B. Fromm, *Blood and Banquets: A Berlin Social Diary*, London 1942, S. 170. Fromms Buch erschien auf deutsch, allerdings in gekürzter Fassung, unter dem Titel *Als Hitler mir die Hand küßte*, Reinbek 1994. Zitiert wird nach der vollständigen Originalfassung.

35 Hanna Bergas, LBI, S. 2. Arbeitslose jüdische Lehrerinnen und Lehrer wetteiferten um Lehrerstellen innerhalb der jüdischen Gemeinden oder boten eigenständig Nachhilfeunterricht an, vgl. Staatsarchiv Hamburg, 522–1 Jüd. Gemeinden, #297B Band 4, Vorstandsprotokolle 1933–34; Bundesarchiv Coswig: Jüd. Frauenbund Verband Berlin, Akte 21. Auch »Halbjuden« wurden schließlich aus dem Schuldienst entlassen, und einige von ihnen wurden ebenfalls Nachhilfelehrer,

vgl. Erna Becker-Kohen, LBI, S. 22. Als Beispiel für die traurige Erfahrung einer Lehrerin, die ihre Stelle bis Anfang 1935 behielt, deren Schüler sich jedoch zunehmend feindselig verhielten, vgl. R. Röcher, *Die jüdische Schule im nationalsozialistischen Deutschland, 1933–1942,* Frankfurt a. M. 1992, S. 73 und S. 118 f.

36 J. Stephenson, *Women in Nazi Society,* New York 1975, S. 155 f.; D. Bankier, *Die öffentliche Meinung im Hitler-Staat. Die »Endlösung« und die Deutschen. Eine Berichtigung,* Berlin 1995, S. 96.

37 Th. Mann, *Tagebücher 1933–1934,* hrsg. v. P. de Mendelssohn, Frankfurt a. M. 1977, S. 46 (er sprach bei der Beschreibung Kerrs von der »übermütige[n] und vergiftende[n] Nietzsche-Vermauschelung« – ein antisemitischer Begriff, der die angebliche Art und Weise des Redens und Denkens von Juden verunglimpfen sollte).

38 Lotte Popper, Harvard, S. 28.

39 45 Prozent aller jüdischen Ärzte waren in Berlin niedergelassen, weitere 30 Prozent praktizierten in anderen großen preußischen Städten. Am 1. April 1933 gab es etwa 9 000 »nichtarische« Ärzte, vgl. G. Plum, »Wirtschaft und Erwerbsleben«, S. 282 und S. 291; M. H. Kater, »Physicians in Crisis at the End of the Weimar Republic«, in: P. D. Stachura (Hg.), *Unemployment and the Great Depression in Weimar Germany,* London 1986, S. 49–77; J. Grenville, »Juden, ›Nichtarier‹ und ›Deutsche Ärzte‹: Die Anpassung der Ärzte im Dritten Reich«, in: U. Büttner (Hg.), *Die Deutschen und die Judenverfolgung im Dritten Reich,* Hamburg 1992, S. 191–206.

40 M. Limberg/H. Rübsaat (Hg.), *Sie durften nicht mehr Deutsche sein,* S. 52 f.

41 In Preußen betrug (1925) der Anteil der Ärztinnen 21 Prozent, in Berlin 40 Prozent. Im Juni 1933 waren von den 4 367 Ärztinnen in Deutschland 587 Jüdinnen der Konfession nach, vgl. C. Huerkamp, »Jüdische Akademikerinnen in Deutschland«, S. 319.

42 H. Nathorff, *Tagebuch,* S. 40.

43 M. Limberg/H. Rübsaat (Hg.), *Sie durften nicht mehr Deutsche sein,* S. 56.

44 Vgl. C. Huerkamp, »Jüdische Akademikerinnen«, S. 325.

45 I. Shedletzky/Th. Sparr (Hg.), *Betty Scholem – Gershom Scholem. Mutter und Sohn im Briefwechsel 1917–1946,* München 1989, S. 290.

46 Zu den Betrieben vgl. M. Kliner-Lintzen/S. Pape (Hg.), *»… vergessen kann man das nicht«,* S. 336–343; zu den Konzessionsbehörden vgl. Kate Behnsch-Brower, LBI, S. 1.

47 Vgl. E. Rosenthal, »Trends of the Jewish Population in Germany, 1910–1939«, S. 262; W. Gruner, »Die Reichshauptstadt und die Verfolgung der Berliner Juden 1933–1945«, S. 232; C. Vollnhals, »Jüdische Selbsthilfe bis 1938«, in: W. Benz (Hg.), *Die Juden in Deutschland 1933–1945,* S. 377. Schätzungen zufolge waren Ende 1936 etwa 40 000 Juden arbeitslos, also ein Fünftel der arbeitsfähigen jüdischen Bevölkerung.

48 Zur Frauenbeschäftigung vgl. *BJFB*, Januar 1934, S. 7; März 1935, S. 2; *IF*, 23. Februar 1933, S. 9; *JWS*, 1931, S. 77 f. 1934 stieg etwa in Berlin die Anzahl der arbeitslosen Juden auf 27 203; 42 Prozent der Frauen und 30 Prozent der Männer, die Arbeit suchten, hatten Erfolg, vgl. C. Vollnhals, »Jüdische Selbsthilfe bis 1938«, S. 372 und S. 375.

49 *IF*, 14. Juli 1938, S. 12.

50 *IF*, 13. Januar 1938, S. 13 f.

51 *CV*, 25. Juni 1936; vgl. auch *IF*, 14. Juli 1938, S. 12; *CV*, 25. August 1938.

52 Ruth Abraham, LBI, S. 2.

53 J. Foster (Hg.), *Community of Fate: Memoirs of German Jews in Melbourne*, Sydney 1986, S. 28 ff.

54 Lisa Brauer, LBI, S. 53.

55 Ann Lewis, LBI, S. 264.

56 S. Meyer-Gerstein, LBI, I, S. 36.

57 Bundesarchiv Coswig: 75C Jüd. Frauenbund, Verband Berlin, Akte 37.

58 Bundesarchiv Potsdam. Jüdische Haushaltungsschule, Frankfurt am Main, 1925–39 (49.01 10 250).

59 Vgl. G. Heuberger (Hg.), *Zedaka. Jüdische Sozialarbeit im Wandel der Zeit*, Frankfurt a. M. 1992, S. 324.

60 H. Rosenstrauch (Hg.), *Aus Nachbarn wurden Juden. Ausgrenzung und Selbstbehauptung 1933–1942*, Berlin 1988, S. 61.

61 *IF*, 13. Januar 1938, S. 13.

62 1933/34 waren 51 Prozent der Frauen, die eine Umschulung erstrebten, über 30 (15 Prozent über 40); bei den Männern waren es nur 26 Prozent (bzw. 8 Prozent). 1936 waren etwa ein Viertel der 106 neuen »Hauspflegerinnen« zuvor Handelsangestellte gewesen, ein weiteres Viertel Hausfrauen, vgl. *JWS*, 1937, S. 80.

63 *JWS*, 1944/34, S. 118–121; 1937, S. 8 f.; *IF*, 21. Mai 1936; *BJFB*, Oktober 1938, S. 14.

64 B. Blau, »The Last Days of German Jewry in the Third Reich«, in: *YIVO Annual of Jewish Social Science* (1953), S. 199; D. Kramer, »Jewish Welfare Work Under the Impact of Pauperisation«, in: A. Paucker (Hg.), *Die Juden im nationalsozialistischen Deutschland*, Tübingen 1986, S. 183. Zu den »Mittelstandsküchen« (Suppenküchen) vgl. Y. Bauer, *My Brother's Keeper: A History of the American Jewish Joint Distribution Committee 1929–1939*, Philadelphia 1974, S. 125; zur Kleidung *JWS*, 1938, S. 82.

65 Insgesamt 75 000 Juden wurden im Januar 1936 von der Jüdischen Winterhilfe unterstützt. Dazu zählten auch Mischehen, in denen der Haushaltsvorstand jüdisch war, und ausländische Juden, vgl. *IF*, 16. Januar 1936, S. 1. 1939 unterstützte die Winterhilfe in ganz Deutschland 26 Prozent einer stark abnehmenden Bevölkerung mit hohem Altersdurchschnitt. Vgl. auch A. Barkai, *Vom Boykott zur »Entjudung«*, S. 103–111 und ders., »Der wirtschaftliche Existenzkampf der Juden im Dritten Reich, 1933–38«, in: A. Paucker (Hg.), *Die Juden im nationalsozialistischen Deutschland*, S. 164; D. Kramer, »Jewish Welfare Work«, in: Ebd., S. 183.

66 Ebd., S. 179. Die am meisten Bedürftigen waren Juden über 45 Jahren und Alleinstehende.

67 Ch. Schwarz, »Tschaikowski für die Seele, Brote für den Hunger«, in: G. Heuberger (Hg.), *Zedaka,* S. 118 und S. 120.

68 Y. Bauer, *My Brother's Keeper,* S. 127, zeigt, daß das *Joint Distribution Committee* einen Großteil des Budgets der Reichsvertretung zur Verfügung stellte. Vgl. auch D. Kramer, »Jewish Welfare Work«, S. 180; C. Vollnhals, »Jüdische Selbsthilfe bis 1938«, S. 407. Die »Reichsvertretung der deutschen Juden« wurde 1935 gezwungen, sich in »Reichsvertretung der Juden in Deutschland« umzubenennen.

69 Alexis de Tocqueville, zit. n. M. Geyer, »The Nazi State Reconsidered«, in: R. Bessel (Hg.), *Life in the Third Reich,* Oxford/New York 1987, S. 59 f. Vgl. auch W. Struve, »The Wartime Economy: Foreign Workers, ›Half Jews‹ and Other Prisoners in a German Town, 1939 to 1945«, in: *German Studies Review* 16 (1993), S. 471.

70 J. Prinz, zit. n. G. Schwarz, *Die nationalsozialistischen Lager,* Frankfurt a. M. 1990, S. 34.

71 W. Gruner, »Die Reichshauptstadt und die Verfolgung der Berliner Juden 1933–1945«, S. 234.

72 Elizabeth Bab, LBI, S. 191. In Hamburg rief ein Vermieter die Polizei, als seine Mieter eine *sukkah* [Laubhütte, in der die Familie einen möglichst großen Teil der Festwoche des Laubhüttenfests verbringt, um die Tora zu studieren und Mahlzeiten einzunehmen, zur Erinnerung an die Zeit der Wüstenwanderung] in seinem Garten errichteten. Er forderte, die Polizei solle dieser »Unverschämtheit der Juden« ein Ende bereiten. Vor 1935 lehnte die Polizei dies ab, vgl. Lotte Popper, Harvard, S. 47. Offiziell verloren Juden ihren Schutz als Mieter im Jahre 1939.

73 Sh. Wahrman, *Lest We Forget: Growing Up in Nazi Leipzig 1933–1939,* New York 1991, S. 53 ff. und S. 115. Vgl. auch B. Händler Lachmann, *Purim, Purim,* S. 95 und S. 111.

74 Ottilie Schoenewald, *Kochbuch für den Jüdischen Haushalt und Großbetrieb,* hrsg. vom Jüdischen Frauenbund, Berlin 1935. Zu den Rezepten vgl. *IF,* 21. Mai 1936, S. 13; *FIG,* Mai 1933, S. 215 f.; *BJFB,* November 1937, S. 13. Vgl. auch Schoenewald Coll., LBI, III, S. 10.

75 Ann Lewis, LBI, S. 252.

76 Alice Baerwald, Harvard, S. 33 und M. Limberg/H. Rübsaat (Hg.), *Sie durften nicht mehr Deutsche sein,* S. 120 f.

77 Ebd., S. 141 f.

78 Ebd., S. 130 f.

79 W. T. Angress, *Generation zwischen Furcht und Hoffnung. Jüdische Jugend im Dritten Reich,* Hamburg 1985, S. 14 f.

80 M. Limberg/H. Rübsaat (Hg.), *Sie durften nicht mehr Deutsche sein,* S. 130 f.

81 Vgl. etwa M. Richarz, *Jüdisches Leben in Deutschland,* Bd. 3, S. 236; H. Rosenstrauch, *Aus Nachbarn wurden Juden,* S. 32; C. G. Vogel

(Hg.), *We Shall Not Forget! Memories of the Holocaust,* Lexington, Mass. 1994, S. 226.

82 B. Fromm, *Blood and Banquets,* S. 119 f.; V. Klemperer, *Zeugnis ablegen,* Bd. 1, S. 554 und S. 564 notiert diese Verschmelzung ebenfalls.

83 Alice Baerwald, Harvard, S. 42 f.

84 B. Fromm, *Blood and Banquets,* S. 104.

85 1949 stellte eine Meinungsumfrage in den alliierten Besatzungszonen diese Zahlen fest. Sie scheinen mir angesichts der Tatsache, daß Juden nur eine kleine Minderheit der Bevölkerung ausmachten, sehr hoch. Vgl. F. Stern, *Im Anfang war Auschwitz. Antisemitismus und Philosemitismus im deutschen Nachkrieg,* Gerlingen 1991, S. 232.

86 Lotte Popper, Harvard, S. 27 f. Vgl. auch Martha Neumann, Harvard, S. 63.

87 M. Limberg/H. Rübsaat (Hg.), *Sie durften nicht mehr Deutsche sein,* S. 152 und S. 174.

88 J. I. Helfand, »*Halakhah* and the Holocaust: Historical Perspectives«, in: R. L. Braham (Hg.), *Perspectives on the Holocaust,* Boston 1983, S. 95.

89 U. Baumann, »Die sozialen Beziehungen zwischen Christen und Juden in südbadischen Landgemeinden«, S. 123.

90 M. Limberg/H. Rübsaat (Hg.), *Sie durften nicht mehr Deutsche sein,* S. 118 und S. 120.

91 *Deutschland-Berichte der Sozialdemokratischen Partei Deutschlands, 1934–1940,* Frankfurt a. M. 1980 [im Folgenden *Sopade*], 1935, S. 1037 (Westfalen).

92 K. Moritz/E. Noam, *NS-Verbrechen vor Gericht, 1945–1955,* Wiesbaden 1978, S. 77–80.

93 Vgl. U. Baumann, »Soziale Beziehungen«, S. 126.

94 M. Limberg/H. Rübsaat (Hg.), *Sie durften nicht mehr Deutsche sein,* S. 130 und S. 152.

95 B.-L. Lange (Hg.), *Davidstern und Weihnachtsbaum,* S. 27. W. Struve, »The Wartime Economy«, S. 83 f., dokumentiert Auseinandersetzungen bei Beerdigungen bereits *vor* der Machtergreifung der Nazis.

96 B.-L. Lange (Hg.), ebd., S. 19–23 (der Vorfall ereignete sich um 1935).

97 M. Limberg/H. Rübsaat (Hg.), *Sie durften nicht mehr Deutsche sein,* S. 133 und S. 148.

98 Lisa Brauer, LBI, S. 42 f. Der Vorfall ereignete sich 1938. Vgl. auch H. Mommsen/D. Obst, »Die Reaktion der deutschen Bevölkerung auf die Verfolgung der Juden, 1933–1943«, in: H. Mommsen (Hg.), *Herrschaftsalltag im Dritten Reich,* Düsseldorf 1988, S. 374 und S. 378; M. H. Kater, »Everyday Anti-Semitism in Prewar Nazi Germany: The Popular Bases«, in: *Yad Vashem Studies* 16 (1984), S. 129–159.

99 Diese Erkenntnis verdanke ich Peter Pulzer.

100 Marie Kahle, Harvard, S. 6.

101 Lotte Popper, Harvard S. 34.

102 Erna Segal, LBI, S. 45 ff. Vgl. auch Toni Lessler, LBI, S. 21 f.

103 Charlotte Stein-Pick, LBI, S. 40.

104 E. Freund, *Als Zwangsarbeiterin 1941 in Berlin. Die Aufzeichnungen der Volkswirtin Elisabeth Freund,* hrsg. v. Carola Sachse, Berlin 1996, S. 102.

105 Liselotte Kahn, LBI, S. 16.

106 M. Richarz (Hg.), *Jüdisches Leben in Deutschland,* Bd. 3, S. 232 f.

107 Ebd., S. 232.

108 F. Henry, *Victims and Neighbors: A Small Town in Nazi Germany Remembered,* South Hadley, Mass. 1984, S. 92.

109 Hanna Bernheim, Harvard, S. 35 f.

110 Erna Albersheim, Harvard, S. 36.

111 Erna Becker-Kohen, LBI, S. 21.

112 So war es etwa sehr mutig von einer nicht-jüdischen Frau, einem jüdischen Freund Essen in seine Wohnung zu bringen, vgl. Mieke Monjau, LBI, S. 13.

113 Ch. Bielenberg, *Als ich Deutsche war 1934–1945. Eine Engländerin erzählt,* München [5]1996, S. 27.

114 Ernst Steckelmacher, Yad Vashem, S. 3.

115 Liselotte Kahn, LBI, S. 16.

116 Marie Kahle, Harvard, S. 12.

117 E. Geisel, »Störenfriede der Erinnerung«, in: W. Löhken/W. Vathke (Hg.), *Juden im Widerstand,* Berlin 1993, S. 14. Zu freiwilligen Informanten vgl. auch R. Gellately, »The Gestapo and German Society: Political Denunciation in the Gestapo Case Files«, in: *Journal of Modern History* 60 (1988), S. 673 f.; K. M. Mallmann/G. Paul, *Herrschaft und Alltag. Ein Industrierevier im Dritten Reich,* Bonn 1991, S. 241.

118 D. Bankier, *Die öffentliche Meinung im Hitler-Staat,* S. 112 f. Zu weiteren Einzelheiten über Denunziationen, die »wichtigste Verbindung zwischen der Polizei und dem Volk in Nazideutschland, [die] zum Funktionieren des Terrorsystems [beitrug]«, vgl. R. Gellately, »The Gestapo and German Society«, S. 664, S. 669, S. 673 f., S. 677 und ders., *Die Gestapo und die deutsche Gesellschaft. Die Durchsetzung der Rassenpolitik 1933–1945,* Paderborn/München et al., 1993. Später, als die Männer an der Front waren, nahm der Anteil an Denunziantinnen zu, vgl. E. Johnson, »German Women and Nazi Justice: Their Role in the Process from Denunciation to Death«, in: *Historical Social Research* 20 (1995), S. 33–69. Lokale Erlasse zwangen Deutsche häufig bereits weit vor 1941, alle Beziehungen zu Juden abzubrechen, vgl. H. Mommsen / D. Obst, »Die Reaktion der deutschen Bevölkerung«, S. 428 f.

119 Bei der Quäkerin handelt es sich um Hilde Koch, Harvard, S. 67, S. 82, S. 113 f.

120 Lily S. Krug, Harvard, S. 17.

121 Hanna Bergas, LBI, S. 1.

122 M. Richarz (Hg.), *Jüdisches Leben in Deutschland,* Bd. 3, S. 232 f.

123 Dennoch hielten Mitglieder der NSDAP geschäftliche Kontakte zu Juden aufrecht, manche sogar bis 1938, vgl. H. Mommsen / D. Obst, »Die Reaktion der deutschen Bevölkerung«, S. 387 und S. 430 f.

124 M. Broszat et al. (Hg.), *Bayern in der NS-Zeit,* Bd. 1, S. 450.
125 S. Hayum, LBI, S. 86.
126 Ruth (Sass) Glaser, LBI, S. 16 f.
127 Ann Lewis, LBI, S. 251 f.
128 D. Bankier, *Die öffentliche Meinung im Hitler-Staat,* S. 112.
129 R. Gellately, »The Gestapo and German Society«, S. 677.
130 *Sopade,* 1936, S. 27.
131 Vgl. H. Freeden, »Kultur ›nur für Juden‹: ›Kulturkampf‹ in der jüdischen Presse in Nazideutschland«, in: A. Paucker (Hg.), *Die Juden im nationalsozialistischen Deutschland,* S. 259–271.
132 Ruth (Sass) Glaser, LBI, S. 185.
133 J. I. Helfand, »*Halakhah* and the Holocaust«, S. 95. Zur frühen Auflösung von Synagogen vgl. B. Händler-Lachmann, *Purim, Purim,* S. 113 f.
134 Elizabeth Bab, LBI, S. 185.
135 R. Rovit, »Collaboration or Survival, 1933–1938: Reassessing the Role of the *Jüdischer Kulturbund*«, in: G. W. Gadberry (Hg.), *Theatre in the Third Reich: The Prewar Years,* Westport, Conn. 1995, S. 151.
136 H. Freeden, »Jüdischer Kulturbund ohne jüdische Kultur«, in: Akademie der Künste (Hg.), *Geschlossene Vorstellung: Der Jüdische Kulturbund in Deutschland 1933–1941,* Berlin 1992, S. 65 f.
137 Mariam Niroumand, zit. n. R. Rovit, »Collaboration or Survival«, S. 144. Vgl. auch H. A. Strauss, »Jewish Autonomy Within the Limits of National Socialist Policy: The Communities and the Reichsvertretung«, in: A. Paucker (Hg.), *Die Juden im nationalsozialistischen Deutschland,* S. 138; H. Freeden, *Jüdisches Theater in Nazi-Deutschland,* Frankfurt a. M. 1985; E. Geisel/H. M. Broder (Hg.), *Premiere und Pogrom. Der Jüdische Kulturbund 1933–1941,* Berlin 1992; Akademie der Künste (Hg.), *Geschlossene Vorstellung.*
138 Hanna Bernheim, Harvard, S. 43.
139 Eine solche Referentin war Senta Meyer-Gerstein, LBI coll., I, S. 38 f.
140 Allerdings erkannte die von Männern geführte Reichsvertretung zu keiner Zeit die Bedeutung des Frauenbundes, vgl. R. Thalmann, »Jüdische Frauen nach dem Pogrom 1938«, in: A. Paucker (Hg.), *Die Juden im nationalsozialistischen Deutschland,* S. 296.
141 *BJFB,* Januar 1935, S. 10; Zitat aus *BJFB,* Dezember 1935, S. 13. Vgl. auch M. Kaplan, *Die jüdische Frauenbewegung in Deutschland. Organisation und Ziele des jüdischen Frauenbundes 1904–1938,* Hamburg 1981.
142 *BJFB,* Juni 1935, S. 9 f.
143 *BJFB,* Dezember 1935, S. 13.
144 F. H. Sichel, *Challenge of the Past,* Johannesburg 1975, S. 76. Vgl. auch *BJFB,* September 1936, S. 3–6. Zu den Aktivitäten des Frauenbundes vgl. etwa *BJFB,* Mai 1935, S. 10 (Bochum), *BJFB,* Februar 1935, S. 5 (Gelsenkirchen), *BJFB,* Februar 1935, S. 12 (München), *Jüdische Rundschau,* 14. März 1935, S. 18 (München) und *BJFB,* Januar 1935, S. 10 (Königsberg). Zu Konzerten und Ausstellungen vgl. *BJFB,* Januar 1935, S. 10; Februar 1935, S. 5; Mai 1935, S. 10; September 1936, S. 3–6.

145 *Jüdische Rundschau*, 14. Februar 1935, S. 18. Vgl. auch Bundesarchiv Coswig: 75C Frl, Jüdischer Frauenbund Verband Berlin, Medizinische Fachgruppe, Akte #20.

146 *BJFB*, Juni 1936; Dezember 1936. Ortsgruppen boten eine Vielfalt an Ausbildungen an, z. B. Kunsthandwerke (Breslau, Frankfurt a. M. und Hamburg), Schneiderei (Hamburg und Köln), Kinderpflege (Neu Isenburg und Frankfurt a. M.), Hilfslehrerinnenausbildung (Frankfurt a. M.), Kurse für Kinderfräulein (Köln) und Ausbildung für Fachschullehrerinnen (Frankfurt a. M.). Die Hauswirtschaftsschule des Jüdischen Frauenbundes in Wolfratshausen erweiterte den Unterricht, vgl. *BJFB*, März 1938, S. 3.

2

Im Privatbereich – Das alltägliche Leben jüdischer Frauen und Familien, 1933–1938

1 M. Reiner, zit. n. M. Limberg/H. Rübsaat (Hg.), *Sie durften nicht mehr Deutsche sein*, S. 156.

2 G. Allport et al., »Personality Under Social Catastrophe: Ninety Life-Histories of the Nazi-Revolution«, in: *Character and Personality: An International Psychological Quarterly* 10 (1941), S. 14 f.

3 Ebd., S. 14.

4 Laura Pelz, zit. n. D. Morris, »The Lives of Some Jewish Germans Who Lived in Nazi Germany and Live in Germany Today: An Oral History«, B. A.-Thesis, Wesleyan University 1976.

5 R. Lennert, zit. n. F. Stern, *Im Anfang war Auschwitz*, S. 52.

6 Mally Dienemann, Harvard, S. 25.

7 M. Richarz (Hg.), *Jüdisches Leben in Deutschland*, Bd. 3, S. 352.

8 M. Limberg/H. Rübsaat (Hg.), *Sie durften nicht mehr Deutsche sein*, S. 156.

9 Ebd., S. 174.

10 M. Richarz (Hg.), *Jüdisches Leben in Deutschland*, S. 355 f.

11 M. Limberg/H. Rübsaat (Hg.), *Sie durften nicht mehr Deutsche sein*, S. 140 ff.

12 Ruth (Sass) Glaser, LBI, S. 15 f.

13 Lisa Grubel, LBI, S. 15.

14 Elly Busse aus der Schweiz erzählte Atina Grossmann im April 1993, sie habe aus diesem Grund ihre Bestellungen telefonisch aufgegeben.

15 B. Händler-Lachmann, *Purim, Purim*, S. 125. Etwa ein Drittel der in der Harvard-Studie Befragten suchten Trost in der Religion. 68 Prozent verstanden sich selbst als jüdisch, obwohl einige der Christen vom Judentum zum Christentum übergetreten waren, vgl. G. W. Allport, »Personality Under Social Catastrophe«, S. 16.

16 Ruth (Sass) Glaser, LBI, S. 16 f.

17 J. Prinz, »A Rabbi Under the Hitler Regime«, in: H. A. Strauss/ K. Grossmann (Hg.), *Gegenwart im Rückblick. Festgabe für die Jüdische Gemeinde zu Berlin 25 Jahre nach dem Neubeginn,* Heidelberg 1970, S. 232–238. Vgl. auch M. Nussbaum, »Ministry Under Stress: A Rabbi's Recollection of Nazi Berlin, 1935–40«, in: ebd., S. 239–247.

18 B. Cohn, »Einige Bemerkungen über den deutschen Zionismus nach 1933«, in: H. Tramer (Hg.), *In zwei Welten. Festschrift für Siegfried Moses,* Tel Aviv 1962, S. 45 und S. 48.

19 N. Bentwich, *Jewish Youth Comes Home: The Story of the Youth Aliyah, 1933–1943,* London 1944, S. 25.

20 A. Lixl-Purcell, *Women of Exile: German-Jewish Autobiographies Since 1933,* Westport, Conn. 1988, S. 92.

21 V. Klemperer, *Zeugnis ablegen,* Bd. 1, S. 24, S. 26, S. 66; Bd. 2, S. 104, S. 191, S. 654.

22 Mally Dienemann, Harvard, S. 23a.

23 B. Fromm, *Blood and Banquets,* S. 197.

24 Charles Marks, LBI, S. 8.

25 *BJFB,* Februar 1935, S. 12.

26 *BJFB,* Juli 1938, S. 13.

27 *IF,* 27. Februar 1936; 19. März 1936; Zitat *IF,* 25. Juni 1936.

28 *CV,* 27. Februar 1936; 24. Februar 1938, S. 17.

29 Z. B. »Junge Mädels lernen der Mutter helfen«, in: *CV,* 9. 4. 1936; »Häusliche Erziehung«, in: *IF,* 19. März 1936 und 21. Mai 1936.

30 *IF,* 21. Mai 1936.

31 Ruth (Sass) Glaser, LBI, S. 16. Vgl. auch *FIG,* Januar 1936, S. 137.

32 Erna Becker-Kohen, LBI, S. 31.

33 *BJFB,* Oktober 1938, S. 14; Zitat ebd., S. 4.

34 *BJFB,* 8. Dezember 1935, S. 8.

35 *IF,* 19. Mai 1938, S. 19. Vgl. auch »Der Ehemann im Haushalt«, in: *IF,* 19. Mai 1938, S. 19.

36 *BJFB,* Juni 1935, S. 9 f. Zur wissenschaftlichen Haushaltsführung vgl. M. Nolan, *Visions of Modernity: American Business and the Modernization of Germany,* New York 1994, S. 42 und Kap. 10.

37 *CV,* 23. April 1936.

38 *CV,* 27. Mai 1936. Frauen belegten auch Gymnastikkurse, die unter der Überschrift firmierten: »Muß uns die Hausarbeit erschöpfen?«, vgl. Bundesarchiv Coswig: 75C Frl Jüd. Frauenbund: Verband Berlin, Akte 37. Zu kraftsparenden Utensilien vgl. auch *CV,* 17. März 1938, S. 11.

39 *IF,* 19. März 1936; *FIG,* November 1935, S. 73 f.

40 *IF,* 26. März 1936.

41 *Sopade,* 3. Januar 1936, S. 21.

42 Gespräch mit Illo Heppner, Washington, D. C., Dezember 1991.

43 Elizabeth Bab, LBI, S. 179.

44 Rosy Geiger-Kullmann, LBI, S. 62 ff.

45 Lisa Brauer, LBI, S. 31.

46 *CV,* 27. Februar 1936.

47 *CV*, 16. September 1936.
48 *CV*, 25. August 1938, S. 8.
49 Schoenewald Coll., LBI, IV,1 und *BJFB*, Oktober 1935, S. 2.
50 *IF*, 17. Februar 1938, S. 16.
51 Erna Becker-Kohen, LBI, S. 4. Vgl. auch Erna Segal, LBI, S. 93 f.
52 Zitat in *IF*, 17. Februar 1938, S. 16. Das Harvard-Team bezeichnete die Verleugnung als »dynamisch-psychologische Mechanismen, die ein Wesen schützen«. Vgl. G. W. Allport, »Personality Under Social Catastrophe«, S. 14.
53 Ebd., S. 14.
54 Mally Dienemann, Harvard, S. 25.
55 Alice Baerwald, Harvard, S. 65.
56 Lisa Brauer, LBI, S. 38.
57 Mally Dienemann, Harvard S. 65.
58 Edith Wolff, Yad Vashem, 01/247, S. 22.
59 Edith Wolff, Yad Vashem, 01/247, S. 14, S. 21 f.
60 Liselotte Kahn, LBI, S. 21.
61 Liselotte Kahn, LBI, S. 23, Ann Lewis, LBI, S. 264. Vgl. auch Kurt Ball-Kaduri, LBI, S. 30; Lisa Brauer, LBI, S. 43 und S. 57.
62 Lore Steinitz über ihre Mutter, Irma Baum, Brief an die Verfasserin, überschrieben mit »The first ›sit in‹«, vom 7. Januar 1995; er liegt auch im Leo Baeck Institute, New York.
63 Ruth Abraham, LBI, S. 2.
64 M. Limberg/H. Rübsaat (Hg.), *Sie durften nicht mehr Deutsche sein*, S. 141.
65 Rosy Geiger-Kullmann, LBI, S. 72. Vgl. auch Bundesarchiv Coswig: 75C Jüd. Frauenbund Verband Berlin, Akte 37 – »Protokoll der Arbeitskreistagung vom 2. Nov. 1936 re. Gefährdung der Jugendlichen«.
66 Kate Behnsch-Brower, LBI, S. 4 f.
67 Edith Bick, Research Foundation, S. 18.
68 Hilde Honnet-Sichel, Harvard, S. 72 f.
69 Frieda Cohn, Yad Vashem, S. 5.
70 M. Limberg/H. Rübsaat (Hg.), *Sie durften nicht mehr Deutsche sein*, S. 213 f.
71 Ann Lewis, LBI, S. 251 f.
72 D. Kramer, »Jewish Welfare Work«, S. 183. In den ersten drei Monaten des Jahres 1937 waren z. B. 55 Prozent der Migranten Frauen, vgl. S. Quack, *Zuflucht Amerika. Zur Sozialgeschichte der Emigration deutsch-jüdischer Frauen in die USA, 1933–1945*, Bonn 1995, S. 60 f.
73 *CV*, 10. März 1938.
74 *IF*, 25. Juni 1936.
75 *CV*, 10. März 1938, S. 3.
76 U. Baumann, »Jüdische Frauen auf dem Land« (Baden-Württemberg), unveröffentlichter Vortrag, Universität Freiburg 1992, S. 40.
77 M. Richarz, *Jüdisches Leben in Deutschland*, Bd. 3, S. 237.
78 Diese geschlechtsspezifische Reaktion auf gefährliche Situationen haben auch Soziologen und Psychologen festgestellt: Männer neigen

dazu, ihren Standort zu verteidigen, während Frauen den Konflikt vermeiden und als Strategie die Flucht bevorzugen; vgl. auch M. Kliner-Fruck, *»Es ging ja ums Überleben«. Jüdische Frauen zwischen Nazi-Deutschland, Emigration nach Palästina und ihrer Rückkehr,* Frankfurt a. M. 1995, S. 79. Es gab zwar Frauen, die Angst hatten, Deutschland zu verlassen, doch sie bildeten eine geringe Minderheit, vgl. P. Gay, »Epilogue: The First Sex«, in: S. Quack (Hg.), *Between Sorrow and Strength: Women Refugees of the Nazi Period,* Cambridge 1995, S. 364.

79 Leo Gompertz, LBI, S. 7.

80 L. Baker, *Days of Sorrow and Pain: Leo Baeck and the Berlin Jews,* New York 1978, S. 238.

81 Marianne Berel, LBI, S. 16.

82 Laut Beschreibung ihrer Tochter, Evelyn Rubin, in einem Gespräch in Queens College im Dezember 1988 und in: *Long Island Jewish Week,* 19. November 1978.

83 L. Segal, *Other People's Houses,* New York 1958. Vgl. auch S. Quack, *Between Sorrow and Strength,* Kap. 4 und dies., *Zuflucht Amerika,* Kap. 6.

84 C. Koonz, »Courage and Choice Among German-Jewish Women and Men«, in: A. Paucker (Hg.), *Die Juden im nationalsozialistischen Deutschland,* S. 285 und dies., *Mütter im Vaterland. Frauen im Dritten Reich,* Reinbek 1994.

85 A. Barkai, *Vom Boykott zur »Entjudung«,* S. 11–18; Zitate S. 91 f.

86 E. Axelrath, Harvard, S. 37. Sie und ihr Mann verbrachten zwölf Jahre (1927–1939) in Hamburg. Sie gaben an, sie seien die einzigen Juden im amerikanischen Wohnviertel gewesen.

87 C. Koonz, »Courage and Choice«, S. 287.

88 Else Gerstel, LBI, S. 71.

89 Erna Segal, LBI, S. 45 f. und S. 61. Vgl. auch E. Drexler, Harvard; Ch. Hamburger, LBI, S. 40 f.; M. Spiegel, *Retter in der Nacht. Wie eine jüdische Familie überlebte,* Köln 1987, S. 15; S. Hilda Branch, in: S. Rothchild (Hg.), *Voices from the Holocaust,* New York 1981; R. Eisner, *Nicht wir allein. Aus dem Tagebuch einer Berliner Jüdin,* Berlin 1971, S. 8; D. Morris, »The Lives of Some Jewish Germans«, S. 93.

90 Erna Segal, LBI, S. 45 ff. und S. 61.

91 G. W. Allport, »Personality Under Social Catastrophe«, S. 3.

92 P. Wyden, *Stella,* Göttingen 1996, S. 46.

93 M. Felstiner, *To Paint Her Life: Charlotte Salomon in the Nazi Era,* New York 1994, S. 74. Hier lassen sich Carol Gilligans Theorien anwenden: Männer neigen dazu, ihre Situation unter dem Aspekt abstrakter Rechte wahrzunehmen und zur Sprache zu bringen, Frauen dagegen unter dem Aspekt tatsächlicher Zugehörigkeiten und Beziehungen, vgl. C. Gilligan, *In a Different Voice: Psychological Theory and Women's Development,* Cambridge, Mass. 1982.

94 Alice Nauen, Research Foundation, S. 8.

95 Hanna Bernheim, Harvard, S. 53.

96 Charlotte Hamburger, LBI, S. 41 und S. 46.

97 Charlotte Stein-Pick, LBI, S. 2 und S. 38.
98 Elisabeth Bamberger, LBI, S. 5.
99 Vera Deutsch, Harvard.
100 Else Gerstel, LBI, S. 71.
101 J. Foster (Hg.), *Community of Fate,* S. 28 ff.
102 Marie Bloch, Research Foundation, S. 6 und S. 8.
103 Emily Braun-Melchior, LBI, S. 32.
104 Ilse Strauss, LBI, Kap. 8, S. 44.
105 Hanna Bernheim, Harvard, S. 45.
106 Else Gerstel, LBI, S. 76.
107 Verena Hellwig, Harvard, S. 25 f. Vgl. auch P. Edel, *Wenn es ans Leben geht. Meine Geschichte,* 2 Bde., Bd. I, Berlin 1979, S. 149 f.; Bab, LBI, S. 76.
108 P. Wyden, *Stella,* S. 48 und S. 88. Zu den Plänen der Nazis vgl. K. Schleunes, *The Twisted Road to Auschwitz,* S. 183 f. und S. 197 f. Vgl. auch S. Friedländer, *Das Dritte Reich und die Juden*, Bd. 1: *Die Jahre der Verfolgung 1933–1939,* München 1998.
109 1933 waren 35 Prozent der jüdischen Bevölkerung älter als fünfzig Jahre, 1938 galt dies für mehr als 50 Prozent.
110 P. Wyden, ebd., S. 48.
111 A. Barkai, *Vom Boykott zur »Entjudung«,* S. 111 f. und M. Marrus, *The Unwanted: European Refugees in the Twentieeth Century,* New York 1985, S. 131.
112 Gerdy Stoppleman, LBI, S. 6.
113 A. Barkai, *Vom Boykott zur »Entjudung«,* S. 111, M. Marrus, *The Unwanted,* S. 131 und J. Walk, *Das Sonderrecht für die Juden im NS-Staat. Eine Sammlung der gesetzlichen Maßnahmen und Richtlinien – Inhalt und Bedeutung,* Heidelberg 1981.
114 Lisa Grubel, LBI, S. 12.
115 Ann Lewis, LBI, S. 269 f.
116 B. Fromm, *Blood and Banquets,* S. 238 (10. August 1938).
117 Zu ausländischen Konsulaten vgl. Staatsarchiv Hamburg, Oberfinanzpräsident, S. 314 f., 9UA2: »Auswanderung jüdischer Emigranten, 1936–1941«.
118 C. G. Vogel, *We Shall Not Forget!,* S. 12.
119 A. Lixl-Purcell, *Women of Exile,* S. 84.
120 Dies trug sich nach dem Novemberpogrom zu (privates Interview).
121 J. Walk, *Das Sonderrecht für die Juden im NS-Staat* (16. Nov. 1937); Komitees in Bundesarchiv Coswig: 75C Hil HICEM Prag 5 Koordinationskomitee für Flüchtlinge: Inlandsamt (Fragebogen 1939).
122 H. A. Strauss, »Jewish Emigration from Germany (I)«, S. 357. Schätzungen zufolge verließen 1933 insgesamt etwa 60 000 bis 65 000 Flüchtlinge Deutschland; etwa 40 Prozent von ihnen (die nicht alle Juden waren) gingen nach Frankreich. Kurz nach 1933 schränkte Paris den Flüchtlingsstrom ein, vgl. R. Thalmann, »L'Immigration Allemande et l'Opinion publique en France de 1933 à 1936«, in: *La France et l'Allemagne 1932–1936,* hrsg. v. Comité d'Histoire de la 2e

Guerre mondiale, Paris 1980, S. 149 f.; Y. Bauer, *My Brother's Keeper,* S. 138 f., M. Marrus, *The Unwanted,* S. 146 f.; V. Caron, *Uneasy Asylum: France and the Jewish Refugee Crisis, 1933–1942,* Stanford 1999.

123 Sh. Wahrman, *Lest We Forget,* S. 77 f.

3

Jüdische und »gemischte« Familien

1 Erna Becker-Kohen, LBI, S. 1.

2 Vgl. M. Burleigh/W. Wippermann, *The Racial State: Germany 1933–1945*, Cambridge 1991.

3 Trotz der jüdischen Gesetzgebung, nach der die Religionszugehörigkeit der Mutter entscheidend ist, blieben mehr Kinder jüdischer Väter und christlicher Mütter jüdisch, vgl. *ZDSJ* 1906, S. 107 f. Zur Zahl von 11 Prozent vgl. B. Blau, »Mischehe im Nazi-Reich«, in: *Judaica* 4 (1948), S. 46.

4 Die Schätzungen für »Mischlinge« (offiziell als »Judenmischlinge« bezeichnet) belaufen sich (für 1933) auf 292 000. Vgl. H. A. Strauss, »Jewish Emigration from Germany (I)«, S. 317 und ders., »Jewish Autonomy«, S. 127. 1935 lebten in Deutschland nach Schätzungen der Nazis 475 000 »Volljuden« und 750 000 »Mischlinge ersten und zweiten Grades«, vgl. J. Grenville, »Die ›Endlösung‹ und die ›Judenmischlinge‹ im Dritten Reich«, in: U. Büttner (Hg.), *Das Unrechtsregime. Internationale Forschung über den Nationalsozialismus,* Hamburg 1986, S. 102. J. Noakes, »The Development of Nazi Policy Towards the German-Jewish ›Mischlinge‹ 1933–1945«, in: *LBIYB* 34 (1989), S. 292 ff., hält die Zahl von 750 000 für eine Übertreibung. Auf Grund der Zahlen der Volkszählung von 1939 (als viele Juden bereits emigriert waren) kommt er auf 52 005 »Mischlinge ersten Grades« und 32 669 »Mischlinge zweiten Grades«. Vgl. auch B. Meyer, *Jüdische Mischlinge. Rassenpolitik und Verfolgungserfahrung 1933–1945,* Hamburg 1999. Ich danke Beate Meyer dafür, daß sie mich an ihren Ergebnissen teilhaben ließ.

5 T. Mason, »Women in Germany, 1925–1940: Family, Welfare and Work« (I and II), in: *History Workshop* (spring and autumn 1976); S. Bajohr, *Die Hälfte der Fabrik. Geschichte der Frauenarbeit in Deutschland 1914 bis 1945,* Marburg 1984, S. 220.

6 Zu den Ehen zwischen jüdischen Männern und jüdischen Frauen vgl. Anm. 13. Die Zunahme jüdischer Eheschließungen zwischen 1933 und 1935 fiel verhältnismäßig höher aus, als es zunächst scheint, da viele Juden zu dieser Zeit auswanderten. Vgl. *Statistisches Jahrbuch* 52–59 (1933–1941/42).

7 Lisa Grubel, LBI, S. 11.

8 Kate Behnsch-Brower, LBI, S. 2. Erpressung wird in den frühen Jahren der Naziherrschaft häufig erwähnt, vgl. z. B. *IF,* 12. März 1936, S. 2; *IF,* 21. Mai 1936, S. 4.

9 Ruth (Sass) Glaser, LBI, S. 37.

10 Ruth (Sass) Glaser, LBI, S. 46 und S. 48.

11 A. Lixl-Purcell, *Women of Exile,* S. 26.

12 U. O. Schmelz, »Die demographische Entwicklung der Juden in Deutschland«, S. 53; H. A. Strauss, »Jewish Emigration from Germany (I)«, S. 317; U. Büttner, »The Persecution of Jewish-Christian Families«, in: *LBIYB* 34 (1989), S. 271.

13 Mischehenstatistik von 1931 bis 1939

Religionszugehörigkeit heiratender Paare 1931:

	Prot	Kath.	Andere Christen	Juden	Andere	Insgesamt
Jüdische Männer	600	180	10	2 484	110	3 384
Jüdische Frauen	291	95	9	2 484	110	2 989

Religionszugehörigkeit heiratender Paare 1933:

	Prot	Kath.	Andere Christen	Juden	Andere	Insgesamt
Jüdische Männer	764	297	17	2 174	116	3 368
Jüdische Frauen	275	89	8	2 174	127	2 673

Religionszugehörigkeit heiratender Paare 1935:

	Prot	Kath.	Andere Christen	Juden	Andere	Insgesamt
Jüdische Männer	217	82	1	2 751	53	3 104
Jüdische Frauen	84	31	1	2 751	34	2 901

Religionszugehörigkeit heiratender Paare 1936:

	Prot	Kath.	Andere Christen	Juden	Andere	Insgesamt
Jüdische Männer	25	15	2	2 665	16	2 723
Jüdische Frauen	11	9	–	2 665	12	2 697

Religionszugehörigkeit heiratender Paare 1938 im »Altreich«:

	Prot	Kath.	Andere	Jüdisch
Jüdische Männer	18	5	1	2 851
Jüdische Frauen	19	5	1	2 851

Religionszugehörigkeit heiratender Paare 1939 im »Altreich«, in Österreich, im Sudetenland und im Memelgebiet:

	Prot	Kath.	Andere	Jüdisch
Jüdische Männer	10	13	1	2 152
Jüdische Frauen	40	21	2	2 152

1932 heirateten 27 Prozent der jüdischen Männer und 18 Prozent der jüdischen Frauen nichtjüdische Partner. 1933 galt dies für 35 Prozent der jüdischen Männer und für 20 Prozent der jüdischen Frauen. 1936 heirateten nur noch 3 Prozent der jüdischen Männer und 1 Prozent der jüdischen Frauen nichtjüdische Partner. »Altreich« meint Deutschland in den Grenzen vor 1938. Vgl. *Statistisches Jahrbuch* 52–59 (1933–1941/42).

14 A. Abrams, *Special Treatment: The Untold Story of Hitler's Third Race,* Secaucus, N. J. 1985, S. 22.

15 Zur Definition der unterschiedlichen »Nichtarier« vgl. R. Hilberg, *Die Vernichtung der europäischen Juden,* 3 Bde., Bd. 1, Frankfurt a. M. 1990, S. 69–84, zur genauen Formulierung vgl. B. Blau, *Das Ausnahmerecht für Juden in Deutschland 1933–1945,* Düsseldorf 1954.

16 R. Hilberg, *Täter, Opfer, Zuschauer. Die Vernichtung der Juden 1933–1945,* Frankfurt a. M. 1992, S. 171.

17 Eine Tabelle mit Heiratsmöglichkeiten wurde in der *Zeitschrift für Standesamtwesen,* Berlin, 10. März 1936 veröffentlicht; sie ist wiederabgedruckt in: H. Rosenstrauch, *Aus Nachbarn wurden Juden,* S. 36. Eine

ähnliche Liste findet sich bei L. Kleiber/E.-M. Gömüsay, *Fremdgängerinnen. Zur Geschichte bi-nationaler Ehen in Berlin von der Weimarer Republik bis in die Anfänge der Bundesrepublik,* Bremen 1990, S. 82.

18 U. Büttner, »Persecution«, S. 274; Bundesarchiv Koblenz, R18 (Akten des Reichsministeriums des Inneren): R18/5246, Fiche 6 (Briefe, die um den Nachweis bitten, daß ein Verwandter der Absender oder der Absenderinnnen »arisch« ist) und R58/161 (Stellungnahmen von Juden, die behaupteten, sie stammten von unverheirateten »Ariern« ab). Letztere stammen aus den *Meldungen aus dem Reich* vom 26. Juni 1941, Berlin, SD Lagebericht, S. 21–23, in: *Meldungen aus dem Reich. Die geheimen Lageberichte des Sicherheitsdienstes der SS 1938–1945,* Band 7, hrsg. von Heinz Boberach, Herrsching 1984.

19 Bundesarchiv Koblenz R18/5246 (Fiche 6).

20 Ebd., R18/5065. Vgl. auch W. Cohn, »Bearers of a Common Fate? The ›Non-Aryan‹ Christian ›Fate-Comrades‹ of the Paulus-Bund, 1933–1939«, in: *LBIYB* 33 (1988), S. 327–366.

21 G. Czarnowski, *Das kontrollierte Paar. Ehe- und Sexualpolitik im Nationalsozialismus,* Weinheim 1991, S. 102.

22 Die Pariser Liste wurde unvollständig abgedruckt in: *Der Gelbe Fleck: Die Ausrottung von 500 000 deutschen Juden* (Verfasser unbekannt, Vorwort von Lion Feuchtwanger), Paris 1936, S. 213. Vgl. auch R. Eisner, *Nicht wir allein,* S. 70 f.

23 K. Pätzold (Hg.), *Verfolgung, Vertreibung, Vernichtung,* Leipzig 1983, S. 93 und S. 97; J. Noakes/G. Pridham, *Documents on Nazism, 1919–1945,* New York 1975, S. 533. In Berlin sank die Zahl der Mischehen dramatisch von 663 im Jahr 1933 auf 367 im Jahr 1934. W. Gruner, »Die Reichshauptstadt und die Verfolgung der Berliner Juden 1933–1945«, in: R. Rürup (Hg.), *Jüdische Geschichte in Berlin. Essays und Studien,* Berlin 1995, S. 257.

24 I. Müller, *Furchtbare Juristen. Die unbewältigte Vergangenheit unserer Justiz,* München 1987, S. 99; E. Noam/W.-A. Kropat, *Juden vor Gericht, 1933–1945,* Wiesbaden 1975, S. 62.

25 *Sopade* 1937, S. 938.

26 W. Gruner, »Reichshauptstadt«, S. 233.

27 D. Bankier, *Die öffentliche Meinung im Hitler-Staat,* S. 64 f.

28 *Der Stürmer,* Nr. 40, Oktober 1935, zit. n. *Der Gelbe Fleck,* S. 211.

29 I. Ehre, *Gott hat einen größeren Kopf, mein Kind,* Hamburg 1985, S. 124.

30 R. Gellately, *Gestapo,* S. 170. Vgl. auch *Sopade* 1937, S. 1568; I. Müller, *Furchtbare Juristen,* S. 105–109; E. Noam/W.-A. Kropat, *Juden vor Gericht,* S. 112 f.

31 Ebd., S. 118.

32 R. Gellately, *Gestapo,* S. 196 ff. Später wurden beide Geschlechter bestraft – auch im Fall sexueller Beziehungen von Deutschen mit anderen »minderwertigen« Rassen –, aber deutsche Frauen wurden auch öffentlich gedemütigt. Vgl. L. Kleiber/E.-M. Gömüsay, *Fremdgängerinnen,* S. 114 ff.

33 *Sopade* 1938, S. 747.

34 I. Müller, *Furchtbare Juristen,* S. 112.

35 E. Noam/W.-A. Kropat, *Juden vor Gericht,* S. 111 und S. 115. Nach 1939 konnten jüdische »Gewohnheitsverbrecher« zum Tode verurteilt werden, vgl. I. Müller, *Furchtbare Juristen,* S. 119 ff.

36 E. Noam/W.-A. Kropat, *Juden vor Gericht,* S. 118.

37 M. Broszat, *Bayern in der NS-Zeit,* Bd. 1, S. 485.

38 I. Müller, *Furchtbare Juristen,* S. 112.

39 *Sopade* 1938, S. 765.

40 Erich Leyens, LBI, S. 18. Vgl. auch I. Müller, *Furchtbare Juristen,* S. 121 ff. und *Sopade* 1935, S. 1033, S. 1036 und S. 1038.

41 Bundesarchiv Koblenz, R18 (Akten des Reichsministeriums des Inneren), R18/5065; R18/5244. Nur etwa einem Dutzend der Tausenden von Ehegenehmigungsanträgen, die an das Reichsministerium des Inneren gerichtet wurden, wurde entsprochen; vgl. U. Büttner, *Die Not der Juden teilen. Christlich-jüdische Familien im Dritten Reich,* Hamburg 1988, S. 30.

42 Fromm meinte Paul von Schwabach, siehe *Blood and Banquets* (28. Juli 1938), S. 238. Vgl. zu demselben Mann auch Fritz Stern, *Gold and Iron,* New York 1947, S. 547.

43 Bundesarchiv Koblenz R18 (Reichsministerium des Inneren), Akten R 22/4426 (Rassenschande 1939).

44 Vgl. U. Büttner, *Die Not der Juden teilen,* S. 30.

45 Abtreibungen waren bereits vor der Machtergreifung illegal, vgl. A. Grossmann, »Abortion and Economic Crisis«, in: R. Bridenthal/A. Grossmann/M. Kaplan (Hg.), *When Biology became Destiny: Women in Weimar and Nazi Germany,* New York 1984, S. 66–86.

46 Seit dem 14. Juli 1933 gab es Zwangssterilisationen, vgl. G. Bock, *Zwangssterilisation im Nationalsozialismus. Studien zur Rassenpolitik und Frauenpolitik,* Opladen 1986, bes. S. 347 f., S. 355 und S. 357–360. Vgl. auch G. Aly/Ch. Pross/P. Chroust (Hg.), *Cleansing the Fatherland: Nazi Medicine and Racial Hygiene,* Baltimore/London 1994.

47 U. Büttner, *Die Not der Juden teilen,* S. 36.

48 Zwei Monate nach der Wannsee-Konferenz im Januar 1942 wurden Juden von der Zwangssterilisation ausgenommen, vgl. G. Bock, *Zwangssterilisation im Nationalsozialismus,* S. 347 f., S. 355 und S. 357–360.

49 T. Mason, »Women in Germany«, I, S. 102; U. Frevert, *Frauen-Geschichte. Zwischen bürgerlicher Verbesserung und neuer Weiblichkeit,* Frankfurt a. M. 1986, S. 224.

Kinder jüdischer Familien 1933–1939

Jahr	Juden der »Rasse« nach	Juden der Religion nach
1933	1 246	1 146
1935	1 139	1 046
1939 (bis 31. Mai)	325	284

Tabelle aus *Statistik des Deutschen Reiches* Bd. 552, abgedruckt in: H. A. Strauss, »Jewish Emigration from Germany (I)«, S. 319.

50 Kate Freyhan, LBI, S. 7.

51 Erna Becker-Kohen, LBI, S. 1.

52 1940 erwog die Naziführung, deutsch-jüdischen Frauen die Abtreibung zu gestatten, doch die Entscheidung wurde verschoben, vgl. G. Bock, *Zwangssterilisation im Nationalsozialismus,* S. 163; vgl. auch S. Quack, *Zuflucht Amerika,* S. 58 f. und Gabriele Czarnowski, »Hereditary and Racial Welfare (Erb- und Rassenpflege)«, in: *Social Politics* 4 (1997), S. 126–133.

53 R. Klüger, *Weiter leben. Eine Jugend,* Göttingen 1992, S. 28.

54 M. Limberg/H. Rübsaat (Hg.), *Sie durften nicht mehr Deutsche sein,* S. 195 ff.

55 U. Büttner, *Die Not der Juden teilen,* S. 13.

56 A. Owings, *Eine andere Erinnerung. Frauen erzählen von ihrem Leben im Dritten Reich,* Berlin 1999, S. 566.

57 A. Abrams, *Special Treatment,* passim. Vgl. Brandenburgisches Landeshauptarchiv PrBr Rep 12 B St Potsdam 80 und Bundesarchiv Koblenz R18 (Reichsministerium des Innern), Bestand R18/5245 (Fiche 7). Bis Mai 1941 wurden lediglich 263 von 9 636 Anträgen auf die Zuerkennung des »arischen« Status oder auf »Verbesserung« zum Status des »Mischlings« bewilligt. Vgl. J. Noakes, »The Development of Nazi Policy«, S. 319.

58 Vgl. U. Büttner, *Die Not der Juden teilen,* S. 13 f., S. 23, S. 32 f. Vgl. auch J. Grenville, »Die ›Endlösung‹ und die ›Judenmischlinge‹ im Dritten Reich«, S. 91–122.

59 K. Moritz/E. Noam, *NS-Verbrechen vor Gericht,* S. 7 f., S. 248–253 und S. 258.

60 Helmut Krüger, LBI, S. 20.

61 Ebd., S. 5, S. 16, S. 24, S. 41.

62 Ida Jauffron-Frank, LBI, S. 31 f. Vgl. auch A. Owings, *Eine andere Erinnerung,* S. 565; I. Runge, *Onkel Max ist jüdisch,* Berlin 1991, S. 58 f., 95.

63 B.-L. Lange (Hg.), *Davidstern und Weihnachtsbaum,* S. 242.

64 Erna Becker-Kohen, LBI, S. 3.

65 V. Klemperer, *LTI (Lingua Tertii Imperii). Aus dem Notizbuch eines Philologen,* München 1947, S. 179 f.

66 M. Richarz (Hg.), *Jüdisches Leben in Deutschland,* Bd. 3, S. 465 f.

67 K. Jacobson, *Embattled Selves: An Investigation into the Nature of Identity Through Oral Histories of Holocaust Survivors,* New York 1994, S. 236 und S. 243. Vgl. auch M. Limberg / H. Rübsaat (Hg.), *Sie durften nicht mehr Deutsche sein,* S. 137.

68 In Hamburg etwa konnte die geschiedene jüdische Mutter eines getauften Kindes nicht vor dem zehnten Geburtstag des Kindes deportiert werden (Interview mit Ruth von Bialy).

69 Zwar wurden »Mischlinge« im April 1940 aus der Wehrmacht ausgeschlossen, doch wurde dies bis Oktober 1942 nicht konsequent durchgesetzt. Krüger erhielt im Oktober 1940 das Eiserne Kreuz (LBI, 41/1, S. 48). »Mischlinge zweiten Grades« wurden nicht entlassen.

70 *IF* vom 23. April 1936; vgl. J. Walk, *Das Sonderrecht für die Juden im NS-Staat,* S. 198, S. 221, S. 241, S. 345. Das Gesetz zum Verbot von Adoptionen »zwischen den Rassen« wurde am 12. April 1938 erlassen.

71 *Sopade* 1939, S. 210.

72 B.-L. Lange, *Davidstern und Weihnachtsbaum,* S. 185–199; M. Limberg/H. Rübsaat (Hg.), *Sie durften nicht mehr Deutsche sein,* S. 137 f.

73 *AJYB* 5698 (1937/38), Philadelphia 1937, S. 332 und U. Büttner, *Die Not der Juden teilen,* S. 31 f.

74 *Sopade* 1936, S. 974.

75 B.-L. Lange (Hg.), *Davidstern und Weihnachtsbaum,* S. 159 f.

76 Ebd., S. 213 f.

77 M. Limberg/H. Rübsaat (Hg.), *Sie durften nicht mehr Deutsche sein,* S. 232.

78 C. Edvardson, *Gebranntes Kind sucht das Feuer,* München 1986, S. 55 f.

79 B.-L. Lange (Hg.), *Davidstern und Weihnachtsbaum,* S. 185–199.

80 R. Elkin, »Kinder zur Aufbewahrung im jüdischen Krankenhaus«, in: *Tel Aviv Jahrbuch für deutsche Geschichte* 23 (1994), S. 262–265.

81 U. Schmelz, »Die demographische Entwicklung der Juden in Deutschland«, S. 43.

82 R. Klüger, *Weiter leben,* S. 54 f.

83 Senta Meyer-Gerstein, LBI, II, S. 14.

84 P. Wyden, *Stella: One Woman's True Tale of Evil, Betrayal, and Survival in Hitler's Germany,* New York 1992, S. 50. Vgl. auch Hilda Branch in: S. Rothchild (Hg.), *Voices from the Holocaust.*

85 Am 26. Januar 1937, vgl. B. Blau, *Das Ausnahmerecht für Juden in Deutschland,* S. 37.

86 D. Kramer, »Jewish Welfare Work«, S. 186.

87 Zunächst herrschte Verwirrung, da Gerichte Scheidungen ablehnten oder genehmigten, um ihre Beschlüsse dann im Berufungsverfahren zu revidieren. Vgl. I. Müller, *Furchtbare Juristen,* S. 100–103; K. Pätzold, *Verfolgung, Vertreibung, Vernichtung,* S. 76; *GemBer* 21. Juli 1934, S. 4; *IF,* 27. Februar 1936.

88 A. Owings, *Eine andere Erinnerung,* S. 137. Vgl. auch K. Jacobson, *Embattled Selves,* S. 238.

89 Zur Bedrohung oder Bestechung von »Ariern« mit dem Ziel, sie zur Scheidung zu zwingen, vgl. Morris, »The Lives of Some Jewish Germans«, S. 99, S. 108 und R. Ostow, *Jews in Contemporary East Germany,* New York 1989, S. 25 f. Zu Görings Erklärung vgl. P. Sauer, *Dokumente über die Verfolgung der jüdischen Bürger in Baden-Württemberg, 1933–1945,* 2. Bde., Stuttgart 1966, Bd. II, S. 84 (Nr. 1333). Seit 1940 hatten »Experten« die Ermordung beider Partner in Mischehen in Polen für den Fall erwogen, daß der »arische« Partner die Scheidung nicht akzeptierte. In den besetzten baltischen Staaten erprobten die Deutschen seit 1941 die Wirksamkeit von Zwangsscheidungen, vgl. G. Aly, »Nachwort«, in: H. Krüger, *Der halbe Stern. Leben als deutsch-jüdischer »Mischling« im Dritten Reich,* Berlin 1993, S. 134. Zur Zwangsarbeit für »arische« Ehepartner vgl. Kapitel 7.

90 Maria Donath, Harvard, S. 18.

91 U. Büttner, *Die Not der Juden teilen,* S. 57 und S. 298, Anm. 253. Büttner hält fest, daß (bis Oktober 1942) lediglich 7 Prozent der Mischehen in Baden-Württemberg und 10 Prozent der Mischehen in Hamburg geschieden wurden. B. Meyer, *»Jüdische Mischlinge«*, gibt für Hamburg die Zahl von 20 Prozent an. Vgl. auch Vera Deutsch, Harvard; Maria Donath, Harvard; U. Frevert, *Frauen-Geschichte. Zwischen bürgerlicher Verbesserung und neuer Weiblichkeit,* Frankfurt a. M. 1986, S. 229 f.

92 I. Runge, *Onkel Max ist jüdisch,* S. 94 f.

93 Laut Eva Wysbar zerbrachen die meisten Mischehen von Personen, die in der Filmbranche tätig waren, nur eine Minderheit emigrierte; vgl. M. Limberg/H. Rübsaat (Hg.), *Sie durften nicht mehr Deutsche sein,* S. 195 ff. und S. 200.

94 F. Stern, *Im Anfang war Auschwitz,* S. 30.

95 I. Ehre, *Gott hat einen größeren Kopf, mein Kind,* S. 116–124, S. 128, S. 154–157.

96 Zeitschrift *Deutsches Reich,* zit. n. E. Noam / W.-A. Kropat, *Juden vor Gericht,* S. 60.

97 Fall vom Oktober 1939 in Frankfurt, vgl. E. Noam / W.-A. Kropat, *Juden vor Gericht,* S. 70.

98 B.-L. Lange, *Davidstern und Weihnachtsbaum,* S. 186 ff.

99 Lundholm glaubt, ihr Vater habe sie (die eigene Tochter) bei der Gestapo denunziert. Sie überlebte das Konzentrationslager Ravensbrück, vgl. *Die Zeit* vom 10. Juni 1994, S. 24.

100 Verena Hellwig, Harvard, S. 30.

101 M. Limberg/H. Rübsaat (Hg.), *Sie durften nicht mehr Deutsche sein,* S. 138 f.

102 Ebd., S. 137. Zu den geschlechtsspezifischen Faktoren vgl. C. Koonz, *Mütter im Vaterland,* S. 192.

103 Hanna Bernheim, Harvard, S. 49. Zu Frauen, die sich von jüdischen Männern scheiden ließen, vgl. Berta Kamm, Harvard, S. 38 f.; P. Edel, *Wenn es ans Leben geht,* I, S. 151, S. 217, S. 222, S. 284; I. Koehn, *Mischling zweiten Grades. Kindheit in der Nazizeit,* Reinbek 1979, S. 17 und S. 23.

104 B. Brecht, *Furcht und Elend des Dritten. Reiches,* New York 1945, S. 58. Hamburger Gerichtsakten zeigen, daß sich weit mehr »arische« Frauen von ihren jüdischen Männern scheiden ließen, vgl. B. Meyer, *Jüdische Mischlinge*. Endgültige Schlußfolgerungen werden sich erst nach weiterer Forschung ziehen lassen.

105 Erna Albersheim, Harvard, S. 69.

106 Helmut Krüger, LBI, S. 35, S. 62, S. 66.

107 Interview mit Ruth von Bialy 1992.

108 Zit. n. F. Stern, *Im Anfang war Auschwitz,* S. 75.

109 G. Scholem, *Von Berlin nach Jerusalem. Jugenderinnerungen,* Frankfurt a. M. 1977, S. 44.

110 H. Friedlander, »The Judiciary and Nazi Crimes in Postwar Germany«, in: *Simon Wiesenthal Center Annual* I (1984), S. 32.

111 U. Schmelz, »Die demographische Entwicklung der Juden in Deutschland«, S. 43. Zu den Scheidungsraten der Deutschen vgl. *Statistisches Jahrbuch* 58 (1939/40), S. 70; 59 (1941/42), S. 92.

4

Das Alltagsleben jüdischer Kinder und Jugendlicher im »Dritten Reich«

1 R. Klüger, *Weiter leben,* S. 7.
2 Vgl. Charles Marks, LBI, S. 4.
3 Margot Littauer, Harvard, S. 21.
4 Toni Lessler, LBI, S. 22 ff.
5 M. Richarz (Hg.), *Jüdisches Leben in Deutschland,* S. 234.
6 Ende 1933 gehörten 47 Prozent der Jungen zwischen 10 und 14 Jahren dem Deutschen Jungvolk und 38 Prozent der Jungen zwischen 14 und 18 Jahren der Hitlerjugend selbst an. 15 Prozent der Mädchen zwischen 10 und 14 Jahren traten dem Jungmädelbund bei, während 8 Prozent der Mädchen zwischen 15 und 21 Jahren dem Bund Deutscher Mädel angehörten. Der Erlaß zur Hitlerjugend vom Dezember 1936 forderte die Einbeziehung der gesamten deutschen Jugend, und ein Gesetz aus dem Jahre 1939 erhob den »Jugenddienst« zur obligatorischen Pflicht. Vgl. D. Peukert, »Youth in the Third Reich«, in: R. Bessel (Hg.), *Life in the Third Reich,* Oxford/New York 1987, S. 27 f.
7 W. T. Angress, *Generation zwischen Furcht und Hoffnung,* S. 18. Dies sind allgemein verbreitete Themen, vgl. R. Eisner, *Nicht wir allein,* S. 8.
8 Toni Lessler, LBI, S. 22 f.
9 M. Felstiner, *To Paint Her Life,* S. 34.
10 Helmut Kallmann, LBI, S. 29, S. 39, S. 42 ff.
11 Elisabeth Drexler, Harvard.
12 Ruth (Sass) Glaser, LBI, S. 14, S. 17 f.
13 Annemarie Schermann, Yad Vashem, I.
14 J. Meynert, »›Das hat mir sehr weh getan!‹ Jüdische Jugend in Ostwestfalen-Lippe. Streiflichter 1933–1939«, in: H. Frankemölle (Hg.), *Opfer und Täter. Zum nationalsozialistischen und antijüdischen Alltag in Ostwestfalen-Lippe,* Bielefeld 1990, S. 63.
15 Vgl. C. Vollnhals, »Jüdische Selbsthilfe bis 1938«, S. 332 f., S. 337, S. 339. Vgl. auch S. Colodner, *Jewish Education in Germany Under the Nazis,* New York 1964, S. 50; R. Röcher, *Die jüdische Schule,* S. 58.
16 C. Huerkamp, »Jüdische Akademikerinnen in Deutschland«, S. 327.
17 A. Owings, *Eine andere Erinnerung,* S. 559 und S. 563.
18 C. Vogel (Hg.), *We Shall Not Forget!,* S. 57.
19 J. Meynert, »›Das hat mir sehr weh getan!‹«, S. 58.
20 B.-L. Lange (Hg.), *Davidstern und Weihnachtsbaum,* S. 186. Vgl. auch Hilde Koch, Harvard, S. 104. Als Reaktion, die sich vom »Stolz

auf das Anderssein« leiten ließ, vgl. Annemarie Scherman, Yad Vashem, 1.

21 U. Büttner, *Die Not der Juden teilen,* S. 25.

22 Lily S. Krug, Harvard, S. 14.

23 Verena Hellwig, Harvard S. 29 f.

24 M. Richarz (Hg.), *Jüdisches Leben in Deutschland,* S. 234. Vgl. auch M. Limberg / H. Rübsaat (Hg.), *Sie durften nicht mehr Deutsche sein,* S. 230; Erna Segal, LBI, S. 78 f.

25 Joseph Benjamin Levy, LBI.

26 S. J. Heims (Hg.), *Passages from Berlin,* South-Berwick, Mass. 1987, S. 73 und S. 76.

27 Hanna Bernheim, Harvard, S. 50 f.

28 M. Limberg/H. Rübsaat (Hg.), *Sie durften nicht mehr Deutsche sein,* S. 217 f.

29 M. Felstiner, *To Paint Her Life,* S. 52.

30 J. Meynert, »›Das hat mir sehr weh getan!‹«, S. 63.

31 Verena Hellwig, Harvard, S. 30. Vgl. auch Margot Littauer, Harvard, S. 14 f.

32 J. Meynert, »›Das hat mir sehr weh getan!‹«, S. 62.

33 M. Limberg/H. Rübsaat (Hg.), *Sie durften nicht mehr Deutsche sein,* S. 217 f.

34 Ebd., S. 208.

35 Toni Lessler, LBI, S. 22.

36 Mally Dienemann, Harvard, S. 23a.

37 M. Limberg/H. Rübsaat (Hg.), *Sie durften nicht mehr Deutsche sein,* S. 210 f.

38 Werner Stein, in: *New York Times,* 10. November 1992, B3 (Artikel über die Kaliski-Schule in Berlin).

39 J. Colodner, *Jewish Education,* S. 49, S. 65; R. Röcher, *Die jüdische Schule,* S. 71, S. 92 f., S. 99; C. Vollnhals, »Jüdische Selbsthilfe bis 1938«, S. 331, S. 342, S. 348–54. Vgl. auch Y. Weiss, *Schicksalsgemeinschaft im Wandel. Jüdische Erziehung im nationalsozialistischen Deutschland, 1933–1938,* Hamburg 1991.

40 Lilli Sussmann, LBI, S. 3.

41 M. Limberg/H. Rübsaat (Hg.), *Sie durften nicht mehr Deutsche sein,* S. 221.

42 Toni Lessler, LBI (Brief von ihrer Schwester).

43 Margot Littauer, Harvard, S. 28.

44 M. Limberg/H. Rübsaat (Hg.), *Sie durften nicht mehr Deutsche sein,* S. 226.

45 Bundesarchiv Potsdam: 49.01 Reichsministerium für Wissenschaft, Erziehung und Volksbildung; 5368 Private Waldschule Kaliski.

46 *New York Times,* 10. November 1992, B3. Vgl. auch M. Daxner und H. Busemann, *Insel der Geborgenheit. Die Private Jüdische Waldschule Kaliski in Berlin, 1932–1939*, Stuttgart 1992 und J. Walk, »Jüdische Erziehung als geistiger Widerstand«, in: A. Paucker (Hg.), *Die Juden im nationalsozialistischen Deutschland 1933 bis 1945,* Tübingen 1986.

47 Charlotte Stein-Pick, LBI, S. 28.
48 Toni Lessler, LBI, S. 22 f.
49 W. T. Angress, *Generation zwischen Furcht und Hoffnung,* S. 21.
50 A. Paucker, »Anmerkungen zum Verhalten jüdischer Jugendlicher unter der NS-Diktatur«, in: W. Löhken / W. Vathke (Hg.), *Juden im Widerstand. Drei Gruppen zwischen Überlebenskampf und politischer Aktion, Berlin 1933–1945,* Berlin 1993 (Begleitbuch zur gleichnamigen Ausstellung 1993 in Berlin) und *Tagesspiegel,* 15./16. November 1994. Vgl. auch M. Limberg / H. Rübsaat (Hg.), *Sie durften nicht mehr Deutsche sein,* S. 220.
51 Bundesarchiv Potsdam: 49.01 Reichsministerium für Wissenschaft, Erziehung und Volksbildung, 5595 Yawne Schule, Köln.
52 C. Vollnhals, »Jüdische Selbsthilfe bis 1938«, S. 330.
53 M. Limberg/H. Rübsaat (Hg.), *Sie durften nicht mehr Deutsche sein,* S. 219.
54 Ann Lewis, LBI, S. 248.
55 Sh. Wahrman, *Lest We Forget,* S. 74.
56 Helmut Krüger, LBI, S. 21.
57 R. Klüger, *Weiter leben,* S. 13 f.
58 Charlotte Stein-Pick, LBI, S. 28.
59 Sh. Wahrman, *Lest We Forget,* S. 70.
60 Toni Lessler, LBI, S. 27.
61 D. Dwork, *Kinder mit dem gelben Stern, Europa 1933–1945,* München 1994, S. 34.
62 A. Owings, *Eine andere Erinnerung,* S. 559.
63 M. Limberg/H. Rübsaat (Hg.), *Sie durften nicht mehr Deutsche sein,* S. 215 f.
64 Ihre Eltern flüchteten später. Ruth (Sass) Glaser, LBI, S. 18.
65 Sh. Wahrman, *Lest We Forget,* S. 55.
66 Ann Lewis, LBI, S. 252–259.
67 I. Deutschkron, *Ich trug den gelben Stern,* S. 8 f.
68 D. Dwork, *Kinder mit dem gelben Stern,* S. 23 f.
69 Sh. Wahrman, *Lest We Forget,* S. 85. Vgl. auch M. Limberg/H. Rübsaat (Hg.), *Sie durften nicht mehr Deutsche sein,* S. 214 f.; *BJFB,* August 1938, S. 8.
70 M. Kliner-Lintzen/S. Pape (Hg.), »*... vergessen kann man das nicht*«, S. 299 f.
71 Ebd.
72 J. Meynert, »›Das hat mir sehr weh getan!‹«, S. 64.
73 C. Vogel, *We Shall Not Forget!,* S. 199.
74 G. W. Allport et al., »Personality Under Social Catastrophe«, S. 17.
75 Maria Donath, Harvard, S. 18.
76 W. T. Angress, *Generation zwischen Furcht und Hoffnung,* S. 24.
77 J. Meynert, »›Das hat mir sehr weh getan!‹«, S. 57.
78 A. Owings, *Eine andere Erinnerung,* S. 135.
79 M. Gillis-Carlebach, *Jedes Kind ist mein Einziges. Lotte Carlebach-Preuss, Antlitz einer Mutter und Rabbiner-Frau,* Hamburg 1992, S. 123–198.

80 H. A. Strauss, »Jewish Emigration from Germany (I)« S. 318.
81 Ruth (Sass) Glaser, in: A. Lixl-Purcell, *Women of Exile,* S. 13.
82 Alice Baerwald, Harvard, S. 36 f.
83 Vgl. Ch. Schatzker, »The Jewish Youth Movement in Germany in the Holocaust Period« (I), in: *LBIYB* 32 (1987), S. 157–181 und (II), in: *LBIYB* 33 (1988), S. 301–325; W. Oppenheimer, *Jüdische Jugend in Deutschland,* München 1967; H. Meier-Cronemeyer, »Jüdische Jugendbewegung« (I) und (II), in: *Germania Judaica,* Jg. VIII, Heft 1–4, Köln 1969; H. Landenberger, »Die soziale Funktion der jüdischen Jugendbewegung«, in: *JWS* 1936; zur Statistik vgl, *JWS* 1936, S. 100.
84 Vgl. *Gemeinschaftsarbeit der Jüdischen Jugend: Aus der Arbeit des Reichsausschusses der jüdischen Jugendverbände, 1933–1936,* Berlin 1937 und W. Löhken/W. Vathke (Hg.), *Juden im Widerstand,* Berlin 1993, S. 97.
85 H. Kellermann, »From Imperial to National-Socialist Germany. Recollections of a German-Jewish Youth Leader«, in: *LBIYB* 39 (1994), S. 322 ff. Seinen Angaben zufolge hatte der Bund eine höhere Mitgliederzahl, die sich zwischen 9 000 und 15 000 bewegte.
86 W. T. Angress, *Generation zwischen Furcht und Hoffnung,* S. 51–88.
87 JPF stand für *Jüdischer Pfadfinderbund Deutschlands.* Der JPF-MH zählte 1936 nach eigener Aussage 6 000 Mitglieder. Zu den Zionisten vgl. *Gemeinschaftsarbeit der Jüdischen Jugend,* S. 55.
88 W. T. Angress, »Erfahrungen jüdischer Jugendlicher und Kinder mit der nichtjüdischen Umwelt 1933–45«, in: U. Büttner, *Die Deutschen und die Judenverfolgung im Dritten Reich,* Hamburg 1992, S. 89–104.
89 A. Paucker, in: *Israelitisches Wochenblatt,* 4. November 1994, S. 10.
90 Gespräch mit Arnold Paucker im März 1995 in Jerusalem.
91 J. Meynert, »›Das hat mir sehr weh getan!‹«, S. 67 f.
92 Ruth (Sass) Glaser, LBI, S. 18.
93 M. Limberg/H. Rübsaat (Hg.), *Sie durften nicht mehr Deutsche sein,* S. 297 f.
94 Leo Gompertz, LBI, S. 1, S. 8 f.
95 K. Jacobson, *Embattled Selves,* S. 170 f.
96 C. Edvardson, *Gebranntes Kind sucht das Feuer,* S. 57.
97 C. Vogel, *We Shall Not Forget!,* S. 59.
98 U. Büttner, *Die Not der Juden teilen,* S. 26.
99 Lotte Dixon, Yad Vashem.
100 S. Colodner, *Jewish Education,* S. 86.
101 *BJFB,* Mai 1935, S. 5.
102 Dies verdanke ich Renate Bridenthal, die damit ihre Mutter zitierte.
103 *CV-Zeitung,* 3. März 1938, S. 6. Vgl. auch *BJFB,* Februar 1937, S. 2 f.; B. Becker, »Das ›Jüdische Erholungsheim Lehnitz‹«, in: I. Diekmann/J. Schoeps (Hg.), *Wegweiser durch das jüdische Brandenburg,* Berlin 1995, S. 388.
104 Annemarie Scherman, Yad Vashem, S. 2 f.
105 *JWS,* 1935, S. 185–189 und *JWS,* 1937, S. 140–143.
106 C. Vollnhals, »Jüdische Selbsthilfe bis 1938«, S. 391.

107 E. BenGershom, *David. Aufzeichnungen eines Überlebenden*, Frankfurt a. M. 1993, S. 72 f.
108 *Informationsblätter der Zentralwohlfahrtsstelle der deutschen Juden*, August/Oktober 1937, S. 59 f.
109 C. Vollnhals, »Jüdische Selbsthilfe bis 1938«, S. 391.
110 *BJFB*, März 1938, S. 2.
111 *IF*, 17. Februar 1938, S. 16.
112 W. T. Angress, »Jüdische Jugend zwischen nationalsozialistischer Verfolgung und jüdischer Wiedergeburt«, in: A. Paucker (Hg.), *Die Juden im nationalsozialistischen Deutschland 1933–1945*, S. 219. Möglicherweise profitierten osteuropäische jüdische Frauen stärker von diesen Ausbildungsprogrammen, vgl. T. Maurer, »Ausländische Juden in Deutschland, 1933–39«, in: Ebd., S. 205. Eine nur teilweise vollständige Liste der Ausbildungsschulen für Mädchen findet sich in der *CV-Zeitung*, 3. März 1938, S. 6.
113 H. A. Strauss, »Jewish Emigration from Germany (I)«, S. 328; J. Wetzel, »Auswanderung aus Deutschland«, in: W. Benz (Hg.), *Die Juden in Deutschland 1933–1945*, München 1989, S. 460 f.
114 G. van Tijn, »Werkdorp Nieuwesluis«, in: *LBIYB* 14 (1969), S. 182 bis 199.
115 R. Eisner, *Nicht wir allein*, S. 8. Sie verließ Deutschland im Januar 1939.
116 Hanna Bernheim, Harvard, S. 52.
117 M. Gillis-Carlebach, *Jedes Kind ist mein Einziges*, S. 209.
118 B.-L. Lange (Hg.), *Davidstern und Weihnachtsbaum*, S. 28.
119 In England nahmen die Quäker im November 1938 300 Kinder aus Wien auf; das *Children's Inter-Aid Committee* brachte bis 1938 150, Ende 1938 weitere 300 Kinder nach England. Vgl. B. Turner, *And the Policeman Smiled*, London 1990, S. 21–22, S. 40, S. 43. Ende 1939 waren etwa 18 000 junge Leute ohne ihre Eltern nach Palästina eingereist.
120 H. A. Strauss, »Jewish Emigration from Germany (I)«, S. 328; J. Reinharz, »Hashomer Hazair in Nazi Germany«, in: A. Paucker (Hg.), *Die Juden im nationalsozialistischen Deutschland 1933–1945*, Tübingen 1986, S. 334. B. Turner, *And the Policeman Smiled*, hält fest, daß 10 000 jüdische Kinder nach England gebracht wurden.
121 Die Jugendalijah begann offiziell erst 1934, obwohl Recha Freier bereits 1932 mit der Arbeit begonnen hatte. Bis 1939 schickte die Jugendalijah 3 229 Kinder aus Deutschland nach Palästina. Diese Zahlen verdanke ich Sara Kadosh vom Archiv des *Joint Distribution Committee*. Laut N. Bentwich, *Jewish Youth Comes Home*, S. 62 und S. 82 wurden 7 000 Kinder nach Palästina gebracht; andere reden von 10 000 bis zum Jahr 1944. Siehe auch Recha Freier, *Let the Children Come: The Early History of Youth Aliyah*, London 1961.
122 Charles Marks, LBI, S. 6.
123 Brief von Gertrud Grossmann vom 17. Januar 1939. Ich danke Atina Grossmann dafür, daß sie mir Einblick in diese Briefe gewährte. Vgl. auch Mally Dienemann, Harvard, S. 25; C. Vogel, *We Shall Not Forget!*, S. 210.

124 Elizabeth Bab, LBI, S. 184.

125 M. Kliner-Lintzen/S. Pape (Hg.), »... *vergessen kann man das nicht*«, S. 303.

126 H. Beuthner, in: A. Lixl-Purcell, *Women of Exile,* S. 58. Dieser bewußte Akt der Trennung von Eltern und Kindern war so qualvoll, daß viele im Widerstand Tätige, die Kinder retteten, später erkannten, daß sie diese Arbeit nur deshalb tun konnten, weil sie noch keine Kinder hatten, vgl. D. Dwork, *Kinder mit dem gelben Stern,* S. 61 und S. 75.

127 M. Gillis-Carlebach, *Jedes Kind ist mein Einziges,* S. 198.

128 R. Klüger, *Weiter leben,* S. 62. Vgl. auch H. Nathorff, *Das Tagebuch der Hertha Nathorff,* hrsg. v. W. Benz, München 1987, S. 149.

129 H. A. Strauss, »Jewish Emigration from Germany (I)«, S. 318; *JWS,* 1937, S. 163.

5

Der Novemberpogrom und seine Folgen

1 Sh. Wahrman, *Lest We Forget,* S. 116 ff.

2 K. Schleunes, *The Twisted Road to Auschwitz,* S. 221. Das Gesetz trat am 26. April 1938 in Kraft. Siehe auch A. Barkai, *Vom Boykott zur »Entjudung«.*

3 B.-L. Lange (Hg.), *Davidstern und Weihnachtsbaum,* S. 23.

4 T. Maurer, »Abschiebung und Attentat. Die Ausweisung der polnischen Juden und der Vorwand für die ›Kristallnacht‹«, in: W. H. Pehle (Hg.), *Der Judenpogrom 1938. Von der »Reichskristallnacht« zum Völkermord,* Frankfurt a. M. 1988, S. 62.

5 Kate Behnsch-Brower, LBI, S. 4 f.

6 R. Thalmann/E. Feinermann, *Die Kristallnacht,* Frankfurt a. M. 1987, S. 18–25.

7 Brief von Otto Buchholz vom 19. November 1938, zit. n. T. Maurer, »Abschiebung und Attentat«, S. 52 f. Vgl. auch S. Milton, »The Expulsion of Polish Jews from Germany, October 1938 to July 1939«, in: *LBIYB* 29 (1984); Y. Weiss, »›Ostjuden‹ in Deutschland als Freiwild. Die nationalsozialistische Außenpolitik zwischen Ideologie und Wirklichkeit«, in: *Tel Aviver Jahrbuch für deutsche Geschichte* 25 (1994), S. 215–233.

8 Charlotte Stein-Pick, LBI, S. 34.

9 Senta Meyer-Gerstein, LBI, I, S. 41. Vgl. auch Sh. Wahrman, *Lest We Forget,* S. 90; T. Maurer, »Abschiebung und Attentat«, S. 62 f.

10 Die antijüdischen Aktionen begannen um den 8. November, eskalierten dramatisch während des eigentlichen Pogroms und dauerten bis zum 11. November an. Vgl. H. Lauber, *Judenpogrom. Reichskristallnacht November 1938 in Großdeutschland,* Gerlingen 1981.

11 P. Loewenberg, »The Kristallnacht as a Public Degradation Ritual«, in: *LBIYB* 32 (1987).

12 *Sopade* 1939, S. 219 f.

13 R. Thalmann/E. Feinermann, *Die Kristallnacht,* S. 117 f. Zu einem weiteren Vorfall in einem jüdischen Waisenhaus vgl. W. Benz, »Der Rückfall in die Barbarei. Bericht über den Pogrom«, in: W. H. Pehle, *Der Judenpogrom 1938. Von der »Reichskristallnacht« zum Völkermord,* S. 33 f.

14 Wenn Männer entlassen wurden, organisierten jüdische Frauen Erste Hilfe in der Nähe der Konzentrationslager. Vgl. *Sopade* 1939, S. 924.

15 Gerdy Stoppleman, LBI, S. 5.

16 Margot Littauer, Harvard, S. 33.

17 I. Hecht, *Als unsichtbare Mauern wuchsen. Eine deutsche Familie unter den Nürnberger Rassegesetzen,* Hamburg 1984, S. 77.

18 Charlotte Stein-Pick, LBI, S. 40.

19 I. Hecht, *Als unsichtbare Mauern wuchsen,* S. 77.

20 *LBI-News,* Nr. 56, 1988, S. 4 f.

21 Mally Dienemann, Harvard, S. 34.

22 Bankier, *Die öffentliche Meinung im Hitler-Staat,* S. 119.

23 F. Henry, *Victims and Neighbors,* S. 116 ff.

24 W. H. Pehle, »Vorbemerkungen des Herausgebers«, in: ders., *Der Judenpogrom 1938,* S. 9 ff.

25 Erna Albersheim, Harvard, S. 28; Elsie Axelrath, Harvard, S. 43; Alice Baerwald, Harvard, S. 72.

26 Frauen blieben von der Gewalt nicht verschont, vgl. Erna Albersheim, Harvard, S. 63; Alice Baerwald, Harvard, S. 58; Anonymos, LBI, S. 5; F. Henry, *Victims and Neighbors,* S. 116 f.; U. Baumann, »Jüdische Frauen auf dem Land«, S. 38; G. Haselier, *Geschichte der Stadt Breisach am Rhein,* Breisach 1995, S. 450; K. Moritz/E. Noam, *NS-Verbrechen vor Gericht,* S. 94–97, S. 232 f.; *Sopade* 1939, S. 920; P. Sauer, *Dokumente über die Verfolgung der jüdischen Bürger in Baden-Württemberg 1933–1945,* 2 Bde., Bd. 2, S. 25–28; H. Lauber, *Judenpogrom,* S. 110–114, S. 221–233; R. Thalmann/E. Feinermann, *Die Kristallnacht,* S. 88 und S. 111 f. Auch wurden Frauen als Geisel genommen, um die Männer zu erpressen, vgl. A. Lixl-Purcell, *Women of Exile,* S. 71; *Sopade* 1939, S. 922. Schließlich blieben auch alte Menschen, Frauen wie Männer, nicht von körperlicher Brutalität verschont, vgl. *Sopade* 1938, S. 1340. Vier Nazis, die sich an jüdischen Frauen vergangen hatten, wurden interessanterweise aus der Partei ausgeschlossen, während 26 Männer, die jüdische Männer getötet hatten, straffrei blieben. R. Hilberg, *Die Vernichtung der europäischen Juden,* Bd. 1, S. 52.

27 F. Henry, *Victims and Neighbors,* S. 117 f.

28 T. Lessler, LBI, S. 32.

29 Tilly Epstein, LBI, S. 8 (mit Blick auf das Philanthropin in Frankfurt a. M.).

30 Sh. Wahrman, *Lest We Forget,* S. 116 ff.

31 G. W. Allport et al, »Personality Under Social Catastrophe«, S. 6.

32 Ruth Abraham, LBI, S. 3.

33 Anonymos, LBI, S. 4 f.
34 Charlotte Stein-Pick, LBI, S. 41–45.
35 Ruth Abraham, LBI, S. 3 ff.
36 M. Limberg/H. Rübsaat (Hg.), *Sie durften nicht mehr Deutsche sein,* S. 325.
37 Leo Gompertz, LBI, S. 10.
38 Charlotte Stein-Pick, LBI, S. 39.
39 Hanna Bernheim, Harvard, S. 56 und S. 63.
40 Paula Kleve, zit. n. M. Gillis-Carlebach, *Jedes Kind ist mein Einziges,* S. 238. Vgl. auch Erna Albersheim, Harvard, S. 33.
41 G. W. Allport et al., »Personality Under Social Catastrophe«, S. 4.
42 B.-L. Lange (Hg.), *Davidstern und Weihnachtsbaum,* S. 27.
43 E. Freund, *Als Zwangsarbeiterin 1941 in Berlin,* S. 74.
44 Ebd., S. 103.
45 Brief von Gertrud Grossmann vom 17. Januar 1939.
46 Hanna Bernheim, Harvard, S. 51.
47 B. Fromm, *Blood and Banquets,* S. 238 (20. Juli 1938).
48 Mally Dienemann, Harvard, S. 35.
49 Vgl. Hanna Bernheim, Harvard, S. 63 f.
50 Else Gerstel, LBI, S. 76. Vgl. auch H. Nathorff, LBI, S. 127–133.
51 Briefe von Getrud Grossmann vom 3. Januar 1939 und vom 22. Februar 1940. Die Regierung fügte laufend neue Auswanderungshindernisse hinzu. 1941 verbot sie die Auswanderung wehrfähiger jüdischer Männer zwischen 18 und 45 Jahren. Das gleiche galt für Frauen dieses Alters. Vgl. E. Freund, *Als Zwangsarbeiterin 1941 in Berlin,* S. 139.
52 Charlotte Stein-Pick, LBI, S. 37.
53 Lisa Brauer, LBI, S. 51. Bestechungsgelder mußten auch bezahlt werden, um die Freilassung von Ehemännern aus Lagern zu erreichen, vgl. Margaret Moses, Harvard, S. 44.
54 Alexander Szanto, in: A. Barkai, *Vom Boykott zur »Entjudung«,* S. 166.
55 J. Walk, *Das Sonderrecht für die Juden im NS-Staat,* S. 283.
56 Hanna Bernheim, Harvard, S. 55 f. und S. 66; vgl. auch Toni Lessler, LBI, S. 33.
57 Else Gerstel, LBI, S. 76, S. 80, S. 86.
58 H. A. Strauss, »Jewish Emigration from Germany (I)«, S. 317 f. und S. 326 f.
59 Berta Kamm, Harvard, S. 27 und S. 31.
60 Kate Freyhan, LBI, S. 7.
61 Lisa Brauer, LBI, S. 56.
62 Alice Baerwald, Harvard, S. 65 ff.
63 E. Freund, *Als Zwangsarbeiterin 1941 in Berlin,* S. 126. Vgl. auch Elizabeth Bab, LBI, S. 198; M. Limberg/H. Rübsaat (Hg.), *Sie durften nicht mehr Deutsche sein,* S. 203.
64 Lisa Brauer, LBI, S. 57.
65 B.-L. Lange (Hg.), *Davidstern und Weihnachtsbaum,* S. 30.
66 Lisa Brauer, LBI, S. 55.
67 Alice Baerwald, Harvard, S. 65 ff.

68 Lotte Popper, Harvard, S. 75.
69 Hilde Honnet-Sichel, Harvard, S. 80. Siehe auch W. Dreßen, *Betrifft: Aktion 3. Deutsche verwerten jüdische Nachbarn*, Berlin 1998.
70 Lisa Brauer, LBI, S. 54 erwähnt einen Gerichtsvollzieher, Elisabeth Freund einen Zollbeamten. Vgl. auch Ruth (Sass) Glaser, LBI, S. 71.
71 Margaret Moses, Harvard, S. 44 f.
72 Else Gerstel, LBI, S. 77 ff.
73 Ruth (Sass) Glaser, LBI, S. 38.
74 Alice Baerwald, Harvard, S. 73 und S. 75. Zu den gesperrten Bankkonten und zu Verboten finanzieller Transaktionen vgl. J. Walk, *Das Sonderrecht für die Juden im NS-Staat* (April und Dezember 1936); A. Barkai, *Vom Boykott zur »Entjudung«*, S. 111 f. und S. 151 f.
75 R. Scheer, *Ahawah. Das vergessene Haus*, Berlin/Weimar 1992, S. 265.
76 A. Lixl-Purcell, *Women of Exile*, S. 53.
77 C. Vogel, *We Shall Not Forget!*, S. 202.
78 Ch. Schwarz, »Tschaikowski für die Seele, Brote für den Hunger«, S. 119.
79 A. Lixl-Purcell, *Women of Exile*, S. 78.
80 Elizabeth Bab, LBI, S. 193.
81 Toni Lessler, LBI, S. 34.
82 E. Freund, *Als Zwangsarbeiterin 1941 in Berlin*, S. 152.
83 Ann Lewis, LBI, S. 275 ff.
84 Toni Lessler, LBI, S. 33.
85 *JWS*, 1937, S. 7–13; S. 27; S. 78–81; A. Barkai, »Der wirtschaftliche Existenzkampf der Juden im Dritten Reich«, S. 163.
86 Hedwig Burgheim, LBI.
87 H. Loewy (Hg.), *In mich ist die große dunkle Ruhe gekommen. Martha Wertheimers Briefe an Siegfried Guggenheim (1939–1941)*, Frankfurter Lern- und Dokumentationszentrum des Holocaust, Frankfurt a. M. 1993, S. 6, S. 9, S. 13, S. 15, S. 22, S. 37.
88 T. Maurer, »Ausländische Juden in Deutschland, 1933–39«, S. 204.
89 *BJFB*, Dezember 1936, S. 5.
90 R. Eisner, *Nicht wir allein*, S. 8.
91 Alice Nauen, Research Foundation, S. 15. Nauens Vater war der Sekretär des Hilfsvereins in Hamburg.
92 R. Klüger, *Weiter leben*, S. 84.
93 D. Morris, »The Lives of Some Jewish Germans«, S. 43.
94 *BJFB*, April 1937, S. 5.
95 Ruth (Sass) Glaser, LBI, S. 26 und S. 71.
96 Charlotte Stein-Pick, LBI, S. 46. Eine weitere Tochter, die bei ihren Eltern blieb, ist Erika Guetermann, LBI.
97 *BJFB*, Dezember 1936, 1. Vgl. Bundesarchiv, Coswig: 75C Jüd. Frauenbund, Verband Berlin, Akte 37. Protokoll der Arbeitskreistagung vom 2. Nov. 1936.
98 *CV-Zeitung*, 20. Januar 1938, S. 5; 3. März 1938, S. 6.
99 So waren z. B. 1937 von den 7 313 Emigranten, die von der Auswanderungsabteilung der Reichsvertretung der Juden in Deutschland unter-

stützt wurden, Juden etwa 4 161 Männer und 3 041 Frauen. Der Hilfsverein unterstützte 3 250 Männer und 2 512 Frauen. Das Palästina-Büro unterstützte 911 Männer und 529 Frauen; vgl. *Informationsblätter*, Januar/Februar 1938, S. 6 f. Insgesamt wanderten mehr Männer in die USA aus; erst 1938/39 glichen sich die Zahlen an. Vgl. *AJYB* 5699 (1938), S. 552 ff.; 5701 (1940), S. 608 f.; 5702 (1941), S. 674 f.; S. Quack, »Changing Gender Roles and Emigration: The Example of German-Jewish Women and their Emigration to the United States«, in: D. Hoerder/J. Nagler (Hg.), *People in Transit: German Migrations in Comparative Perspective, 1829–1930*, New York/Cambridge 1995, S. 391; Ch. Backhaus-Lautenschläger, *... und standen ihre Frau: Das Schicksal deutschsprachiger Emigrantinnen in den USA nach 1933*, Pfaffenweiler 1991, S. 30 (sie behauptet, zwischen 1933 und 1941 seien mehr Frauen als Männer eingewandert; diese Zahlen umfassen aber Juden und Nichtjuden).

100 *IF*, 5. März 1936, Anzeigen.

101 *IF*, 13. Oktober 1938, S. 16. vgl. auch V. Klemperer, *Zeugnis ablegen*, Bd. 1, S. 462 (Februar 1939).

102 J. Wetzel, »Auswanderung aus Deutschland«, S. 453; M. Kliner-Fruck, *»Es ging ja ums Überleben«. Jüdische Frauen zwischen Nazi-Deutschland, Emigration nach Palästina und ihrer Rückkehr*, Frankfurt a. M. 1995, S. 140; Ch. Backhaus-Lautenschläger, *... und standen ihre Frau*, S. 62.

103 *JWS*, 1935, S. 188. Zu diesen Programmen zählten: Hechaluz, Habonim und Makkabi Hazair. Zentralwohlfahrtsstelle der deutschen Juden (Hg.), *Informationsblätter*, August / Oktober 1937, S. 60.

104 »Jewish Emigration from Germany during 1933–1942, (includes Austria.... Czechoslovakia and Danzig...)«, Nachdruck aus: »The Jewish Immigration and Population«, hrsg. v. Department of Statistics of the Jewish Agency. Vgl. Norbert Kampe (Hg.) *Jewish Emigration from Germany 1933–1942: A Documentary History*, München/New York 1992.

105 *JWS*, 1933–34.

106 *IF*, 16. Januar 1936, S. 15. Vgl. auch *IF*, 25. Juni 1936, S. 9.

107 A. Lixl-Purcell, *Women of Exile*, S. 92. Frauen bildeten auch die Mehrheit der jüdischen Bevölkerung im von Deutschland beherrschten Europa, vgl. R. Hilberg, *Täter, Opfer, Zuschauer*, S. 146; *IF* 27. Februar 1936; B. Blau, »The Jewish Population of Germany, 1939–1946«, in: *Jewish Social Studies* 12 (1950), S. 165.

108 Vgl. H. A. Strauss, »Jewish Emigration from Germany (I)«, S. 318 f. und B. Blau, »The Jewish Population«, S. 165.

109 Recha Rothschild, LBI, S. 125 f.

110 W. Gruner, »Reichshauptstadt«, S. 242 und S. 251.

111 C. Vollnhals, »Jüdische Selbsthilfe bis 1938«, S. 405; vgl. *BJFB*, Oktober 1938, S. 4.

112 M. Richarz (Hg.), *Jüdisches Leben in Deutschland*, Bd. 3, S. 61; vgl. *JWS*, 1937, S. 96 f., S. 161 ff., S. 200 f.; V. Klemperer, *Zeugnis ablegen*, Bd. 1, S. 475; *IF*, 16. Januar 1936.

113 E. Freund, *Als Zwangsarbeiterin 1941 in Berlin*, S. 127.

6

Der Krieg – Die Situation der Juden verschlechtert sich

1 Elisabeth Freund, LBI, S. 58 f. E. Freund, *Als Zwangsarbeiterin 1941 in Berlin,* S. 77.

2 A. Barkai, *Vom Boykott zur »Entjudung«,* S. 163 ff.; vgl. auch K. Kwiet, »Nach dem Pogrom. Stufen der Ausgrenzung«, in: W. Benz (Hg.), *Die Juden in Deutschland 1933–1945.* München 1989, S. 545 bis 659. Zum Auschluß der Juden von der Fürsorge vgl. J. Walk, *Das Sonderrecht für die Juden im NS-Staat,* S. 257. Für Hamburg finden sich Anträge im Staatsarchiv Hamburg; Oberfinanzpräsident Hamburg; Sicherungsanordnung – Sperrkonto, Generalakten.

3 Verena Hellwig, Harvard, S. 28.

4 Zur Statistik für Mai 1939 vgl. H. A. Strauss, »Jewish Emigration from Germany (I)«, S. 3.

5 Hanna Bernheim, Harvard, S. 46.

6 Eine solche Zimmerkarte des Reichshofs findet sich im Holocaust Memorial Museum in Washington D. C.

7 Else Gerstel, LBI, S. 77. Zu Bahnhofsrestaurants vgl. auch Elisabeth Drexler, Harvard.

8 A. Lixl-Purcell, *Women in Exile,* S. 101.

9 E. Behrend-Rosenfeld, *Ich stand nicht allein. Erlebnisse einer Jüdin in Deutschland 1933–45,* München 1988, S. 75, S. 86 und H. Henschel, »Aus der Arbeit der jüdischen Gemeinde in Berlin während der Jahre 1941–1943. Gemeindearbeit und Evakuierung von Berlin«, in: *Zeitschrift für die Geschichte der Juden* 9 (1972), S. 35 f.

10 E. Freund, *Als Zwangsarbeiterin 1941 in Berlin,* S. 149.

11 *Sopade* 1935, S. 1394; vgl. *Sopade* 1934, S. 398–413.

12 Erna Albersheim, Harvard, S. 21, S. 28, S. 37 (um 1940 verfaßt). Zur Wolle vgl. auch Ida Fanny Lohr, Harvard, S. 33.

13 B. Fromm, *Blood and Banquets,* S. 8.

14 Hanna Bernheim, Harvard, S. 61–61a. Vgl. M. Enssle, »German Everyday Life after World War II«, in: *Central European History* 26 (1993), S. 8.

15 Ruth (Sass) Glaser, LBI, S. 65 f. Vgl. auch Hanna Bernheim, Harvard, S. 49.

16 Vgl. auch U. Büttner, *Die Not der Juden teilen,* S. 42 f.

17 Mein Dank gilt H. A. Strauss, der mich daran erinnerte und den Fall eines jüdischen Mannes erwähnte, der seine Tochter lange nach dem Stichtag 1935, als das Verbot wirksam wurde, taufen ließ und daraufhin in die »privilegierte« Kategorie eingestuft wurde. Edith Wolff berichtet von einem ähnlichen Versuch, in die »privilegierte« Kategorie »aufzusteigen«, vgl. Yad Vashem, 01/247, S. 17–21.

18 U. Büttner, *Die Not der Juden teilen,* S. 36.

19 R. Fleischer (ein Pseudonym), in: D. Morris, »The Lives of Some Jewish Germans«, S. 97.

20 J. Klepper, *Unter dem Schatten Deiner Flügel. Aus den Tagebüchern der Jahre 1932–1942,* Stuttgart 1968, zit. n. U. Büttner, *Die Not der Juden teilen,* S. 42. Kleppers Frau besaß den »privilegierten« Status, doch ihre Tochter war auf Grund einer früheren Ehe mit einem jüdischen Mann »Volljüdin«. Als die Deportation der Tochter bevorzustehen schien, nahmen sich alle drei das Leben.

21 V. Klemperer, *LTI,* S. 177.

22 L. Kleiber/E.-M. Gömüsay, *Fremdgängerinnen,* S. 39; G. Czarnowski, *Das kontrollierte Paar,* S. 176.

23 J. Walk, *Das Sonderrecht für die Juden im NS-Staat.*

24 B.-L. Lange (Hg.), *Davidstern und Weihnachtsbaum,* S. 31 und S. 33.

25 *Sopade* 1940, S. A40–71.

26 M. Enssle, »German Everyday Life after World War II«, S. 9.

27 G. L. Weinberg, »Iconoclasm: German Plans for Victory, 1944–45«, in: *Central European History* 26 (1993), S. 218. Laut Aussage von Gerdy Stoppleman, LBI, S. 3 f. waren die Rationen auf die Hälfte derer der »Arier« beschränkt.

28 In Kassel mußten Juden 10 Prozent mehr bezahlen, vgl. »Report of March 17, 1942«, in: S. Milton/F. Bogin (Hg.), *Archives of the Holocaust: An International Collection of Selected Documents, Vol. 10, American Joint Distribution Committee, New York,* Part I, London/New York 1995, S. 216.

29 E. Freund, *Als Zwangsarbeiterin 1941 in Berlin,* S. 85.

30 Ein durchschnittlicher »arischer« Arbeiter erhielt 500 Gramm Fleisch pro Woche, vgl. *Sopade* 1940, S. 49.

31 W. Cohn, *Als Jude in Breslau – 1941,* hrsg. von J. Walk, Jerusalem 1975, S. 25.

32 V. Klemperer, *Zeugnis ablegen,* Bd. 1, S. 679; Bd. 2, S. 52, S. 87, S. 112, S. 114, S. 138, S. 147, S. 152, S. 158, S. 175, S. 189, S. 192 f., S. 203, S. 227, S. 541, S. 651.

33 Manfred Fackenheim-Field, LBI, S. 9 und I. Runge, *Onkel Max ist jüdisch,* S. 38.

34 E. Freund, *Als Zwangsarbeiterin 1941 in Berlin,* S. 85.

35 H. Rosenstrauch (Hg.), *Aus Nachbarn wurden Juden,* S. 118.

36 Erna Becker-Kohen, LBI, S. 31 f.

37 B.-L. Lange (Hg.), *Davidstern und Weihnachtsbaum,* S. 35.

38 Manfred Fackenheim-Field, LBI, S. 9.

39 Elisabeth Freund, LBI, S. 125.

40 Staatsarchiv Hamburg, Jüd. Gemeinde: 992n Band 4.

41 V. Klemperer, *Zeugnis ablegen,* Bd. 1, S. 541, S. 550, S. 562, S. 572, S. 576, S. 689 f.; Bd. 2, S. 59, S. 140, S. 443, S. 614.

42 G. Kolmar, *Briefe an die Schwester Hilde (1938–1943),* München 1970, S. 108.

43 R. Klüger, *Weiter leben,* S. 60. Vgl. auch B.-L. Lange (Hg.), *Davidstern und Weihnachtsbaum,* S. 209; Manfred Fackenheim-Field, LBI, S. 14.

44 E. Freund, *Als Zwangsarbeiterin 1941 in Berlin,* S. 82 f.

45 »Briefe einer Mutter, 1939–1942«, Stern collection, LBI. Vgl. auch B.-L. Lange (Hg.), *Davidstern und Weihnachtsbaum,* S. 31 f.
46 M. Buchholz, *Die hannoverschen Judenhäuser,* Hildesheim 1987.
47 Interview mit Ruth von Bialy 1992.
48 Vgl. B.-L. Lange (Hg.), *Davidstern und Weihnachtsbaum,* S. 159. Vgl. auch V. Klemperer, *Zeugnis ablegen,* Bd. 2, S. 141, S. 143, S. 215.
49 Ebd., S. 19 f., S. 41, S. 46, S. 51, S. 57, S. 61, S. 94, S. 102, S. 121, S. 142.
50 Ebd., S. 95, vgl. auch ebd., S. 72, S. 79, S. 82, S. 111 f., S. 121, S. 19, S. 228.
51 Ebd., S. 111, S. 151.
52 Klara Karo Collection, LBI (»Der Untergang des deutschen Judentums«).
53 V. Klemperer, *Zeugnis ablegen,* Bd. 2, S. 285.
54 G. Beck, *Und Gad ging zu David. Die Erinnerungen des Gad Beck,* Berlin 1995, S. 54.
55 Im September 1941 wurde es Juden verboten, während der Hauptverkehrszeit zu fahren; sie wurden abgesondert und mußten in öffentlichen Verkehrsmitteln stehen. Im März 1942 verbot man ihnen die Benutzung städtischer Verkehrsmittel, es sei denn, sie wohnten mehr als sieben Kilometer von ihrem Arbeitsplatz entfernt.
56 V. Klemperer, *Zeugnis ablegen,* Bd. 2, S. 216.
57 Ebd., S. 278, S. 397, S. 462.
58 E. Behrend-Rosenfeld, zit. n. K. Kwiet, »Nach dem Pogrom«, S. 650 f.
59 Es handelt sich um das Kloster der Benediktinerinnen »Zur ewigen Anbetung«. Vgl. die »Erinnerungen von Anneliese Winterberg«, in: V. Rothe, »Jüdinnen in Bonn, 1933–1945«, in: A. Kuhn (Hg.), *Frauenleben im NS-Alltag,* Pfaffenweiler 1994, S. 294 f.
60 B.-L. Lange (Hg.), *Davidstern und Weihnachtsbaum,* S. 43. Juden und Paare, die in »nichtprivilegierten« Mischehen lebten, mußten im Juni 1942 ihre Grammophone und Platten abliefern.
61 M. Gillis-Carlebach, *Jedes Kind ist mein Einziges,* S. 224 f. und S. 252.
62 Ch. Pritzlaff, »Synagogen im Grindelviertel«, in: U. Wamser (Hg.), *Ehemals in Hamburg zu Hause. Jüdisches Leben am Grindel,* Hamburg 1991, S. 28.
63 V. Rothe, »Jüdinnen in Bonn«, S. 294 f.
64 K. Kwiet, »Nach dem Pogrom«, S. 636.
65 A. Genger (Hg.), *Durch unsere Herzen ziehen die Jahrtausende. Briefe von Anna und Salomon Samuel, 1933–1942,* Düsseldorf 1988.
66 R. Elkin, *Das jüdische Krankenhaus in Berlin zwischen 1933 und 1945,* Berlin 1993, S. 64. (Sie bezeichnet das Krankenhaus eher als Ghetto denn als »Judenhaus«, ebd., S. 60–65.)
67 Klara Caro-Collection, LBI (»A Seder night to remember«, 1 f.). Als Tagebuch mit regelmäßigen Eintragungen über Gottesdienste vgl. W. Cohn, *Als Jude in Breslau.* Theresienstadt war »offiziell« ein Ghetto, tatsächlich war es jedoch ein Sammel- und Konzentrationslager. Vgl. auch Dagmar Hartungen von Doetinchem und Rolf Winan (Hg.), *Zerstörte Fortschritte. Das Jüdische Krankenhaus in Berlin,* Berlin 1989.

68 Ein Wortspiel auf den Orden »pour le mérite«, vgl. W. Cohn, *Als Jude in Breslau,* S. 58.
69 K. Scheurenberg, *Ich will leben,* Berlin 1982, S. 80.
70 B.-L. Lange (Hg.), *Davidstern und Weihnachtsbaum,* S. 129.
71 V. Klemperer, *LTI,* S. 204 und S. 207.
72 W. Cohn, *Als Jude in Breslau,* S. 59 f. beschreibt die »typischen« und verlegenen Reaktionen von Nichtjuden.
73 R. Klüger, *Weiter leben,* S. 48.
74 K. Scheurenberg, *Ich will leben,* S. 79 f.
75 I. Deutschkron, *Ich trug den gelben Stern,* S. 86.
76 Interview mit Ruth von Bialy 1992.
77 Staatsarchiv Hamburg: Jüd. Gemeinden 992, 1.
78 V. Klemperer, *LTI,* S. 179.
79 Hauptstaatsarchiv Düsseldorf: Gestapoakten über »Judenfreunde«, RW58 65442 (9. September 1940 und Dezember 1942).
80 Erna Becker-Kohen, LBI, S. 5 f., S. 21, S. 25; beim erwähnten Kloster handelt es sich um das Frauenkloster in Schlachtensee.
81 Vgl. D. Bankier, *Die öffentliche Meinung im Hitler-Staat,* S. 167 f.
82 *Völkischer Beobachter,* 3. März 1943.
83 V. Klemperer überschrieb eines der Kapitel von *LTI* mit »Der jüdische Krieg« (Kap. 26, bes. S. 102 f.). Vgl. auch ders., *Zeugnis ablegen,* Bd. 2, S. 8, S. 541, S. 638 f., S. 690.
84 E. Fischer, *Aimée und Jaguar. Eine Liebesgeschichte, Berlin 1943,* Köln 1994.
85 V. Klemperer, *LTI,* S. 118 und S. 120.
86 E. Freund, *Als Zwangsarbeiterin 1941 in Berlin,* S. 77.
87 Erna Becker-Kohen, LBI, S. 9. Vgl. auch A. Lixl-Purcell, *Women in Exile,* S. 97. Seltsamerweise beschreiben die jüdischen Beobachter diese Nachbarn, ohne ihr Geschlecht zu erwähnen; Frauen waren an der »Heimatfront« jedoch weit zahlreicher als Männer.
88 E. Freund, *Als Zwangsarbeiterin 1941 in Berlin,* S. 77.
89 Staatsarchiv Hamburg. Familie Plaut D38 (Dienstliche Korrespondenz und privater Schriftwechsel).
90 R. Fleischer, in: D. Morris, »The Lives of Some Jewish Germans«, S. 106.
91 E. Freund, *Als Zwangsarbeiterin 1941 in Berlin,* S. 77. Auch V. Klemperer, *Zeugnis ablegen,* Bd. 2, S. 474, S. 606, S. 656 schrieb, daß er die Gestapo mehr fürchtete als die Bomben.
92 R. Fleischer, in: D. Morris, »The Lives of Some Jewish Germans«, S. 106.
93 E. Freund, *Als Zwangsarbeiterin 1941 in Berlin,* S. 114.
94 Brief von Gertrud Grossmann vom 7. Februar 1940, S. 1.
95 W. Cohn, *Als Jude in Breslau,* S. 61 (29. September 1941).
96 I. Hecht, *Als unsichtbare Mauern wuchsen. Eine deutsche Familie unter den Nürnberger Rassengesetzen,* Hamburg 1984, S. 54.
97 *New York Times,* 10. November 1992, B3.
98 R. Klüger, *Weiter leben,* S. 13 f.
99 E. Freund, *Als Zwangsarbeiterin 1941 in Berlin,* S. 116.

100 Die meisten Parkbänke waren seit Kriegsausbruch verboten, in einigen Städten, darunter Berlin, aber bereits früher. Vgl. W. Gruner, »Reichshauptstadt«, S. 235.

101 Zu den Friedhöfen vgl. E. Freund, *Als Zwangsarbeiterin 1941 in Berlin,* S. 117 (über Berlin); R. Klüger, *Weiter leben,* S. 58 (zu Wien); V. Klemperer, *Zeugnis ablegen,* Bd. 2, S. 376, S. 389, S. 403 (zu Dresden); W. Cohn, *Als Jude in Breslau,* S. 43.

102 E. Freund, *Als Zwangsarbeiterin 1941 in Berlin,* S. 115.

103 R. Scheer, *Ahawah,* S. 227.

104 R. Klüger, *Weiter leben,* S. 7 f., S. 59.

105 L. Segal, *Die Hohenpriester der Vernichtung. Anthropologen, Mediziner und Psychiater als Wegbereiter von Selektion und Mord im Dritten Reich,* Berlin 1991. Vgl. auch: Arbeitsgruppe zur Erforschung der Geschichte der Karl-Bonhoeffer-Nervenklinik, »Das Schicksal der jüdischen Patienten im Nationalsozialismus«, in: dies. (Hg.), *Totgeschwiegen 1933–1945: Die Geschichte der Karl-Bonhoeffer-Nervenklinik,* Berlin 1988 und G. Aly/Ch. Pross/P. Chroust (Hg.), *Cleansing the Fatherland.*

106 E. Klee, »Die Psychiatrie krankt an ihrem Menschenbild«, in: *Die Zeit,* 10. Juni 1994, S. 16.

107 Herman Samter, Yad Vashem (Briefe vom 30. November 1941 und vom 7. Februar 1943). Es gab auch Menschen, die im Versteck »heirateten«, vgl. Edith Wolff, Yad Vashem, 01/326.

108 E. Freund, *Als Zwangsarbeiterin 1941 in Berlin,* S. 89.

109 Ruth Abraham, LBI, S. 6 f. und S. 9.

110 Akten in R. Gellately, *Gestapo,* bes. S. 183–195 und S. Gordon, *Hitler, Germans and the »Jewish Question«,* Princeton 1984, Kap. 7.

111 Leonie (Werner) Hall, Yad Vashem.

112 Helmut Krüger, LBI, S. 61. Vgl. auch M. Kliner-Lintzen/S. Pape (Hg.), *»... vergessen kann man das nicht«,* S. 336–339.

113 I. Rewald, *Berliner, die uns halfen, die Hitlerdiktatur zu überleben,* Berlin 1975, S. 3.

114 P. Wyden, *Stella,* S. 154.

115 Gertrud Grossmann, Brief vom 3. Januar 1939, S. 2 und Brief vom 8. Dezember 1940.

116 E. Freund, *Als Zwangsarbeiterin 1941 in Berlin,* S. 73.

117 I. Rewald, *Berliner,* S. 6.

118 Ebd., S. 5.

119 E. Freund, *Als Zwangsarbeiterin 1941 in Berlin,* S. 73.

120 Ebd., S. 122.

121 V. Klemperer, *Zeugnis ablegen,* Bd. 1, S. 67.

122 Ebd., Bd. 2, S. 324 und S. 536.

123 M. Richarz (Hg.), *Jüdisches Leben in Deutschland,* Bd. 3, S. 355.

124 E. Freund, *Als Zwangsarbeiterin 1941 in Berlin,* S. 95 f.

125 Ebd., S. 123, S. 146, S. 148. Diese Leugnung des jüdischen Leids bei gleichzeitiger Betonung deutschen Leids bestimmte auch die Nachkriegszeit, da man hoffte, deutsche *Opfer* würden nicht für die Ver-

brechen der Nazis verantwortlich gemacht. Vgl. dazu F. Stern, *Im Anfang war Auschwitz,* S. 80 f.

126 *Statistik des Deutschen Reiches,* Bd. 552,4, nach W. Benz (Hg.), *Die Juden in Deutschland 1933–1945,* München 1989, S. 734.

127 A. Genger (Hg.), *Durch unsere Herzen ziehen die Jahrtausende,* S. 177, S. 195 (Briefe von Januar und Juni 1942).

128 Ebd., S. 178 (Januar 1942).

129 Ebd., S. 99, S. 112, S. 120, S. 134, S. 137.

130 Ebd., S. 140, S. 172, S. 178, S. 190.

131 American Jewish Congress and World Jewish Congress, Institute of Jewish Affairs, *Hitler's Ten-Year War on the Jews,* New York 1943, S. 26.

132 *Sopade* 1940, S. 258.

133 A. Genger (Hg.), *Durch unsere Herzen ziehen die Jahrtausende,* S. 111, S. 113, S. 116, S. 172, S. 197.

134 Ebd., S. 121 f., S. 133, S. 193.

135 Ebd., S. 132.

136 Ebd., S. 141.

137 Ebd., S. 143–145.

138 Ebd., S. 152.

139 Ebd., S. 151–153, S. 155, S. 178.

140 Ebd., S. 163 (Oktober 1941).

7

Zwangsarbeit und Deportationen

1 Propagandaminister Goebbels in: R. G. Reuth, *Goebbels,* München 1990, S. 252.

2 K. Kwiet, »Forced Labour of German Jews in Nazi Germany«, in: *LBIYB* 36 (1991), S. 390. Siehe auch W. Gruner, *Der geschlossene Arbeitseinsatz deutscher Juden. Zur Zwangsarbeit als Element der Verfolgung 1938–1943,* Berlin 1997.

3 American Jewish Congress, *Hitler's Ten Year War on the Jews,* S. 23.

4 Zur Statistik vgl. W. Gruner, »Reichshauptstadt«, S. 243 f., S. 247; K. Kwiet, »Forced Labour«, S. 393 f.; A. Barkai, *Vom Boykott zur »Entjudung«,* S. 173–176; F. Stern, *Im Anfang war Auschwitz,* S. 39–48.

5 Weibliche »Mischlinge ersten Grades« leisteten in der Heimatstadt Zwangsarbeit, während männliche »Mischlinge« und mit Jüdinnen verheiratete »arische« Männer in Arbeitslager geschickt wurden. J. Noakes, »The Development of Nazi Policy«, S. 351. Vgl. auch Helmut Krüger, LBI; B.-L. Lange (Hg.), *Davidstern und Weihnachtsbaum,* S. 89 ff.; Erna Becker-Kohen, LBI, S. 84 f.; W. Struve, »The Wartime Economy«, S. 463–482. Struve hält fest, daß die Heranziehung zur Zwangsarbeit bereits im Herbst 1943 einsetzte.

6 E. Freund, *Als Zwangsarbeiterin 1941 in Berlin,* S. 56, S. 65, S. 87.

7 V. Klemperer, *Zeugnis ablegen,* Bd. 2, S. 77.

8 Charlotte Josephy, Yad Vashem, S. 2 (sie blieb in Deutschland, um für ihre Eltern zu sorgen; ihrer Darstellung nach waren Juden und »Arier« durch einen Zaun getrennt); K. Kwiet, »Forced Labour«, S. 392 f.
9 V. Klemperer, *Zeugnis,* Bd. 2, S. 496.
10 S. Erpel, »Struggle and Survival: Jewish Women in the Anti-Fascist Resistance in Germany«, in: *LBIYB* 37 (1992), S. 410.
11 K. Kwiet, »Forced Labour«, S. 399.
12 Ebd., S. 392 und S. 401.
13 Leonie Hall, Yad Vashem, 2.
14 Interview mit Ruth von Bialy 1992.
15 A. Owings, *Eine andere Erinnerung,* S. 569 und S. 577.
16 S. Erpel, »Struggle and Survival«, S. 410.
17 I. Rewald, *Berliner,* S. 2.
18 Manfred Fackenheim-Field, LBI, S. 10.
19 A. Lixl-Purcell, *Women in Exile,* S. 58.
20 M. Richarz (Hg.), *Jüdisches Leben in Deutschland,* Bd. 3, S. 417.
21 R. Elkin, »Kinder zur Aufbewahrung im jüdischen Krankenhaus«, S. 248.
22 Siegfried Cohn, Yad Vashem, S. 6 (Nov. 1942).
23 E. Freund, *Als Zwangsarbeiterin 1941 in Berlin,* S. 135.
24 R. Scheer, *Ahawah,* S. 232. Ahawah bedeutet im Hebräischen »Liebe«. Auch in anderen Kindertagesstätten kam es zu Deportationen, vgl. K. Kwiet, »Nach dem Pogrom«, S. 583.
25 E. Freund, *Als Zwangsarbeiterin 1941 in Berlin,* S. 57.
26 K. Kwiet, »Nach dem Pogrom«, S. 578.
27 E. Freund, *Als Zwangsarbeiterin 1941 in Berlin,* S. 57 f.
28 Ebd., S. 89.
29 Ebd., S. 123.
30 Ebd., S. 100.
31 Ebd., S. 107.
32 Ebd., S. 118.
33 V. Klemperer, *Zeugnis ablegen,* Bd. 2, S. 370.
34 I. Rewald, *Berliner,* S. 2.
35 E. Freund, *Als Zwangsarbeiterin 1941 in Berlin,* S. 97 f.
36 I. Rewald, *Berliner,* S. 2. Vgl. auch V. Klemperer, *Zeugnis ablegen,* Bd. 2, S. 11.
37 I. Deutschkron, *Ich trug den gelben Stern,* S. 76.
38 E. Freund, *Als Zwangsarbeiterin 1941 in Berlin,* S. 49.
39 Ebd., S. 80.
40 Ebd., S. 52.
41 Ebd., S. 81.
42 Ebd.
43 I. Rewald, *Berliner,* S. 6.
44 H. Friedlander, »Deportation of German Jews: Postwar German Trials of Nazi Criminals«, in: *LBIYB* 29 (1984), S. 212.
45 E. Freund, *Als Zwangsarbeiterin 1941 in Berlin,* S. 85.
46 Ebd., S. 92 f. Hirsch wurde 1941 ermordet.

47 Interview mit Ruth von Bialy 1992.
48 *AJYB 5698 (1937–38),* (Philadelphia 1938), S. 336 f.; *Sopade* 1939, S. 923.
49 Elsie Axelrath, Harvard, S. 29.
50 Lily S. Krug, Harvard, S. 14.
51 K. Kwiet, »The Ultimate Refuge: Suicide in the Jewish Community Under the Nazis«, in: *LBIYB* 29 (1984), S. 166. Vgl. auch K. Kwiet/ H. Eschwege, *Selbstbehauptung und Widerstand. Deutsche Juden im Kampf um Existenz und Menschenwürde 1933–1945,* Hamburg 1984, S. 196–216.
52 Vor dem Krieg begingen in Deutschland etwa 28 von 100 000 Deutschen Selbstmord, im Vergleich zu lediglich 12 britischen Bürgern im Jahre 1936. 1932–34 war die Selbstmordrate in Berlin am höchsten: bei Juden kamen 70 Selbstmorde auf 100 000 Einwohner, bei Nichtjuden 49. Vgl. K. Kwiet, »The Ultimate Refuge«, S. 146, S. 148 und S. 155.
53 K. Kwiet/H. Eschwege, *Selbstbehauptung und Widerstand,* S. 205.
54 *Jüdisches Nachrichtenblatt,* 20. März 1944; *AJYB* 5701 (1940–41) (1940), S. 345; B. Blau, »The Last Days of German Jewry«, S. 200; ders., »The Jewish Population«, S. 172. Vgl. auch V. Klemperer, *Zeugnis ablegen,* Bd. 2, S. 92 und S. 162.
55 K. Kwiet, »The Last Refuge«, S. 166.
56 Ders., »Nach dem Pogrom«, S. 653.
57 Vgl. Rainer Maria Rilke, *Die Aufzeichnungen des Malte Laurids Brigge,* Frankfurt a. M. 1963, S. 11: »[...] der Wunsch, einen eigenen Tod zu haben, wird immer seltener.«
58 A. Lixl-Purcell, *Women in Exile,* S. 52 und S. 54.
59 Lily S. Krug, Harvard, S. 25.
60 K. Kwiet, »The Last Refuge«, S. 167.
61 Zu einer Krankenschwester, die versuchte, Menschen vor dem Selbstmord zu bewahren vgl. Mrs. A., Yad Vashem, S. 5a.
62 M. Limberg/H. Rübsaat (Hg.), *Sie durften nicht mehr Deutsche sein,* S. 133.
63 Ida Jauffron-Frank, LBI, S. 23 f.
64 K. Kwiet, »The Last Refuge«, S. 147, S. 149, S. 154.
65 Zwischen 1933 und 1939 begingen weniger Frauen als Männer Selbstmord (das gilt für alle Konfessionen), vgl. K. Kwiet, ebd., S. 141, S. 147, S. 154.
66 *Der Gelbe Fleck,* S. 261–266.
67 Julius Guggenheim, LBI, S. 4. Vgl. auch L. Guggenheim-Levine, *Auch das geht vorüber. Julius und Lini Guggenheim,* Frankfurt a. M. 1991, S. 88.
68 K. Kwiet, »The Last Refuge«, S. 150 (Anm. 38), S. 151 ff. und S. 164 f.
69 Ebd., S. 167.
70 I. Rewald, *Berliner,* S. 3.
71 Mieke Monjau, LBI, S. 13.
72 E. Freund, *Als Zwangsarbeiterin 1941 in Berlin,* S. 152. Über weitere gemeinsame Selbstmorde berichtet *Der Gelbe Fleck,* S. 261–266, über den Selbstmord von Schwestern Helmut Krüger, LBI, S. 20.
73 R. Hilberg, *Täter, Opfer, Zuschauer,* S. 191 f.

74 E. Geisel, »Störenfriede der Erinnerung«, S. 16.
75 V. Klemperer, *Zeugnis ablegen,* Bd. 2, S. 173.
76 Ebd., Bd. 2, S. 122.
77 I. Rewald, *Berliner,* S. 4.
78 H. K. Smith, *Feind schreibt mit. Ein amerikanischer Korrespondent erlebt Nazi-Deutschland,* Frankfurt a. M. 1986, S. 165.
79 I. Rewald, *Berliner,* S. 4.
80 Herman Samter, Yad Vashem (Brief vom 13. Februar 1942). Einige Juden, so auch Ruth von Bialys Mutter, nahmen bei ihrer Deportation für den Notfall Veronal mit. Interview mit Ruth von Bialy 1992.
81 E. Fischer, *Aimée und Jaguar,* S. 35 (Erlaß vom 20. Februar 1943).
82 H. Friedlander, »Deportation of German Jews«, S. 217.
83 A. Genger (Hg.), *Durch unsere Herzen ziehen die Jahrtausende,* S. 25, S. 162, S. 165, S. 186, S. 200, S. 205 ff., S. 210, S. 212, S. 214.
84 Vgl. etwa die Listen in Hamburg, Oberfinanzpräsident 314–15; F 2372, F 2074, F 1410 und R. Scheer, *Ahawah,* S. 201.
85 J. Walk, *Das Sonderrecht für die Juden im NS-Staat,* S. 357.
86 H. K. Smith, *Feind schreibt mit,* S. 166. Der Staat begründete die Versteigerungen mit dem »verräterischen Verhalten« der Juden. Vgl. B.-L. Lange (Hg.), *Davidstern und Weihnachtsbaum,* S. 45 f.; V. Klemperer, *Zeugnis ablegen,* Bd. 2, S. 288, S. 290, S. 316. Siehe auch F. Bajohr, *»Arisierung« in Hamburg. Die Verdrängung der jüdischen Unternehmer 1933–1945,* Hamburg 1997.
87 K. Kwiet, »Nach dem Pogrom«, S. 569.
88 F. Becker, »Das beschwichtigte Gedächtnis oder: Wie man sich in einem schwäbischen Dorf an die Verfolgung der Juden im Nationalsozialismus erinnert«, in: *Landjudentum im süddeutschen und Bodenseeraum,* hrsg. v. Vorarlberger Landesarchiv, Dornbirn 1992, S. 203 f.
89 B.-L. Lange (Hg.), *Davidstern und Weihnachtsbaum,* S. 197.
90 B. Händler-Lachmann et al., *Purim, Purim,* S. 229.
91 Ruth Alton-Taubler, LBI, S. 2.
92 Ruth Abraham, LBI, S. 9.
93 G. Beck, *Und Gad ging zu David,* S. 79.
94 C. Edvardson, *Gebranntes Kind sucht das Feuer,* S. 77.
95 M. Kliner-Lintzen/S. Pape, *»… vergessen kann man das nicht«,* S. 342 f. Vgl. auch die Darstellung über das Düsseldorfer Schlachthaus in: D. Morris, »The Lives of Some Jewish Germans«, S. 106 und S. 110.
96 B.-L. Lange (Hg.), *Davidstern und Weihnachtsbaum,* S. 45.
97 Ruth Abraham, LBI, S. 6.
98 P. Wyden, *Stella,* S. 100 f.
99 M. Richarz (Hg.), *Jüdisches Leben in Deutschland,* Bd. 3, S. 431.
100 M. Kliner-Lintzen/S. Pape, *»… vergessen kann man das nicht«,* S. 342 f.
101 Herman Samter, Yad Vashem (Brief vom 28. Dezember 1941).
102 M. Richarz (Hg.), *Jüdisches Leben in Deutschland,* Bd. 3, S. 384 und E. Freund, *Als Zwangsarbeiterin 1941 in Berlin,* S. 150.
103 So im Film »The Liberation from Rosenstraße« von Michael Muschner (der auf Recherchen von Nathan Stoltzfus basiert).

104 I. Rewald, *Berliner*, S. 4. Vgl. auch Herman Samter, Yad Vashem (Brief vom 28. Dezember 1943) und D. Morris, »The Lives of Some Jewish Germans«, S. 153.
105 R. Scheer, *Ahawah*, S. 181 und S. 185.
106 M. Richarz (Hg.), *Jüdisches Leben in Deutschland*, Bd. 3, S. 430 ff.
107 Ebd., S. 61; vgl. auch J. Fraenkel, *The Jews of Austria: Essays on Their Life, History and Destruction*, London 1967, S. 526.
108 V. Rothe, »Jüdinnen in Bonn«, S. 282.
109 A. Barkai, »Between East and West: Jews from Germany in the Lodz Ghetto«, in: *Yad Vashem Studies* 16 (1984), S. 282 f. und S. 288.
110 »Memoiren von Tante Emma«, S. 31, Simon Gruenewald-collection, LBI.
111 R. Scheer, *Ahawah*, S. 208. In Witten waren 64 Prozent der Deportierten im Alter zwischen 50 und 59 Jahren Frauen, vgl. M. Kliner-Lintzen/S. Pape, »*... vergessen kann man das nicht*«, xxxii, Grafik 3. M. Kliner-Fruck, *»Es ging ja ums Überleben«*, S. 96, schätzte auf der Grundlage des Gedenkbuchs des Bundesarchivs Koblenz, daß 20 Prozent mehr jüdische Frauen ermordet wurden als jüdische Männer. Daß in ganz Europa mehr jüdische Frauen als Männer ermordet wurden, behaupten C. Rittner/J. Roth (Hg.), *Different Voices: Women and the Holocaust*, New York 1993, S. 3; J. Ringelheim, »Women and the Holocaust«, S. 394 ff. und M. Felstiner, *To Paint Her Life*, S. 204–207.
112 F. Stern, *Im Anfang war Auschwitz*, S. 48.
113 B.-L. Lange (Hg.), *Davidstern und Weihnachtsbaum*, S. 182 ff.
114 R. Hilberg, *Die Vernichtung der europäischen Juden*, Bd. 2, S. 446 ff.
115 Die Einschränkung »meist« hängt damit zusammen, daß ich auch auf Mischehen gestoßen bin, in denen die jüdischen Partner – fälschlicherweise eines Fehlverhaltens beschuldigt – in Todeslager deportiert wurden, und auch auf Fälle, in denen die geschiedene jüdische Partnerin in den Tod geschickt wurde. Vgl. auch Abrams, *Special Treatment*, S. 213.
116 Die Kategorie »minderjähriges Kind« galt zunächst bis zum Lebensalter von sechzehn Jahren; später senkte die Gestapo das Alter auf vierzehn, später dann auf zehn Jahre. Staatsarchiv Hamburg: Familie Plaut D38, Brief vom 19. Januar 1944 und Interview mit Ruth von Bialy 1992.
117 Staatsarchiv Hamburg, »Abwanderung XIV Transport«, in: Jüd. Gemeinde 992 N Band 1–35. Mein Dank gilt John Grenville für die Erklärung des Elements der Täuschung in einigen Hamburger Fällen und für die Darstellung des zuletzt genannten Vorfalls.
118 M. Brenner, *Am Beispiel Weiden. Jüdischer Alltag im Nationalsozialismus*, Würzburg 1983, S. 104 f.
119 B. Blau, »The Jewish Population«, S. 166.
120 A. Seligmann, »An Illegal Way of Life«, in: *LBIYB* 37 (1992), S. 346.
121 W. Gruner, »Reichshauptstadt«, S. 254.
122 U. Büttner, *Die Not der Juden teilen*, S. 69.
123 V. Klemperer, *LTI*, S. 272.
124 U. Büttner, ebd., S. 70. Während Büttner meint, ihr Schicksal sei besiegelt gewesen, vertritt W. Benz, »Überleben im Untergrund«, in: ders.,

Die Juden in Deutschland, S. 684, die Auffassung, ihr Schicksal sei noch unklar gewesen.

125 M. Richarz (Hg.), *Jüdisches Leben in Deutschland,* Bd. 3, S. 15.

126 Staatsarchiv Hamburg, Jüd. Gemeinde 991a: »Ein Beitrag zur Geschichte der ... Gemeinde in Hamburg ... Herbst 1935-Mai 1941«, S. 35 und S. 42.

127 B.-L. Lange (Hg.), *Davidstern und Weihnachtsbaum,* S. 242.

128 Gertrud Hammerstein, Yad Vashem (Briefe vom Oktober 1942).

129 Gertrud Hammerstein, Yad Vashem (Brief vom 2. November 1942).

130 Gertrud Hammerstein, Yad Vashem (Brief vom 10. Dezember 1942).

131 W. Gruner, »Reichshauptstadt«, S. 251 und M. Felstiner, *To Paint Her Life,* S. 165.

132 R. Rürup (Hg.), *Jüdische Geschichte in Berlin. Bilder und Dokumente,* Berlin 1995, S. 316 f. und S. 319.

133 H. A. Strauss, »Jewish Emigration from Germany (I)«, S. 326. Diese Statistik umfaßt auch die Selbstmorde und eine hohe Todesrate auf Grund von Hunger und Zwangsarbeit.

134 W. Gruner, »Reichshauptstadt«, S. 253; ders., *Arbeitseinsatz*, S. 319 f.; G. Jochheim (Hg.), *Frauenprotest in der Rosenstraße,* Berlin 1993; Nathan Stoltzfus, in: *Die Zeit,* 21. Juli 1989, S. 9–12; ders., »Widerstand des Herzens«, in: *Geschichte und Gesellschaft* 21 (1995), S. 218–247; ders., »Dissent in Nazi Germany«, in: *The Atlantic,* September 1992, S. 86–89; »The Liberation from Rosenstraße«, Film von Michael Muschner (Recherchen von N. Stoltzfus); Siegfried Cohn, Yad Vashem, S. 3; Ernst Gross, Yad Vashem. Zur »Fabrikaktion« vom 27. Februar vgl. Kap. 8 und N. Stoltzfus, *Widerstand des Herzens. Der Aufstand der Berliner Frauen in der Rosenstraße – 1943,* München 1999. Eine ähnliche Fabrikaktion in Hamburg, bei der es ebenfalls – allerdings individuellen – Protest von Frauen gab, enOdete mit der Ermordung der Ehemänner in Auschwitz, vgl. B. Meyer, *Jüdische Mischlinge.*

135 Elkin, *Das Jüdische Krankenhaus in Berlin;* F. Stern, *Im Anfang war Auschwitz,* S. 56 ff. Eine Gruppe von Juden versteckte sich auch auf dem Friedhof in Berlin-Weißensee.

136 E. Behrend-Rosenfeld, *Ich stand nicht allein,* S. 78.

137 W. Cohn, *Als Jude in Breslau,* S. 35, S. 39 und S. 60.

138 H. Rosenstrauch, *Aus Nachbarn wurden Juden,* S. 116.

139 W. Cohn, *Als Jude in Breslau,* S. 80.

140 V. Klemperer, *Zeugnis ablegen,* Bd. 2, S. 9, S. 47, S. 68, S. 259, S. 312.

141 Ruth Abraham, LBI, S. 6.

142 H. K. Smith, *Feind schreibt mit,* S. 162 f.

143 C. Edvardson, *Gebranntes Kind sucht das Feuer,* S. 75.

144 W. Manoschek (Hg.), *»Es gibt nur eines für das Judentum: Vernichtung.« Das Judentum in deutschen Soldatenbriefen, 1939–1944,* Hamburg 1995; O. Bartov, *Hitler's Army: Soldiers, Nazis and War in the Third Reich,* New York 1992.

145 V. Klemperer, *Zeugnis ablegen,* Bd. 2, S. 64 und S. 173.

146 D. Bankier, *Die öffentliche Meinung im Hitler-Staat,* S. 184.

147 Y. Bauer, *Freikauf von Juden. Verhandlungen zwischen dem nationalsozialistischen Deutschland und jüdischen Repräsentanten von 1933 bis 1945,* Frankfurt a. M. 1996, S. 137.
148 Ruth Abraham, LBI, S. 8.
149 R. Hilberg, *Die Vernichtung der europäischen Juden,* Bd. 3, S. 1220.
150 I. Rewald, *Berliner,* S. 3 und S. 6. Zur Situation Ende 1942 vgl. auch V. Klemperer, *Zeugnis ablegen,* Bd. 2, S. 270.
151 K. Jacobson, *Embattled Selves,* S. 17.
152 So beschrieb Charlotte Delbo, die selbst Auschwitz überlebte, die Haltung der Menschen, die nach Auschwitz kamen, vgl. Ch. Delbo, *Auschwitz and After,* New Haven, Conn. 1995.
153 I. Deutschkron, *Ich trug den gelben Stern,* S. 109 f.
154 A. Abrams, *Special Treatment,* S. 80.
155 Frieda Cohn, Yad Vashem, S. 5.
156 Edith Wolff, Yad Vashem, 01/326, S. 17.
157 Harry Sussmann, Yad Vashem, S. 2.
158 Edith Wolff, Yad Vashem, 01/247, S. 8 f.
159 Helmut Krüger, LBI, S. 72.
160 V. Klemperer, *Zeugnis ablegen,* Bd. 2, S. 616.
161 H. A. Strauss, »Jewish Emigration from Germany (I)«, S. 326.
162 F. Henry, *Victims and Neighbors,* S. 119 f.
163 W. Gruner, »Reichshauptstadt«, S. 254.
164 Marcella Herrmann, Yad Vashem, S. 4.
165 Ruth Abraham, LBI, S. 6.
166 M. Richarz (Hg.), *Jüdisches Leben in Deutschland,* S. 431.
167 R. Andreas-Friedrich, *Der Schattenmann. Tagebuchaufzeichnungen 1938–1945,* Berlin 1947, S. 87 f.
168 Ebd., S. 102.
169 *Das Reich,* 16. November 1941, 1, zit. n. *Die Zeit,* 2. Juni 1995, S. 16.
170 Freya von Moltke erfuhr durch ihren Bruder, der in Auschwitz gewesen war, um Arbeiter zu rekrutieren, von den Vergasungen, vgl. A. Owings, *Eine andere Erinnerung,* S. 340.
171 W. Manoschek, *»Es gibt nur eines für das Judentum: Vernichtung«.*
172 Der Vater von Klaus Harprecht etwa war Pfarrer, und einige Soldaten beichteten ihm die Massenexekutionen an Juden, Partisanen, Frauen und Kindern. Der Vater erzählte es seiner Familie, und Klaus berichtete es seinen Klassenkameraden, später auch seinen Wehrmachtskameraden, vgl. *Die Zeit,* 12. Mai 1995, S. 16.
173 F. Stern, *Im Anfang war Auschwitz,* S. 204–217 und R. Scheer, *Ahawah,* S. 26 f., S. 121 f., S. 178, S. 184, S. 207, S. 232.
174 D. Bankier, *Die öffentliche Meinung im Hitler-Staat,* S. 157.
175 Ebd., S. 147 und *Die Zeit,* 12. Mai 1995, S. 16.
176 H. Mommsen, »Was haben die Deutschen vom Völkermord an den Juden gewußt?«, in: W. H. Pehle (Hg.), *Der Judenpogrom 1938. Von der »Reichskristallnacht« zum Völkermord,* Frankfurt a. M. 1988, S. 199.
177 Vgl. F. Stern, *Im Anfang war Auschwitz,* S. 212.
178 O. Patterson, *Slavery and Social Death,* Cambridge 1982.

8

Leben im Untergrund

1 M. Richarz (Hg.), *Jüdisches Leben in Deutschland,* Bd. 3, S. 426.
2 K. Jacobson, *Embattled Selves,* S. 16.
3 Erna Becker-Kohen, LBI, S. 32.
4 A. Seligmann, »An Illegal Way of Life«, S. 344.
5 »Report of 30. Nov. 1943«, in: S. Milton/F. Bogin (Hg.), *American Joint Distribution Committee,* S. 222.
6 I. Rewald, *Berliner,* S. 6 f.
7 K. Jacobson, *Embattled Selves,* S. 71.
8 Einige Historiker vertreten die Auffassung, die Nazis hätten die Juden als wirtschaftlich rückständig betrachtet, vgl. S. Heim, »Die Ökonomie der Endlösung, Menschenvernichtung und wirtschaftliche Neuordnung«, in: G. Aly/S. Heim et al. (Hg.), *Sozialpolitik und Judenvernichtung. Gibt es eine Ökonomie der Judenvernichtung?,* Berlin 1983.
9 A. Seligmann, »An Illegal Way of Life«, S. 345.
10 M. Krüger et al., »Alltag im Berliner Untergrund 1943–45«, in: R. Erb/M. Schmidt (Hg.), *Antisemitismus und Jüdische Geschichte. Studien zu Ehren von Herbert A. Strauss,* Berlin 1987, S. 301.
11 R. Scheer, *Ahawah,* S. 245 und B. Rosenberg »*Versuch zu überleben«. Polen 1941–1945,* Frankfurt a. M. 1996.
12 Seligmanns Quellen stammen aus der Ball Kaduri Collection, der Wiener Library Collection und allgemeinen Sammlungen in Yad Vashem sowie aus Autobiographien.
13 Ludwig Collm, Yad Vashem, S. 4 und S. 12.
14 A. Seligmann, »An Illegal Way of Life«, S. 351. Zur Eigeninitiative der »U-Boote« vgl. E. Fogelman, »*Wir waren keine Helden«. Lebensretter im Angesicht des Holocaust. Motive, Geschichten, Hintergründe,* München 1994, S. 80.
15 Vgl. Martina Voigt, in: *Die Zeit,* 8. April 1994, S. 6.
16 Irma Simon, LBI (Tonbänder).
17 M. Krüger, »Alltag im Berliner Untergrund«, S. 298.
18 P. Wyden, *Stella,* S. 157.
19 E. Fogelman, »*Wir waren keine Helden«,* S. 80 und S. 157. Dennoch halfen auch einige Deutsche Juden, »obwohl wir nicht besonders deutsch aussahen«, vgl. Rudolf Demant, Yad Vashem, S. 3. Zum Auftreten vgl. N. Tec, *Dry Tears: The Story of a Lost Childhood,* Oxford 1982, S. 34–37, S. 89 und L. Weitzman, »Living on the Aryan Side of Poland«, in: L. Weitzman / D. Ofer (Hg.), *Women in the Holocaust,* New Haven, Conn. 1998.
20 R. Gay, »Outwitting the Final Solution«, in: *Horizon,* Januar 1977.
21 A. Seligmann, »An Illegal Way of Life«, S. 349 f. (von den Juden, die über zwei Hauptverstecke verfügten, benutzten 25 Prozent zwischen 10 und 40 andere Verstecke).
22 Vgl. I. Deutschkron, *Ich trug den gelben Stern,* bes. S. 121–136.

23 R. Andreas-Friedrich, *Schattenmann,* Frankfurt 1947, S. 102.
24 D. Morris, »The Lives of Some Jewish Germans«, S. 129 f.
25 Edith Wolff, Yad Vashem, 01/326, S. 14.
26 M. Richarz (Hg.), *Jüdisches Leben in Deutschland,* Bd. 3, S. 426.
27 M. Brenner, *Weiden,* S. 82.
28 Ein Helfer behauptete, jeder habe auf dem Schwarzmarkt eingekauft, vgl. M. Krüger, »Alltag im Berliner Untergrund«, S. 299.
29 B. Rosenberg, »*Versuch zu überleben*«, S. 216 und S. 220. Zu den deutschen Hausfrauen vgl. I. Marßolek, »Bürgerlicher Alltag in Bremen – oder die ›Zähe Fortdauer der Wonnen der Gewöhnlichkeit‹ (Christa Wolf)«, in: H. Gerstenberger/D. Schmidt (Hg.), *Normalität oder Normalisierung,* S. 118.
30 M. Brenner, *Weiden,* S. 82.
31 R. Abraham, LBI, S. 13; R. Scheer, *Ahawah,* S. 180; I. Simon, LBI.
32 Irma Neumann, Yad Vashem, S. 2.
33 Ilselotte Themal, »Meine Erlebnisse während der Zeit der Judenverfolgungen in Deutschland, 1933–1945«. Mein Dank gilt Ruth Gay dafür, daß sie mir diese Memoiren zugänglich gemacht hat.
34 K. Kwiet berichtete mir in einem Gespräch am 6. Februar 1996, in verschiedenen Memoiren in der Wiener Library Collection seien Berliner Bordelle erwähnt. Vgl. auch K. Kwiet/H. Eschwege, *Selbstbehauptung und Widerstand,* S. 155. Ein Prozeß wegen »Rassenschande«, der im Brandenburgischen Landeshauptarchiv: PrBr Rep 12 B St Potsdam 80 dokumentiert ist, betrifft die Bezahlung der Unterkunft durch Sex. Die jüdischen Frauen wurden in den Tod deportiert. Wie M. Voigt berichtet, wurde von sehr vielen jüdischen Frauen Sex verlangt, vgl. *Die Zeit,* 8. April 1994, S. 7.
35 A. Seligmann, »An Illegal Way of Life«, S. 339; Ludwig Collm, Yad Vashem, S. 2.
36 Ruth Abraham, LBI.
37 Erna Becker-Kohen, LBI (Eintragung Ende Juni 1944).
38 A. Seligmann, ebd., S. 352; M. Krüger, »Alltag im Berliner Untergrund«, S. 302.
39 B. Rosenberg, »*Versuch zu überleben*«, S. 218 f.
40 K. Jacobson, *Embattled Selves,* S. 88.
41 Erna Becker-Kohen, LBI, S. 8.
42 Charlotte Josephy, Yad Vashem, S. 3.
43 M. Spiegel, *Retter in der Nacht,* S. 63.
44 K. Kwiet/H. Eschwege, *Selbstbehauptung und Widerstand,* S. 156.
45 I. Deutschkron, *Ich trug den gelben Stern,* S. 178–188.
46 A. Seligmann, »An Illegal Way of Life«, S. 349.
47 Alice Goldstein, Yad Vashem, S. 2.
48 I. Rewald, *Berliner,* S. 7.
49 P. Wyden, *Stella,* S. 156. Stella überlebte, wurde von den Russen eingesperrt und blieb nach ihrer Freilassung in Deutschland.
50 B. Schieb-Samizadeh, »Die Gemeinschaft für Frieden und Aufbau«, in: W. Löhken/W. Vathke (Hg.), *Juden im Widerstand,* Berlin 1993, S. 57.

51 Ursula Finke, Yad Vashem, S. 6.
52 R. Scheer, *Ahawah*, S. 246 f.
53 Ruth Abraham, LBI, S. 11 f. und B.-L. Lange (Hg.), *Davidstern und Weihnachtsbaum*, S. 91.
54 M. Krüger, »Alltag im Berliner Untergrund«, S. 301.
55 K. Kwiet/H. Eschwege, *Selbstbehauptung und Widerstand*, S. 156.
56 Laut Seligmanns Sammlung lebten zu Beginn der Zeit, als Juden in den Untergrund gingen, 18 Prozent der verbliebenen Juden in Kleinstädten, nach den Bombenangriffen stieg dieser Anteil auf 33 Prozent. A. Seligmann, »An Illegal Way of Life«, S. 354.
57 E. Fogelman, *»Wir waren keine Helden«*, S. 102.
58 R. Andreas Friedrich, *Schattenmann*, S. 136.
59 Marcella Herrmann, Yad Vashem, S. 3.
60 Alice Goldstein, Yad Vashem, S. 3.
61 L. Paepcke, *Ich wurde vergessen. Bericht einer Jüdin, die das Dritte Reich überlebte*, Freiburg 1979, S. 103 ff.
62 E. Fischer, *Aimée und Jaguar*, S. 109, S. 117, S. 121 f.
63 Edith Wolff, Yad Vashem, 01/326.
64 Dies war das Motto von Nathan Schwalb-Dror vom Genfer Zweig der zionistischen Organisation *Hechaluz*, vgl. Ch. Zahn, »›Nicht mitgehen, sondern weggehen!‹ Chug Chaluzi – eine jüdische Jugendgruppe im Untergrund«, in: W. Löhken/W. Vathke (Hg.), *Juden im Widerstand*, Berlin 1993, S. 168, S. 184.
65 Auf welche Weise kamen sie an Karten für kulturelle Ereignisse? Schwersenz stand die ganze Nacht am Kartenverkaufsschalter, der ihm auch als Unterkunft für die Nacht diente, weil andere davon ausgingen, er warte dort, um morgens als erster Karten zu erhalten. Vgl. Edith Wolff, Yad Vashem, 01/326, S. 11–15.
66 Edith Wolff, Yad Vashem, 01/326, S. 15 f. Vgl. auch G. Beck, *Und Gad ging zu David*, S. 103–189; Ch. Zahn, »›Nicht mitgehen, sondern weggehen!‹«, S. 159–205.
67 A. Paucker, »Jüdischer Widerstand in Deutschland«, in: A. Lustiger (Hg.), *Zum Kampf auf Leben und Tod! Das Buch vom Widerstand der Juden 1933–1945*, Köln 1994, S. 49.
68 E. Wolff, in: Ch. Zahn, »›Nicht mitgehen, sondern weggehen!‹«, S. 165 bis 169.
69 P. Edel, *Wenn es ans Leben geht*, Bd. 1, S. 266 und S. 281.
70 E. Geisel, »Störenfriede der Erinnerung«, S. 17.
71 A. Paucker, »Resistance of German and Austrian Jews to the Nazi Regime 1933–1945«, in: *LBIYB* 40 (1995), S. 3–21 und ders., *Standhalten und Widerstehen. Der Widerstand deutscher und österreichischer Juden gegen die nationalsozialistische Diktatur*, Essen 1995.
72 Vgl. E. Brothers, »Wer war Herbert Baum?«, in: W. Löhken/W. Vathke (Hg.), *Juden im Widerstand*, S. 87. Vgl. auch Charlotte Holzer, die zunächst ein Mitglied der Baum-Gruppe war und später an Sabotageakten beteiligt war. Ch. Holzer, Yad Vashem und F. Stern, *Im Anfang war Auschwitz*, S. 56 ff.

73 K. Kwiet/H. Eschwege, *Selbstbehauptung und Widerstand,* S. 114 bis 139; A. Paucker, *Standhalten und Widerstehen,* S. 57; M. Pikarski, *Jugend im Berliner Widerstand. Herbert Baum und Kampfgefährten,* Berlin 1978 (in dieser ostdeutschen Veröffentlichung erscheint die Baum-Gruppe als rein kommunistische Organisation); S. Erpel, »Struggle and Survival«, S. 402.

74 H. R. Kedward, »The Maquis and the Culture of the Outlaw«, in: ders./R. Austin (Hg.), *Vichy France and the Resistance: Culture and Ideology,* London 1985; R. Poznanski, »Shield Bearers of the Resistance? Women in the French Jewish Underground« (Vortrag bei der Konferenz über »Frauen und der Holocaust« im Juni 1995 in Jerusalem). Vgl. auch V. Laska (Hg.), *Women in the Resistance and in the Holocaust,* Westport, Conn. 1983.

75 Zu Mamlok vgl. A. Paucker, »Resistance«, S. 13 und S. Erpel, »Struggle and Survival«, S. 397–414. Zu Frauen im bewaffneten Widerstand vgl. I. Strobl, *Sag nie, du gehst den letzten Weg. Frauen im bewaffneten Widerstand gegen Faschismus und deutsche Besatzung,* Frankfurt a. M. 1989; S. Erpel, »Struggle and Survival«, S. 397–414.

76 Charlotte Holzer (01/298) und Edith Wolff (01/247), Yad Vashem. Wolff arbeitete mit Dr. Gertrud Luckner von der Katholischen Aktion zusammen.

77 Recha Rothschild, LBI, S. 131 f., S. 149 und S. 157. Zu anderen deutsch-jüdischen Frauen in der französischen *Résistance* vgl. J. Lepsius, »Widerstand in Südfrankreich. Charlotte Löwenthal«, 1992, Archiv des LBI.

78 E. Fischer, *Aimée und Jaguar*. Elisabeth Wust hatte ihre Geliebte, Felice Schragenheim, ein Jahr lang versteckt, bevor sie entdeckt wurden.

79 Die folgende Darstellung beruht auf den auf Tonband aufgenommenen Berichten von Irma Simon, LBI, und einem Interview mit ihrer Nichte Marianne Steiner in New York im März 1994. Vgl. auch »Der Schmied von Lichterfelde«, in: *Stern,* 30. April 1961. Ich danke Frau Steiner herzlich dafür, daß sie mir diesen Artikel zugänglich gemacht hat, und für andere Einzelheiten, die sie mir mitteilte. Irma Simon war die Tochter von Abraham Eisenstein, der einst Vorsitzender der Synagoge Oranienburger Straße war.

80 Alle Informationen über Ruth Abraham stammen aus ihren Memoiren, LBI, S. 1–17. Zu ihrem Verhalten während des Novemberpogroms vgl. Kapitel 5.

81 Alle folgenden Informationen über Erna Becker-Kohen stammen aus ihren Memoiren, LBI. Diese Eintragung erfolgte im August 1942.

82 Primo Levi schreibt, daß es für Überlebende sehr wichtig war, ihre Geschichte zu erzählen. Dieses Bedürfnis sei ebenso fundamental wie andere Grundbedürfnisse gewesen. Primo Levi, *Ist das ein Mensch?* München/Wien 1991.

83 Laut K. Kwiet/H. Eschwege, *Selbstbehauptung und Widerstand,* S. 151 ist die Zahl 5 000 zu hoch geschätzt.

84 Ebd., S. 150 f.

1 J.-F. Lyotard, *The Differend,* Minneapolis 1988, S. 56 (den Hinweis verdanke ich S. Friedländer [Hg.], *Probing the Limits of Representation: Nazism and the »Final Solution«,* Cambridge/Mass. 1992, S. 5).

2 Zum »sozialen Tod« vgl. die Einleitung, Anm. 4 und O. Patterson, *Freedom,* S. 9–10 und ders., *Slavery and Social Death.*

3 S. Zweig, *Die Welt von gestern. Erinnerungen eines Europäers,* Berlin/Weimar 1981, S. 386.

4 F. Trommler, »Between Normality and Resistance«, S. 119–138; er zitiert damit G. Orwell »Catastrophic Gradualism«, in: ders., *The Collected Essays, Journalism and Letters,* hrsg. v. S. Orwell und I. Angus, New York 1968, Bd. 4, S. 15 f.

5 W. Cohn, *Als Jude in Breslau,* S. 38.

6 A. Owings, *Eine andere Erinnerung,* S. 142.

7 V. Klemperer, *Zeugnis ablegen,* Bd. 2, S. 104 (Mai, 1942).

8 K. Jacobson, *Embattled Selves,* S. 17.

9 Vgl. die Beiträge in: H. Schissler (Hg.), *The Miracle Years: A Cultural History of West Germany, 1949 to 1968,* Princeton 2000.

10 S. Friedländer, »Trauma and Transference«, in: ders. (Hg.), *Memory, History, and the Extermination of the Jews of Europe,* Bloomington 1993.

11 H. K. Smith, *Feind schreibt mit,* S. 165.

12 H. Mommsen, »Was haben die Deutschen vom Völkermord gewußt?«, S. 181.

13 D. J. Goldhagen, *Hitlers willige Vollstrecker.*

14 F. Stern, *Im Anfang war Auschwitz,* S. 204–217 und R. Scheer, *Ahawah,* S. 26 f., S. 121 f., S. 178, S. 184, S. 207, S. 232.

15 Zu den Reaktionen von Minderheiten auf den Wunsch der Mehrheit nach ihrem »Verschwinden« vgl. H. Brettauer, *Stadt ohne Juden,* Wien 1922 (jüdische Reaktion); J. Wakatsuki Houston, *Farewell to Manzanar,* Boston 1973 (japanisch-amerikanische Reaktion); W. M. Kelley, *A Different Drummer,* New York 1962; D. Turner Ward, *Day of Absence,* New York 1966; D. Bell, *Faces at the Bottom of the Well,* New York 1992; S. Wilhelm, *Who Needs the Negro?,* Cambridge 1970; P. Williams, *The Nation,* 10. Juli 1995, S. 63 (alles afro-amerikanische Reaktionen).

16 Im Juni 1933 lebten in Deutschland 106 966 Juden unter 20 Jahren. Im Mai 1939 waren es noch 29 254, vgl. W. Benz, *Die Juden in Deutschland,* S. 734. Im Juli 1941 gab es noch 20 669 Juden unter 18 Jahren. Meine Schätzung beruht auf M. Richarz, *Jüdisches Leben in Deutschland,* S. 61 (Tabelle).

17 J. Ringelheim, »Reflections on Gender« (Vortrag bei der Konferenz über »Frauen und der Holocaust« im Juni 1995 in Jerusalem).

18 M. Felstiner, *To Paint Her Life,* S. 204–207.

19 H. Arendt, *Eichmann in Jerusalem. Ein Bericht von der Banalität des Bösen,* München/Zürich 1986, S. 329.

Bibliographie

Bücher und Dissertationen

Abrams, Alan, *Special Treatment: The Untold Story of Hitler's Third Race*, Secaucus, N.J. 1985.

Akademie der Künste (Hg.), *Geschlossene Vorstellung. Der jüdische Kulturbund in Deutschland 1933–1941*, Berlin 1992.

Aly, Götz/Heim, Susanne et al. (Hg.), *Sozialpolitik und Judenvernichtung. Gibt es eine Ökonomie der Judenvernichtung?*, Berlin 1983.

Aly, Götz/Pross, Christian/Chroust, Peter (Hg.), *Cleansing the Fatherland: Nazi Medicine and Racial Hygiene*, Baltimore/London 1994.

American Jewish Congress and World Jewish Congress, Institute of Jewish Affairs. *Hitler's Ten-Year War on the Jews*, New York 1943.

Andreas-Friedrich, Ruth, *Der Schattenmann. Tagebuchaufzeichnungen 1938–1945*, Berlin 1947.

Angress, Werner T., *Generation zwischen Furcht und Hoffnung. Jüdische Jugend im Dritten Reich*, Hamburg 1985.

Arendt, Hannah, *Eichmann in Jerusalem. Ein Bericht von der Banalität des Bösen*, München/Zürich 1986.

Backhaus-Lautenschläger, Christine, *... und standen ihre Frau: Das Schicksal deutschsprachiger Emigrantinnen in den USA nach 1933*, Pfaffenweiler 1991.

Bajohr, Frank, *»Arisierung« in Hamburg. Die Verdrängung der jüdischen Unternehmer 1933–1945*, Hamburg 1997.

Bajohr, Stefan, *Die Hälfte der Fabrik. Geschichte der Frauenarbeit in Deutschland 1914 bis 1945*, Marburg 1984.

Baker, Leonard, *Days of Sorrow and Pain: Leo Baeck and the Berlin Jews*, New York 1978.

Baldwin, Peter (Hg.), *Reworking the Past: Hitler, the Holocaust and the Historians' Debate*, Boston 1990.

Bankier, David, *Die öffentliche Meinung im Hitler-Staat. Die »Endlösung« und die Deutschen. Eine Berichtigung*, Berlin 1995.

Barkai, Avraham, *Vom Boykott zur »Entjudung«. Der wirtschaftliche Existenzkampf der Juden im Dritten Reich 1933–1943*, Frankfurt a. M. 1988.

Bartov, Omer, *Hitler's Army: Soldiers, Nazis and War in the Third Reich*, New York 1992.

Bauer, Yehuda, *Freikauf von Juden. Verhandlungen zwischen dem nationalsozialistischen Deutschland und jüdischen Repräsentanten von 1933 bis 1945*, Frankfurt a. M. 1996.

–, *My Brother's Keeper: A History of the American Jewish Joint Distribution Committee 1929–1939*, Philadelphia 1974.

Baumann, Ulrich, *Zerstörte Nachbarschaften. Christen und Juden in badischen Landgemeinden, 1862–1940*, Hamburg 2000.

Beck, Gad, *Und Gad ging zu David. Die Erinnerungen des Gad Beck*, Berlin 1995.
Becker, Franziska, *Gewalt und Gedächtnis. Erinnerungen an die nationalsozialistische Verfolgung einer jüdischen Landgemeinde*, Göttingen 1994.
Behrend-Rosenfeld, Else, *Ich stand nicht allein. Erlebnisse einer Jüdin in Deutschland 1933–45*, München 1988.
Bell, Derrick, *Faces at the Bottom of the Well*, New York 1992.
BenGershom, Ezra, *David. Aufzeichnungen eines Überlebenden*, Frankfurt a. M. 1993.
Bentwich, Norman, *Jewish Youth Comes Home: The Story of the Youth Aliyah, 1933–1943*, London 1944.
Benz, Wolfgang, *Herrschaft und Gesellschaft im nationalsozialistischen Staat*, Frankfurt a. M. 1990.
– (Hg.), *Die Juden in Deutschland 1933–1945. Leben unter nationalsozialistischer Herrschaft*, München 1989.
Bessel, Richard (Hg.), *Life in the Third Reich*, Oxford/New York 1987.
Bielenberg, Christabel, *Als ich Deutsche war 1934–1945. Eine Engländerin erzählt*, München 1996.
Blau, Bruno, *Das Ausnahmerecht für Juden in Deutschland 1933–1945*, Düsseldorf 1954.
Bock, Gisela, *Zwangssterilisation im Nationalsozialismus. Studien zur Rassenpolitik und Frauenpolitik*, Opladen 1986.
Braham, Randolph L., *Perspectives on the Holocaust*, Boston 1983.
Brecht, Bertolt, *Furcht und Elend des Dritten Reiches*, New York 1945.
Brenner, Michael, *Am Beispiel Weiden. Jüdischer Alltag im Nationalsozialismus*, Würzburg 1983.
–, *Jüdische Kultur in der Weimarer Republik*, München 2000.
Brettauer, H., *Stadt ohne Juden*, Wien 1922.
Bridenthal, Renate/Grossmann, Atina/Kaplan, Marion (Hg.), *When Biology became Destiny: Women in Weimar and Nazi Germany*, New York 1984.
Broszat, Martin et al. (Hg.), *Bayern in der NS-Zeit. Soziale Lage und politisches Verhalten der Bevölkerung im Spiegel vertraulicher Berichte*, 6 Bde., München/Wien 1977–1983.
Buchholz, Marlis, *Die hannoverschen Judenhäuser*, Hildesheim 1987.
Burleigh, Michael/Wippermann, Wolfgang, *The Racial State: Germany 1933–1945*, Cambridge 1991.
Busemann, Hertha/Daxner, Michael/Fölling, Werner, *Insel der Geborgenheit. Die private Waldschule Kaliski, Berlin 1932–1939*, Stuttgart 1992.
Büttner, Ursula (Hg.), *Die Deutschen und die Judenverfolgung im Dritten Reich*, Hamburg 1992.
–, *Die Not der Juden teilen. Christlich-jüdische Familien im Dritten Reich*, Hamburg 1988.
– (Hg.), *Das Unrechtsregime. Internationale Forschung über den Nationalsozialismus*, Hamburg 1986.
Caron, Vicky, *Uneasy Asylum: France and the Jewish Refugee Crisis, 1933–1942*, Stanford 1999.

Cesarani, David (Hg.), *The Final Solution: Origins and Implementation*, London/New York 1994.
Cohn, Willy, *Als Jude in Breslau – 1941*, hrsg. v. Joseph Walk, Jerusalem 1975.
Colodner, Solomon, *Jewish Education in Germany Under the Nazis*, New York 1964.
Czarnowski, Gabriele, *Das kontrollierte Paar. Ehe- und Sexualpolitik im Nationalsozialismus*, Weinheim 1991.
Delbo, Charlotte, *Auschwitz and After*, New Haven, Conn. 1995.
Deutschkron, Inge, *Ich trug den gelben Stern*, Köln 1978.
Deutschland-Berichte der Sozialdemokratischen Partei Deutschlands, 1934–1940, Frankfurt a. M. 1980 [zitiert als *Sopade*].
Diner, Dan (Hg.), *Ist der Nationalsozialismus Geschichte? Zu Historisierung und Historikerstreit*, Frankfurt a. M. 1987.
Dreßen, Wolfgang, *Betrifft: Aktion 3. Deutsche verwerten jüdische Nachbarn*, Berlin 1998.
Dwork, Debórah, *Kinder mit dem gelben Stern, Europa 1933–1945*, München 1994.
Edel, Peter, *Wenn es ans Leben geht. Meine Geschichte*, 2 Bde., Berlin 1979.
Edvardson, Cordelia, *Gebranntes Kind sucht das Feuer*, München 1986.
Ehre, Ida, *Gott hat einen größeren Kopf, mein Kind*, Hamburg 1985.
Eisner, Ruth, *Nicht wir allein. Aus dem Tagebuch einer Berliner Jüdin*, Berlin 1971.
Elkin, Rivka, *Das jüdische Krankenhaus in Berlin zwischen 1933 und 1945*, Berlin 1993.
Felstiner, Mary, *To Paint Her Life: Charlotte Salomon in the Nazi Era*, New York 1994.
Fischer, Erica, *Aimée und Jaguar. Eine Liebesgeschichte, Berlin 1943*, Köln 1994.
Fogelman, Eva, *»Wir waren keine Helden«. Lebensretter im Angesicht des Holocaust. Motive, Geschichten, Hintergründe*, München 1994.
Foster, John (Hg.), *Community of Fate: Memoirs of German Jews in Melbourne*, Sydney 1986.
Fraenkel, Josef, *The Jews of Austria: Essays on their Life, History and Destruction*, London 1967.
Frankemölle, Hubert (Hg.), *Opfer und Täter. Zum nationalsozialistischen und antijüdischen Alltag in Ostwestfalen-Lippe*, Bielefeld 1990.
Freeden, Herbert, *Jüdisches Theater in Nazi-Deutschland*, Frankfurt. a. M. 1985.
Freier, Recha, *Let the Children Come: The Early History of Youth Aliyah*, London 1961.
Freund, Elisabeth, *Als Zwangsarbeiterin 1941 in Berlin. Die Aufzeichnungen der Volkswirtin Elisabeth Freund*, hrsg. v. Carola Sachse, Berlin 1996.
Frevert, Ute, *Frauen-Geschichte. Zwischen bürgerlicher Verbesserung und neuer Weiblichkeit*, Frankfurt a. M. 1986.
Friedländer, Saul, *Memory, History, and the Extermination of the Jews of Europe*, Bloomington 1993.

–, *Das Dritte Reich und die Juden*, Bd. 1: *Die Jahre der Verfolgung 1933 bis 1939*, München 1998.
– (Hg.), *Probing the Limits of Representation: Nazism and the »Final Solution«*, Cambridge/Mass. 1992
Friedlander, Henry, *Der Weg zum NS-Genozid. Von der Euthanasie zur Endlösung*, Berlin 1997.
Fromm, Bella, *Blood and Banquets: A Berlin Social Diary*, London 1942 (zitiert wird nach der vollständigen engl. Fassung).
–, *Als Hitler mir die Hand küßte*, Reinbek 1994.
Gates, Jr., Henry Louis (Hg.), *»Race«, Writing, and Difference*, Chicago 1985.
Gaus, Günter, *Zur Person. Porträts in Frage und Antwort*, München 1965.
Gay, Ruth, *Geschichte der Juden in Deutschland. Von der Römerzeit bis zum Zweiten Weltkrieg*, München 1993.
Geisel, Eike, *Die Banalität der Guten. Deutsche Seelenwanderungen*, Berlin 1992.
–/Broder, Henryk M. (Hg.), *Premiere und Pogrom. Der jüdische Kulturbund 1933–1941*, Berlin 1992.
Der Gelbe Fleck. Die Ausrottung von 500 000 deutschen Juden (Verfasser unbekannt, Vorwort von Lion Feuchtwanger), Paris 1936.
Gellately, Robert, *Die Gestapo und die deutsche Gesellschaft. Die Durchsetzung der Rassenpolitik 1933–1945*, Paderborn/München et al., 1993.
Gemeinschaftsarbeit der Jüdischen Jugend. Aus der Arbeit des Reichsausschusses der jüdischen Jugendverbände, 1933–1936, Berlin 1937.
Genger, Angela (Hg.), *Durch unsere Herzen ziehen die Jahrtausende. Briefe von Anna und Salomon Samuel, 1933–1942*, Düsseldorf 1988.
Gerstenberger, Heide/Schmidt, Dorothea (Hg.), *Normalität oder Normalisierung? Geschichtswerkstätten und Faschismusanalyse*, Münster 1987.
Geyer, Michael/Boyer, John (Hg.), *Resistance Against the Third Reich*, Chicago 1992.
Gilligan, Carol, *In a Different Voice: Psychological Theory and Women's Development*, Cambridge, Mass. 1982.
Gillis-Carlebach, Miriam, *Jedes Kind ist mein Einziges. Lotte Carlebach-Preuss, Antlitz einer Mutter und Rabbiner-Frau*, Hamburg 1992.
Goldhagen, Daniel J., *Hitlers willige Vollstrecker. Ganz gewöhnliche Deutsche und der Holocaust*, Berlin 1996.
Gordon, Sarah, *Hitler, Germans and the »Jewish Question«*, Princeton 1984.
Grossmann, Atina, *Reforming Sex: The German Movement for Birth Control and Abortion Reform, 1920–1950*, New York 1995.
Gruner, Wolf, *Der geschlossene Arbeitseinsatz deutscher Juden. Zur Zwangsarbeit als Element der Verfolgung 1938–1943*, Berlin 1997.
Guggenheim-Levine, Lilo, *Auch das geht vorüber. Julius und Lini Guggenheim*, Frankfurt a. M. 1991.
Händler-Lachmann, Barbara/Händler, Harald/Schütt, Ulrich, *»Purim, Purim, ihr liebe Leut, wißt ihr, was Purim bedeut?« Jüdisches Leben im Landkreis Marburg im 20. Jahrhundert*, Marburg 1995.
Hartung von Doetinchem, Dagmar/Winan, Rolf, *Zerstörte Fortschritte. Das jüdische Krankenhaus in Berlin*, Berlin 1989.

Haselier, Günther, *Geschichte der Stadt Breisach am Rhein,* Breisach 1995.
Hayes, Peter (Hg.), *Lessons and Legacies: The Meaning of the Holocaust in a Changing World,* Evanston, Ill. 1991.
Hecht, Ingeborg, *Als unsichtbare Mauern wuchsen. Eine deutsche Familie unter den Nürnberger Rassengesetzen,* Hamburg 1984.
Heid, Ludger/Paucker, Arnold (Hg.), *Juden und deutsche Arbeiterbewegung bis 1933,* Tübingen 1992.
Heims, Steve J. (Hg.), *Passages from Berlin,* South-Berwick, Mass. 1987.
Henry, Francis, *Victims and Neighbors: A Small Town in Nazi Germany Remembered,* South Hadley, Mass. 1984.
Herbert, Ulrich, *Geschichte der Ausländerbeschäftigung in Deutschland 1880 bis 1980. Saisonarbeiter, Zwangsarbeiter, Gastarbeiter,* Berlin/Bonn 1986.
–, *Europa und der »Reichseinsatz«. Ausländische Zivilarbeiter, Kriegsgefangene und KZ-Häftlinge in Deutschland 1938–1945,* Essen 1991.
Heuberger, Georg (Hg.), *Zedaka. Jüdische Sozialarbeit im Wandel der Zeit,* Frankfurt a. M. 1992.
Hilberg, Raul, *Die Vernichtung der europäischen Juden,* 3 Bde., Frankfurt a. M. 1990.
–, *Täter, Opfer, Zuschauer. Die Vernichtung der Juden 1933–1945,* Frankfurt a. M. 1992.
Hildesheimer, Esriel, *Der Existenzkampf der Reichsvertretung und Reichsvereinigung der Juden in Deutschland,* Tübingen 1994.
Informationsblätter der Zentralwohlfahrtsstelle der deutschen Juden.
Jacobson, Kenneth, *Embattled Selves: An Investigation into the Nature of Identity Through Oral Histories of Holocaust Survivors,* New York 1994.
Jochheim, Gernot (Hg.), *Frauenprotest in der Rosenstraße,* Berlin 1993.
Kampe, Norbert (Hg.), *Jewish Emigration from Germany 1933–1942,* München/New York 1992.
Kaplan, Marion, *Die jüdische Frauenbewegung in Deutschland. Organisation und Ziele des Jüdischen Frauenbundes 1904–1938,* Hamburg 1981.
–, *Jüdisches Bürgertum. Frau, Familie und Identität im Kaiserreich,* Hamburg 1997.
Kershaw, Ian, *Popular Opinion and Political Dissent in the Third Reich: Bavaria 1933–1945,* Oxford 1983.
Kleiber, Lore/Gömüsay, Eva-Maria, *Fremdgängerinnen. Zur Geschichte bi-nationaler Ehen in Berlin von der Weimarer Republik bis in die Anfänge der Bundesrepublik,* Bremen 1990.
Klemperer, Victor, *Ich will Zeugnis ablegen bis zum letzten. Tagebücher,* 2 Bde. Berlin 1995.
–, *LTI (Lingua Tertii Imperii). Aus dem Notizbuch eines Philologen,* München 1947.
Kliner-Fruck, Martina, *»Es ging ja ums Überleben«. Jüdische Frauen zwischen Nazi-Deutschland, Emigration nach Palästina und ihrer Rückkehr,* Frankfurt a. M. 1995.
Kliner-Lintzen, Martina/Pape, Siegfried (Hg.), *»... vergessen kann man das nicht«. Wittener Jüdinnen und Juden unter dem Nationalsozialismus,* Bochum 1991.

Klüger, Ruth, *Weiter leben. Eine Jugend*, Göttingen 1992.

Kocka, Jürgen, *Sozialgeschichte. Begriff, Entwicklung, Probleme*, Göttingen 1986.

Koehn, Ilse, *Mischling zweiten Grades. Kindheit in der Nazizeit*, Reinbek 1979.

Kolmar, Gertrud, *Briefe an die Schwester Hilde (1938–1943)*, München 1970.

Koonz, Claudia, *Mütter im Vaterland. Frauen im Dritten Reich*, Reinbek 1994.

Krüger, Helmut, *Der halbe Stern. Leben als deutsch-jüdischer »Mischling« im Dritten Reich*, Berlin 1993.

Kwiet, Konrad/Eschwege, Helmut, *Selbstbehauptung und Widerstand. Deutsche Juden im Kampf um Existenz und Menschenwürde 1933–1945*, Hamburg 1984.

Lange, Bernd-Lutz (Hg.), *Davidstern und Weihnachtsbaum. Erinnerungen von Überlebenden*, Leipzig 1992.

Laska, Vera (Hg.), *Women in the Resistance and in the Holocaust*, Westport, Conn. 1983.

Lauber, Heinz, *Judenpogrom. Reichskristallnacht November 1938 in Großdeutschland*, Gerlingen 1981.

Levi, Primo, *Ist das ein Mensch?* München/Wien 1991.

Limberg, Margarete/Rübsaat, Hubert (Hg.), *Sie durften nicht mehr Deutsche sein. Jüdischer Alltag in Selbstzeugnissen 1933–1938*, Frankfurt a. M./New York 1990.

Lixl-Purcell, Andreas, *Women of Exile: German-Jewish Autobiographies Since 1933*, Westport, Conn., 1988.

Löhken, Wilfried/Vathke, Werner (Hg.), *Juden im Widerstand. Drei Gruppen zwischen Überlebenskampf und politischer Aktion 1933–1945*, Berlin 1993.

Loewy, Hanno (Hg.), *In mich ist die große dunkle Ruhe gekommen. Martha Wertheimers Briefe an Siegfried Guggenheim (1939–1941)*, Frankfurter Lern- und Dokumentationszentrum des Holocaust, Frankfurt a. M. 1993.

Lustiger, Arno (Hg.), *Zum Kampf auf Leben und Tod! Das Buch vom Widerstand der Juden 1933–1945*, Köln 1994.

Lyotard, Jean-François, *The Differend*, Minneapolis 1988.

Mallmann, Klaus-Michael/Paul, Gerhard, *Herrschaft und Alltag. Ein Industrierevier im Dritten Reich*, Bonn 1991.

Mann, Thomas, *Tagebücher 1933–1934*, hrsg. von Peter de Mendelssohn, Frankfurt a. M. 1977.

Manoschek, Walter (Hg.), *»Es gibt nur eines für das Judentum: Vernichtung.« Das Judentum in deutschen Soldatenbriefen, 1939–1944*, Hamburg 1995.

Marrus, Michael, *The Unwanted: European Refugees in the Twentieth Century*, New York 1985.

Martin, Elaine (Hg.), *Gender, Patriarchy and Fascism in the Third Reich: The Response of Women Writers*, Detroit 1992.

Meiring, Kerstin, *Die Christlich-jüdische Mischehe in Deutschland 1840 bis 1933*, Hamburg 1999.

Meldungen aus dem Reich. Die geheimen Lageberichte des Sicherheitsdienstes der SS 1938–1945, Band 7, hrsg. von Heinz Boberach, Herrsching 1984.

Meyer, Beate, *Jüdische Mischlinge, Rassenpolitik und Verfolgungserfahrung 1933–1945*, Hamburg 1999.
Milton, Sybil/Bogin, Frederick (Hg.), *Archives of the Holocaust: An International Collection of Selected Documents, Vol. 10, American Joint Distribution Committee, New York*, Part I, London/New York 1995.
Mommsen, Hans (Hg.), *Herrschaftsalltag im Dritten Reich*, Düsseldorf 1988.
Moritz, Klaus/Noam, Ernst, *NS-Verbrechen vor Gericht, 1945–1955*, Wiesbaden 1978.
Mosse, George L., *German Jews Beyond Judaism*, Bloomington, Ind. 1985.
Müller, Ingo, *Furchtbare Juristen. Die unbewältigte Vergangenheit unserer Justiz*, München 1987.
Nathorff, Hertha, *Das Tagebuch der Hertha Nathorff*, hrsg. v. Wolfgang Benz, München 1987.
Niethammer, Lutz (Hg.), *»Die Jahre weiß man nicht, wo man die heute hinsetzen soll«*, Bonn 1983.
Niewyk, Donald, *The Jews in Weimar Germany*, Baton Rouge, La. 1980.
Noakes, Jeremy/Pridham, Geoffrey, *Documents on Nazism, 1919–1945*, New York 1975.
Noam, Ernst/Kropat, Wolf-Arno, *Juden vor Gericht, 1933–1945*, Wiesbaden 1975.
Nolan, Mary, *Visions of Modernity: American Business and the Modernization of Germany*, New York 1994.
Ofer, Dalia/Weitzman, Leonore, *Women in the Holocaust*, New Haven, 1998.
Oppenheimer, Walter, *Jüdische Jugend in Deutschland*, München 1967.
Ostow, Robin, *Jews in Contemporary East Germany*, New York 1989.
Owings, Alison, *Eine andere Erinnerung. Frauen erzählen von ihrem Leben im Dritten Reich*, Berlin 1999.
Paepcke, Lotte, *Ich wurde vergessen. Bericht einer Jüdin, die das Dritte Reich überlebte*, Freiburg 1979.
Pätzold, Kurt (Hg.), *Verfolgung, Vertreibung, Vernichtung*, Leipzig 1983.
Passerini, Luisa (Hg.), *Memory and Totalitarianism*, Oxford 1992.
Patterson, Orlando, *Freedom: Freedom in the Making of Western Culture*, New York 1991.
–, *Slavery and Social Death*, Cambridge 1982.
Paucker, Arnold (Hg.), *Die Juden im nationalsozialistischen Deutschland/The Jews in Nazi Germany, 1933–1945*, Tübingen 1986.
–, *Standhalten und Widerstehen. Der Widerstand deutscher und österreichischer Juden gegen die nationalsozialistische Diktatur*, Essen 1995.
Pehle, Walter H. (Hg.), *Der Judenpogrom 1938. Von der »Reichskristallnacht« zum Völkermord*, Frankfurt a. M. 1988.
Pikarski, Margot, *Jugend im Berliner Widerstand. Herbert Baum und Kampfgefährten*, Berlin 1978.
Quack, Sybille, *Zuflucht Amerika. Zur Sozialgeschichte der Emigration deutsch-jüdischer Frauen in die USA, 1933–1945*, Bonn 1995.
– (Hg.), *Between Sorrow and Strength: Women Refugees of the Nazi Period*, Cambridge 1995.
Reuth, Ralf Georg, *Goebbels*, München 1990.

Rewald, Ilse, *Berliner, die uns halfen, die Hitlerdiktatur zu überleben,* Berlin 1975.

Richarz, Monika (Hg.), *Jüdisches Leben in Deutschland,* Bd. 3: *Selbstzeugnisse zur Sozialgeschichte 1918–1945*, Stuttgart 1982.

Rittner, Carol/Roth, John (Hg.), *Different Voices: Women and the Holocaust,* New York 1993.

Röcher, Ruth, *Die jüdische Schule im nationalsozialistischen Deutschland, 1933–1942,* Frankfurt a. M. 1992.

Rosenberg, Blanca, *»Versuch zu überleben«. Polen 1941–1945,* Frankfurt a. M. 1996.

Rosenstrauch, Hazel (Hg.), *Aus Nachbarn wurden Juden. Ausgrenzung und Selbstbehauptung 1933–1942,* Berlin 1988.

Rothchild, Sylvia (Hg.), *Voices from the Holocaust,* New York 1981.

Rürup, Reinhard (Hg.), *Jüdische Geschichte in Berlin. Bilder und Dokumente,* Berlin 1995.

– (Hg.), *Jüdische Geschichte in Berlin. Essays und Studien,* Berlin 1995.

Runge, Irene, *Onkel Max ist jüdisch,* Berlin 1991.

Sauer, Paul, *Dokumente über die Verfolgung der jüdischen Bürger in Baden-Württemberg, 1933–1945,* 2 Bde. Stuttgart 1966.

Scheer, Regina, *Ahawah. Das vergessene Haus,* Berlin/Weimar 1992.

Scheurenberg, Klaus, *Ich will leben,* Berlin 1982.

Schleunes, Karl, *The Twisted Road to Auschwitz: Nazi Policy Toward German Jews, 1933–39,* Urbana, Ill. 1970.

Schissler, Hanna (Hg.), *The Miracle Years: A Cultural History of West Germany, 1949 to 1968,* Princeton 2000.

Schoenewald, Ottilie, *Kochbuch für den Jüdischen Haushalt und Großbetrieb*, hrsg. vom Jüdischen Frauenbund, Berlin 1935.

Scholem, Gershom, *Von Berlin nach Jerusalem. Jugenderinnerungen,* Frankfurt a. M. 1977.

Schwarz, Gudrun, *Die nationalsozialistischen Lager,* Frankfurt a. M. 1990.

Shedletzky, Itta/Sparr, Thomas (Hg.), *Betty Scholem – Gershom Scholem. Mutter und Sohn im Briefwechsel 1917–1946,* München 1989.

Segal, Lilli, *Die Hohenpriester der Vernichtung. Anthropologen, Mediziner und Psychiater als Wegbereiter von Selektion und Mord im Dritten Reich,* Berlin 1991.

Segal, Lore, *Other People's Houses,* New York 1958.

Sichel, Frieda H., *Challenge of the Past,* Johannesburg 1975.

Silbergleit, Heinrich, *Die Bevölkerungs- und Berufsverhältnisse der Juden im Deutschen Reich,* Berlin 1930.

Smith, Howard K., *Feind schreibt mit. Ein amerikanischer Korrespondent erlebt Nazi-Deutschland,* Frankfurt a. M. 1986.

Sopade, vgl. *Deutschland-Berichte.*

Spiegel, Marga, *Retter in der Nacht. Wie eine jüdische Familie überlebte,* Köln 1987.

Stachura, Peter D., *Unemployment and the Great Depression in Weimar Germany,* London 1986.

Stephenson, Jill, *Women in Nazi Society,* New York 1975.

Stern, Frank, *Im Anfang war Auschwitz. Antisemitismus und Philosemitismus im deutschen Nachkrieg*, Gerlingen 1991.
Stern, Fritz, *Gold and Iron*, New York 1947.
Stoltzfus, Nathan, *Widerstand des Herzens. Der Aufstand der Berliner Frauen in der Rosenstraße – 1943*, München 1999.
Straus, Rahel, *Wir lebten in Deutschland. Erinnerungen einer deutschen Jüdin, 1880–1933*, Stuttgart 1961.
Strauss, Herbert A./Grossmann, Kurt (Hg.), *Gegenwart im Rückblick. Festgabe für die Jüdische Gemeinde zu Berlin 25 Jahre nach dem Neubeginn*, Heidelberg 1970.
Strobl, Ingrid, *Sag nie, du gehst den letzten Weg. Frauen im bewaffneten Widerstand gegen Faschismus und deutsche Besetzung*, Frankfurt a. M. 1989.
Tec, Nechama, *Dry Tears: The Story of a Lost Childhood*, Oxford 1982.
Thalmann, Rita/Feinermann, Emmanuel, *Die Kristallnacht*, Frankfurt a. M. 1987.
Tramer, Hans (Hg.), *In zwei Welten. Festschrift für Siegfried Moses*, Tel Aviv 1962.
Turner, Barry, *And the Policeman Smiled*, London 1990.
Vogel, Carole Garbuny (Hg.), *We Shall Not Forget! Memories of the Holocaust*, Lexington, Mass. 1994.
Wahrman, Shlomo, *Lest We Forget: Growing Up in Nazi Leipzig 1933–1939*, New York 1991.
Wakatsuki Houston, Jeanne, *Farewell to Manzanar*, Boston 1973.
Walk, Joseph (Hg.), *Das Sonderrecht für die Juden im NS-Staat. Eine Sammlung der gesetzlichen Maßnahmen und Richtlinien – Inhalt und Bedeutung*, Heidelberg 1981.
Weiss, Yfaat, *Schicksalsgemeinschaft im Wandel. Jüdische Erziehung im nationalsozialistischen Deutschland, 1933–1938*, Hamburg 1991.
–, *Deutsche und polnische Juden vor dem Holocaust. Jüdische Identität zwischen Staatsbürgerschaft und Ethnizität 1933–1940*, München 2000.
Weitzman, Lenore/Ofer, Dalia (Hg.), *Women in the Holocaust*, New Haven, Conn. 1998.
Wilhelm, Sidney, *Who Needs the Negro?*, Cambridge 1970.
Wyden, Peter, *Stella: One Woman's True Tale of Evil, Betrayal, and Survival in Hitler's Germany*, New York 1992 (deutsche Übersetzung: *Stella*, Göttingen 1996).
Zweig, Stefan, *Die Welt von gestern. Erinnerungen eines Europäers*, Berlin/Weimar 1981.

Artikel und Vorträge

Allport, G. W./Bruner, J. S./Jandorf, E. M., »Personality Under Social Catastrophe: Ninety Life-Histories of the Nazi-Revolution«, in: *Character and Personality: An International Psychological Quarterly* 10 (1941).
Aly, Götz, »Nachwort«, in H. Krüger, *Der halbe Stern. Leben als deutsch-jüdischer »Mischling« im Dritten Reich«*, Berlin 1993.

Angress, Werner T., »Erfahrungen jüdischer Jugendlicher und Kinder mit der nichtjüdischen Umwelt 1933–45«, in: U. Büttner (Hg.), *Die Deutschen und die Judenverfolgung im Dritten Reich.*

–, »Jüdische Jugend zwischen nationalsozialistischer Verfolgung und jüdischer Wiedergeburt«, in: A. Paucker (Hg.), *Die Juden im nationalsozialistischen Deutschland.* Tübingen 1986.

Arbeitsgruppe zur Erforschung der Geschichte der Karl-Bonhoeffer-Nervenklinik, »Das Schicksal der jüdischen Patienten im Nationalsozialismus«, in: dies. (Hg.), *Totgeschwiegen 1933–1945. Zur Geschichte der Wittenauer Heilstätten.* Berlin 1988.

Baldwin, Peter, »The *Historikerstreit* in Context«, in: ders. (Hg.), *Reworking the Past: Hitler, the Holocaust and the Historians' Debate,* Boston 1990.

Barkai, Avraham, »Between East and West: Jews from Germany in the Lodz Ghetto«, in: *Yad Vashem Studies* 16 (1984).

–, »Volksgemeinschaft, ›Aryanization‹ and the Holocaust«, in: D. Cesarani (Hg.), *The Final Solution: Origins and Implementation,* London/ New York 1994.

–, »Der wirtschaftliche Existenzkampf der Juden im Dritten Reich, 1933–38«, in: A. Paucker (Hg.), *Die Juden im nationalsozialistischen Deutschland,* Tübingen 1986.

Baumann, Ulrich, »Jüdische Frauen auf dem Land«, unveröffentlichter Vortrag, Universität Freiburg 1992.

–, »Die sozialen Beziehungen zwischen Christen und Juden in südbadischen Landgemeinden 1862–1940«, Magisterarbeit, Universität Freiburg 1995.

Becker, Bodo, »Das ›Jüdische Erholungsheim Lehnitz‹«, in: I. Diekmann/ J. H. Schoeps (Hg.), *Wegweiser durch das jüdische Brandenburg,* Berlin 1995.

Becker, Franziska, »Das beschwichtigte Gedächtnis oder: Wie man sich in einem schwäbischen Dorf an die Verfolgung der Juden im Nationalsozialismus erinnert«, in: *Landjudentum im süddeutschen und Bodenseeraum,* hrsg. v. Vorarlberger Landesarchiv, Dornbirn 1992.

Benz, Wolfgang, »Der Rückfall in die Barbarei. Bericht über den Pogrom«, in: W. H. Pehle (Hg.), *Der Judenpogrom 1938. Von der »Reichskristallnacht« zum Völkermord,* Frankfurt a. M. 1988.

–, »Überleben im Untergrund«, in: ders. (Hg.), *Die Juden in Deutschland 1933–1945.* München 1989.

Bessel, Richard, »Political Violence and the Nazi Seizure of Power«, in: ders. (Hg.), *Life in the Third Reich.*

Bielenberg, Christabel, Interview in dem Film *World at War: A New Germany,* Thames Television, London 1977.

Blau, Bruno, »The Jewish Population of Germany, 1939–1946«, in: *Jewish Social Studies* 12 (1950).

–, »The Last Days of German Jewry in the Third Reich«, in: *YIVO Annual of Jewish Social Science* (1953).

–, »Mischehe im Nazi-Reich«, in: *Judaica: Beiträge zum Verständnis des jüdischen Schicksals in Vergangenheit und Gegenwart* 4 (1948).

Borscheid, Peter, »Plädoyer für eine Geschichte des Alltäglichen«, in: ders./H. Teuteberg (Hg.), *Ehe, Liebe, Tod. Studien zur Geschichte des Alltags,* Münster 1983.

Brothers, Eric, »Wer war Herbert Baum«?, in: W. Löhken/W. Vathke (Hg.), *Juden im Widerstand,* Berlin 1993.

Büttner, Ursula, »The Persecution of Christian-Jewish Families«, in: *LBIYB* 34 (1989).

Cahnmann, Werner, »Village and Small-Town Jews in Germany: A Typological Study«, in: *LBIYB* 19 (1974).

Cohn, Benno, »Einige Bemerkungen über den deutschen Zionismus nach 1933«, in: H. Tramer (Hg.), *In zwei Welten,* Tel Aviv 1962.

Cohn, Werner, »Bearers of a Common Fate? The ›Non-Aryan‹ Christian ›Fate-Comrades‹ of the Paulus-Bund, 1933–1939«, in: *LBIYB* 33 (1988).

Czarnowski, Gabriele, »Hereditary and Racial Welfare (Erb- und Rassenpflege)«, in: *Social Politics* 4 (1997), S. 126–133.

Daxner, Michael/Busemann, Hertha, *Insel der Geborgenheit. Die Private Jüdische Waldschule Kaliski, Berlin 1932–1939*, Stuttgart 1992.

Elkin, Rivka, »Kinder zur Aufbewahrung im jüdischen Krankenhaus«, in: *Tel Aviver Jahrbuch für deutsche Geschichte* 23 (1994).

Enssle, Manfred, »German Everyday Life after World War II«, in: *Central European History* 26 (1993), Nr. 1.

Erpel, Simone, »Struggle and Survival: Jewish Women in the Anti-Fascist Resistance in Germany«, in: *LBIYB* 37 (1992).

Freeden, Herbert, »Jüdischer Kulturbund ohne jüdische Kultur«, in: Akademie der Künste (Hg.), *Geschlossene Vorstellung. Der jüdische Kulturbund in Deutschland 1933–1941.*

–, »Kultur ›nur für Juden‹: ›Kulturkampf‹ in der jüdischen Presse in Nazideutschland«, in: A. Paucker (Hg.), *Die Juden im nationalsozialistischen Deutschland.*

Friedländer, Saul, »A Controversy about the Historicization of National Socialism«, in: *New German Critique* 44 (1988).

–, »Trauma and Transference«, in: ders. (Hg.), *Memory, History, and the Extermination of the Jews of Europe,* Bloomington 1993.

Friedlander, Henry, »Deportation of German Jews: Postwar German Trials of Nazi Criminals«, in: *LBIYB* 29 (1984).

–, »The Judiciary and Nazi Crimes in Postwar Germany«, in: *Simon Wiesenthal Center Annual* I (1984).

Fritzsche, Peter, »Where Did All the Nazis Go? Reflections on Resistance and Collaboration«, in: *Tel Aviver Jahrbuch für deutsche Geschichte* 23 (1994).

Gay, Peter, »Epilogue: The First Sex«, in: S. Quack (Hg.), *Between Sorrow and Strength: Women Refugees of the Nazi Period,* Cambridge 1995.

Gay, Ruth, »Outwitting the Final Solution«, in: *Horizon,* Januar 1977.

Geisel, Eike, »Störenfriede der Erinnerung«, in: W. Löhken/W. Vathke (Hg.), *Juden im Widerstand,* Berlin 1993.

Gellately, Robert, »The Gestapo and German Society: Political Denunciation in the Gestapo Case Files«, in: *Journal of Modern History* 60 (1988).

Geyer, Michael, »The Nazi State Reconsidered«, in: R. Bessel (Hg.), *Life in the Third Reich,* Oxford/New York 1987.
–, »The State in National Socialist Germany«, in: Ch. Bright/S. Harding (Hg.), *Statemaking and Social Movements,* Ann Arbor, Mich. 1984.
Grenville, John, »Die ›Endlösung‹ und die ›Judenmischlinge‹ im Dritten Reich«, in: U. Büttner (Hg.), *Das Unrechtsregime. Internationale Forschung über den Nationalsozialismus,* Hamburg 1986.
–, »Juden, ›Nichtarier‹ und ›Deutsche Ärzte‹. Die Anpassung der Ärzte im Dritten Reich«, in: U. Büttner (Hg.), *Die Deutschen und die Judenverfolgung im Dritten Reich,* Hamburg 1992.
Grossmann, Atina, »Abortion and Economic Crisis«, in: R. Bridenthal/ A. Grossmann/M. Kaplan, *When Biology became Destiny: Women in Weimar and Nazi Germany,* New York 1984.
Grubel, Fred/Mecklenburg, Frank, »Leipzig. Profile of a Jewish Community«, in: *LBIYB* 42 (1997).
Gruner, Wolf, »Die Reichshauptstadt und die Verfolgung der Berliner Juden 1933–1945«, in: R. Rürup (Hg.), *Jüdische Geschichte in Berlin. Essays und Studien*. Berlin 1995.
Heim, Susanne, »Die Ökonomie der Endlösung, Menschenvernichtung und wirtschaftliche Neuordnung«, in: G. Aly/S. Heim et al. (Hg.), *Sozialpolitik und Judenvernichtung. Gibt es eine Ökonomie der Judenvernichtung?* Berlin 1983.
Helfand, Jonathan I., »*Halakhah* and the Holocaust: Historical Perspectives«, in: R. L. Braham (Hg.), *Perspectives on the Holocaust,* Boston 1983.
Henschel, Hildegard, »Aus der Arbeit der jüdischen Gemeinde in Berlin während der Jahre 1941–1943. Gemeindearbeit und Evakuierung von Berlin«, in: *Zeitschrift für die Geschichte der Juden* 9 (1972).
Huerkamp, Claudia, »Jüdische Akademikerinnen in Deutschland, 1900–1938«, in: *Geschichte und Gesellschaft* 19 (1993).
Johnson, Eric, »German Women and Nazi Justice: Their Role in the Process from Denunciation to Death«, in: *Historical Social Research* 20 (1995).
Kater, Michael H., »Everyday Anti-Semitism in Prewar Nazi Germany: The Popular Bases«, in: *Yad Vashem Studies* 16 (1984).
–, »Physicians in Crisis at the End of the Weimar Republic«, in: Peter D. Stachura (Hg.), *Unemployment and the Great Depression in Weimar Germany,* London 1986.
Kedward, Harry Roderick, »The Maquis and the Culture of the Outlaw«, in: ders./R. Austin (Hg.), *Vichy France and the Resistance: Culture and Ideology*.
Kellermann, Henry J., »From Imperial to National-Socialist Germany. Recollections of a German-Jewish Youth Leader«, in: *LBIYB* 39 (1994).
Koonz, Claudia, »Courage and Choice Among German-Jewish Women and Men«, in: A. Paucker (Hg.), *Die Juden im nationalsozialistischen Deutschland.*
Kramer, David, »Jewish Welfare Work Under the Impact of Pauperisation«, in: A. Paucker (Hg.), *Die Juden im nationalsozialistischen Deutschland.*

Krüger, Maren et al., »Alltag im Berliner Untergrund 1943–45«, in: R. Erb/ M. Schmidt (Hg.), *Antisemitismus und Jüdische Geschichte. Studien zu Ehren von Herbert A. Strauss.*

Kwiet, Konrad, »Forced Labour of German Jews in Nazi Germany«, in: *LBIYB* 36 (1991).

–, »Nach dem Pogrom. Stufen der Ausgrenzung«, in: W. Benz (Hg.), *Die Juden in Deutschland 1933–1945*, München 1989.

–, »The Ultimate Refuge: Suicide in the Jewish Community Under the Nazis«, in: *LBIYB* 29 (1984).

Laaser, Stephanie, »Ein ordnungsgemäßer Möbelkauf«, in: *Aufbau* LXVI (5/2001), S. 1–2.

Landenberger, Hilde, »Die soziale Funktion der jüdischen Jugendbewegung«, in: JWS 1936.

Loewenberg, Peter, »The Kristallnacht as a Public Degradation Ritual«, in: *LBIYB* 32 (1987).

Lüdtke, Alf, »›Formierung der Massen‹ oder Mitmachen und Hinnehmen? ›Alltagsgeschichte‹ und ›Faschismusanalyse‹, in: H. Gerstenberger/ D. Schmidt (Hg.), *Normalität oder Normalisierung.*

Martin, Elaine, »Autobiography, Gender, and the Third Reich«, in: dies (Hg.), *Gender, Patriarchy and Fascism in the Third Reich: The Response of Women Writers.*

Marßolek, Inge, »Bürgerlicher Alltag in Bremen – oder die ›zähe Fortdauer der Wonnen der Gewöhnlichkeit‹ (Christa Wolf)«, in: H. Gerstenberger/ D. Schmidt (Hg.), *Normalität oder Normalisierung*, Münster 1987.

Mason, Tim, »Women in Germany, 1925–1940: Family, Welfare and Work« (I und II), in: *History Workshop*, spring and autumn 1976.

Maurer, Trude, »Abschiebung und Attentat. Die Ausweisung der polnischen Juden und der Vorwand für die ›Kristallnacht‹«, in: W. H. Pehle (Hg.), *Der Judenpogrom 1938. Von der »Reichskristallnacht« zum Völkermord.*

–, »Ausländische Juden in Deutschland, 1933–39«, in: A. Paucker (Hg.), *Die Juden im nationalsozialistischen Deutschland.*

Meier-Cronemeyer, Hermann, »Jüdische Jugendbewegung« (I) und (II), in: *Germania Judaica* 1–4 (1969).

Meynert, Joachim, »›Das hat mir sehr weh getan!‹ Jüdische Jugend in Ostwestfalen-Lippe. Streiflichter 1933–1939«, in: H. Frankemölle (Hg.), *Opfer und Täter.*

Milton, Sybil, »The Expulsion of Polish Jews from Germany, October 1938 to July 1939«, in: *LBIYB* 29 (1984).

–, »Women and the Holocaust«, in: R. Bridenthal/A. Grossmann/M. Kaplan (Hg.), *When Biology became Destiny: Women in Weimar and Nazi Germany*. New York 1984.

Mommsen, Hans, »Was haben die Deutschen vom Völkermord an den Juden gewußt?«, in: W. H. Pehle (Hg.), *Der Judenpogrom 1938. Von der »Reichskristallnacht« zum Völkermord.*

–, »The Reaction of the German Population to Anti-Jewish Persecution and the Holocaust«, in: P. Hayes (Hg.), *Lessons and Legacies: The Meaning of the Holocaust in a Changing World.*

–/Obst, Dieter, »Die Reaktion der deutschen Bevölkerung auf die Verfolgung der Juden, 1933–1943«, in: H. Mommsen (Hg.), *Herrschaftsalltag im Dritten Reich.*

Morris, Douglas, »The Lives of Some Jewish Germans Who Lived in Nazi Germany and Live in Germany Today: An Oral History«, B. A.-Thesis, Wesleyan University 1976.

Noakes, Jeremy, »The Development of Nazi Policy Towards the German-Jewish ›Mischlinge‹ 1933–1945«, in: *LBIYB* 34 (1989).

Nolan, Mary, »The Historikerstreit and Social History«, in: *New German Critique* 44 (1988).

–, »The Historikerstreit and Social History«, in: P. Baldwin (Hg.), *Reworking the Past: Hitler, the Holocaust and the Historians' Debate,* Boston 1990.

Nussbaum, Max, »Ministry Under Stress: A Rabbi's Recollection of Nazi Berlin, 1935–40«, in: H. A. Strauss/K. Grossmann (Hg.), *Gegenwart im Rückblick.*

Orwell, George, »Catastrophic Gradualism«, in: ders., *The Collected Essays, Journalism and Letters,* hrsg. v. S. Orwell und I. Angus, New York 1968.

Paucker, Arnold, »Jüdischer Widerstand in Deutschland«, in: A. Lustiger (Hg.), *Zum Kampf auf Leben und Tod! Das Buch vom Widerstand der Juden 1933–1945,* Köln 1994.

–, »Resistance of German and Austrian Jews to the Nazi Regime, 1933 bis 1945«, in: *LBIYB* 40 (1995).

–, »Anmerkungen zum Verhalten jüdischer Jugendlicher unter der NS-Diktatur«, in: W. Löhken/W. Vathke (Hg.), *Juden im Widerstand. Drei Gruppen zwischen Überlebenskampf und politischer Aktion, Berlin 1933–1945,* Berlin 1993 (Begleitbuch zur gleichnamigen Ausstellung 1993 in Berlin).

Peukert, Detlev, »Alltag und Barbarei. Zur Normalität des Dritten Reiches«, in: D. Diner (Hg.), *Ist der Nationalsozialismus Geschichte?*

–, »Youth in the Third Reich«, in: R. Bessell (Hg.), *Life in the Third Reich,* Oxford/New York 1987.

Plum, Günter, »Wirtschaft und Erwerbsleben«, in: W. Benz (Hg.), *Die Juden in Deutschland 1933–1945.* München 1989.

Poznanski, Renée, »Shield Bearers of the Resistance? Women in the French Jewish Underground«, (Vortrag bei der Konferenz über »Frauen und der Holocaust« im Juni 1995 in Jerusalem .

Prinz, Joachim, »A Rabbi Under the Hitler Regime«, in: H. A. Strauss/K. Grossmann (Hg.), *Gegenwart im Rückblick,* Heidelberg 1970.

Pritzlaff, Christiane, »Synagogen im Grindelviertel«, in: U. Wamser (Hg.), *Ehemals in Hamburg zu Hause. Jüdisches Leben am Grindel.* Hamburg 1991.

Quack, Sybille, »Changing Gender Roles and Emigration: The Example of German-Jewish Women and their Emigration to the United States«, in: D. Hoerder/J. Nagler (Hg.), *People in Transit: German Migrations in Comparative Perspective, 1829–1930,* New York/Cambridge 1995.

Reinharz, Jehuda, »Hashomer Hazair in Nazi Germany«, in: A. Paucker (Hg.), *Die Juden im nationalsozialistischen Deutschland,* Tübingen 1986.

Ringelheim, Joan, »Women and the Holocaust: A Reconsideration of Research«, in: C. Rittner/J. Roth (Hg.), *Different Voices: Women and the Holocaust,* New York 1993.

–, »Reflections on Gender« (Vortrag bei der Konferenz über »Frauen und der Holocaust« im Juni 1995 in Jerusalem).

Rosenthal, Erich, »Trends of the Jewish Population in Germany, 1910–1939«, in: *Jewish Social Studies* 6 (1944).

Rothe, Valentine, »Jüdinnen in Bonn, 1933–1945«, in: A. Kuhn (Hg.), *Frauenleben im NS-Alltag,* Pfaffenweiler 1994.

Rovit, Rebecca, »Collaboration or Survival, 1933–1938: Reassessing the Role of the *Jüdischer Kulturbund*«, in: Glen W. Gadberry (Hg.), *Theatre in the Third Reich: The Prewar Years,* Westport, Conn. 1995.

Rürup, Reinhard, »Das Ende der Emanzipation. Die antijüdische Politik in Deutschland von der ›Machtergreifung‹ bis zum Zweiten Weltkrieg«, in: A. Paucker (Hg.), *Die Juden im nationalsozialistischen Deutschland,* Tübingen 1986.

Schatzker, Chaim, »The Jewish Youth Movement in Germany in the Holocaust Period« (I), in: *LBIYB* 32 (1987) und (II), in: *LBIYB* 33 (1988).

Schieb-Samizadeh, Barbara, »Die Gemeinschaft für Frieden und Aufbau«, in: W. Löhken/W. Vathke (Hg.), *Juden im Widerstand,* Berlin 1993.

Schmelz, Usiel O., »Die demographische Entwicklung der Juden in Deutschland von der Mitte des 19. Jahrhunderts bis 1933«, in: *Zeitschrift für Bevölkerungswissenschaft* 8 (1982).

Schorsch, Ismar, »German Judaism: From Confession to Culture«, in: A. Paucker (Hg.), *Die Juden im nationalsozialistischen Deutschland,* Tübingen 1986.

Schwarz, Christina, »Tschaikowski für die Seele, Brote für den Hunger. Die jüdische Winterhilfe«, in: G. Heuberger (Hg.), *Zedaka. Jüdische Sozialarbeit im Wandel der Zeit.*

Seligmann, Avraham, »An Illegal Way of Life«, in: *LBIYB* 37 (1992).

Stern, Frank, »Antagonistic Memories: The Post-War-Survival and Alienation of Jews and Germans«, in: L. Passerini (Hg.), *Memory and Totalitarianism,* Oxford 1992.

Stoltzfus, Nathan, »Widerstand des Herzens«, in: *Geschichte und Gesellschaft* 21 (1995), S. 218–247.

–, »Dissent in Nazi Germany«, in: *The Atlantic,* September 1992.

Strauss, Herbert A., »Jewish Autonomy Within the Limits of National Socialist Policy: The Communities and the Reichsvertretung«, in: A. Paucker (Hg.), *Juden im nationalsozialistischen Deutschland.*

–, »Jewish Emigration from Germany (I)«, in: *LBIYB* 25 (1980).

Struve, Walter, »Entstehung und Herrschaft des Nationalsozialismus in einer niedersächsischen Stadt«, in: B. Berlekamp/W. Röhr (Hg.), *Terror, Herrschaft und Alltag im Nationalsozialismus,* Münster 1995.

–, »The Wartime Economy: Foreign Workers, ›Half Jews‹, and Other Prisoners in a German Town, 1939–1945«, in: *German Studies Review* 16 (1993).

Thalmann, Rita, »Jüdische Frauen nach dem Pogrom 1938«, in: A. Paucker (Hg.), *Juden im nationalsozialistischen Deutschland,* Tübingen 1986.

–, »L'Immigration Allemande et l'Opinion publique en France de 1933 à 1996«, in: *La France et l'Allemagne 1932–1936,* hrsg. vom Comité d'Histoire de la 2e Guerre mondiale, Paris 1980.

Trommler, Frank, »Between Normality and Resistance: Catastrophic Gradualism in Nazi Germany«, in: M. Geyer / J. Boyer (Hg.), *Resistance Against the Third Reich,* Chicago 1992.

Vollnhals, Clemens, »Jüdische Selbsthilfe bis 1938«, in: W. Benz (Hg.), *Die Juden in Deutschland 1933–1945,* München 1989.

van Tijn, G., »Werkdorp Nieuesluis«, in: *LBIYB* 14 (1969).

von Saldern, Adelheid, »Hillgrubers ›Zweierlei Untergang‹. Der Untergang historischer Erfahrungsanalyse?«, in: H. Gerstenberger / D. Schmidt (Hg.), *Normalität oder Normalisierung*, Münster 1987.

Walk, Joseph, »Jüdische Erziehung als geistiger Widerstand«, in: A. Paucker (Hg.), *Die Juden im nationalsozialistischen Deutschland 1933–1945,* Tübingen 1986.

Weinberg, Gerhard L., »Iconoclasm: German Plans for Victory, 1944–45«, in: *Central European History* 26 (1993).

Weiss, Yfaat, »›Ostjuden‹ in Deutschland als Freiwild. Die nationalsozialistische Außenpolitik zwischen Ideologie und Wirklichkeit«, in: *Tel Aviver Jahrbuch für deutsche Geschichte* 25 (1994).

Wetzel, Juliane, »Auswanderung aus Deutschland«, in: W. Benz (Hg.), *Die Juden in Deutschland 1933–1945,* München 1989.

Wickert, Christl, »Sozialistin, Parlamentarierin, Jüdin«, in: L. Heid / A. Paucker (Hg.), *Juden und deutsche Arbeiterbewegung bis 1933,* Tübingen 1992.

Zahn, Christine, »›Nicht mitgehen, sondern weggehen!‹ Chug Chaluzi – eine jüdische Jugendgruppe im Untergrund«, in: W. Löhken / W. Vathke (Hg.), *Juden im Widerstand,* Berlin 1993.

Zeitschriften (und ihre Abkürzungen)

American Jewish Year Book (AJYB) (Philadelphia)
Blätter des Jüdischen Frauenbundes (BJFB) (Berlin)
C-V-Zeitung (CV) (Berlin)
Frankfurter Israelitisches Gemeindeblatt (FIG) (Frankfurt am Main)
Gemeindeblatt der Jüdischen Gemeinde zu Berlin (GemBer) (Berlin)
Israelitisches Familienblatt (IF) (Hamburg)
Jüdische Rundschau (JR) (Berlin)
Jüdische Wohlfahrtspflege und Sozialpolitik (JWS) (Berlin)
Leo Baeck Institute Year Book (LBIYB) (London)
Statistisches Jahrbuch für das Deutsche Reich (Statistisches Jahrbuch) (Deutschland, Statistisches Amt)
Zeitschrift für Demographie und Statistik der Juden (ZDSJ) (Berlin)

Archive und Bibliotheken

Nur die wichtigsten Archivbestände werden erwähnt. Vollständige Zitate werden in den Fußnoten aufgeführt.

Brandenburgisches Landeshauptarchiv

PrBr Rep 12 B St Potsdam 80: »Rassenschande« im Versteck.

Bundesarchiv Koblenz

R 18 Reichsministerium des Inneren
R 22 Reichsjustizministerium
R 58 Reichssicherheitshauptamt

Bundesarchiv, Abteilung Potsdam

Jüdische Haushaltungsschule, Frankfurt a. M., 1925–39
Reichsministerium für Wissenschaft, Erziehung und Volksbildung

Bundesarchiv, Abteilung Potsdam-Coswig

75 C Jüdischer Frauenbund
75 C Prag: Komitee für Flüchtlinge

Harvard University: Houghton Library, Cambridge, Massachusetts

Memoiren in der Sammlung BMS GER 91, geschrieben um die Jahreswende 1939/40 für den Wettbewerb »Mein Leben in Deutschland vor und nach dem 30. Januar 1933«. Die Veröffentlichung der Zitate erfolgt mit freundlicher Genehmigung der Houghton Library.

Memoiren von: Erna Albersheim, Elsie Axelrath, Alice Baerwald, Hanna Bernheim, Vera Deutsch (Kommentar der Forscher), Maria Donath (Zusammenfassung des Manuskripts), Mally Dienemann, Elisabeth Drexler (Zusammenfassung des Manuskripts), Constance Hallgarten, Verena Hellwig, Hilde Honnet-Sichel, Maria Kahle, Berta Kamm (Zusammenfassung des Manuskripts), Hilde Koch, Lily S. Krug, Helen Lang (Pseudonym), Marthe Lewinsohn, Margot Littauer, Ida Fanny Lohr, Margaret Moses, Martha Neumann, Lotte Popper.

Hauptstaatsarchiv Düsseldorf

RW 58 Gestapo-Personalakten

Leo Baeck Institute (LBI), New York

Die Veröffentlichung der Zitate erfolgt mit Genehmigung des Leo Baeck Institute.

Memoiren von: Ruth Abraham, Anonymus (»Lest We Forget!«), Ruth Alton-Taubler, Elizabeth Bab, Kurt Jakob Ball-Kaduri, Elisabeth Bamberger, Erna Becker-Kohen (Tagebuch), Kate Behnsch-Brower, Marianne Berel, Hanna Bergas, Lisa Brauer, Emily Braun-Melchior, Tilly Epstein, Manfred Fackenheim-Field, Elisabeth Freund (vgl. auch ihr Buch), Kate Freyhan, Rosy Geiger-Kuhlmann, Else Gerstel, Ruth (Sass) Glaser, Leo Gompertz, Lisa Grubel, Erika Guetermann, Julius Guggenheim, Charlotte Hamburger, Simon Hayum, Ida Jauffron-Frank, Liselotte Kahn, Helmut Kallmann, Helmut Krüger (vgl. auch sein Buch), Toni Lessler, Joseph Benjamin Levy, Ann Lewis, Erich Leyens, Charles Marks, Senta Meyer-Gerstein, Mieke Monjau, Hertha Nathorff (vgl. auch ihr Buch), Recha Rothschild, Erna Segal, Charlotte Stein-Pick, Gerdy Stoppleman, Ilse Strauss, Lilli Sussmann.

Archivsammlung von: Hedwig Burgheim, Klara Caro, Simon Gruenewald, Senta Meyer-Gerstein, Ottilie Schoenewald, Irma Simon (Tonbänder), Luise Stern, Ella Werner.

Research Foundation for Jewish Immigration, New York

Interviews mit: Edith Bick (1972, geb. 1900), Marie Bloch (1971, geb. 1890), Alice Nauen (1971, geb. 1901).

Staatsarchiv Hamburg

522–1 Jüdische Gemeinden: 991–992, 297B, D38 (Familie Plaut)
Oberfinanzpräsident, 314–15

Yad Vashem Archives, Jerusalem

Ball Kaduri Collection: Frieda Cohn, Rudolf Demant, Ernst Gross, Charlotte Holzer, Edith Wolff (01/247 und 01/326).

Wiener Library Collection: Mrs. A. (02/29), Käthe Baronowitz, Siegfried Cohn, Ludwig Collm, Lotte Dixon, Olga Eisenstädt, Ursula Finke, Lisa Frank, Alice Goldstein, Leonie (Werner) Hall, Gertrud Hammerstein (Briefe), Marcella Herrmann, Charlotte Josephy, Irma Neumann, Herman Samter (Briefe), Annemarie Scherman, Rabbi Ernst Steckelmacher, Harry Sussmann.

Einzelinterviews der Autorin

Anna Hamburger (aus Nördlingen, geb. 1888), 1981
Elyse Reichenstein (aus Nürnberg, war 1938 Kind), New York 1997
Ruth von Bialy (aus Hamburg, geb. 1908), Hamburg 1990 und 1992

Private Sammlungen

Atina Grossmann, New York: Briefe von Gertrud Grossmann

Verschüttete Erinnerungen: Zeitgeschichte bei AtV

LORE WALB
Ich, die Alte – Ich, die Junge
Konfrontation mit meinen Tagebüchern 1933-1945
»Was die Auseinandersetzung der ehemaligen Journalistin ... so wertvoll macht, ist nicht nur die Offenlegung der nationalsozialistischen Propagandamaschinerie. Vielmehr interessiert die Konfrontation eines Menschen mit seinem Gewissen – generations- und zeitübergreifend.«
HAMBURGER ABENDBLATT
370 Seiten. AtV 1397

REGINA SCHEER
Es gingen Wasser wild über unsere Seelen
Ein Frauenleben
Als junge Zionistin gehörte Hanni Ullmann zu den ersten deutschen Einwanderern in Palästina. Am Rande der Negev-Wüste gründete sie ein Kinderheim. Hierher kamen entwurzelte Kinder, die NS-Terror und Lager hinter sich hatten. Alle ihre Geschichten sind verwoben in Hanni Ullmanns Leben. Wie ein Mosaik setzt es sich aus vielen Schicksalen zusammen, aus den Brüchen des 20. Jahrhunderts und den Erfahrungen mit einer selbstgewählten Heimat. »Ein Frauenleben, das von den Utopien und den Verbrechen des Jahrhunderts bestimmt ist.« FREITAG
287 Seiten. Mit 24 Abbildungen. AtV 8092

ILSE SCHMIDT
Die Mitläuferin
Erinnerungen einer Wehrmachtsangehörigen
»Naivität, Lebenshunger, Schweigen, Pflichtbewußtsein, Angst – es ist diese Widersprüchlichkeit, die verstört. Ilse Schmidt hilft uns, zu begreifen, wie ethnische Säuberungen vor unseren Augen möglich sind, wie wir unser Ich abspalten und vergraben.«
MÄRKISCHE ALLGEMEINE
Mit einem Vorwort von Annette Kuhn und einem Nachwort von Gaby Zipfel. Mit 45 Abbildungen.
191 Seiten. AtV 8086

HELLMUT STERN
Saitensprünge
Erinnerungen eines Kosmopoliten wider Willen
Als 1938 mit seiner Flucht nach China für Hellmut Stern eine lebenslange Odyssee beginnt, nimmt der damals Zehnjährige auch seine Geige mit. Mit musikalischen Gelegenheitsjobs bringt er sich und seine Eltern über die Zeit bitterer Armut. Nach Stationen in Tel Aviv, St. Louis und New York kehrt Stern 1961 als Erster Geiger des Berliner Philharmonischen Orchesters in seine Heimat zurück. »Diesen Rahmen eines abenteuerlichen Lebenslaufs füllt Stern prall mit gefährlichen, beglückenden oder rührenden Ereignissen.« FAZ
304 Seiten. AtV 1684

AtV